# 至诚的建言

## ——来自新时代的上海政协提案故事

上海市政协学习和文史委员会
上海市政协提案委员会  编

文汇出版社

# 前言

2024 年是新中国成立 75 周年，也是人民政协成立 75 周年。作为上海市政协庆祝人民政协成立 75 周年系列活动的组成部分，市政协学习和文史委员会、提案委员会联合开展《至诚的建言——来自新时代的上海政协提案故事》专题征编工作，现在正式结集出版了。这是中共十八大以来，广大政协委员、各党派团体和市政协各界别、各专委会坚持以习近平新时代中国特色社会主义思想为指导，深入践行全过程人民民主重大理念，充分发挥社会主义协商民主独特优势，积极运用提案形式履职尽责，不断取得新进展新成效的一次集中展现。

提案是履行人民政协职能、发挥人民政协专门协商机构作用的重要方式，是坚持和完善中国共产党领导的多党合作和政治协商制度的重要载体，是协助中国共产党和国家机关实现决策民主化、科学化的重要渠道。提案工作作为政协历史悠久、特色鲜明、影响深远的全局性、经常性工作，是党和政府听取民声民意、科学民主决策、推动改进工作的重要形式。做好提案工作，是践行全过程人民民主、发挥政协专门协商机构作用的必然要求。

中共十八大以来，习近平总书记从推进国家治理体系和治理能力现代化、发展社会主义民主政治的战略高度，对包括提案工作在内的人民政协工作作出一系列重要指示，为做好新时代政协提案工作指明了前进方向、提供了根本遵循。上海市政协深入贯彻中央、全国政协和市委关于进一步加强和改进提案工作的部署要求，坚持把提案作为履行职能的重要方式，特别是十四届市政协以来，着眼提高提案工作效能，建立健全"提立办督评"五步法工作机制，把多层次多形式协商贯穿提案工作全过程，推动提案质量、办理力度持续提升，制度机制更加完善，协商理念有效彰显，提案中的一大批意见建议转化为促进经济社会发展的具体举措。

质量是提案的生命。只有融入党和国家发展大局、对接党和政府中心工作、聚焦政协协商重点议题，才能彰显提案的意义和价值。本书从十二届市政协以来400多件优秀提案和36件各区政协自荐提案中，精选了67件紧扣国之大者、民之关切，覆盖经济、政治、文化、社会、生态文明建设各领域，有见地，有分量，有前瞻性、针对性的提案作为案例，组织专业作家和新闻工作者深入采访，深度挖掘提案者深入调查研究，倾听各方意见，摸情况、找问题、提对策的生动实践，形成了67个提案故事。这些故事紧紧围绕一件件优秀提案缘起、形成、办理经过、产生的积极作用展开，立体展示了新时代上海政协围绕中心、服务大局的担当作为，演绎了新时代政协委员心系发展、情系民生的履职成效。作者以客观视角叙事，将写事、写人、写精神融合起来，以鲜活的文字彰显政协协商特色，力求让提案故事感染人、鼓舞人、带动人。

提案工作不是哪一方的"独角戏"，不是你提我办的"对手戏"，而是共商共办的"交响曲"。广大政协委员、政协各参加单位和各专委会行使民主权利、提出提案，党和政府相关部门尊重委员民主权利、办理提案，这本身就是践行全过程人民民主、发挥协商民主的生动实践。本书所讲述的优秀提案故事，凝结的是政协委员的智慧，凝聚的是社会各界的共识，折射的是政协发挥专门协商机构作用的工作成效。希望读者从一个个提案故事中，不仅能看到提案者深入调查研究、倾听各方意见、加强分析论证的智慧和心血，还能清晰感受到承办单位健全协商机制，广纳群言、广集民智的胸襟与气度，更能触摸到上海这座承载光荣与梦想的人民城市的发展脉络，以及政协委员们在其中留下的独特印记。

新时代赋予新任务，新征程砥砺新作为。走过75年辉煌历程的人民政协，正在沿着习近平总书记指引的方向，积极投身强国建设、民族复兴的伟大实践。我们将勇担使命、务实进取，持续推进提案工作制度、机制、实践创新，发挥好提案在践行全过程人民民主、发挥社会主义协商民主中的优势作用，奋力书写新时代上海政协事业发展新篇章。希望本书的出版，能为政协委员和政协工作者提供有益参考。

# 目录

# 为"大数据产业"发展鼓与呼

提案号：1210060
提案名：上海建立"大数据产业"发展战略的建议
提案者：民建上海市委

　　打开手机扫一扫，搜索引擎查一查，大数据、AI……这些新技术让人们越来越博学，从柴米油盐到宇宙天下，正应了那句俗语"秀才不出门，全知天下事"；这些新技术也让工厂越来越聪明，从原材料到生产、销售，数据已经成为继土地、劳动力、资本、技术之外的第五大生产要素。数据，为人们的生产生活插上"数字翅膀"。

## 寻找新动能

　　时间回到 2012 年。彼时，中国经济增速自新世纪以来首次滑落至 8% 以下。经济下行压力加大、资源环境约束日益强化、产业升级阻力重重、传统动能不断削弱，一味追求 GDP 的老路已经走不通。

　　党的十八大提出"创新驱动发展战略"。那么，实施创新驱动发展战略需要的新动能，从何而来？习近平总书记将目光瞄准了数字化，"世界各国都把推进经济数字化作为实现创新发展的重要动能"。新一轮科技革命和产业变革与我国加快转变经济发展方式形成了历史性交汇。

　　"上海在创新转型的过程中要力求创新和突破，包括创新产业发展思路。"在深入学习领会党的十八大精神之后，2013 年 1 月，民建上海市委以"上海建立'大数据产业'发展战略的建议"为题，向上海市政协十二届一次会议提交集体提案，建议上海在全国率先建立大数据产业发展战略。

"大家对大数据的发展前景充满信心。"民建上海市委提案工作负责人介绍当年组织撰写这篇提案时的情况，"我们认为，围绕大数据开展一系列分析、运用和服务，可以让大数据发挥巨大的价值辐射效应，形成一个可持续发展的、能创造巨大价值并带动其所服务的诸多行业共同发展的新产业。"提案梳理了当时情况下大数据产业在我国发展的主要障碍，并从组建团队、培养人才、培育实践案例、挖掘市场需求、建立数据质量分析体系等五个方面提出建议。

提案得到了上海市经济和信息化委员会的答复，还获评十二届上海市政协优秀提案特别奖。民建市委提案工作负责人说："在答复中，我们了解到更多国家层面和上海市层面对大数据产业的思考和布局。我们和党委、政府不谋而合，这令我们非常欣慰，也更激发了我们在深入调研基础上精准建言的信心。"

2013 年 7 月，上海市正式发布了《上海推进大数据研究与发展三年行动计划》。9 月，上海市科委颁布了"大数据三年行动计划"的推进管理办法。

民建上海市委在大数据产业领域继续深入研究，组织专攻信息技术领域的会员成立课题组，承接了上海市决策咨询委员会课题，并于 2013 年底完成了万字调研报告《关于破解上海大数据产业发展瓶颈问题的建议》。

课题组在这份调研报告中得出结论："虽然目前我国的大数据产业还处于发展初期，整体产业生态环境还不成熟，但是从产业的内涵外延、产业链、市场需求、参与主体等方面综合评价，大数据产业发展动力十分强劲，在未来三到五年产业规模和市场规模都将实现快速增长。"

仿佛是一份十年之约。不久前刚刚发布的《数字中国发展报告（2023）》印证了这个结论。报告显示，2023 年数字经济核心产业增加值估计超过 12 万亿元，占 GDP 比重 10% 左右。以云计算、大数据、物联网等为代表的新兴业务收入逐年攀升。其中，云计算、大数据业务收入较上年增长 37.5%，物联网业务收入较上年增长 20.3%，远高于同期电信业务收入增速。我国的大数据产业正逐步发展成为支撑经济社会发展的优势产业。

# 助推新动力

在信息技术飞速发展的今天，由大数据驱动的"深度数字化和高度智能化"浪潮对全球经济社会发展的各个方面产生深远影响。世界各主要大国都已做出战略响应，将大数据置于国家战略发展的核心位置。

党中央、国务院高度重视大数据在经济社会发展中的作用。2015年8月，国务院印发《促进大数据发展行动纲要》，要求全面推进大数据发展，加快建设数据强国。同年，党的十八届五中全会提出"实施国家大数据战略"，这是大数据第一次被写入党的全会决议，标志着大数据战略正式上升为国家战略。2017年1月，工信部正式发布了《大数据产业发展规划（2016－2020年）》。10月，党的十九大报告首次将"数字中国"写入党和国家纲领性文件。同年，习近平总书记在十九届中央政治局第二次集体学习时强调"要加快建设数字中国，构建以数据为关键要素的数字经济"。

上海积极适应科技革命和新兴产业发展趋势，2014年提出建设国际科技创新中心，2015年将"经信委信息化推进处"更名为"大数据发展处"，在管理体制上率先做出突破。2015年10月底，上海产业技术研究院大数据标准化专家委员会正式成立，并开始着手全国首个大数据标准的制订工作。

民建上海市委一直关注着大数据产业的发展，主动服务上海科创中心建设。上海民建品牌论坛之一——上海中小企业发展论坛，将2017年主题定为"大数据与人工智能——场景　应用　畅想"，并选址上海市北高新园区。时隔5年，这是上海民建对当年提案的一次响亮的回应。

论坛的选址别有匠心。当年，这里是上海静安大数据人工智能产业发展的重要承载地，上海大数据联盟、上海大数据创新应用展示实验中心在这里落地。民建上海市委有关论坛工作负责人介绍说："那时候，这里已经聚集了上海数据交易中心、浪潮云计算等大数据、云计算和人工智能企业超过150家，并且还在不断汇聚科技型中小企业，上海数据交易中心以提供数据资源的方式扶持中小企业，成为上海'创新驱动、转型发展'的示范窗口。"

论坛吸引了政府相关部门、专家学者和民建会员企业界人士 200 余人。论坛嘉宾介绍大数据在各自领域的应用、畅谈人工智能将带来的各种创新和便利、解释数据的收集、储存和分析、运用。"我们当年建议要'培育运用服务，挖掘市场需求'。实际上，到 2017 年，大数据应用的案例已经遍地开花，甚至超过了我们当年的预想。"时至今日，民建上海市委提案负责人回忆当年，仍然难掩激动的心情。

在经济新常态大背景下，大数据与人工智能技术的革新将在中小企业转型升级之路上发挥怎样的作用？大多数中小企业还来不及充分理解新技术，就已经面临着应用的难题。企业需要大数据做什么？大数据将给企业带来什么？在人工智能技术大潮中企业可以做什么？这也是这次论坛上讨论的一个话题。

民建会员、上海恒尧信息技术有限公司总经理孙良军就"大数据时代的基础数据治理和管理"做交流发言。之后的几年中，他始终关注运用大数据提高城市治理水平，先后提交了社情民意信息"关于加强数据治理确保城市安全的几点建议——从响水、昆山爆炸事件中引发的思考"，以及调研报告《构建公共地址数据资源库，提高城市治理精细化水平》。

民建会员、泰和泰（上海）律师事务所主任王振华从政商共享大数据的角度，提出要合理规范数据共享，要运用区块链等新技术促进大数据共享应用。随后，王振华又先后提出了"关于规范大数据法律定位，加强大数据交易监管的建议""关于大数据环境下，法律如何看待数据的建议""关于尽快完善我国区块链监管体系，制定技术标准的建议"等十几篇调研报告和社情民意信息。

在这次论坛上，民建上海市委大数据应用研究中心正式挂牌成立。至此，民建上海市委有了一个崭新的平台，不断汇聚起参政议政骨干会员，对大数据产业进行多维度的深入思考。

从一个提案，到打造一个平台，到成立专门研究机构，民建市委终于将关于"上海建立'大数据产业'发展战略的建议"提案，做成了连续剧，为助推大数据产业发展不遗余力。7 年来，大数据应用研究中心数次组织骨干会员赴上海、贵阳等地的大数据交易中心，对大数据分析、聚合、应用等产业前沿领域进行调研，为民建上海市委参政议政各项工作提供支持，为大数据应用和产业发展做出积极贡献。民建市委现任科创工委主委张琦，时任上海市信息投资股份有限公司副总经理、上海数据交易中心董事长，当年即担任了中心副理事长，多次在上海市政协和全国政协大会上，聚焦大数据建言献策。

## 共创新发展

2022 年，党的二十大胜利召开，吹响了奋进新征程的时代号角。新征程上，如何推动经济实现质的有效提升和量的合理增长？党的二十大报告提出："加快发展数字经济，促进数字经济和实体经济深度融合，打造具有国际竞争力的数字产业集群。"

《"十四五"大数据产业发展规划》提出，到 2025 年大数据产业测算规模将突破 3 万亿元，年均复合增长率保持在 25% 左右，创新力强、附加值高、自主可控的现代化大数据产业体系基本形成。"十四五"时期是我国工业经济向数字经济迈进的关键时期，大数据产业将步入集成创新、快速发展、深度应用、结构优化的新阶段。

"现在看来，还需要尽快对大数据产业有关领域立法，特别是要积极推动数据跨境流动相关法律制度。"10 年前为大数据产业鼓与呼的民建市委提案调研组负责人此时谈到这份提案，增加了一份审慎和思考。"当年提出'关注数据质量，建立评估体系'仍然重要，但已经不够了。"

2024 年政府工作报告中提到"深入推进数字经济创新发展"，而数据产业恰是其中重要一环。《数字中国发展报告（2023 年）》显示，2023 年数据生产总量达 32.85ZB，同比增长 22.44%，数据存储总量达 1.73ZB。

大数据技术不断发展，大数据产业形态不断迭代。由数据要素催生出的新消费、新业态、新品牌，正在为大批企业升级创新商业模式开启了加速度。关于如何培育和发展数据产业的思考，仍然是民建上海市委建言献策的重点。

2024 年 3 月，全国政协十四届二次会议胜利召开。全国政协常委、民建中央副主席、民建上海市委主委解冬就推动金融数据安全有序跨境流动提交了提案。她建议：在统筹发展和安全的前提下，国家金融管理部门尽快明确金融重要数据目录；国家网信部门有序加强对地方网信部门的工作授权，优化跨部门协作机制；支持上海自贸区及临港新片区先行探索制定正面清单。

2024年春天，解冬、周汉民、钱雨晴、汪胜洋、杨成长、陆铭、张琦等7位来自上海民建的全国政协委员，带着精心准备的提案，带着新的思考和为民情怀，共赴这场"春天的约会"。会议期间，他们共向全国政协提交提案25件："推动金融数据安全有序跨境流动""推动数字经济高质量发展""进一步促进数据跨境流动""构建多层次数据要素市场"……有关数据的话题成为他们建言的焦点。

"数据作为关键生产要素，背后折射的是技术流、资金流、人流和商贸物流的活跃程度，上海应积极对标全球最高标准，构建新型数据跨境流动范式，为我国在全球数字经济治理体系中获得主动权做出贡献。"在上海市政协十四届二次会议大会发言现场，张琦描述他心中的数据跨境流动新范式。与此同时，民建市委贸易工委主委、市政协委员陈江也对数据跨境流动提出书面建议：建立数据风险评估指标体系，明确风险分类标准；优化审批流程；提升审批透明度；强化监管手段；加大法律法规执行力度。

回想2013年，习近平总书记视察中国科学院时曾指出："大数据是工业社会的'自由'资源，谁掌握了数据，谁就掌握了主动权。"11年间，数据逐渐成为国家基础性战略资源和关键性生产要素。数字中国建设与加快发展新质生产力同频共振、协同发力，成为推动质量变革、效率变革、动力变革的重要引擎。

党的二十届三中全会审议通过的《中共中央关于进一步全面深化改革、推进中国式现代化的决定》明确提出，"培育全国一体化技术和数据市场"，"健全劳动、资本、土地、知识、技术、管理、数据等生产要素由市场评价贡献、按贡献决定报酬的机制"，"建设和运营国家数据基础设施，促进数据共享。加快建立数据产权归属认定、市场交易、权益分配、利益保护制度，提升数据安全治理监管能力，建立高效便利安全的数据跨境流动机制"。

时代在进步，技术在迭代，模式在创新，政策在升级。站在时代潮头，民建上海市委关于"上海建立大数据产业"发展战略的思考和建议不断向深处掘进，终于走出了"寻找新动能""助推新动力""共创新发展"三部曲。数据制度体系、数据要素市场、数据跨境流动、数据安全、数字人才队伍……由大数据产业激活数据要素潜能，推动生产力变革和创新，形成新质生产力——民建上海市委为大数据产业鼓与呼的下一个故事将更加精彩。

（本文作者：徐泽春）

# 为财政信息公开打开一扇明窗

提案号：1220496
提案名：关于上海财政信息进一步公开的提案
提案者：蒋颖

 

    2013 年末，结束了短暂假期的蒋颖，在回国的邮轮上，经过一片未知海域时遭遇了能见度不足百米的大雾。大雾像一大团柔软蓬松的棉花糖，把邮轮包裹起来，也将天空与海面黏合起来。夕阳终于穿透大雾时似已筋疲力尽，只洒下斑驳微弱的光斑，稀稀落落地在甲板上舞动。邮轮继续向前驶去，似乎每一步推进都在闯入新的未知与不安的边界。蒋颖的内心生出些许忧惧，但她仍静静伫立在甲板上，凭栏远眺，直至夜幕降临。她的视线穿越迷雾，在目力穷尽之处隐约看见一点闪烁的微光，仿若一颗坠落海面的孤星。那是一座灯塔。

    从 2008 年起，蒋颖担任上海市政协委员，2013 年初换届时又被选为市政协常委。受职业本能的驱使，面对那片雾海时，她习惯性地闭上双目，在沉思中似乎获得了某种启示。一个久久萦绕在心头的问题渐渐浮出，而答案离她越来越近：平日打交道最多的那些财政数据，如同这片茫茫海域，如何在迷雾中点亮信息灯塔，重塑信任与决策？

    多年来，哪怕是在旅途中，一双慧眼和建言思维始终与蒋颖如影随形，这要从她的职业生涯之初说起。蒋颖最初从事税务咨询工作，服务过很多企业、组织与个人。2003 年成为区政协委员后，又有机会接触到区级财政预算和使用情况。但她某天突然意识到，那些数据是纳税企业和个人无法掌握的，内心便有了一个困惑：这些信息对老百姓有没有意义？以及老百姓有没有主动关心的意愿？为此她请教了学界的有识之士，得到的答案是肯定的。

　　第一身份是财税专业人士的蒋颖，更加清楚"取之于民，用之于民"是税收制度的终极意义与目标，纳税企业与个人当然希望了解自己缴纳的税款流向了何处，这种对知情权的诉求是近乎天性的意愿，不可磨灭。所谓世上没有无源之水，自然也不会存在毫无缘由的信任，甚至在很多时候，信任是靠主动去建立的——取信于人，从源头往下游，从高水位往低水位主动传递。

　　而站在第二身份——政协委员的角度，蒋颖又肩负着协商监督、建言献策的重任，那么，充分利用自身的专业特长和调研能力，促进财政信息公开透明难道不是义不容辞的吗？经过多年的积累与打磨，直到此时，她才确信时机终于成熟了，要尽快完成那份酝酿已久的相关提案。

　　摆在蒋颖面前做比对的，首先是发达经济体的做法。她知道美国总统会在每年2月的第一个星期一将预算草案递交国会，同步将草案全文公示在互联网上，披露拨付给各机构的联邦资金用途与去向，并对三十多万个政府合同商的承包项目全面跟踪、搜索、排序、分析、对比，每两周更新一次数据。但即使公开了信息，也仍有空子可钻，仍无法排除官员通过技术手段蒙蔽公众的可能，因而美国国会于2011年6月发起了《数字责任和透明法案》，统一规定各部门的数据定义、上报格式、数据粒度，同时拟成立实体委员会，专门负责财政信息的公开工作。

　　再说到日本政府，财务省对预算编制过程中的重要情况、重大变化均予以公开，每年就财政状况至少向国会报告一次，公开发表预算、调整预算及决算资料，在预算审查中接受国会挑战性的辩论，将各种明争暗斗呈现于公众视野，以供鉴别，并将财政预算书、决算书以翔实的出版物形式公开发行，人们可查看财政资金的来源与用途。日本财政监察机构每年还要编制检查报告，提交国会和内阁，并编成《决算与检查》《会计检查梗概》公开发行，明确报告哪个部门、单位发生了哪些问题，造成了什么经济损失，原因及改进意见。

　　蒋颖把视线拉近到文化底色与中国相近的经济体：新加坡和中国香港。这是她最熟悉也最乐于借鉴的两个区域，两地的信息公开有个共同点：高度依赖互联网。其中，新加坡的披露内容涵盖预算案、预算案概要、预算案重点和过去的预算案，支持公众就政府预算问题与政府部门展开线上互动。而香港特区政府对于信息公开更是乐此不疲，因为这有利于塑造廉洁高效的政府形象，吸引世界各地的优质资本流入香港香港。香港的披露内容涵盖预算案全文、预算案重点、宣传片和过去的预算案。以香港2013至2014财政年度政府财政预算案为例，中文版全文100多页，内容包括各行各业发展、教育投资、基础建设、土地和民生等方方面面，公布了2013至2014财年即将投入的主要基本工程项目及各大项预算金额，细化到哪条路政、哪家医院、哪所学校的建设。

视线越拉越近，落回到故乡上海，蒋颖的眼神有些暗淡。最让她印象深刻的是全文共207字的《上海市2012年地方财政收支情况》，包含了2012年全市地方财政收入和支出两个数字和两个增长比例。同样令她印象深刻的是市财政局网站公布的政府采购专栏，仅显示相关规定、公告和信息，并无任何财政数据的披露。《2013年公共财政支出预算》也只显示一张二十余行的表格，每行为一个大项：教育、城乡社区事务、社会保障和就业等，后面跟着数字。毋庸置疑，这样的信息公布不利于塑造公正透明的政府形象，不利于城市竞争力和吸引力的提升，更难以促进上海跻身世界发达先进城市之列。

国内其他省区市也大体相仿，唯一的亮点是广州。广州市财政局2009年在网上公开了所属114个部门预算，一时引起社会高度赞扬。然而这只是昙花一现，此后财政部发布指导意见，各部门各司其职，只负责本部门预算、决算的公开，广州市财政局自此不再承担公开部门预算的责任。其结果是，公众全面了解预算信息的途径从一站一页便能获取变成为需要分别浏览114个部门网站，大大增加行政成本的同时，带来不必要的障碍，有悖于"便民惠民"原则。

但蒋颖清醒地认识到，我国与美日新等国不同，上海与特别行政区香港也存在差异，因而信息公开的方式与路径必然不会相同，唯有信息公开的成效与得失值得镜鉴。她坚信自己尚未成形的提案如能最终落地，将在一定程度上促进提升上海的营商环境，保障百姓的知情权，增强政民信任度，提高全社会依法纳税的积极性，对国家财政收入的使用效率起到监督和鞭策作用，由此带动社会效率的提高，最终受益者仍是广大百姓。正如蒋颖一直信奉的那句话：天下之至柔，驰骋天下之至坚。她认为"信任"正是这种天下至柔，虽无形，却没有它融化不了的冰。

　　结束那次曾穿越雾海的假期回到上海后，蒋颖将提案腹稿拟题为《关于上海财政信息进一步公开的提案》，紧接着便投入更为细致的调研。按照她的写提案惯例，从拟题到定稿通常历时数月，其间每一次灵光乍现、笔下生花，都缘于她浸透身心的生活经验与专业淬炼。首先是堆叠的案头文件：以其他国家和地区的基本情况和发展路径为参考。在与学界的日常交流中，她也会有针对性地请教与探讨。当然，她毫不意外地遇到了困难。因为上海及其他省级政府有关信息公开的素材很有限，该领域相关深度研究更是凤毛麟角，这令她一度迷失在参照系中，又反而更加激发她涉足甚而填补该领域的决心与信心。此后，蒋颖又在浩瀚的政策文件中寻找提案建议的论据，并走访有关专家和相关部门，反复商讨，甚至辩论。2014年马年春节期间，她正式落笔书写。

　　提案提出了上海财政信息进一步公开的三项原则，建议作为全国城市管理开放度最高的城市，上海应率先提出财政信息公开的五年计划，逐步落实国务院"以公开为原则，不公开为例外"的原则，并在计划和落实上区分轻重缓急以及政府层级，逐步覆盖交通、环保、卫生、教育、财政、税务、工商等行政部门和人大、政协。同时她还建议，政府信息公开应注重主动性和及时性，主动设立囊括各行政部门信息的上海市政府"财政信息公开"官网，及时发布、更新数据，内容做到格式统一、图文并茂，易于理解。

　　"三原则"中所提"五年计划"，第一年设立上海财政信息公开网站。第二年形成统一信息公布规范（格式、语言、时间），并着重公布公众关注度较高的部门（交通、环保、卫生、教育）的财政信息，畅通渠道，广泛征求意见和建议。第三年扩大公布范围，择机将已公布财政信息编纂成公开出版物，公开发行。第四年细化公开内容，从披露各部门公务人员相关费用、执行公务相关费用的初级阶段，逐步推进至公开政府采购相关费用、政府供应商遴选标准、政府供应商名录、购买内容和金额。第五年巩固与完善财政信息公布体系，统一语言和数据的定义，防止任何部门与个人运用技术手段蒙蔽公众。

这件提案从完稿到提交，再到收到答复，历时三个月。上海市财政局在《对市政协十二届二次会议第 0496 号提案的答复》（以下简称《答复》）中介绍了上海市财政信息公开的推进情况：按照财政部的统一要求，以政府预决算、部门预决算、"三公"经费、财政专项资金等为重点领域，逐步加大财政预算信息的公开力度，并取得了一定成效。《答复》对第 0496 号提案所提"三原则"高度认同，并结合实际逐一点评，实事求是摆明现状，在肯定已有工作成效的同时找到与发达经济体的差距。

关于提案中所提"五年计划"，《答复》明确已在《上海市财政改革和发展"十二五"规划》中有所体现。对于"编纂公开出版物"的建议，《答复》建议采用其他更具操作性的替代方案（互联网）。《答复》还解读了提案中关于"财政信息不等于财政部门信息"的概念差异，指出任何负责编制预决算信息的政府或部门（单位）、使用财政拨款的部门（单位）都是公开信息的义务主体。明确这一点将有利于明晰权责。但从便民角度来看，现行做法是各部门（单位）通过在其官网设置专栏的方式来发布的，并计划逐步将零散发布纳入总体发布。

2018 年，蒋颖成为第十三届全国政协委员，2020 年，在全国政协十三届三次会议上，作为无党派人士代表，蒋颖作了《提升政策有效性，助力企业增强韧实力》的大会发言。2023 年，她连任第十四届全国政协委员。从最初的黄浦区政协委员，上海市政协委员、常委，到后来的全国政协委员、外事委员会委员，蒋颖的履职经历，如今已长达 21 年。

在长期的委员生涯中，蒋颖以第一提案人身份共发起过百余件提案，主要围绕营商环境、绿色可持续、人才发展、税务治理、自贸区建设、数字化转型、慈善等关乎国家经济与社会高质量发展的议题，《关于上海财政信息进一步公开的提案》只是她众多提案中的一个。蒋颖的提案被采纳率保持在85%以上，其中 2016 年的《以慈善立法为契机，推动完善慈善税收政策，激发社会公益能量》和 2017 年的《关于上海财政信息进一步公开的提案》连续被评为市政协优秀提案特别奖。

蒋颖始终坚持在专业领域和广泛的社会民生领域积极参政议政，道实情，建良言。当有记者询问她履职的感受时，她说感受最深的莫过于自己始终秉持"精细调研有理、精准建言有用、精益创拓有新"的原则，充分发挥专业背景优势，结合大量深入细致的调研工作，形成了一件件含金量较高的提案。她坦言，从中获得莫大的成就感。

时隔多年，当蒋颖再次翻开这份《关于上海财政信息进一步公开的提案》时，她想起了那个雾色沉沉的海上黄昏，她深信只要心怀国家与百姓，无论是星辰大海抑或一草一木，都能触发她的灵感，并一路牵引着她，拨开迷雾，追寻光明。

（本文作者：三蛊）

# 引来"活水"完善吸引外资软环境

提案号：1230670

提案名：关于借鉴香港经验，进一步完善上海吸引外资软环境建设的建议

提案者：屠海鸣等 10 名委员

 

2014 年末，站在黄浦江边上，环视着两岸负势竞上的高楼巨厦，屠海鸣浮想联翩，心头却总有一丝忧虑挥之不去——外商在沪投资总量出现下滑，而且这不是一朝一夕的事，趋势始于三年前。沿江眺望，他又一次联想起正以相同姿态拥抱西太平洋的香江。

生长在上海、创业于香港的屠海鸣，常常在心中比较这两座有着诸多相同气质的繁华都市。这种比较，往往会透过浮光掠影，深入城市的肌理。眼下，上海市政协的年度大会会期再次临近，作为一名活跃的来自港澳的委员，屠海鸣思考着在会上要做一番怎样的建言。他的思绪，集中在上海如何借鉴香港经验，以及借鉴什么。直觉告诉他，在"一国两制"大背景下，沪港两地政府扮演的角色与承担的责任有很大的不同，有些经验几乎可以拿来直接就用，有些则不宜鲁莽嫁接，否则会导致水土不服。如何找到一个恰当的切口，把"活水"引过来呢？

一个寻常的周末，屠海鸣像以往那样来公园长椅上小坐，呼吸新鲜空气，顺便喂鸽子。不远处的草坪上，有两位老者正在无声地比画着太极推手。屠海鸣未曾细想过那慢动作一般的招式中能酝酿出多大的力道，然而随着视线内一阵剧烈的扰动，他亲眼见证了一位老者以迅猛的肘推将对手弹出一米开外。

屠海鸣有一丝震惊。沉静片刻，他轻拍额头，似乎悟出了什么，立即起身离开，回到案前。

屠海鸣是香港知名实业家、著名爱国爱港人士，现担任港区全国政协委

员、全国政协港澳台侨委员会副主任、香港新时代发展智库主席等职务。有着多年在上海媒体工作经验的他，参加社会活动，撰写时事评论，对许多问题有着独到的观察和深刻的认知。

在落笔书写提案《关于借鉴香港经验，进一步完善上海吸引外资软环境建设的建议》之前，屠海鸣把同是政协委员的丁志坚和张伊兴约到外滩见面。三人很久没有一起散步了，此时在最能感受上海繁华兴盛的氛围里，他们从汇丰大楼往北行至外滩源，屠海鸣驻足，有些神秘地问："二位能想象吗？看似软绵绵的太极推手，对手间不厌其烦地长时间推拉软磨，究竟是为了什么呢？"丁志坚说，"是不是呈现一种观赏性？"张伊兴则说，"应该是为了蓄势。"屠海鸣激动地握住张伊兴的手，"和我想的一样！"

的确是为了蓄势，而后在某一时刻爆发。屠海鸣越来越确信一点，如果上海想借鉴香港经验，最切实可行的一条就在于这个"软"字，软环境、软实力、软功夫！这将有助于提升上海的国际竞争优势，主要表现为吸引境外研发总部、跨国公司地区总部、产业链高端企业集聚上海的能力。

这种能力一直被屠海鸣视为"软硬兼施"的功夫，包含硬环境，也包含软环境，它们相互配合、彼此促进。回想群楼林立中的香港中环，屠海鸣曾透过产业结构和功能业态看见了无处不在的生态环境和文化环境，更看见了关照社会心理的人文关怀，尤其是位于中环核心地带类似于 H Code 的城市更新项目，更体现"软环境先行"的规划新思路。这些软性的渗透与浸润，让屠海鸣很直观地初识了香港的软环境。当然这还仅仅是表面。

若上升至国家层面，屠海鸣认为软环境甚至要比硬环境更关键，它灵活多样、极富弹性，是推动经济转型与持续发展的引擎，尤其是针对金融、物流、投资、外汇管理、贸易等领域，都需要软环境的配套建设来为企业创造更优的营商环境；而对上海本土而言，它也能大大推动国际金融中心、国际贸易中心、国际航运中心、国际科创中心的建设。

与中国内地更习惯依靠优惠政策不同，香港之所以多年来在全球金融中心指数、全球竞争力排名、吸引外商投资排名上领先世界，有赖于公平的营商环境，这是软环境非常重要的一部分，主要体现在自由经济体系、法规与政策环境、政府职能和效率、市场环境、金融服务环境、社会文化环境等方面。

对于上海有着切身体验的屠海鸣，也深知十年来上海在吸引外资和总部经济两方面都曾成绩斐然，而近两年对外资的吸引力之所以有所下降，究其根源是上海的高商务成本为周边城市带去了"洼地效应"，这些城市既有背靠上海的区位优势，又坐拥超越上海的成本优势。

当然，屠海鸣同时清醒地认识到，因沪港两地制度不同，上海无法照搬照抄香港。在他看来，上海现阶段最重要的使命，莫过于要从周边日益激烈的软环境竞争中杀出重围，一举实现产业结构的升级。

对标香港，在盘存上海软环境现状的过程中，屠海鸣发现了多方面症结：

政策方面，上海"营改增"税收试点在减轻试点企业税负水平的同时也导致部分企业税负加重，政策及其落实透明度与稳定性都亟待加强；专业化方面，配套环境建设需要专业对口并急需加快进度，这是为了匹配跨国公司的投资偏好，近年来各种适应产业发展的专业配套模板越来越受国际资本的看重；行政效率方面，部分区县的行政审批部门在吸引外资过程中重规范、轻服务，加之部门间存在信息壁垒，并联审批信息化水平不高等问题，在不同节点、不同程度上拉低了审批效率；吸引外资的能力方面，部分区县的招商部门存在着业务不专业、专业缺经验、队伍欠稳定、抓量不抓质、服务不全面等问题；科技创新方面则表现为整体竞争力不足，政府在基础研发及公共产品的研发投入也不足；人才与劳动力方面，因高端人才短缺而导致人力结构失衡，无法适应市场需求……

通过广泛分析整理各种材料特别是扎实的调研，对照这六方面不足，再结合"十二五"规划，屠海鸣清晰地看到了未来上海软环境建设的路径：推进产业结构战略性调整，按照高端化、集约化、服务化来推动三二一产业融合发展，加快形成以服务经济为主产业结构的发展模式，其中跨国公司研发总部、地区总部等外商投资对上海产业结构升级至关重要，而产业结构升级又恰恰与软环境建设休戚相关。

随着调研工作告一段落，提案框架也大体形成了。为慎重起见，屠海鸣为这件提案发起了课题组，成员包括第二提案人丁志坚和第三提案人张伊兴，此外还包括同样有联名意愿的政协委员曹其东、刘銮鸿、陈宗达、陈泽武、林旭明、袁天凡、萧婉仪。众人共聚长乐路锦江大酒店 808 室，这是一间庄重而简约的会客厅，四壁挂着巨幅山水画，四周布满间隔宽松的单人沙发。首先由屠海鸣制定系统构建吸引外资软环境的总体构架，然后就具体建议请大家展开讨论。

屠海鸣向大家介绍了他总结出的香港的实践经验，解释软环境的层次性与模块化属性。香港特区政府的做法是既注重要素建设，也就是每一模块的建设，又通过不同模块协同配合，共同打造具有国际竞争力的软环境，所以他认为提案应该建议加快政府职能的整合，把软环境建设提升为上海城市发展战略，制定五年发展白皮书，明确总体方向、主要目标、战略选择、实施路径等规划，同时通过立法途径为上海软环境建设寻求法律保障。经过讨论，这一条得到了大家的高度认同。

与这条建议相辅相成的是，政府部门的现代治理能力也应提高。屠海鸣认为，政府是环境建设的核心主体，至少是之一，为了发挥市场对资源配置的高效性，香港长期奉行"小政府大市场"的积极不干预主义，因而职能边界清晰，政府的归政府，市场的归市场，政府负责创造最有利于营商的环境，包括公平竞争环境，以及自由、法治、廉洁、高效的公共部门，绝不会越俎代庖，把有形之手伸得过长。

说着说着，屠海鸣情不自禁站了起来，踱至会客厅中央，环顾四周。了解他的人都知道，只有在表达重要观点或讲到最关键处，他才会在位子上坐不住。"营商环境是重中之重，这是香港最值得上海借鉴的地方，但沪港两地制度不同，借鉴必须抓住精髓，我认为精髓在于香港政府的效率评价体系。"这些话，掷地有声。

"我认为上海完全可以效法这套评价体系，包括政府支出、政府监管、法律解决纠纷的效率、政策制定的透明度，等等。"丁志坚第一时间附议，并认同屠海鸣关于政府层面的两条建议，等同于顶层设计。在此基础上，关于布局方面，他也谈了自己的看法。

丁志坚认为，最终在上海落地成形的是现代服务业的发展，香港的会展业服务、金融、贸易和物流、旅游共同构成支柱产业，都是服务业，香港GDP构成中的93%是服务业创造的，所以上海也可以把金融服务、贸易和物流、专业服务、先进制造服务业等领域明确为重点发展方向，借鉴"小政府大市场"的开放性发展理念，降低社会交易成本，创造良好市场环境，确保上海现代服务产业整体布局的合理性和互补性，鼓励民营机构、社会资本直接或间接参与政府规划项目，同时完备人才要素，成立现代服务业推广策略小组，加强与投资相关的数据库建设……

屠海鸣侧身伏在茶几上，手中的笔在本子上飞快地行走——他当年在报社做记者多年练就的职业本领，至今还呼之即来。沉默已久的张伊兴此时也坐直身子，顺着丁志坚的思路，再结合屠海鸣关于"通过立法途径为上海软环境建设寻求法律保障"的建议，张伊兴认为所有这一切都需要依法行事，因为健全的法制是吸引外资的必要条件，所以在他看来，尽快制定一套与软环境建设相关的法律法规迫在眉睫。

屠海鸣深深地点头，他在深入调研中曾做过全面了解，香港除了基本法、普通法和衡平法之外，还有"成文法／条文法"以及部分中国习惯法和国际法，尤其令人印象深刻的是与商业经营对应的公司法体系，此外更有多达200余项国际条约和协议适用于香港。这些法律不仅满足了商界的需求，也为亚洲第二大股市、亚太投资者与项目融资专用公司提供制度保障。

屠海鸣又站了起来，"是的，软环境建设是一项长期的系统工程，要确保过程的连续性与持久性，就必须以法律形式给予保证。"

随着三位提案人的发言，现场讨论气氛热烈起来，大家由表及里深度探讨，畅所欲言建言献策，踊跃表达各自的看法。

这天过后，屠海鸣闭门谢客，完整构思这份新提案。

这份编号为十二届三次会议0670号《关于借鉴香港经验，进一步完善上海吸引外资软环境建设的建议》的提案，最终由屠海鸣执笔完稿，提交市政协。此时，屠海鸣清楚，这仅仅是迈出了第一步，最为关键的是能否落实，有效地发挥作用。

几个月后，提案来到"办前"环节，屠海鸣收到了上海市商委的书面回复，办理结果显示为"解决或采纳"。答复中肯定了0670号提案所述香港吸引国际投资的优势：低税率简单税制、投资贸易高度便利化、健全的法律体系、高素质人才；分析了沪港两地的软环境差距；高度肯定了提案中的四点建议。答复并对该提案"办中"提出四条建议，就下阶段工作也提出了明确的、切实可行的举措：

1. 加快制度创新，推动投资贸易便利化，改善投资环境，完善负面清单管理模式；2. 为全球创新要素跨境流动提供便利，为外资研发中心融入上海科技创新体系提供帮助，为符合国际通行规则的外资研发中心参与政府科研项目及成果分享建立常态化机制；3. 推动行政审批制度改革，简政放权，完善公共服务功能，建立商务委权力清单、责任清单，划清政府职能边界，提高政策制定透明度，全部取消非行政许可审批，并将外商投资管理的重心从事前审批向事中事后监管倾斜，同时放宽区县（开发区）外资审批项目权限；4. 构建法制框架，提高政务透明度，实施政府信息公开制度，维护人民群众的知情权、参与权、表达权和监督权，健全行政决策议事规则，建立决策咨询机制和政府立法公众参与机制。

屠海鸣对这份几乎回应了提案中每一点关切的答复，感到十分满意，从提交到立案再到办理，程序高效流转，通篇满溢着务实精神。

2017 年末，屠海鸣正在越南岘港出席 APCE 工商领导人峰会，会议间歇从国内传来消息，0670 号提案被评选为"十二届市政协优秀提案特别奖"。放下电话后他思绪万千，回想自己 16 年前当选市政协委员时立下的誓言：要当一名"六心"政协委员，用心、专心、细心、恒心、热心、爱心。

屠海鸣于 21 世纪初曾担任上海市政协港澳台侨委员会的特邀委员，不久后在九届市政协常委会上作为港澳人士被增补为市政协委员，此后担任了四届政协委员，共提交了 142 件提案，其中被评优的提案一直保持着年均一件的纪录，正是"六心"陪伴他、支撑他、守护他一路走来。

在履职中，屠海鸣"用心"撰写提案、社情民意、报告、建言，积极参加市政协与各专门委员会组织的调研、视察、协商、讨论；"专心"为上海经济发展、社会民生、城市建设建言献策。为书写旧改提案，他曾连续六年遍走上海大规模旧改基地，闸北"桥东二期"、黄浦"董家渡13、15街坊"、杨浦"平凉西块基地"、普陀"建民村"……每每与人谈起这些，他声情并茂，如数家珍。多少个日夜，他伏案书写包括提案在内的各种建言材料，内容从世博会建立"碳补偿"环保机制，到引导马路摊贩发展"夜市经济"；从建议出租车取消"夜间费"加收"高峰费"，到加快旧小区自来水管网改造进程，不一而足。

屠海鸣深知群众视角的重要性，因而他的视角要放得很低，低到看得见寻常百姓家的柴米油盐和疾苦，同时他也知道每一件提案的立意与站位都要很高，因而他的视角也要很高，高到能从全局出发，洞悉系统关联，寻时机、觅良策。如此前低后高，方能下情上达，政通人和。余下的，他全都交给了恒心、热心、爱心……

当屠海鸣再次翻开 0670 号提案时，时间的轮盘已转到了今天，他问丁志坚："还记得当年这件提案吗？"丁志坚点头。屠海鸣又问："如果不参考成文的监督与评价，你觉得我们当初的愿望实现了吗？"丁志坚用微笑回答了他。

（本文作者：三蛊）

# 自贸区"离岸通"平台落地临港新片区

提案号：1330101
提案名：关于在自贸区临港新片区建设在岸和离岸货物中转联动枢纽的建议
提案者：台盟上海市委

习近平总书记在上海考察时指出，自贸试验区临港新片区要进行更深层次、更宽领域、更大力度的全方位高水平开放，并针对新片区提出了"重要基地、重要枢纽、重要跳板、重要通道、重要试验田"的重要指示，其中的"重要枢纽"明确为，统筹发展在岸业务和离岸业务的重要枢纽。上海意识到临港新片区拥有洋山综合保税区，在建设"货物流"的在岸和离岸中转联动枢纽方面具有天然的优势。利用在沪总部功能型机构高度集聚的优势，通过政策突破，充分发挥上海服务国家建设"一带一路"桥头堡的作用，进一步提升上海的城市服务功能，促进上海"五个中心"建设。

2020年，台盟上海市委在上海市政协十三届三次全会上提出了《关于在自贸区临港新片区建设在岸和离岸货物中转联动枢纽的建议》。该提案当年被列为主席会议成员重点协商办理"创新体制机制，推进上海自贸试验区临港新片区全方位高水平对外开放"提案专题之一，同时还被评为市政协2020年优秀提案奖、优秀提案特别奖。

主办单位中国（上海）自由贸易试验区临港新片区管理委员会积极与市相关部门协同探索在岸和离岸货物中转联动枢纽的建设，2022年3月，"离岸通"平台接入临港新片区一体化信息管理服务平台，设立了"离岸通"临港中心。

## 初心：聚焦贸易监管制度和贸易便利化

2017 年 3 月底，国务院发布的《全面深化中国（上海）自由贸易试验区改革开放方案》（以下简称"全面深化方案"）明确提出，上海自贸试验区要创新合作发展模式，成为服务国家"一带一路"建设、推动市场主体走出去的桥头堡。至此明确，这是国家在全局高度对上海提出的新要求。

台盟上海市委长期研究自贸试验区建设，尤其重点关注上海自贸试验区保税区片区的建设研究。2019 年 12 月《中华人民共和国海关对洋山特殊综合保税区监管办法》（海关总署 2019 年第 170 号）发布，洋山特殊综保区被定位为当前开放程度最高、改革力度最大的海关特殊监管区。台盟市委提出，在货物贸易监管制度和贸易便利化方面，洋山特殊综保区是临港新片区的"特中之特"，其制度设计目标是打造我国贸易监管制度创新的高地功能，在打通国内、国际双循环的制度障碍上率先试点试验，通过释放政策外溢效应，"以点带面"推动临港新片区成为国内国际双循环的重要枢纽节点。

随着"一带一路"倡议被越来越多的国家认可，跨国公司及本土企业通过在上海设立采购销售类总部，意在整合以中国市场为主兼顾周边国家市场的采购销售业务，将"在岸"采购的国内货物与"离岸"采购的境外货物，在上海港集中拼箱后发往欧美国家，这与新加坡、中国香港定位于纯粹意义上的国际中转枢纽存在显著差异。目前，上海港的货物国际中转集拼比重不到总规模的 10%，仍存在巨大的发展潜力。可以利用在沪总部功能型机构高度集聚的优势，通过政策突破，降低全球供应链的综合成本。

## 决心：打造改革力度最大的"特中之特"

在临港新片区管委会支持下，台盟上海市委召开企业座谈会，邀请贸易企业、港口物流企业等进行座谈，掌握了基本情况。到重点企业进行实地调研，如元初供应链，深入分析企业开展相关业务的政策瓶颈。台盟上海市委与政府相关部门进行当面访谈，如上海海关自贸处，从海关监管的角度看洋山特殊综合保税区的制度设计。洋山特殊综合保税区是在原洋山保税港区的基础上设立的。由于洋山特殊综保区与原洋山保税港区相比有了更高的目标定位，因此许多原有入驻企业面临监管方式的变化。台盟市委在对原已入驻洋山保税港区的代表性企业调研时发现，以前可以正常进行的货物状态分类监管试点业务，在变更为洋山特殊综合保税区后无法进行，使得其作为国内国际双循环节点的功能无法更大程度地发挥。

在充分调研的基础上，台盟上海市委进行了综合研究分析：一是通过调研了解"海关总署 2019 年第 170 号文"出台后，进一步发挥新片区建设在岸和离岸货物中转联动枢纽方面的具体政策瓶颈，调研需要综合考虑企业诉求和监管制度设计（特别是监管安全等），在企业提出的贸易便利化需求与监管安全之间进行平衡。二是梳理和借鉴国外的先进经验，如货物状态分类监管制度在美国等发达国家有 80 多年的发展历史，有许多成熟的、可供借鉴的发展经验。当然在实际推动落地过程中，也需要结合中国国情逐步推动。比如，美国对外贸易区关于货物状态分类监管，本质上是一种基于企业而不是基于货物本身的监管，基于企业内控盘存制度的完善、企业自律以及事后审计三者的有效结合，从而保证了即使美国国内地位货物和外国状态货物发生混合加工的情况下，仍然做到可追溯，防范了风险和税收流失。而现阶段，我国国内的企业诚信制度和事后审计体系尚不完善，从政策建议的可操作性看，我们提出建议选取诚信度较高的企业（如 AEO 认证企业）试点事中抽查、事后审计和信息化账册相结合的监管制度，保证非保货物和保税货物发生混合加工情况下的可追溯，防范税收流失。

台盟上海市委认为，新片区在发挥在岸和离岸货物中转联动枢纽功能上尚存在以下瓶颈：

第一，国内货物进入洋山综合保税区的监管缺乏明确的法律依据，导致国内货物实际入区时的备案程序和手续相对烦琐，影响了在岸和离岸货物中转联动的效率。

第二，目前的货物状态分类监管制度创新试点仅限于纯物流模块，企业存在将保税货物和非保税货物进行混合加工的需求，货物状态分类监管试点有待于拓展到加工模块；

第三，海关总署 2019 年第 170 号文中第十七条指出，"海关不要求区内企业单独设立海关账册"，这意味着需要企业的 ERP 系统与海关（或新片区管委会）信息化系统进行某种方式的对接，这可能导致企业存在信息提供方面的顾虑，而且也缺少相应的法律依据。

第四，国际中转业务的税收设计问题。虽然国际中转业务的载体主要涉及货物的跨境流动，但其背后的决定因素是大型贸易商的订单贸易网络。对贸易商而言，可能同时操作在岸业务（"两头在内"或"一头在内，一头在外"）和离岸业务（"两头在外"），目前我国在企业所得税设计上缺乏针对离岸业务的国际通行税制，导致贸易商的税收成本较高。

由此，台盟上海市委在提案中提出了四条可行性建议：

一是通过法律法规形式，简化国内货物入区备案程序和手续。借鉴美国对外贸易区关于"国内商品地位"货物进出区的管理方式，通过出台法规细则的形式进一步简化非保货物进出区的备案清单手续，将非保货物进出区的备案清单手续要求和货物查验率，与企业诚信等级联系起来，为诚信企业（如海关高级认证企业）提供便利化通道。

二是深化洋山特殊综合保税区货物状态分类监管制度创新，将纯物流模块的货物状态分类监管，拓展到加工环节，允许国内货（非保货物）和国际货（保税货物）混合加工操作；建议选取诚信度较高的企业试点事中抽查、事后审计和信息化账册相结合的监管制度，保证非保货物和保税货物发生混合加工情况下的可追溯，防范税收流失。

三是企业账册设立方面，建议由新片区管委会层面出台相关法规明确企业账册的要素内容和标准，包括对货物临时处置、准入、存放、展示、操作、制造、销毁、转移和（或）运出区的所有记录。针对诚信等级较高的企业，不要求系统对接但实行事后监管审计；对诚信等级较低的企业，要求系统实时对接上传信息。

四是国际中转对应的税制上，基于不侵蚀在岸税基的前提下，在新片区探索建立符合国际通行惯例的离岸业务税制。借鉴新加坡的全球贸易商计划，对国际标准定义下的"两头在外"的国际转口和离岸贸易业务实行优惠所得税率，对国内在岸业务仍然沿用现行所得税率。

# 信心：建成特殊经济功能区

2020年4月16日，上海市政协在临港新片区管委会召开"聚焦'五个重要'的战略目标和功能定位，推进自贸试验区临港新片区全方位高水平对外开放"重点课题调研暨"创新体制机制，推进自贸试验区临港新片区全方位高水平对外开放"重点协商办理提案专题座谈会，市政协副主席王志雄参加。

针对新片区存在的部分开放政策落实难等问题，王志雄表示，改革必然会碰到各种现有体制机制的制约，对于这些制约，"要善于厘清问题瓶颈，并集各方之力进行突破"。比如，新片区在建设"货物流"的在岸和离岸中转联动枢纽方面具有天然的优势，可依托在新片区内建立洋山特殊综合保税区为契机，在国际中转的监管制度上突破，降低国内与国际货物中转集拼的综合成本，以增强其作为国内、国际中转联动的枢纽功能。

收到台盟上海市委的提案后，自贸试验区临港新片区管委会高度重视，认真研究，积极回应，对每一条政策建议都进行了详细有效的回复，并且在之后的工作实践中也有所改进。

例如，对提案中的"明确关于企业账册设立方面等法规、要素内容和标准"的建议，临港新片区管委会强化区内企业主体责任，推行企业自律管理、合规管理，根据临港新片区一体化信息管理服务平台及全面风险防控体系建设要求，进一步明确企业账册的要素内容和标准，包括对货物临时处置、准入、存放、展示、操作、制造、销毁、转移和（或）运出区等数据的收集，并探索不同信用等级企业数据对接的具体操作细则。

由于临港新片区的建设目标是对标国际上公认的竞争力最强的自由贸易园区，打造更具国际市场影响力和竞争力的特殊经济功能区，许多政策突破需要国家层面的支持，因此提案中一些建议需要逐步落实。例如，提案中的关于"国际中转对应的税制上，基于不侵蚀在岸税基的前提下，在新片区探索建立符合国际通行惯例的离岸业务税制"的建议，将符合国际惯例的离岸业务纳入15%优惠所得税行业目录，这不是上海层面能够解决的，需要进一步向财政部等国家部委寻求突破，未来还需要争取国家部委更大力度的政策支持，以推动《中国（上海）自由贸易试验区临港新片区总体方案》中提出的各项任务措施落地。

在各方推动下，临港新片区正扎实推进落实各项制度创新，实现"管得住、放得开、效率高、成本低"，早日建成具有较强国际影响力和竞争力的特殊经济功能区和现代化新城。

（本文作者：曹忆青）

# 进博会：让消费者"不出国门买全球"

提案号：1330216
提案名：关于创新贸易博览新模式，放大进博会消费引领效应的建议
提案者：市政协对外友好委

2024年暑假，上海南京东路的进博集市城市会客厅，全国各地游客纷纷前来打卡。在这个500平方米的空间内有25个国别主题馆，引入5000余款进博同款和国别特色商品。近年来，依托中国国际进口博览会（以下简称"进博会"）的溢出效应，一批批以往并不常见的进口商品，进入中国市场，受到消费者喜爱。

从某种程度上来说，进博会不是用来买东西的地方，但这并不妨碍人们便捷、高效地买到进博会的东西。从第一届到第六届，随着进博会的展会时空持续向外延展，中国消费者"不出国门买全球"已不再是梦。

自2018年第一届进博会以来，如何"用好进博效应、促进消费升级、满足消费需求"，一直是上海政协委员关注的议题。2020年，在集萃委员观点精华的基础上，市政协对外友好委提交提案——"关于创新贸易博览新模式，放大进博会消费引领效应的建议"，得到相关部门采纳和落实。可以说，中国消费者"扫货全球"的背后，也有委员的功劳。

## "什么都想试，什么都想买"

2018年11月的上海国家会展中心，万商云集，万象缤纷。

从发达国家到不发达国家，从世界500强到新锐公司，从海外食品饮料"土

特产"，到全世界最小的心脏起搏器等顶尖医疗器械，五洲四海宾朋纷至沓来，全球产品汇聚一堂。

"眼睛都看花了，什么都想试，什么都想买"——2018 年首届进博会上，来自全球的 1793 家参展商展出 476 项新产品、新技术、新服务，引起了观展者们的浓厚兴趣。

高热度、高人气的进博会，背后是广大消费者对"全球好物"的渴望。2019 年，商务部发布《主要消费品供需状况统计调查分析报告》。据统计，我国 79.6% 的消费者购买过进口消费品，其中 41.7% 的消费者购买进口消费品占其购买同类消费品比重超过 10%。

"扩大优质产品进口，可以丰富国内消费者的购物选择，有利于满足百姓对美好生活的需要。"市政协委员黄罗维说，应持续放大进博会的溢出效应，将更多进口展品转化为商品，点燃公众的消费热情，满足公众多元化的消费需求，持续促进消费升级，培育消费新增长点。

2019 年，围绕"进一步探索发挥进博会溢出带动效应"，市政协对外友好委联合上海虹桥商务区管委会、上海社会科学院等单位开展课题调研。如何借助进博会促进消费、拉动消费，成为不少委员的关注焦点。

那年，上海举办了第二届进博会，21 家参展商入驻虹桥进口商品展示交易中心，部分进博会商品，实现了场外的同步首发首卖。不过，在调研中，市政协委员徐珊珊发现了一个耐人寻味的现象：在进博会举办期间和延展期间，虹桥进口商品展示交易中心、绿地全球商品贸易港人潮涌动；而在进博会闭会期间，这些地方的商品种类和客流量都下降了。

"进博会是'永不落幕'的，进博会的效应，不应该只局限于短短几天的展会。"徐珊珊认为，上海应设立进博会商品的常年展销平台，让消费者不出国就能买到更多心仪的商品。

"进博会参展商的许多食品农产品，还没有进入中国、进入老百姓的购物袋。"市政协委员朱永兴建议，上海打造"6 天 +365 天"保税展示交易服务平台，让更多进口产品与中国企业、消费者直接对接，让百姓可以直接体验、直接购买。

# 莫让进博会产品"只能看不能买"

进博会上的优质产品，如果"只能看不能买"，这对广大消费者来说，无疑是一件憾事。进博会引发的消费热情，不应该遇冷；进博会带来的消费机遇，不应被错失。

在对委员们的观点进行提炼、集萃的基础上，对外友好委形成了课题调研报告，并将其转化为一件凝聚了集体智慧的提案。在2020年的市政协十三届三次会议上，对外友好委提交了"关于创新贸易博览新模式，放大进博会消费引领效应的建议"。

提案强调了"更大化地衍生进博会经济社会效益"的重要性——进博会作为一场综合性的大型国际贸易展览会，既有面向专业客户的采购需求、合作需求，也有面向消费者的推广效应、消费效应，尤其是在这个互联网、跨境电商消费、个性化生产定制的新时代。

对于如何让更多进博商品快速走进百姓家中，提案建议，通过开辟专场和延展，满足公众多样化、多元化消费需求，比如，对于需求旺盛的银发经济和少年儿童市场，可以开辟进口产品场外展示中心。具有公众体验与消费内容的场馆，可以进行场外延展或长三角巡展。

提案建议，建立进博会展商与上海商业集团的互动机制，让进博会展品以最快速度进驻上海的商圈、商场、商店，在进博会后举办上海购物节，提升市民在消费上的获得感。

对这件提案，市商务委会同市经信委进行了研究和论证，并给予了高度评价：提案中提出了许多切实可行的建议，对持续放大进博会消费溢出带动效应具有非常重要的借鉴意义。

对于提案中的建议，市商务委一一回应。对于设立"进博会专场"，市商务委表示，上海已认定了49家进博会"6天＋365天"交易服务平台，累计引入近800家参展商的2万多种（件）产品。绿地贸易港共引进了50多个国别商品中心，外高桥在设立澳大利亚、智利等国别馆的同时还设立了森兰"一带一路国别汇"项目。

对于推动进博会"展品变商品"，市商务委表示，上海已围绕"进博展品进商圈、进商街、进商场"，开展内外联展联销活动，推广受广大消费者欢迎的快闪店、主题延展、商品市集、国别商品周等场外活动。绿地贸易港、虹桥品汇、东浩兰生集团等一批进博会"6 天 +365 天"交易服务平台，将整合红酒、汽车、化妆品等保税展示平台资源，开展一系列高水准、高质量、高人气的场外配套活动。接下来，本市主要商圈商街将举办各种进博会场外延展和品牌推介活动，提升消费者的满意度和获得感。

对于进博会"牵手"上海购物节，市商务委表示，2020 年举办的"拥抱进博·享购全球"2020 上海进口商品节，是本市推出的一项以进口商品为主题的消费节庆活动，是"五五购物节"的重要组成部分。本次进口商品节，以绿地全球贸易港、虹桥品汇、外高桥营运中心、小红书、洋码头等为代表的进博会"6 天 +365 天"交易服务平台，以百联集团、高岛屋等为代表的重点商贸企业，以麦德龙、家乐福等为代表的大型商超等，近 20 家龙头企业携500 余家线下门店、会同 40 余家线上平台广泛参与。本次商品节聚焦进博会"展品变商品"，开展 55 场进口商品系列活动，包括 39 场进口商品主题活动和 16 场国别商品周活动，推出一系列集"游、购、娱"于一体、线上线下配合的体验消费活动，做到"日日有活动，周周有亮点"。预计有 3500 多款进博商品参与本次进口商品节。

"市商务委等职能部门对提案办理很重视，主动和我们协商沟通，对提案落实情况及时回应。"十三届市政协对外友好委主任赵丹妮说，"提案中的不少建议，都和相关部门的构想不谋而合，被吸纳到相关工作计划之中。"

## 进博会效应催生"进博会同款"

提案得到采纳落实，委员们并未停下履职的脚步。

2020 年 8 月 20 日，上海市政协召开"抓住举办中国国际进口博览会契机，推进上海国际贸易中心新高地建设"专题协商会，委员们聚焦"进一步优化进博会的消费供给"各抒己见。市政协常委朱国建建议，上海依托进博会引进海外优质消费品，减少产品的进口许可备案审批时间，降低其进入中国市场的成本。市政协黄少星建议，对汽车、家用机器人、医药、化妆品等消费品的税率进行调整。市政协委员徐珊珊建议，推动进博会与上海市内的免税店对接，进一步发挥世博会在消费方面的溢出效应。这些建议都得到相关部门采纳。

在各方合力推动下，越来越多的进博会现场展品变成线上线下的商品，消费者可以在家门口"轻松购"，不用再到处"买买买"。经过3年发展，到2020年11月的第三届进博会，许多出现在"四叶草"展台上的产品，已同时出现在了进博会外的进口商品展示交易中心、商超、门店乃至网购平台，消费者可以通过各种渠道"淘"到心仪的产品。

"许多热门展品的醒目位置，都放了网购的二维码，并标明'进博会同款'。"在"四叶草"转了一圈，黄罗维感慨万分：从一块牛排到一辆汽车，从个性化的消费需求到大众化的消费需求，从一个人日常生活的需求到一座城市发展的需求，各种与之相关的产品，都被纳入"进博会同款"。"在那一刻，你会深深地感受到，进博会的溢出效应究竟有多大。"他说。

从2020年至今，上海聚焦"展品变商品，展商变投资商"的功能定位，持续放大进博会溢出带动效应，让越来越多的进博好物从"四叶草"场馆走向国内大市场。截至2024年8月，虹桥进口商品展示交易中心（虹桥品汇）已开设23个分中心。绿地全球商品贸易港开设63个国家馆，累计开设13个分港，推动5000余款进博同款商品进入国内市场。南京东路的进博集市城市会客厅，集中展销的进博产品来自20多个国别和地区，成为全球游客了解进博新品、体验国别商品的打卡场所。六届进博会以来，上海累计引进首店5840家。

开放的大门越开越大，进入中国市场的优质产品和服务越来越多。让广大消费者"不出国门买全球"的进博会，在经历了"七年之痒"后，依然魅力四射。

（本文作者：刘子烨）

# 长三角的虹桥 中国的虹桥 世界的虹桥

提案号：1331023
提案名：关于加快虹桥商务区建设，全力打造国际开放枢纽的建议
提案者：市政协经济界

朝阳初升，上海地铁2号线的一端国家会展中心站，靠近终点的几个站点上下客一片繁忙，这其中，有前往商务区的上班族，也有经虹桥火车站和虹桥机场来到上海的四方客。

这已经是上海虹桥国际开放枢纽推动"大商务""大会展""大交通"发展以来常见的繁荣景象。从虹桥国际开放枢纽出发，向南向北分别拓展连通至浙江和江苏两省多地，如同两条"血管"蜿蜒于长三角的"心脏"。

打造虹桥国际开放枢纽，建设国际化中央商务区，国际贸易中心新平台，一度是中央、市委对虹桥商务区发展的新定位、新目标、新要求。

如何在危机中育先机，于变局中开新局？上海该如何在新形势下立足自身优势，发挥上海多项战略叠加优势，推动经济高质量发展，推动改革开放向纵深发展，服务全国改革发展大局？虹桥商务区应该配置什么样的产业才能在这个过程中扮演更重要的角色……

虹桥商务区承载了多项国家战略，一直是广大政协委员高度关注的一个议题，也是政协长期跟踪调研、建言资政的一个课题。政协怎样在提案中提出高质量的监督性意见建议，也成为市政协经济委员会始终思考的问题。

2020年9月，市政协经济委员会提交集体提案——《关于加快虹桥商务区建设，全力打造国际开放枢纽的建议》，并于同年末得到虹桥商务区管委会的答复。

# "虹桥标准"发布，商务区蓝图进一步展开

虹桥的发展始于 20 世纪 80 年代。1983 年开始建设的虹桥经济技术开发区是经国务院批准的第一批十四个经济技术开发区之一，这是一个以展览展示为龙头、以外贸中心为特征、以现代服务业为核心的外向型开发区。

2009 年 7 月，虹桥商务区设立，总面积超过 86 平方公里，涉及长宁、闵行、青浦、嘉定四个区。根据当时的设想，虹桥商务区将建成一个可以承载上海城市高端商务甚至整个长三角 CBD 任务的大商务区。这里，将发展以商务为主的实体经济，和浦东所注重的金融为主的虚拟经济形成互补，打造一个全新的上海西部中心、一个全面对接和服务长三角区域的商务中心。"东面是浦东新区，西面是虹桥商务区，东西联动形成一个相映成辉的构架。"十三届市政协经济委员会主任徐建民回忆起虹桥商务区的初设，语气自豪。

一直到这之前，"虹桥"的意义更多在于上海地方规划。

虹桥枢纽落成完工、国家会展中心建设使用、进口博览会成功举办……"大虹桥"地区进入快车道开始高速发展。近十年时间，规模的国际开放枢纽景象逐渐清晰，服务长三角、联通国内国际双循环的枢纽功能初步呈现。"大虹桥"离上升为国家战略的时刻越来越近。

2018 年 11 月，沐浴在温暖的秋阳中，世界上第一个以进口为主题的国家级展会——首届中国国际进口博览会在国家会展中心盛大启幕。开幕式上，习近平总书记在发表主旨演讲时对上海提出三项新的重大任务：增设上海自贸区新片区、设立科创板并试点注册制、支持长三角一体化发展并上升为国家战略。

一年后，也是虹桥商务区成立的第十年，中共中央政治局会议审议通过《长江三角洲区域一体化发展规划纲要》。"《纲要》专门写了一段虹桥商务区的定位，我们很关注。"徐建民说。

新定位提出，要致力打造虹桥国际开放枢纽，提升服务国家发展大局能级，建设国际化的中央商务区和国际贸易中心新平台，形成服务长三角联通国际的枢纽功能。

很快，根据国家战略和上海市委、市政府决策部署，虹桥商务区管委会立足商务区定位和实际，坚持开门谋划、集思广益，会同市发改委、市商务委等委办局以及长宁、闵行、青浦、嘉定四区政府，反复征询各方意见和修改完善，制订形成《关于加快虹桥商务区建设打造国际开放枢纽的实施方案》。

2020年新年过后，上海市政府批复同意《上海市虹桥主城片区单元规划》（以下简称《单元规划》），完成了地方规划和国家规划的衔接。《单元规划》一直展望到2035年，提出包括虹桥枢纽1小时覆盖长三角区域县级以上城市数量比例超过60%，推动虹桥商务区与长三角区域主要城市形成2小时交通圈等内容，力求加强对城市空间尺度、建筑风格和城市色彩的分类引导，塑造"海派韵味、国际新锐、时尚交往"的整体风貌等。

"中央出台文件赋予了虹桥商务区新定位，上海市委也下发了新的文件，并推进得非常快。"徐建民说，"关于虹桥商务区的建设和发展设计，这一次站位更高了，中央定位更明确了，总体布局也更加优化了。总的来说，枢纽平台的功能更加彰显，经济的集聚度显示度更为提高，进博会溢出带动效应更为显现，服务长三角桥头堡的功能更为集聚。"

"政协的工作，是建言建在需要时，议政议在点子上，监督监在关键处，我们觉得这正是一个需要的关键处，所以就着手开展工作。"他说。

于是，经济委员会把焦点汇聚在《长江三角洲区域一体化发展规划纲要》《关于加快虹桥商务区建设打造国际开放枢纽的实施方案》《上海虹桥主城片区单元规划》等文件的贯彻及推进落实情况上，助力上海持续谋划"虹桥国际开放枢纽"之大手笔。

## 巧用"背靠背"调研，共性问题一一浮现

枢纽地区本身就具有链接区域的属性，虹桥作为国内首个也是最具代表性的枢纽地区，自然在功能和空间上发生了深刻转变，同时也面临一系列问题与挑战。

初夏时节六月，由市政协副主席金兴明牵头，经济委员会组织相关委员、专家组成课题组，迅速开展课题调研。

10 日赴虹桥商务区调研。

16 日邀请闵行区、长宁区接连召开 2 场重点课题调研座谈会。

17 日邀请青浦区、嘉定区再次召开 2 场座谈会……

回忆起接连开展的调研与座谈，无论是委员还是政府部门的相关负责人，都对当时政协调研采取的"背靠背"单独座谈的方式记忆深刻——也就是对虹桥商务区建设的主要参与方，如管委会，长宁、闵行、青浦、嘉定区政府等单独座谈。

"这是一个颇显智慧的细节。这样座谈才放得开。"好几位参与座谈的部门相关负责人称赞道。正是这样的精心安排，诸如责权不对称、建设资金回收补偿机制不畅、项目招商竞争无序、基础设施建设各有盘算之类"不太上得了台面"，却实实在在构成阻力的问题，才被更为充分、清晰地呈现。

调研组首先来到虹桥商务区。"在对虹桥商务区管委会进行调研期间，我们了解到虹桥商务区建设尚存在一些亟须关注的问题和打造国际开放枢纽的瓶颈。听到这些问题和瓶颈大家并不意外。"徐建民说。

其中，被多次提到的便是虹桥商务区一定程度上存在"群龙治水"现象。

虹桥管委会当时的体制是"管委会抓顶层设计、区政府负责开发管理、市级功能性公司参与功能打造、市级部门提供支持与指导"，商务区建设涉及 43 个责任主体，协调效率难以提高，统筹不够顺畅。

管委会方面在会上呼吁，"需要进一步强化统筹协调能力，希望可以形成'虹桥事，大家办'的局面。"

此外，商务区内公共服务资源配置不够均衡，服务配套不够充分，热门项目抢着要、冷门项目躲着走；区内交通不够顺畅、基础设施布局难等情况也在调研中被逐一讨论。

一周后，与长宁、闵行、青浦、嘉定区政府相关部门的座谈交流会在市政协召开。

经过前期的实地调研，有委员认为，虹桥商务区内存在"南区热闹，北区冷清"现象，区域内发展不平衡不充分，跨区域共建共享共保共治机制尚有待健全，基础设施、生态环境、公共服务一体化发展水平有待提高。

"虹桥商务区到底会有什么政策？"与会的一位嘉定区发改委负责人急

切发言，"我们接触的不少有意入驻的企业都在打听"。而另一位区商务委的同志则直言期待"政策能做加法，对后发板块有倾斜"。

在携手共建"虹桥国际开放枢纽"的时代潮流中，大家都积极贡献智慧力量。最终，经济委集合委员、相关政府部门和专家学者观点的精华，形成凝聚了集体智慧的课题调研报告。

## 提案后持续关注，枢纽项目迎来正式启动

"这次调研中，大家提出了很多实在的甚至是尖锐的问题，建议也很有创意。"总结为期半年的调研，徐建民这样评价道。于是在九月，经济委将课题调研报告转化为提案《关于加快虹桥商务区建设，全力打造国际开放枢纽的建议》。

提案对标《关于加快虹桥商务区建设 打造国际开放枢纽的实施方案》，从管理体制机制有待优化、区内及长三角省际交通通达性有待提升、公共服务资源配置不够不均衡等多问题切入，展开分析，共提出 8 条建议：明确功能定位，高起点推进虹桥开发区建设、重构管理体制机制，形成高效市区联动格局，提升区域网络连通性，全面提高综合交通枢纽管理水平，强化公共服务资源配置，提升服务国际化水平、持续放大进博会溢出带动效应，提升国际贸易中心新平台能级，增强总部经济吸引力，汇聚国际高端人才，加大产业培育力度，完善产业生态，加强顶层设计，高起点谋划虹桥商务区"十四五"规划。

提案一经提交，虹桥管委会随即认真研究，并结合市发改等部门的会办意见形成答复。管委会对提案给予了高度评价：提案所提的意见建议，政治站位高，与国家和本市的相关要求紧密衔接，紧扣虹桥商务区实际，具有很强的针对性和创新性。同时从加快虹桥商务区建设重点工作推进情况和全力打造国际开放枢纽两方面作了详细的答复。

值得一提的是，在 2021 年初召开的上海市政协全会上，徐建民以提案中的一项建议为主要内容，作了主题为"把虹桥商务区共同打造成为长三角一体化发展的虚拟行政和服务中心"的大会发言。以实际行动将对虹桥的关

注一直延伸至提案办结之后。

2021 年 2 月 24 日，国家发改委印发《虹桥国际开放枢纽建设总体方案》，明确建设范围包括"上海虹桥商务区，长宁区、嘉定区、闵行区、松江区、金山区，江苏苏州市、相城区、苏州工业园区以及苏州市代管的省辖市昆山市、太仓市，浙江嘉兴市南湖区、平湖市、海盐县、海宁市"，标志着虹桥国际开放枢纽建设项目正式启动。

2023 年 7 月 10 日，国家发改委印发《关于推动虹桥国际开放枢纽进一步提升能级的若干政策措施》，表明虹桥枢纽建设进入实质性运营阶段。同年 11 月，习近平总书记在深入推进长三角一体化发展座谈会上强调，进一步提升虹桥国际开放枢纽辐射能级，标志着虹桥枢纽建设进入从以内部治理为主向区内功能升级与对外辐射并重转变的新阶段。

三年来，虹桥国际开放枢纽在推进建设过程中准确把握四大关键词，"虹桥"特色更加鲜明、"国际"水平持续提升、"开放"格局日益深化、"枢纽"地位不断巩固，蓝图成为"施工图"和"实景图"。从"一核两带"扩大到三省一市，"上海的虹桥"，正逐步跃升为"长三角的虹桥""中国的虹桥"乃至"世界的虹桥"。

（本文作者：施丹璐）

# 筑梦在美丽的田野上

提案号：1340001
提案名：关于进一步推进上海乡村振兴示范村建设的建议
提案者：市政协农业农村委

2024 年 18 月，某网站推出了奉贤区吴房村"民宿＋黄桃采摘"套餐，刚上线不久便被市民们抢购了大半。"我们村被称为世外桃源，特色亮点就是黄桃产业"。村委会主任秦瑛表示，"每年暑假和节假日村庄都能收获一波近郊游红利，游客被焕然一新的乡野吸引而来。自从吸引了国有资本、社会资本、科研院所等多方力量的参与，成功激活了乡村的沉睡资源和资产，小村庄变身田园综合体，黄桃＋实现农业、加工业、服务业'跨界'经营，租金、股金、薪金'三金模式'增加农民收入。"

在上海和吴房村一样通过示范村建设谋得发展的村庄还有很多，像闵行区革新村、松江区黄桥村、青浦区莲湖村等，早已成为市民"筑梦"的地方。然而多数人并不知道，在此之前，村庄河道黑臭、道路泥泞、房屋灰暗低矮，几乎是常态。

那么，助力新农村建设的政策究竟从何而来？故事要从市政协十三届四次会议农业和农村委员会成立说起。

## 专委会成立　高站位谋划

2019 年是上海市政协农业和农村委员会成立的第一年。市政协副主席金兴明联系农业农村相关工作。他提出，虽然农业在上海生产总值中的占比不到 1%，但乡村面积却占到陆域总面积的 85%，政协应当高度重视"三农"工作并建言资政。

"上海国际化大都市应该建设什么样的农村，这是我们这个新成立的专委会一直在考虑的问题。"时任市政协农业和农村委员会主任邵林初说，"我们希望站在为上海落实乡村振兴战略打造新引擎，为社会主义国际化大都市建设搭建新舞台的高度，为上海乡村振兴精准把脉。"这也是市政协农业农村委成立之初就着手解剖示范村案例的初衷。

乡村振兴示范村建设是上海实施乡村振兴战略的重要举措，是上海"十四五"规划的重要内容。当时上海以推进美丽家园、绿色田园、幸福乐园"三园"工程建设为抓手，积极围绕产业发展、生态宜居、乡风文明、乡村治理及农民生活富裕等推进乡村振兴工作，并取得了可喜的进展。2018 年和 2019年上海分别启动了第一批 9 个和第二批 28 个市级乡村振兴示范村建设，2020年，全市又有 33 个村列入第三批上海市乡村振兴示范村建设计划。

第一批和第二批示范村建设情况如何，是否在产业发展、生态宜居、乡风文明、乡村治理及农民获得感上取得成效？示范村在建设过程中存在哪些问题，发展模式是否可复制、可推广……一系列问题等待着政协委员、专家和学者的剖析。

2019 年末，新专委会成立后不久，组织政协委员、专家、业内人士组成调研小组，本着以"小切口"反映"大主题"的宗旨反映问题、精准建言，找准党政所思、群众所盼和政协所能发力。农业和农村委员会与对外友好委员会、界别和地区工作委员会等多个专委会开展联合调研，组织涉农区政协和农口相关部委开展"谈农说村"市、区政协农业和农村委员会联席会议，邀请来自不同界别的委员参与乡村振兴调研，从经济、文化、生产等多维度提出建言，对超大型城市"三农"情况形成了立体的认识。

2021 年 1 月，市政协农业和农村委员会提交的"关于进一步推进上海乡村振兴示范村建设的建议"，其中打通盘活示范村土地资源的政策瓶颈、凸显示范村的乡村肌理和传统文脉等建议，与一个月后中央发布的一号文件——《中共中央、国务院关于全面推进乡村振兴加快农业农村现代化的意见》不谋而合。这件高质量的提案背后，可谓以问题为导向，"脚上沾泥"式调研的典型案例。

## 十余次实地调研　脚上沾泥

2020 年，调研小组跑遍全市九个涉农区，开展十余次调研活动，实地调研了宝山区罗泾镇塘湾村，嘉定区华亭镇联一村，金山区漕泾镇水库村，松江区泖港镇黄桥村等多个基层镇、村的乡村振兴示范村建设情况，并召开座谈会，邀请市、区农业农村委负责人介绍情况。

调研组注意到，示范村普遍重视建立健全自治、法治、德治相结合的乡村治理体系，如松江区泖港镇黄桥村建立精细化党建服务网络，金山区漕泾镇水库村通过数字电视、手机 App 等搭建协商议事平台等。"乡村治理水平获得显著提升"——调研中超过 90% 的村民对"村财务公开""选举公平正义""村两委团结战斗情况"均表示满意。

系列调研中，"乡村产业发展"是参与调研的委员们最为关注的问题之一。围绕乡村产业发展，委员们提出诸多建议，包括促进个性化农业发展，探索符合信息化时代趋势的"都市小农、微农"模式，吸引更多年轻人下乡回乡创业；打好土地、金融、税收等方面的政策"组合拳"，稳定资本市场对参与乡村振兴的收益预期，推动社会资本积极参与示范村产业项目建设等。这些意见，与国家九部委 6 月 17 日联合发布的《关于深入实施农村创新创业带头人培育行动的意见》文件要求有着异曲同工之妙。

委员们注意到，个别地方在推进农民相对集中居住过程中，简单地照搬城市规划建设的思路，把乡村振兴示范村建成城市风格，在乡村建筑风貌设计中采用"去农村化"的"兵营式"风格，导致乡土肌理的弱化和文化记忆的丧失；一些示范村对延续农耕文化、营造体验文化、实现"商旅文"一体化的规划定位不够清晰，难以打造过目不忘的"文化名片"和形成吸引力强的"文化地标"。

调研的另一条主线，是围绕发展都市现代绿色农业产业、休闲农业、创意农业以及农旅综合体，加大农文、农旅、农体、农教结合力度，探索完善一二三产业融合机制，不断延伸农业产业链、价值链、利益链展开。随着调研深入，大家逐渐认识到一些共性问题：不少示范村建设用地的增量空间紧张，加上近年来集体建设用地减量化、规划空间偏少等原因，影响了"农业+"产业的落地；设施农业用地的容积率和用途均被现行政策严格限制，难以用于发展餐饮、住宿等配套设施，导致农业旅游、休闲农业等产业升级难；示范村的宅基地改建项目审批流程复杂，涉及部门众多，遇到难以取得消防、卫生等行政许可的困难，无法发展民宿、康养等产业，阻碍了农村新产业新业态的蓬勃发展。

5月22日，上海市政协农业和农村委员会赴浦东新区调研，召开"谈农说村"市、区政协农业和农村委员会联席会议。会上，邵林初介绍"上海乡村振兴示范村建设推进情况"课题调研报告初稿撰写情况，各区政协农业和农村委员会负责人、农业界召集人就进一步完善课题调研报告提出建议，如："十四五"规划要充分考虑、高度重视乡村振兴问题，注重做好农业、农村、农民的发展问题，要培养乡村新型人才，建设乡村振兴示范村，增加乡村产业培育扶持力度。邵林初认为，要从上海建成卓越的国际大都市的角度考虑乡村振兴示范村建设的问题，用长远的战略眼光、高级别规划建设乡村振兴示范村。

## 上千份问卷调研　摸清实情

2019年11月5日，上海市政协开展"上海乡村振兴示范村建设推进情况"年末委员视察，金兴明在视察中表示，乡村振兴示范村建设得好不好，直接关系到上海能不能更高水平上全面建成小康社会。他指出，要大力推动农村公共服务均等化，营造良好的农村创业就业环境，吸引乡贤能人返乡创业和社会下乡投资，并持续优化示范村干部人才梯队培育和选拔模式，建设一支更加精干有力的村干部队伍。

专委会通过网络平台向村民和村干部采集上千份电子调研问卷，进行了全面深入的调研，并将结果写入了调研报告。作为报告的执笔人，农业科技信息研究所副所长张莉侠坦言，这一次调研比以往任何时候更深入农村基层。

"电子调研问卷面向九个涉农区，共发放了356份村民版和147名乡村振兴示范村村干部版问卷。"在邵林初带领下,专委会成员征求了市农业农村委、市农科院和相关专家的意见建议,设计并发放了问卷。时任市政协农业和农村委员会常务副主任、市农科院院长蔡友铭表示,要整合大量数据和一手材料,听取各方面意见建议,咨询专家学者,最终形成的报告才有说服力。

问卷调查了村民受教育程度、年龄分布、家庭经济水平以及收入来源等基本信息。调研显示,农民受教育水平不断提高,受过高等教育者越来越多,村民主要收入来源于村或镇就业、外出经商、房屋出租、务农等多种途径,其中在本村或本镇就业是最主要的收入来源。示范村建设对村民的影响非常明显,调研时与 2018 年相比,半数以上村民收入增加,但受制于政策实施时间影响,增加幅度有待进一步提升,超过 85% 的村民对乡村振兴战略的相关政策非常了解或比较了解,政策知晓度较高。

参与调研的村干部在年龄结构上趋于年轻化,学历方面,近九成的村干部拥有大专及以上学历。在示范村建设投资结构方面,平均每个村的投资规模为 2 亿元,最大的投资规模为 18 亿元,绝大部分资金都来自于上级财政拨款。在人才引进方面,设有人才激励和引进政策的村庄占比 68% 以上。

乡村振兴示范村建设能否带动本村劳动力就业,是示范村建设成效的一个重要考量。调查分析发现,示范村建设吸纳本村劳动就业的村干部人数占比为超过一半以上,带来村庄收入大量增加。乡村振兴示范村建设完成后,多数示范村运营资金充足,且收支平衡。村委会牵头运作模式占大多数,其次为社会资本牵头运作和国有企业、村民自主运作。

## 相关部门高度重视  提案落地

综合各方面情况和数据,2020 年 12 月,专委会聚焦农村问题形成了《上海乡村振兴示范村建设推进情况调研报告》,并从中选取核心内容形成提案《关于进一步推进上海乡村振兴示范村建设的建议》。

"上海农民一直饱尝土地不值钱、劳动力不值钱、农副产品不值钱之痛。因此,必须紧紧抓住'三农'工作痛点难点,只争朝夕推进乡村振兴。"2021年 1 月,上海市政协十三届四次会议的大会发言上,邵林初代表市政协农业和农村委员会发言，推进提案办理进程。

在提案中，市政协农业和农村委员会针对上述问题作了具体的分析和建议：本市乡村振兴示范村建设存在盘活土地资源瓶颈较多、示范村的乡村肌理和传统文脉不够鲜明、示范村建设的可持续推进机制有待完善等问题，应打通盘活土地资源的政策瓶颈，凸显乡村肌理和传统文脉，完善可持续推进机制。

2021年5月，市农业农村委办理提案，结果显示"解决采纳"。相关负责人表示，提案提出的进一步推进上海乡村振兴示范村建设的建议，对本市农业农村优先发展、推动乡村振兴示范村建设、完善农村基础设施长效管护机制等工作提供了非常有益的参考。市农业农村委高度重视该提案，在同年3月会同相关部门在凝练经验、厘清问题基础上，参考提案建议制定了《关于进一步提升乡村振兴示范村建设水平的若干措施》，计划到2022年底将高水准建设90个乡村振兴示范村，并根据提案中的建议提出具体办法。

针对示范村盘活土地资源政策瓶颈较多的问题，市农业农村委着手完善规划实施机制、建立专项协调机制、落实用地保障考核机制、形成经验案例推广复制机制，使乡村用地保障难、民宿证照办理难等长期困扰乡村发展的难点问题有了解决通道，目前示范村已盘活350余栋农宅用于乡村产业发展，各区均有民宿取得证照。

针对示范村乡村肌理和传统文脉不够鲜明的问题，市农业农村委会同市规划资源局、市住房城乡建设管理委围绕示范村建设要严把质量关，优设计、抓实施、见成效的要求，出台了《关于进一步加强乡村振兴示范村村庄设计工作的通知》《上海市村庄设计导则》《关于建立上海市乡村建筑师名录的实施意见》等一系列政策，初步组建了一批乡村规划师和建筑师队伍，建立了"部门＋专家"的工作指导机制，对九个涉农区风貌提升工作逐一现场指导，并开展专题授课。

针对示范村建设可持续推进机制有待完善的问题，2021年市乡村振兴战略工作领导小组印发《关于进一步提升乡村振兴示范村建设水平的若干措施》，通过推动产业长期发展、提高财政投资效益、拓宽集体经济和村民增收路径、开展示范村持续观察等途径，着力引导各涉农区合理确定财政投入，并按照一次规划、分步实施的步骤，稳步推进示范村建设。

2024 年乡村振兴示范村进入第六批建设阶段，目前完成创建或正在创建的市级乡村振兴示范村有 140 多个，5 年的成果令人赞叹。

市政协关于乡村振兴的课题调研仍然在不断推进中。2024 年 5 月 30 日，上海市政协农业和农村委员会与市政协界别和地区工作委员会组织跨界别委员开展"本市乡村振兴示范村建设情况"委员平时视察暨重点提案督办调研。金兴明在调研中建议，鼓励做好产业创新，进一步提升产业发展水平，加强规划引领，进一步提升乡村建设水平，拓宽增收渠道，进一步提高农村农民收入。市政协农业和农村委员会主任殷欧表示，通过不断调研实地走访示范村，听取市农业农村委员会和各区乡村振兴示范村建设情况介绍，为政协委员建言献策提供了良好的工作依据。未来，乡村振兴还将不断推进。

（本文作者：丁元圆）

# "东方明珠"携手"东方之珠"
# 谱写沪港合作新篇章

**提案号：** 1340110

**提案名：** 关于进一步推进沪港船舶飞机租赁行业加强资本及金融市场合作的建议

**提案者：** 市政协港澳台侨委

上海背靠长江水，面向太平洋，长期引领中国开放风气之先……

我国首个航运指数期货上市交易；国产飞机C919投入商业载客运营；华夏国际邮轮有限公司在沪成立；上海港集装箱吞吐量连续第十四年蝉联全球第一……2023年，上海国际航运中心建设奋楫争先，赓续前行，连续四年排名国际航运中心第三名。

上海国际航运中心建设自1996年上升为国家经济发展的重大战略以来，成果丰硕，进步显著。近年来，上海航运产业空间布局基本形成，海空枢纽建设稳步推进，现代航运服务能级不断提升，数字智能绿色转型步伐加快，国际化水平迈上新台阶。当前，上海国际航运中心建设，正从"基本建成"向"全面建成"跃升。

香港背靠内地、面向世界，有着许多有利发展条件和独特竞争优势。香港的银行业、保险业在全球处于领先地位，香港的债券发行在亚洲处于领先地位。

香港在船舶注册方面，以吨位来计，2023年位列全球第四，这有赖于香港完备的配套服务业，包括法律、会计、融资等方面，能为船舶运营商带来更高的价值。此外，香港还是全球四个航运仲裁地之一，受到航运商青睐。航运效率方面，香港也处于世界领先水准。

2021年，市政协港澳台侨委员会提交"关于进一步推进沪港船舶飞机租赁行业加强资本及金融市场合作的建议"提案，围绕沪港相关领域合作献计出力。

# 各扬所长，携手合作

上海是长三角世界级城市群的核心城市，香港是粤港澳大湾区的中心城市之一。2003年，上海和香港建立沪港经贸合作会议机制。至今，双方已经召开了6次合作会议。沪港双方合作领域不断扩大、合作项目日益增多、不断深化，合作范畴向多层次多领域全方位拓展，从经贸领域扩大到卫生、旅游、文化、教育、城市治理等领域，取得丰硕成果。两地文化艺术机构互访演出和互办展览活动活跃，文化创意产业合作不断推进；双方搭建多个沪港科技交流平台，鼓励引导上海与香港高校、科研机构、企业之间开展科技创新合作……有力地促进了两地经济社会发展。

香港是上海重要的贸易伙伴。2023年，香港在上海新设立的企业约1700家，投资超过170亿美元。同时，香港也是上海企业"走出去"的重要窗口，截至2023年底，上海企业在香港上市约200家，市值约2万亿港元。作为香港和内地资本市场互联互通的重要举措，沪港通将在今年迎来10周年。截至2023年底，沪港通北向交易已为内地股市带来逾9000亿元人民币净资金，南向交易为香港股市带来逾1.5万亿港元净资金。

在上海，有条香港路；在香港，有条上海街。上海和香港人文相亲、经济相融，合作交流源远流长。一个是东方明珠，一个是东方之珠；一个是玉兰花，一个是紫荆花；一个是长江口，一个是珠江口；一个是南北之中，一个是东西之交。

开放、创新、包容的上海城市品格与开拓进取、自强不息的香港狮子山精神，正是中国发展进步的生动写照。很多场合，上海和香港被相提并论。如今，双城都被赋予代表国家参与国际合作与竞争的重任。

2023年，交通运输部、中国人民银行、国家金融监督管理总局、中国证券监督管理委员会、国家外汇管理局联合印发了《关于加快推进现代航运服务业高质量发展的指导意见》。其中提出，巩固提升香港国际航运中心地位，加快建设世界一流的上海国际航运中心。

航运业承载着全球超过80%的货运量，对全球贸易和经济增长至关重要。高端航运服务是世界级国际航运中心的重要标志和核心软实力，也是提升国际航运中心城市核心竞争力的关键抓手。沪港两地亟须积极开拓航运物流领域更多合作空间，特别要在高端航运服务业领域强强联手，提升航运资源全球配置能力。通过沪港合作促进长三角和粤港澳大湾区优质资产与全球市场进行有效对接，实现资源共享、互利共赢。

2019年，在"沪港合作与发展"研讨会上，全国政协副主席梁振英提出，沪港可就国际航运中心高端航运专业服务开展合作。2020年，市政协港澳台侨委员会将此列为研究课题，根据沪港两地同为国际航运中心的特点，聚焦飞机租赁和船舶租赁，开展"沪港国际航运中心高端航运专业服务合作"课题调研。

## 聚焦高端航运专业服务，开展调研

2020年4月15日，市政协港澳台侨委员会赴春秋航空股份有限公司调研，围绕"沪港国际航运中心高端航运专业服务合作"课题，召开座谈交流会，深入了解春秋航空融资租赁情况、吉祥航空公司飞机租赁情况、浦银金融租赁股份有限公司与相关航空公司的合作情况等。同时，调研组的委员们从金融、民航、政府、行业协会的角度，分析了沪港高端航运合作的现状，并对比国际先进经验，提出意见建议。

航运企业船舶租赁如何防范汇率风险、利率风险、行业周期性风险、资产风险等系统性风险？内地船舶租赁企业如何更好地利用香港多层次资本市场，拓宽资金融通渠道？等等。2020年6月16日，在上海外高桥造船有限公司，市政协港澳台侨委员会与该公司和中船租赁公司相关领导和部门负责人座谈交流，深入了解船舶租赁业务情况。同日，在中国（上海）自由贸易试验区临港新片区管委会，调研组与管委会相关负责人座谈交流，深入了解新片区航运租赁业发展情况及下一步政策支持思路等。

"建议加快金融制度创新，不断拓宽与境外金融机构在船舶租赁项目的合作，增强政策吸引力，进一步加大对自贸试验区企业的税收政策优惠力度，完善法律保障体系，配套相关产业服务体系，打造融资租赁产业高地，着力发展高端航运金融业务。"座谈交流中，徐力、侯维栋、徐大振等委员建议，新片区要明确发展目标，做好长远规划和发展创新，在航运金融服务、航运专业化服务团队建立等方面与香港加强交流合作，提高上海的航运专业服务性企业整体实力。同时，借鉴国际先进航运租赁经验，完善营商环境，提高综合竞争力。

一天之内两场专题调研座谈会，会议时间加起来近 6 小时……2020 年 8 月 5 日，市政协港澳台侨委员会联合侨联界别赴国际海事组织亚洲海事技术合作中心和上海国际航运研究中心开展调研，12 位委员从加强对金融数据的分析研究，提高数据建模水平，拓展金融服务保障能力，完善航运业法律保障服务，发展航运咨询业，加强与航运科研院校合作，完善行业硬件配套设施等方面提出真知灼见。

上海国际航运中心在基本建成后，接下去应该如何推进相关工作，是不少委员关心的话题。李思明委员建议，"可以充分发挥科研机构优势，加强对金融数据的分析研究，提高数据建模水平，拓展金融服务保障能力，促进航运服务综合实力建设。"齐轩霆委员建议，"要注重发展航运咨询业，适应国际行业发展需求，完善航运业法律保障服务，提高在国际航运服务业的国际影响力。"

从航运服务业交流互动层面分析，吴心宏委员建议，"要加强与航运科研院校合作，增进与大型国企、央企互动交流，科学配置航运资源，聚力促进沪港航运高端服务业发展。"青年专业人才是国际航运中心发展建设的储备力量。"与香港合作，要特别注重与香港青年人的交流沟通。"姚珩委员建议，"沪港国际航运中心高端航运专业服务合作需要专业人才，也可以为青年人提供更多的发展机会与平台，促进香港青年人更好地融入祖国发展。"

让中国的大飞机翱翔蓝天，是中国历代航空人的梦想，也是全体中华儿女的共同心愿。中国商飞公司是实施国家大型飞机重大专项中大型客机项目的主体，以及统筹干线飞机和支线飞机发展、实现我国民用飞机产业化的主要载体。2020年8月18日，市政协港澳台侨委员会组织部分委员赴中国商用飞机有限责任公司调研，召开座谈交流会。委员们与相关领域专家、中国商飞公司相关部门负责人围绕如何推动上海飞机租赁业发展、营造更加良好的创新生态环境等深入研讨。

"建议发挥上海自贸试验区作用，进一步提升上海国际航运中心综合实力；推进人民币国际结算，加快人民币国际化进程；进一步加大服务贸易力度，促进我国贸易健康发展。"——2020年9月23日，市政协港澳台侨委员会赴中远海运集团调研，听取企业相关负责人对于沪港国际航运中心高端航运专业服务合作以及上海国际航运中心发展建设的意见建议，并围绕如何在开展航运租赁相关业务时，加强与香港的联系，借鉴和学习香港的先进经验，结合上海资源，实现优势互补等问题交流研讨。

此次课题调研，沪港两地同步进行。香港方面，邀请香港明天基金会、香港驻上海经贸办、香港特区前政府官员和专家学者以及部分港区政协委员共同参与，就香港如何利用自身优势与上海开展飞机船舶租赁业务合作提出意见建议。

在课题调研中期，课题组还赴目前国内航运租赁业发展最快的天津东疆保税区考察调研，学习借鉴其在航运融资租赁，尤其是开展飞机租赁业务方面的政策举措和相关经验。

此次课题调研，共开展了15次实地调研和座谈会，246人次内地委员及专家、10多名港区政协委员及专家参与。课题组详细了解内地飞机和船舶融资租赁业务开展情况，并围绕航运租赁业发展现状、发展机遇、存在的问题以及沪港如何更好开展合作进行充分探讨。同时，课题组还召开沪港两地视频会议，就调研内容征求两地委员和专家的意见建议。

## 聚焦沪港船舶飞机租赁行业，提出提案

在深入调研、认真分析基础上，课题组形成《携手推动飞机船舶租赁业发展，深化沪港国际航运中心合作》课题调研报告。报告提出，作为全国融

资租赁业中资产规模最大、业务种类最全、发展环境最好的地区之一，上海具备港航运基础设施、运力规模、装备制造产业基础、数字化航运技术等优势，与香港国际自由港、国际金融中心等专业服务优势相叠加，不仅将打造沪港"拼船出海"新模式，同时也有助于推动上海自贸试验区深化金融改革创新。

促进航运租赁业发展，对于上海航运业高端化、国际化发展具有重要意义。船舶飞机租赁业作为现代航运与金融租赁融合发展的新兴领域，有望成为上海连接现代服务业与先进制造业，连接金融中心与贸易、航运、科创中心建设的重要纽带。2021年初，市政协港澳台侨委员会在市政协十三届四次会议上提交"关于进一步推进沪港船舶飞机租赁行业加强资本及金融市场合作的建议"提案，围绕沪港相关领域合作建言献策。值得一提的是，该提案被评选为十三届市政协优秀提案典型案例。

提案提出，应充分利用香港资本市场更加成熟、政策更为透明、国际化程度更高、国际资本配置能力更强等优势，推动内地租赁企业通过香港实现融资渠道多元化、提升国际竞争力，并在此基础上，提出利用香港多层次资本市场，拓宽企业融资渠道；建立沪港外汇便利化通道，降低企业外汇风险；设立产业协同发展基金，引导海内外资本集聚等多项具体建议。

"提案对进一步推动本市飞机船舶租赁企业提升发展能级，助推上海国际金融中心和国际航运中心建设，具有重要意义。"作为提案承办单位，上海市地方金融监督管理局对提案给予高度评价，并多次就提案内容与相关单位进行沟通协调，于2021年4月，与市政协港澳台侨委员会联合召开提案办理专题协商会，进一步了解了交银金融租赁、招银金融租赁和东航租赁等企业诉求，集中听取了上海银保监局、人行上海分行、上海海关、上海自贸试验区临港新片区管委会等单位意见，在此基础上完善答复意见、落实相关举措。

部分融资租赁企业已在香港联合交易所公开发行股票，飞机船舶项目公司管理的相关细则正在完善中……在多方努力下，提案中不少建言已得到落实。接下来，上海市地方金融监督管理局将会同相关单位积极搭建本市"银租对接"平台，聚焦上海自贸试验区临港新片区和保税区等重点区域、飞机船舶租赁等重点领域，发挥沪港合作交流机制作用。同时，上海市地方金融监督管理局也将继续加强与相关部门的交流合作，以飞机船舶租赁业务为突破口，积极探索沪港两地在外汇交易、托管、结算等方面互联互通的创新举措，打造"区港"金融合作新亮点。

近年来，上海以自贸试验区为先导，不断提升航运租赁业发展和服务水平，努力形成产业集中、人才集聚、创新活跃的航运租赁业发展态势。目前，上海自贸试验区临港新片区内已设立多个产业发展基金，其中包括航运产业发展基金。市地方金融监督管理局将继续加强与上海自贸试验区临港新片区等重点区域的对接，支持其充分利用香港联通境内境外两个市场的优势，积极对接资质良好的主体设立专业化投资基金，通过产业基金投资吸引更多的融资租赁企业来沪开展租赁业务，打造融资租赁业集聚发展高地。

近年来，港资企业踊跃投资上海自贸试验区，两地经贸往来非常密切，借助香港窗口，更多上海企业"走出去"；用好自贸试验区政策，更多香港企业"走进来"。多年来，沪港两地坚持优势互补、互利共赢，广泛开展多元务实合作，为两地经济和社会发展谱写了双赢的旋律。

未来，市政协将通过开展一系列履职活动，进一步助推沪港互学互鉴、同频共振、相向而行，携手并肩服务国家战略，谱写沪港全方位合作新篇章。

（本文作者：董潇韩）

# "中欧班列（上海）"驰骋欧亚大陆

提案号：1341042
提案名：关于开行中欧班列增强上海转口贸易枢纽能级的建议
提案者：童继生

2021年9月28日，"中欧班列（上海）"首次由上海开行。

该趟班列主要装载服装鞋帽、玻璃器皿、汽车配件、精密仪器等外贸货物，经阿拉山口口岸出境，途经哈萨克斯坦、俄罗斯、白俄罗斯、波兰等"一带一路"沿线国家，两周后到达德国汉堡。

10月中旬，"中欧班列（上海）"从欧洲返沪，一批来自欧洲国家的音响、大型环卫车定位仪、核磁共振仪器配套设备等诸多展品，搭乘此班列入境，参展第四届中国国际进口博览会。

从此，一班又一班"中欧班列（上海）"穿行欧亚大陆。

## 进博会上"看门道"

2018年11月，首届进博会在上海成功举办。作为组展商之一的东方国际（集团）有限公司，其党委书记、董事长童继生（时任市政协经济委员会副主任），日往月来，始终十分关注全国"中欧班列"的发展势态。

内行看门道，外行看热闹。参展期间的童继生，为一直以来苦恼纠结的难题而忧心忡忡——上海作为一座国际化大都市，对长三角一体化发展起着龙头引领示范作用，区域协调联动体现在市场主体经济与技术联系持续增强方面，然则虽拥有全国一流的空港与海港，却并没有"中欧班列"。

何以能一马当先，率先垂范？

童继生执掌的东方国际（集团）有限公司，由具有 160 年历史的"上海纺织集团"与具有近七十年外贸历史的原"东方国际集团"联合重组而来。作为领军人物，他独具慧心，深知上海的国际贸易中转功能尚有待提升，刻不容缓。

虽说 2020 年上海口岸贸易额占全球贸易总量 3.2% 以上，位列世界城市首位，但国际中转比例仅 12.3%。国际转口贸易占比较低，与国际贸易中心的新加坡、中国香港等相较，差距一目了然——新、港两地的比重分逾 80% 与 60%。且由于上海的远洋航线集中在洋山，近洋航线集中在外高桥，跨关区中转的物理空间难题，势必导致国际中转贸易成本高出其他国际港（如新加坡）。

童继生继而想到，上海在铁路货运与海铁联运方面，长期存在短板。四大功能性货物承运方式中，上海的港口功能性强，空港时效性优，公路运输灵活便利，唯独铁路最弱。

统计显示，2020 年上海的货物运输总量中，水路、公路、铁路、空运的比例为 66.3:33.1:0.3:0.3。铁路运输比例远低于荷兰、德国（中欧班列的重要目的地，因其铁路基础设施更新缓慢而被视为中欧班列的短板）等，愈发凸显出上海当前过高的水路、公路运输比例，以及铁路尚未被充分发挥潜在运输能力的现状。再从转口联运来看，上海港的公路、水路、铁路三种运输方式比例为 74:26:0.3，输运体系主要以公路、水路为主，存在海铁联运短板。且上海港贯通铁路的集装箱专用码头稀缺，外高桥港区及洋山深水港都没有铁路直接联通，导致铁路港口短驳费用高于其他港口。

深思熟虑之下的童继生，心中了然，眼下上海的新型贸易发展若想突破，急需找到一个抓手——离岸贸易、转口贸易与在岸进出口贸易，均为体现枢纽功能与节点地位的重要贸易方式。

如何精准地觅得切入点？

如今的上海，全球著名的货代中国总部、各国铁路公司中国办事处，云集至此，开行"中欧班列（上海）"无疑占据独特的天然优势。在"国内大循环、国际国内双循环"的背景之下，上海前有进博会大平台，亚太区位优势，背靠最发达的长三角城市群，依托庞大的中国内需市场，面向"一带一路"沿线国家的经贸往来需求，除电子产品、食品、木材、化工产品等传统品类外，国际产业链重要中间品运输如何得以迅猛增长，实属迫在眉睫。

想到自 2011 年重庆首开"渝新欧班列"已十年有余，到 2020 年中国开行"中欧班列"已达 1.24 万列，发送货物 113.5 万标箱，同比分别增长 50%、56%。再想到在上海周边，苏州、义乌、宁波等诸多长三角城市均已开行"中欧班列"，唯独身为"龙头城市"的上海，迄今为止尚没有明确的发展规划，非但与上海的转口口岸枢纽港定位格格不入，亦不利于上海发挥"一带一路"中心节点城市之功能，更使上海国际贸易中心能级提升以及上海成为双循环战略链接点的战略要求，难以名实相副。

忖度再三，童继生提笔书写提案：《关于开行中欧班列增强上海转口贸易枢纽能级的建议》。

2019 年 1 月，市政协十三届二次专题会议分组发言。童继生首次提议开辟"中欧班列上海线"。着重强调以此助力进博展品进沪的同时，加快上海建设出口口岸、进口口岸、转口口岸"三位一体"国际贸易中心，进而推动国际化大都市尽快跻身于世界货物流、人才流、资金流、信息流的亚洲集散中心。

2020 年，在船舶及集装箱紧缺，海运费大幅上涨的情形之下，中欧班列开行数量却逆势增长，这一现象有力并高效地促进了中欧及沿线国家的联手合作。互惠互利，风雨同舟，也就此打开并拓宽了全球"生命通道"与"命运纽带"。上海市外贸企业对本市开行中欧班列的呼声，渐趋强烈。

作为名列中国企业 500 强、上海企业 100 强大型综合性企业集团的领军人物，灵敏的商业头脑与精准决断，高瞻远瞩，知行合一，来自多年的千锤百炼。童继生时刻关注着"业态模式发展"。不觉已至 2021 年，4 月 17 日，上海市政府印发《"十四五"时期提升上海国际贸易中心能级规划》，提出要打造新型国际贸易发展高地，率先构建要素高效流动、高效聚合的枢纽节点，增强转口贸易枢纽功能，实现上海国际贸易中心能级提升。7 月 2 日，国务院办公厅印发《关于加快发展外贸新业态新模式的意见》，提出开行中欧班列专列，满足外贸新业态新模式发展运输需要。

细研《规划》和《意见》，童继生深感悦目娱心，不禁情难自抑，想到埋藏心底旷日经年的夙愿，达成近在眼前。

心潮腾涌之下，他斟词酌句，长久的调研与酝酿，成竹在胸，再次提笔撰写《关于开行中欧班列增强上海转口贸易枢纽能级的建议》。强调上海要提升国际贸易中心能级，就要充分利用国内国际两个市场、两种资源，建设国内大循环中心节点、国内国际双循环战略链接，在更高的起点上构筑服务全国、辐射全球的新平台新网络。开行"中欧班列"，无疑是切实可行的实现途径。

## 回声与落实

2021年7月，童继生正式提交这份新的提案。本以为事关重大，事态发展尚需时日，殊不知，惊喜来得有些猝不及防。8月17日，市里召开专题会议，"中欧班列（上海）"开行筹备工作，紧锣密鼓地进入实质性启动阶段。

彼时，上海首发"中欧班列"，时间紧，任务重，难度大，举步维艰。贯彻执行市委、市政府"努力办成高质量运营的中欧班列"重要指示，在市商务委、上海海关、闵行区、中铁上海局、中铁集等相关政府部门及企业的大力支持下，作为上海始发"中欧班列"筹备工作组市场主体，"上海东方丝路多式联运有限公司"白手空拳，基于势如破竹之态，多方借力，不辍不休，十天内便启动并完成公司注册。随即公司上下全员，负重致远，夜以继日，片刻不歇地展开攻坚。

9月28日，"中欧班列（上海）"第一趟列车正式发车。首发启动仪式于铁路闵行货运站举行。班列通过发挥国际铁路联运的独特优势，成为上海稳定连接欧亚大陆、融入国内国际双循环的重要通道。从决定启动"中欧班列（上海）"工作伊始，到班列成功首发，前后仅用时41天。

柏林时间10月7日上午8时整，开往上海的首列"中欧班列—进博号"，从德国汉堡比尔维尔德货运站出发。

正所谓，"不打无准备之仗，不做无把握之事"，成功永远只属于有准备的人，从"上海号"首发到"进博号"启程返回，中间仅隔九天。就此，刷新中欧班列当月经返的中国纪录。

那是怎样的一段席不暇暖、秉烛达旦、苦累与幸福交杂的时光！

首列开行七天倒计时。报关组忍苦耐劳，动心忍性，以极大的耐心与信心，安心定志，信而有征，忙而不乱有条不紊地处理境内外往来邮件五百多封，同时要积极做好模拟通关、实单申报、货物报关信息、申报要素核对等诸多繁杂工作；筹备工作组完成货源组织、运营测算、企业筹建、海关监管场所建设、现场报关、宣传策划、开业仪式安排等七类共计 81 项工作，配合海关要求，编制海关临时监管点"小方案"，不断对新模式进行摸索研究；集货组与货源组，马不停步全天奋战在第一线，严把货运品类筛选关，朝乾夕惕，分秒必争，仅用两天时间便解决 50 个 40 尺高箱，从杨浦站查验到闵行站吊装的难题，确保货柜可以准时落位。

能用众力，则无敌于天下。终以"敢为天下先"之勇士精神，在最短的时间内创多项"中国新纪录"。用童继生的话来说，"汗水洗涤智慧，奇迹就此创造，以实际行动彰显出上海新时代前进的加速度……"上海终于成功开通"中欧班列"，并实现双向运行。自此，"中欧班列（上海号）"以市场化、专业化、国际化方式运行。

到 2022 年，"中欧班列（上海）"累计已开行 58 列，累计承运总货值 17.9 亿元左右。

2023 年，加开加密从上海发车的中欧班列，持续提升开行质量与效率，助力上海进一步夯实全球贸易枢纽城市地位。全年"中欧班列（上海）"共开行 100 列。

## 溢出效应

### 之一："铁路快通"模式

提案《关于开行中欧班列增强上海转口贸易枢纽能级的建议》能得以快速顺利落实，离不开上级部门与领导的鼎力扶持，是上海贯彻执行国家战略与服务构建新发展格局的重要举措，对进一步提升上海国际贸易中心能级、强化上海全球资源配置能力与开放枢纽门户功能，举足轻重，辞微旨远。

2023 年 7 月 12 日，魔都苦夏。华源副市长顶着高温带队实地调研，现场召开协调会议，推动中欧班列的基地选址工作。市交通委、商务委、海关等相关部门参会。

8 月 29 日，张小宏副市长、华源副市长召开专题会议听取汇报，进一步研究推进中欧班列基地工程，深化建设方案。

其间，市领导、各委办局多次召开会议协调，深入研究保障"中欧班列（上海）"可持续发展的运营机制。

2024 年 4 月 8 日下午 4 点半，汽笛声声，"中欧班列（上海）"从闵行缓缓出发，满载着无纺布、三相交流电动机、螺杆式空压机、机动叉车等货物，一路向西，驶向俄罗斯圣彼得堡等多个站点。其中 16 柜货物，发往圣彼得堡的无纺布，首次通过"铁路快通"模式在上海本地报关放行。

"铁路快通"模式，三方协作，共同监管，是海关总署为进一步畅通开放国际物流大通道，促进中欧班列发展推出的又一项便利措施。该模式优化了以往业务流程与监管模式，实现海关、铁路、运营企业数据互通。

此次上海首列"铁路快通"中欧班列的顺利开行，既是上海降本增效的全新尝试，为外贸企业"走出去"提供了更安全高效的物流与供应链保障通道，同时也积极响应国家"一带一路"倡议，为国内国际双循环的飞跃发展注入崭新动力。


### 之二：　"精品班列"开行

2024 年 6 月 8 日，首列中欧班列（上海）"精品班列"在铁路闵行站发车，驶向德国杜塞尔多夫诺伊斯。标志着这一班列在实现固定时间、车次、线路的国际班列目标上，再朝前迈出更为坚实的一步。

目前，中欧班列（上海）已实现中欧线、中俄线、中亚线全覆盖，联通 12 个国家及境外城市与站点百余个。

下午 3 点整，车轮开启，鸣笛渐远，满载着 110 个标准集装箱的中欧班列（上海号）从铁路闵行站出发，由阿拉山口口岸出境，开往德国杜塞尔多夫诺伊斯场站。全程段时效约 20 天。

"精品班列"也是中欧班列（上海）首次直达德国杜塞尔多夫，标志着上海始发终到的中欧班列，在常态化运行"上海至汉堡、莫斯科、马拉舍维奇、阿腾科里"等多条线路的基础上，另开通一条新线路，在更大范围内构建起上海连通亚欧的国际物流大通道。

# 尾声

2024 年 1 至 6 月，中欧班列（上海）共开行 51 列，其中出口 38 列，进口 13 列，装载集装箱 5124 标箱，货值约人民币 20.2 亿元。开行列数同比 2023 年同期增长 10.9%。

在传统线路全覆盖的情况下，班列开辟了中老泰路线，运送货物到达德国、波兰、俄罗斯、白俄罗斯、哈萨克斯坦等 12 个国家，连通境外城市与站点超 120 个。

如今，奔跑在欧亚大陆上的"中欧班列（上海）"，已完成中欧线、中俄线、中亚线三大中欧班列主要线路的全覆盖，运送货物到达德国、波兰、俄罗斯、白俄罗斯、哈萨克斯坦、乌兹别克斯坦、吉尔吉斯斯坦、塔吉克斯坦等国家，联通境外城市与站点超 40 个，同时通过这些场站发往欧亚其他国家。

2024 年初上海市政协十四届二次会议上，童继生带来多件提案，其中包括《关于深化中欧班列（上海号）高质量发展的建议》。提案指出，中欧班列（上海）运营至今，货源主要来自长三角地区，箱量占比超 86%，服务长三角地区企业两千余家。

童继生坚信，"我们秉持'立足上海，辐射长三角，服务全中国'的运营理念，'中欧班列（上海）'的收货范围逐步扩大，覆盖全国 27 个省和直辖市。但对照国家推进'一带一路'倡议、上海'五个中心'建设的战略要求，假如上海可以进一步加大对上海铁港、铁运、多式联运支持力度，班列持续高效运营，尚有很大提升空间……"来自长三角地区的货源不断增长，箱量占比达到 80% 左右，有力地助推长三角一体化发展，继而巩固了上海作为"一带一路"桥头堡的地位。

日居月诸，电光石火，转眼间童继生已调任东方国际（集团）有限公司整十年。行事风格欹嵚历落之人，习惯了忙碌，眼下他仍心心念念记挂着"中欧班列"的后续发展："我希望，未来上海要更积极地响应'一带一路'倡议，运营好'中欧班列（上海）'，更好地推动长三角一体化发展，推动国际资源优化配置，为上海国际贸易中心建设注入新动力，为把上海打造成为国内大循环中心节点和国内国际双循环战略链接，源源不断注入新动力……"

童继生常常从公司会议室的窗口眺望不远处的东方明珠。那天正午时分，串串明珠烁烁耀目，似一颗颗金橙色的火球。黄浦江静水深流，江面上有一艘游轮满载着乘客，正徐徐开来……

（本文作者：王瑢）

# 数字蓝海 破浪前行

提案号：1350296
提案名：关于增强海洋科技创新能力，推动上海海洋经济高质量发展的建议
提案者：致公党上海市委

作为内地唯一海洋生产总值过万亿的城市，在打造全球海洋中心城市的目标下，从海洋基建到港航一体化，从产业迭代升级到产业链延伸，上海初步构建起了一幅以海洋战略性新兴产业和现代服务业为主导的蓝色经济画卷。当海洋经济的浪潮与数字技术的风暴相遇，一场前所未有的变革正在上海这片充满活力的土地上悄然上演。作为具有侨海特色的参政党，海洋是致公党上海市委参政议政的传统领域，正是致公党市委系统全面、深入细致的调查研究才成就了一件推动上海海洋经济高质量发展的优秀提案。

## 梦想领航：擘画海洋数字蓝图

海洋产业数字化转型升级涉及面广、系统性强、难度大，如何选取课题准确切入点，从而以点带面进行统筹考虑和规划，有的放矢地指导后续工作是课题组需要解决的第一个难题。课题组在时任致公党上海市委秘书长刘新宇的领导下，围绕着课题切入点展开热烈的讨论。

刘新宇在课题研讨会上明确：课题的核心任务是为上海海洋产业高质量发展探索新路径。习近平总书记指出"数字经济事关国家发展大局"。上海是我国最大的海洋城市，作为改革开放的排头兵、创新发展的先行者，海洋经济对上海经济的"引擎"作用虽愈发明显，但其发展能级还不够高的现状依然有待突破。数字经济具有高创新性、强渗透性、广覆盖性，不仅是新的

海洋经济增长点，还是改造提升传统海洋产业的支点。发展数字经济，是上海把握新一轮科技革命和产业变革新机遇的战略选择，面对国家海洋战略的深入实施和全球海洋经济格局的深刻变化，上海必须积极应对挑战，把握机遇。

课题组成员结合自己的专业和工作经历，纷纷表达了自己对课题的理解和思考。致公党浦东区委副主委叶娜从事海洋信息化工作十余年，她结合自己的海洋行业从业经验，分享了自己的思考："当前，数字经济正以前所未有的速度蓬勃发展，为上海提供了转型升级的强大动力。将数字经济与海洋经济深度融合，通过数字技术赋能海洋产业，推动海洋装备制造、海洋生物医药、海洋新材料等战略性新兴产业的创新发展，构建现代化海洋产业体系，是上海海洋事业发展的一次历史机遇。"致公党金山区委参政议政委员会主任沈爱萍认为："上海作为全国唯一的集船舶海工研发、制造、验证试验和港机建造的城市，目前已形成相对完整的海洋装备产业链，海洋装备领域的研发实力全国领先，可以将海洋装备制造业为切入点，针对性引导企业开展数字化转型升级。"致公党金山区委委员陈杰、致公党金山区委青年工作委员会副主任董红等课题组成员纷纷就海洋产业数字化转型的具体路径、政策支持、人才培养等方面提出意见建议。

在思想的碰撞与交融中，关于加快海洋产业数字化转型升级，发展海洋经济高质量发展的路径逐渐清晰起来。

## 深潜调研：探寻数字转型密钥

如果说课题是一次勇敢航行，调研就是连接现实与愿景的桥梁。洞察海洋行业的深层脉动，理解数字化转型的复杂性和多样性，才能为制定政策建议提供坚实的基础。在有限的时间内，对上海海洋产业数字化转型开展一次有针对性的调研是课题组解决的第二个难题。

课题组以上海海洋装备制造业的数字化转型作为核心切入点，特别注重对深度挖掘和广泛覆盖，以确保调研能够深入探索行业的核心问题和未来机遇。调研方案从明确调研目标到设计调研问题，从精选调研对象到创新数据收集手段，每一步都经过了周密的思考和反复的打磨。最终选取了行业内的标杆企业和创新机构，包括高端装备制造的领军企业、充满活力的创新型中小企业，以及处于技术研发和行政管理前沿的机构，确保每个调研点都能为解开数字化转型的谜题提供关键线索。

为了进一步推动调研走深走实，课题组还邀请了致公党浦东新区区委主委张敬明等领导专家全程参与调研。在调研的过程中，课题组认真倾听每个声音，细致了解企业的需求与困惑，确保课题组能够最大程度从基层获取最真实、最具体的情况。半个月的时间内，课题组先后来到了上海蓝滨石化设备有限责任公司、金山区水务（海洋）局、临港新片区海洋高新园区等 6 家调研单位，力求在有限的时间内，获取最全面、最深刻的行业洞察，为上海海洋装备制造业的数字化转型提供有力的策略支持和实践指导。

2022 年 9 月 23 日，在上海蓝滨石化设备有限责任公司这家海洋高端装备制造企业的实地考察中，课题组不仅见证了壮观的海工装备制造，更感受到了数字化给传统制造业带来的变革。了解了公司的数字化转型战略，探讨了工业软件国产化等关键问题，并实地观看了制造流程的数字化改造；在金山区水务（海洋）局，课题组与行政管理人员深入交流，探讨了数字化在海洋资源管理和保护中的应用，以及提升行政效率的潜力；在上海泰胜风能装备股份有限公司，课题组深入了解了海上风电的发展情况及公司的数字化转型进展，直面了转型过程中遇到的问题和挑战。

10 月 14 日，在"AI+"海洋创新中心，课题组成员被无人驾驶艇的智慧水上场景所吸引，体验了科技创新带来的震撼，感受到了人工智能与船海产业跨界融合的无限可能；在临港新片区海洋高新园区的调研，让课题组对上海"蓝色经济"产业有了更深刻的认识，在面对面交流中，课题组详细听取了临港"海洋＋智能制造"为核心的产业发展和数字化转型愿景；在上海泷洋船舶科技有限公司，课题组关注到中小企业在数字化转型中的活跃身影，与公司主要负责人就数字化转型面临的难点和瓶颈进行了深入研讨。

## 智慧织网：构建海洋数字格局

如果说调研是采集来的丝线，蕴藏着上海海洋产业数字化转型的点滴信息，报告编制则需要将这些丝线编织成网，捕捉并展现出行业数字化转型的全貌。将零散的数据和见解转化为连贯的洞察，构建一个能够指导实践的策略框架是课题组解决的第三个难题。

"在调研中，我们听到了最真实的声音，我们要将这些声音转化为精准的信息，不仅要看到问题，更要提出解决方案。"课题组成员们纷纷提出自己的见解，将个人的智慧汇聚成集体的力量。在接下来 1 个月内，成员们分工合作，将调研数据转化为直观的图表和图形，将定性分析与定量数据相结合。他们将调研中的每一个问题、每一次研讨、每一个数据点都融入到报告中，形成了一份既有深度又有力度的课题报告。

这份报告，详细揭示了上海海洋产业在数字化转型过程中所面临的严峻挑战，比如：缺乏建设方法和经验指引，海洋产业中处在各细分行业、各产业链中的个性化强、建设水平差异大、数字化转型的突破口各不相同，企业往往不具备清晰的数字战略和转型实施步骤，缺乏可借鉴的经验和专业的指导；缺乏足够的资金投入，数字化投资大、见效慢、周期长，这些因素严重制约了利润率相对较低的海洋装备制造企业数字化转型的动力；复合型人才缺口制约整体进程，既懂数字化信息化又精通企业业务的人才不足影响了数字化转型的定制化需求实现。企业普遍面临招工难，内部培养模式见效慢且存在人才流失风险，产业数字化转型存在基础性困难；传统设备数字化改造难度大，设备配备了不同的外联通信接口或工业现场总线协议，部分数字装备系统严格封闭或者设计接口非标准化，异构网络综合集成互联、系统开放改造和数据共享困难，难以进行数字二次改造升级；核心工业软件国产率低，我国海洋装备制造业较多领域国产工业软件都处于空白状态，研发设计、仿真模拟、生产控制等高端软件基本上都是国外企业所提供，且可替代选择性较小，高端工业软件供应链安全风险隐患极大。

报告中所揭示的问题是对产业高质量发展的考验，这需要的不是简单的应对，而是高层次、多维度的深入解剖和研讨。面对这些挑战，课题组没有选择停留在表面，而是深入挖掘问题的根源，通过集体智慧的碰撞和专业知识的融合，寻求一系列创新和切实可行的策略。

# 集思广益：共谋未来海洋图景

企业方向的迷失、中小企业资源的匮乏、数字化生态系统的不完善——这些问题如同一幅复杂的拼图，需要找到合适的碎片，才能完整地拼接起来。课题组意识到这需要集结各方面的智慧，需要专家、智脑的碰撞，需要不同领域的思想交流和融合。

课题组邀请了多位专家学者，他们来自不同的领域，有的精通技术，有的擅长管理，有的对市场有着敏锐的洞察力，这些不同的声音在热烈的讨论中碰撞出火花，照亮数字化转型前行的道路。在讨论中，课题组人员认真捕捉着每一个有价值的想法。各位专家从多个角度分析问题，强调产业数字化转型不是简单的技术升级，而是涉及战略规划、组织架构、业务模式等多个方面的全面变革。

经过多轮研讨和反复论证，调研报告成形，也正是这份高质量的报告转化形成了一件高质量的提案。这件"关于增强海洋科技创新能力，推动上海海洋经济高质量发展的建议"的提案聚焦上海现代海洋城市建设内容、海洋强国建设引领区建设重点，研究了上海海洋经济发展现状与特征及上海数字经济发展水平，分析数字经济赋能海洋经济高质量发展的引领与支撑作用，以海洋装备制造业为切入点，在针对性引导企业开展数字化转型升级、多重政策破解中小企业数字化转型资金难题、构建与数字化转型相适应的人才体系、软硬件结合赋能更多企业的数字化方案、全方位培育数字化转型支撑服务生态等五个方面提出进一步优化和提升的建议。

为了积极推动提案成果转化，将"金点子"纳入"决策盘"，致公党上海市委与上海市海洋管理部门针对提案建议多次进行沟通交流，确保提案持续发挥效能。市发展改革委、市水务局（市海洋局）会同相关部门，依据各自的工作职责以及相关的实践和思考对提案建议进行了研究，提案中的相关建议与上海现代海洋城市建设目标高度一致，并在上海市海洋管理工作中得到了采纳。

上海市海洋局分管副局长金宏松带队上门答复，与致公党上海市委研讨建议具体落地途径，并对致公党上海市委近年来对本市海洋事业发展的关心和支持、大力支持海洋强国建设提出的一系列优秀提案表示感谢。

## 以"提案之力"展"政协之为"

《关于增强海洋科技创新能力，推动上海海洋经济高质量发展的建议》经上海市政协报送，获得市领导批示，工作建议由相关部门具体落实，被上海市政协评为"十三届优秀提案典型案例""2022年优秀提案""优秀提案特别奖"，并获得第十四届上海市决策咨询研究成果奖。

这些不只是一纸获奖的荣耀，更是一段旅程的见证，记录着课题组共同走过的每一个脚印。这也是一个不会结束的故事，悉心呵护成果的孕育，持续追踪成果的落地，从初期的试点到全面的推广，从理论的验证到实践的深化，确保它在这片充满活力的土地上生根发芽、开花结果，让笔下描绘的数字化转型场景，在现实世界中一一呈现，在每个港口、每艘船上、每个企业，悄然改变人们的生活。致公党上海市委还将继续深耕海洋领域，为上海现代海洋城市建设，为中国特色海洋强国引领区建设持续贡献侨海智慧。

(本文作者：致宣)

# 建设"芯"特区 寻求产业发展新突破

**提案号：** 1410060

**提案名：** 关于规划建设上海芯片特区，提升应对国际芯片霸权能力的提案

**提案者：** 方奇钟

2021年3月3日，上海临港新片区发布《集成电路产业专项规划（2021-2025）》。规划提出，到2025年，基本形成新片区集成电路综合性产业创新基地的基础框架；到2035年，构建起高水平产业生态，成为具有全球影响力的"东方芯港"。

芯片是需要设计、生产、用户通力合作的产业，需求对供给的拉动作用明显而直接。民盟市委提出，上海应将车规级芯片作为发展焦点，形成与汽车等多个产业协同发展态势。2023年1月21日，市政协十四届二次会议预备会议召开，通报了年度优秀提案名单，方奇钟的《关于规划建设上海芯片特区，提升应对国际芯片霸权能力的提案》名列其中。

## 从不甘心被卡脖子而奋起

方奇钟是土生土长的上海人，长年在科技系统工作，20世纪八九十年代见证了浦东开发开放的大潮。在这个过程中，凭借科技创业，他打拼下属于自己的事业，创办的奇士产业园是国家级的中小企业公共服务平台，也是国家级的创新创业示范基地。

身处行业第一线，担任市科技企业联合会会长的方奇钟，对"看不见"且日益白热化的科技战场观察在眼里，切记在心上。

作为市政协委员，他也时时想，如何更好地立足行业服务行业，更好地整合资源，更好地履行职责，提出富有意义的政协提案？

2018年左右，国际芯片霸权开始大施淫威，美国掀起多轮对中国的科技制裁措施，不断扩大对华芯片产业打击面。一个应对这种特殊情况的提案，开始在方奇钟的脑海里酝酿。

提案的核心内容是：上海需要整合出一个"芯片特区"。

针对核心技术被卡脖子的困难，我们国家和诸多芯片企业都积极加大科研投资。但我国集成化电路行业要实现技术自给，并不是一朝一夕的事。

如何改变这种困境，提升我国芯片制造业的竞争力，在与国际芯片霸权的抗争中杀出一片天地来呢？

出于理工男特有的逻辑思维，通过多方调研和整合数据，进行了全面分析后，方奇钟很快归纳出上海芯片相关行业自身的优势和劣势。

"浦东的高科技领域走在前沿，科技创新策源地基本上也都在浦东。上海有很好的产业集聚的基础，人才的基础。上海自贸试验区，芯片区、集成电路产业区在临港，核心在张江。作为委员，有使命担当规划上海芯片产业特区，应对国际芯片产业霸权。"

方奇钟先后三次到中芯国际调研。他获悉，在相关产业方面，上海优势很明显：集成电路产业规模全国领先，2021年达到2500亿元，约占全国25%；重点企业集聚超过1200家，吸引了全国近40%的集成电路人才，集聚了国内50%的行业创新资源；2022年上半年，产业继续保持超过17%的增速。总之，上海已经形成了领先的集成电路产业基础、产业规模和产业集聚效应。

2018年和2020年，上海分别立项支持临港新片区优势企业开展300㎜大硅片关键核心技术攻关和产业化应用示范。依托临港新片区产业集聚，上海具备了在300㎜硅片领域所有新产品、新技术的研发迭代能力，随着产能持续释放且产品良率在产业化进程中不断取得突破，已打造出目前国内技术最先进、市场优势最显著、产销规模最大、人才团队最具优势、产业化水平最高的300㎜半导体硅片产业集聚区。

方奇钟还了解到，上海集成电路产业完整、结构均衡，在每个领域都拥有中国乃至世界市场上具有充足竞争力的企业。"东方芯港"初具规模，产业集聚效应明显，实现了产业链联动发展。以浦东张江主体为重点集聚芯片设计、制造等全产业链，临港一翼瞄准综合性产业创新基地，嘉定一翼重点发展物联网芯片、智能传感器的"一体两翼"空间格局，实现产业链联动发展。这些都是上海芯片产业的优势。

但是，我们在发展，别人也在进步。比起国外业已成熟并且能够形成霸权的芯片产业链，方奇钟深深地认识到，我们的发展速度要更快才行。尽快对已经形成的集成电路企业更好赋能，给予更好的政策，突破国外芯片行业的掣肘，意义重大，刻不容缓。

# 力呈三良策　期盼加速度

调研已毕，酝酿成熟，方奇钟正式提笔书写《关于规划建设上海芯片特区，提升应对国际芯片霸权能力的提案》。

在提案中，方奇钟建议，芯片特区要在"特"字上下功夫，健全新型举国体制，把集中力量办大事的制度优势、超大规模的市场优势同发挥市场在资源配置中的决定性作用结合起来。他为此提出了详尽的规划和可行性措施。

比如说：从顶层设计出发，利用统筹规划独特优势，形成强有力的政府组织体系和支撑体系。在上海芯片特区设立集成电路相关领域的国家（政府）重大科技专项，并且做到"一项一策"，既有支持的"共性"又有支持的"特性"。然后加快立项，组建国内顶尖科研人员开发团队，打造一流研究氛围。上海原本就拥有大量高校资源，依托高校在高精尖领域既有理论基础又有实际应用，硕果累累。从实验室到商业化的"步步艰难步步突破"，从理想到实践"大胆构想求实践行"，这些都需要有人保驾护航。在芯片特区里，就能够完善各项激励机制，集中一切有利资源，加速研究开发。

方奇钟很务实："不说赶超，单单赶上就需要特殊的政策，赶上过程中的毅力，必须是加速度的毅力。"人无我有，才有可能突破"卡脖子"的危局。

做到"人无我有"，更要"人有我优"！这就体现在方奇钟的第二个设想措施之中，制定独特产业政策，为建立独立安全的国产芯片产业链提供保障。针对特区企业，具体出台更大力度、更具专业度的产业政策，这种政策要体现出独特性与创新性,比如对纳入芯片特区的企业加强指引与政策扶持,要切实为本土集成电路企业发展精心护航,尤其要大力扶持、培育优质高端芯片创业企业,将细化和人性化兼顾,体现"一企一策",做透重点企业服务。

芯片产业,应用广泛,上至国之重器,下至百姓家电,无孔不入,渗透到国计民生的方方面面。自中美贸易战爆发以来,美方不断加码对华的芯片出口管制,胁迫有关国家和地区联合打压我国相关产业。方奇钟对此感到忧心忡忡,倍感需要建立独立、安全的国产芯片产业链体系,才能彻底摆脱芯片核心技术、产业发展受制于人的被动局面。

他深知中国芯片拥有广阔的市场规模。中国芯片行业前景可期,机会与挑战并存:2023 年,中国半导体设备市场规模达到 342 亿美元,增长 8%,全球占比达到 30.3%。当年中国芯片市场规模预计为 13190 亿元。尽管如此,国内高端芯片需求仍然依赖进口,尤其是在光刻机等关键设备上。中国在半导体产业链的自主可控进程虽然在加速,然而,国内产值不足全球的 7%,中国在芯片产业核心技术上取得长足进步,国产替代已成为必然趋势。

方奇钟拥有工程师身份,凭借顶尖职业管理水平转身职业经理人,同时拥有商业和专业技术双赛道灵敏触觉,曾获得"2022 年度上海市政协委员优秀履职奖"。他深耕行业多年,时刻关注着行业发展,特别是对人才的渴求。在写提案的时候,他添上了有力的一条:"加强建设集成电路人才培养基地建设力度,培养'中国芯'特殊人才。"上海拥有丰富的高校资源,与此同时,虹吸着整个长三角乃至全国的顶尖人才。重点高校如上海交通大学微电子学院等理应扩大,并可搬迁至上海芯片特区,通过教学改革、产教结合、校企联动等方式,共同培养高层次创新人才。

方奇钟对于上海集成电路产业集聚人才的情况了然于胸,看到来自《中国集成电路产业人才发展报告》的数据:2021 年上海汇聚了全国约 40% 的集成电路人才,产业规模达到 2500 亿元,增幅显著。然而随着产业的持续扩张,人才缺口也日益凸显——预计到 2024 年,全行业人才需求将达到 78.9 万人,而缺口预计将达 21.83 万人。

在方奇钟的畅想中,抓住芯片特区的"特",建立起属于芯片特区的人才基地,不仅是对浦东乃至上海集成电路产业发展的一次重大推动,更是对全国集成电路产业人才战略的一次重要布局。它将有效缓解行业人才短缺问题，提升我国集成电路产业的自主创新能力和核心竞争力。同时，通过培养大量高素质、复合型的专业人才，为我国集成电路产业的可持续发展提供源源不断的动力。

## 愿申城以"芯"扬帆破浪行

2023 年 1 月，在市政协十四届一次会议上，方奇钟正式提交了他的提案。立刻，社会各界有了广泛的回响。提案不仅入选了年度市政协优秀提案，更在数月后就由市政协领导亲自带队督办。

随着提案被深入讨论，相关方面迅速响应，召开一系列座谈会，更广泛地听取意见和建议。2023 年 7 月，市政协在华大半导体有限公司开展主席会议成员领衔督办提案专题视察调研。华大负责人在座谈时高度赞赏提案观点，认为很务实，对企业有用、管用。领衔督办的寿子琪副主席提出，要共同努力把高质量提案转换成产业转化成果，为推动集成电路产业高质量发展贡献智慧和力量。

2023 年 10 月，市科委在对方奇钟提案的答复中，提及坚持围绕建设具有全球影响力的科技创新中心总目标，持续聚焦集成电路等高新技术领域创新发展需求，发挥区位产业集聚优势，有组织地开展前沿引领技术和关键核心技术攻关。

同年，上海芯片行业取得显著突破。制造工艺方面，先进设计进入 6 纳米水平，14 纳米芯片实现量产，标志着上海在高端芯片制造领域迈出坚实步伐。一批具有自主知识产权的芯片设计企业崛起，为国产芯片替代进口提供了有力支撑。在政策支持和市场需求的双重驱动下，上海芯片产业呈现出蓬勃发展的良好态势。

说到集成电路产业，就不能不说上海临港新片区。2019 年，新片区揭牌成立，集成电路产业成为这里迅速发展的一大标志。根据 2021 到 2025 年集成电路产业专项规划，临港到 2025 年将基本形成集成电路综合性产业创新基地的基础框架，产业规模突破 1000 亿元，芯片制造、装备材料等领域将进一步发展，芯片设计、封装测试形成规模化集聚。此外，先进工艺、成熟工艺、特色工艺将进入国际前列，EDA 工具、光刻胶等关键"卡脖子"技术产业化也将取得突破。

如今的临港，一个个项目落地生根，一段段财富传奇徐徐书写。其中围绕着集成电路产业形成的故事，在滴水湖光的辉映中走进人们的视野，诠释着开放包容、锐意进取的故事。

方奇钟喜欢来临港，在这里感受上海最新的律动，在距离大海最近的地方聆听连接世界的潮音。同时，他也把临港与张江、嘉定等地做一番对比。曾经，这几个科技产业重镇东西南北各据一方，各擅其长，如今终于有了联动：近乎重组的科委机构，人才迅速补充；新的国产品牌芯片故事，继续讲述着。

对于上海，生于斯长于斯的方奇钟，有着极为深厚的感情。他习惯于替人着想、为行业发声，也为中小企业建言，呼吁优化营商环境。他曾关注建设卢浦大桥，让飞虹贯通上海新旧中心。眼下他心心念念的，就是在提案中提到的建设芯片特区："不能闭门造车，得更多地放开。政府的组织引领很重要。相关部门人员少，工作压力大，忙不过来，要加大人才力量建设。上海想要做的，一定能做得到。上海的基础好，五个中心建设中的科创中心，包括了这个功能，足以赋能芯片行业健康成长。"

他憧憬着，上海能够以"芯"扬帆，承担国之大任，冲破霸权卡压，在新时代的蓝海中破浪而行。

*（本文作者：血红）*

# 小芯片扛起大战略

提案号：1410136

提案名：关于布局上海车规级芯片产业融合发展，建设具有全球影响力的科技创新中心

提案者：民盟上海市委

应用到汽车生产制造中达到相应安全等级规格的芯片，就是车规级芯片，也称汽车芯片。面对国际变化异常的芯片产业发展环境以及不确定性越来越强的国际芯片政策，发展国产化替代的自主可控芯片，是保证我国汽车电子系统高安全高可靠高稳定的关键核心。在中国汽车产业由大变强的过程中，推动新能源汽车产业转型升级实现高质量发展过程中，车规级芯片是"必须迈过的一道坎"。

2023年12月，上海举行汽车芯片产业创新发展工作推进会，对车规级芯片产业发展工作进行重点部署。会议精神简而言之，就是要实现"车芯联动"，构筑汽车芯片的产业生态。

这一产业布局发展新态势，背后离不开民盟上海市委2023年初提交的一篇提案的助力。

## 一篇广受瞩目的提案

"通过联合车规级芯片的前沿技术领域所在高校、科研院所、头部企业以及应用市场的研究，集中优势资源与核心力量，建立替代现有核心进口车规级芯片关键产品供应链；通过政府牵头设立的专项资金，组织一批

含有新、高、精、尖的汽车企业共同投入到产业链与创新链的'双链'项目中，加快形成国产车规级芯片产业的技术研发、制造和应用……"这是民盟上海市委 2023 年 1 月在市政协十四届一次会议期间提交的"关于布局上海车规级芯片产业融合发展，建设具有全球影响力的科技创新中心的提案"中的部分建议，针对性地提出了加强本市车规级芯片产业布局、融合发展的建议。

这篇提案在提交后，便得到了广泛关注，主流媒体随即报道，一些来自民盟的市政协委员也在这次全会期间的分组讨论中提出提案中的建议，希望上海尽快实施车规芯片重大联合攻关专项，推出车规级芯片扶持政策，拉动保险企业设计产品责任险，对国产芯片在整车上应用进行保障。

"提案提得非常及时！"得闻提案内容后，很多市政协委员也十分赞同提案的建议，大家表示，这是个十分契合上海发展需求的建言切口，而且，提案所提的建议，也很有针对性，"正是上海迫切需要关注的问题和可以上手干的事情！"

那么，民盟市委为何提出这件提案？提案背后又付出了哪些努力呢？

## 一场很不容易的调研

民盟上海市委的提案，一般脱胎于此前一年内开展的重点课题调研报告，依托高质量的报告转化为一篇言之有物的提案，正是民盟"不调研不发言"履职品格的体现。

这篇关于车规级芯片的提案，源于 2022 年民盟市委的一项调研课题。每年，各民主党派市委都会结合自身界别特色和专业优势开展重点课题调研工作，这是参政履职十分重要的基础性工作。2021 年底，正在部署次年民盟市委课题调研工作的时任民盟市委副主委丁光宏找到民盟普陀区委主委邱允生，希望他牵头开展一项与解决"卡脖子"技术相关的科技创新方面课题，形成一份过硬的调研报告，为民盟市委的建言献计奠定基础。

邱允生博士毕业于武汉大学图书情报学专业，从闸北区到"两区合并"的静安区，再到普陀区，长年从事科技管理工作，现任普陀区科协常务副主席。他此前在几个区都担任过区科委副主任职务，推动促成多个科技园区落地运作，帮助并见证宁德时代、分众传媒、宝尊电商、数据港等众多高新技术企业起步、成长和腾飞的过程，是一位在科技战线征战多年的实干家。接到这项任务，深感光荣的同时，邱允生更感到沉甸甸的压力："上海民盟有百多个基层组织，都有很强的课题调研能力，盟员们卧虎藏龙，都是参政履职的精兵强将。我如果只依靠自己的见识、视野和经验来做，要拿出一篇高质量的调研报告并对上海产业发展和技术创新有一定助力，这肯定是不够的！必须发挥好自己的组织能力、协调能力以及资源整合能力，把盟内专家乃至盟外专家的力量都整合起来！"

邱允生说干就干。2022年初，他拉起课题调研的微信群，邀请有关盟内领导、盟员专家和盟外专家入群，组建起课题调研队伍。这是一支十分精干的调研队伍，十七人的队伍中有丁光宏和民盟上海市委参政议政部负责人给予指导，有来自高校、投资界、企业界的焦正、段纯刚、卢长祺、曾颖等盟员专家，有来自生命健康、集成电路、工业控制及安全产业的丁之光、乌力吉、蒲戈光和几位盟外的专家姚荣伟、于兵等，大家对工业互联网特别是工业控制平台都有很深的认识，还有来自市发改委、市经信委、市科委的业务处室负责人及时给予产业政策方面的建议。

"民盟市委会当好'店小二'，为大家开展调研提供便利、做好服务。"开群当日，丁光宏的话，让参与此项调研的盟员和专家信心满满，但首先就遇到了第一个问题：选题。

大家积极性没的说，可要汇聚起力量，首先必须在选题上求得一致。科技创新类选题涵盖范围很广，上海科创中心建设多年，各项技术高地、产业高地、人才高地建设蓬勃发展，有很多切口可供调研选择。集成电路？人工智能？生物医药？头脑风暴阶段，调研组成员们畅所欲言，有分歧，也有共识——必须是国家需要、上海先导产业中迫切且能干的事情。

作为牵头人，邱允生比往常更加关注上海先导产业发展态势。他关注到，就在2022年初市两会后，龚正市长在会见记者时专门就上海加大力度布局车规级芯片生产工作做过答记者问。上海是全国新能源汽车保有量最多的城市，目标到2025年全市新能源汽车产量超过120万辆，产值突破3500亿元，建成满足 125 万辆以上电动汽车充电需求的充电网络。龚正市长提出，很多新能源汽车都是智能网联汽车，2021 年下半年开始，智能网联汽车"缺芯"问题比较严重，因此上海确需加大力度布局车规级芯片的生产，尽快解决汽车"缺芯"问题。下一步，还将继续统筹推进技术研发标准，制订推广应用数据安全和基础设施建设，在新能源汽车大赛道上加快培育发展新优势。龚正市长的话给邱允生提供了思路：不妨聚焦车规级芯片这一议题专门思考上海如何在布局和政策扶持上更好发力，为政府施政提供稳妥、有效的参考。

邱允生把这一想法和同伴们提出后，立刻得到了大家的呼应。2022 年 3 月，此项课题调研确定了选题，随即进入调研阶段。

但本应深入车企和芯片研发单位了解情况、听取意见的时候，正是抗击疫情的关键阶段。大多数在沪的调研组成员很难像以往那样到现场实地开展调研工作。但困难阻挡不了大家调研的热情和实干精神。无法前往现场，就先搜集信息、数据做好分析工作，尽量和调研对象进行视频访谈。同时，邱允生请参与调研的普陀区科协兼职副主席乌力吉在北京开展必要的实地调研工作。乌力吉是清华大学集成电路学院信息安全与汽车电子集成电路实验室主任、博士生导师，还是国家新能源汽车技术创新中心车规半导体测试认证工作组委员。他是上海清华国际创新中心信息安全与汽车电子实验室主任，因此担任了上海市普陀区科协兼职副主席。多年来，他主要从事民用信息安全与汽车电子芯片设计与安全性研究工作，车规级芯片课题正是他的专业对口，他也特别愿意为上海在这方面的工作建言献策。接下任务，他二话没说，便在能力范围内尽可能前往企业、高校搜罗信息，第一时间分享给调研组的成员们，大家集思广益，讨论对策建议，等等。这一阶段，大家尽管没能面对面相见，但高频率的视频会议讨论总让大家感到所有人的智慧和力量已汇聚起来。报告初稿在 2022 年夏季形成，此后经过反复讨论修改、完善，最终在当年金秋提交民盟市委。

"调研不容易，成员很给力！无论来自哪个行当，大家都坦诚分享自己的想法，为了课题调研工作能顺利完成。"回望那段调研过程，邱允生心中总有感激之情。

# 一份干货满满的报告

关于车规级芯片研发工作，并非首次得到关注。

2020 年 5 月全国两会期间，民革中央便提交关于加快车规级芯片研发，推动我国新能源汽车与储能发展的提案。提出集中力量支持技术路线明确的芯片研发项目、引导相关企业加强应用支撑、加强创新能力和人才队伍的培养等建议。

珠玉在前，民盟上海市委 2022 年的这份课题调研报告，"核心竞争力"在哪里？

也就是在当年 7 月，美国国会众议院通过《芯片与科学法案》，也就是后来常说到的《芯片法案》。这是美国在高技术领域打压中国、实施经济胁迫最重要的举动，这对中国大陆的芯片产业发展与技术创新带来了严峻挑战。面对美国咄咄逼人的态势，工信部领导提出，"汽车芯片是关乎产业核心竞争力的重要器件，需要统筹发展和安全，坚持远近结合、系统推进，提升全产业链水平，有力支撑汽车和半导体产业高质量发展。"

这样的国际国内局势背景下，民盟上海市委的这份课题调研报告，能有哪些针对性建议？

调研报告首先通过细致的数据分析，提出全球车规芯片技术与市场依然长期被欧、美、日、韩三区域所垄断，分别占据全球市场的 37%、30% 和 25% 份额。其中，行业内排名前 8 位的企业，美西方国家占据 60% 以上市场份额，恩智浦、英飞凌和瑞萨科技名列三强分别占据 14%、11% 和 10% 市场份额。不容乐观的是，上海虽然是我国汽车与芯片产业重镇，但车规芯片在产业发展、技术创新以及市场占有率方面，与美西方国家之间还存在不小差距。产业链分散且创新链不强，技术创新支撑能力不够，车规芯片下游汽车供应链自主可控能力不强，产品销量少规模小，无法在整车应用中检验芯片性能。国产汽车的"芯痛"问题不仅在于较低的自主可控率，还包括整车企业不敢用国产芯、前端芯片设计企业不愿进入汽车行业等。

报告专门提出，目前上海在产业链关键技术 BMS 创新水平不高。BMS 是指电池管理系统（Battery Management System），这是针对新能源汽车的动力电池管理与控制而提供支撑的芯片，为整车提供驱动电能，且能够实时准确监控电池的电压、电流、温度信息，并且估算电池状态，故障诊断、异常报警、均衡控制、热管理等功能，保证电池高效安全使用。然而，几乎所有BMS厂商的芯片供应均由外资芯片巨头垄断，缺乏专业BMS芯片企业且同质化严重。

因此，报告针对性地提出建议——聚焦关键技术BMS芯片做大做强，支持国内车规芯片企业走专业化开发道路，推动芯片商与系统商分工协作，对接链主企业形成产业链紧密合作；对接清华大学、复旦大学等集成电路相关学院，特别是上海集成电路研发中心、上海清华国际创新中心、上海处理器技术创新中心等围绕车规级核心芯片的尖端技术实现产业化转化，促进国产芯片核心零部件产业化布局；打造国家级车规测试验证平台，建立健全车规级芯片标准法规技术体系和认证体系，提高汽车芯片测评平台能力和产业链上下游协同能力。

"这是一份有干货的高质量报告！"民盟市委对报告给予充分肯定，并在2022年底将报告转化为拟于次年1月市两会期间提交的提案。

## 一段任重道远的征途

提案在2023年5月得到了主办单位市经信委的答复。

针对提案依据调研报告提出的多项建议，市经信委表示都将充分吸纳，并提出本市将建立第三方汽车芯片平台、推动建设汽车芯片检测认证平台，争取筹建国家级汽车芯片检测认证中心，为全国提供汽车芯片测试、验证等公共服务。得闻办理结果特别是上海的下一步举措，包括丁光宏、邱允生在内参与此前课题调研报告工作的盟员都很欣喜。

2023年7月31日下午，围绕"聚焦关键核心技术攻坚突破，推动集成电路产业高质量发展"专题，市政协专门开展主席会议成员领衔督办提案专题视察调研。这一提案专题就包含了民盟市委关于车规级芯片产业布局的这件提案。民盟市委的参会代表在会上提出，上海应将车规级芯片作为发展焦点，形成与汽车等多个产业协同发展的态势。领衔这次提案督办的市政协副主席寿子琪表示，下一步，政府与企业须转变理念和思维共同破解产业发展难题，推动产业发展更上一个台阶。以此次提案督办为起点，此后，政府部门和民盟市委方面还多次沟通，为上海在车规级芯片产业布局工作共同谋划。

从课题调研到提案建言乃至督办落地，最终在 2023 年 12 月，此项工作取得了阶段性成果。当月，上海举行汽车芯片产业创新发展工作推进会，对车规级芯片研发生产工作进行重点部署。上海决定要在三年内培育 100 家以上的新能源汽车芯片的研发设计企业、两家 IDM（半导体行业垂直整合制造）主导企业。为实现目标，市经信委和上海汽车芯片产业联盟还安排了配套举措，包括揭牌上海汽车芯片工程中心，以及上海汽车芯片检测认证公共实验室。可以看出，这些举措都与此前民盟市委的调研报告和此后的提案所提建议不谋而合，包含了党派成员的智慧和心血。

"这一定是一段任重道远的征途！"邱允生说。当年那场调研后，车规级芯片成了他此后关注的重点，来到落户普陀区的知名新能源汽车企业调研，他也不忘问一下，如今造车新势力企业是否用上国产的车规级芯片了……

成功从不会从天而降，罗马也不可能在一天之内建成。通过生态搭建、上下游协同联合攻关，再加上政策支持，数年后，车规级芯片国产化率在上海一定会有显著突破。

（本文作者：戚尔达）

# 加速突破"卡脖子"技术

提案号：1410207

提案名：关于构建科学数据共享服务体系，加快攻克重要领域"卡脖子"技术的提案

提案者：上海市科学技术协会

从"借光"到上海光源"自主造光"，从买飞机到国产大飞机开启商业飞行，从高端医疗设备依赖进口到国产设备不断"破冰"出海……上海科创发展之路，承载着特别的期待。

2023 年，上海市科学技术协会提交"关于构建科学数据共享服务体系，加快攻克重要领域'卡脖子'技术的提案"，从数据共享这一关键环节入手，为上海科创迈向"全球影响力"之路贡献了政协智慧。

## 扎实调研，提出提案

近年来，上海加快集成电路、生物医药、人工智能三大先导产业的核心技术攻关。在集成电路领域，上海已成为国内集成电路企业最集聚、产业链最完整、综合技术水平最高的地区；生物医药领域，上海连续研制上市 23 款 1 类创新药；人工智能领域，产业规模逾 3800 亿元，上海 AI 人才规模约 25 万，占全国三分之一。2023 年，上海工业战略性新兴产业总产值占规模以上工业总产值比重达到 43.9%，其中集成电路、生物医药、人工智能三大先导产业规模达到 1.6 万亿元。

创新是核心竞争力，基础研究是创新之源。当前，世界百年未有之大变

局加速演进，新一轮科技革命和产业变革深入发展，上海要基于创新发展承担更多"卡脖子"技术突破任务，抢占更多前沿产业先机；通过聚焦基础研究和关键核心技术攻关，强化科技创新策源功能，激发高质量发展的强劲动力。

在市政协委员、中国科学院上海微系统与信息技术研究所战略研究室主任姚薇看来，当前，我国面临许多关键核心技术"卡脖子"问题，背后的深层原因往往是创新链和产业链融合纽带缺失。科学数据是科学研究的基石和催化剂，也是科研数字化管理的重要抓手。当科研步入数据密集型的"第四范式时代"，如何开发好、利用好科学数据，借助大数据在科研管理和产业创新上弯道超车，加速攻克"卡脖子"技术成为亟须解决的问题。

近年来，已建的大量数据中心，数据汇交却不尽如人意，"有平台、缺数据"的情况普遍存在。对于数据高度密集的战略新兴行业，大量时效性极强的研发数据因缺失共享机制而失去价值。以数据依赖性极强的集成电路材料行业为例，该行业数据类型多、结构复杂且格式差异大，集成电路材料研发过程中涉及上百种设备。集成电路材料研发细分严重且技术门槛高、高端集成电路材料数据获取困难、先进工艺仿真复杂度高、设计方法难以验证等因素，导致数据缺乏共享、专业数据量过少、模型机理难以解释等行业共性问题。

解决集成电路材料产业数据问题，对于进一步研究科研范式变革对其科研组织模式的影响，对于优化科研组织机制、提升科研效率，加速上海先导产业攻克"卡脖子"技术，具有重要意义。

为全面了解产业问题，得到一手数据，姚薇设立研究课题并成立调研组，调研了国内领先且唯一具备 12 英寸正片大规模供应能力的硅基衬底材料企业"沪硅产业"，专业从事化合物半导体材料研发的新兴企业"上海新微半导体"，上海"四梁八柱"之一、拥有国内最先进 MEMS 和硅光芯片研发中试线的上海微工院，聚焦集成电路衬底材料、工艺材料、前沿技术的研发与产业化的新型机构上海集成电路材料研究院，以及从事光刻胶、工艺材料和应用研究的中国科学院上海有机所、上海新阳、新安纳、矽睿科技等机构或企业的一线专家。

针对集成电路封装材料，调研组赴中国科学院深圳先进研究院和沈阳金属所取经。在对第一轮调研进行统计分析后，调研组又针对性走访了上海集成电路行业协会、上海市集成电路材料研究院、中国科学院上海分院、新微科技集团等单位，还调研了中国科学院自主研发的可支持中英文的科学数据通用型存储库平台"科学数据银行（ScienceDB）"。

课题组还邀请了技术和管理专家围绕核心问题从研发、应用、科技金融的角度进一步研讨。同时，在科学大数据和 AI for Science 方面，课题组先后参加中国科学数据大会、雁西论坛等高水平学术论坛，与国内外优势团队深入探讨 AI for IC Material 的可行性方案。

课题组发现了数据孤岛化、壁垒高、利用率低等问题。对研发主体而言，数据流通和存储管控极严。为保证数据安全，企业内部数据开放度较低，跨企业数据共享几乎不可能。即使全行业积累了大量数据，但因缺乏统筹管理，形成数据孤岛，降低了数据利用效率。总之，数据共享机制缺失，科学数据共享困难；数据交易机制缺乏，科学数据价值实现困难。

课题组在调研报告中建议，针对上海战略性新兴产业构建"科学数据资源共享服务体系"，按学科分类建设若干主题库，整合向科研院所提供数据共享分析的创新链和向企业提供数据共享交易的产业链，成立专门管理和监管机构，统筹构建科学数据治理体系。通过全链数据信息共享，优化资源配置效率和研发流程架构，实现企业、高校、科研机构、个人等创新主体间高效的互联互通，催化成果转化"超导"现象，加快重要领域"卡脖子"技术攻关。

调研报告形成后，其中的建言精华，被转化为提案。"科研范式的变革需要真实、全面的科学数据支持，掷地有声的建言献策同样如此，这是我秉持的履职原则。"姚薇说。

## 专题督办，推进落实

2023 年，市政协十四届一次会议期间，市科学技术协会将"关于构建科学数据共享服务体系，加快攻克重要领域'卡脖子'技术的提案"作为集体提案提交，呼吁推进数据共享，加速攻克"卡脖子"技术。该提案被列为2023 年市政协主席会议成员领衔督办专题主提案，并被评选为 2023 年度市政协优秀提案。

2023 年 7 月 31 日，围绕由市科协提出的"关于构建科学数据共享服务体系，加快攻克重要领域'卡脖子'技术的提案"等 7 件提案组成的"聚焦关键核心技术攻坚突破，推动集成电路产业高质量发展"这一提案专题，市政协在华大半导体有限公司开展主席会议成员领衔督办提案专题视察调研。市政协副主席寿子琪参加。

2023 年 8 月 16 日，在位于科学会堂的市政协科协界别委员"协心工作室"，又召开了该督办提案专题办理推进会。来自市科委、市发改委、市经信委、市教委、市国资委、市知识产权局等相关单位，汇报了提案办理情况并座谈交流。

科学数据已经成为科学研究和发展的战略性、基础性资源，加强科学数据的管理和共享应用成为大数据时代一项十分紧迫而重要的任务。近年来，上海加快建设具有全球影响力的科技创新中心，取得了一系列实质性突破，大量的科学数据应运而生。上海非常重视科学数据工作，积极推进科学数据相关的政策研究和探索创新工作。

积极推进上海科学数据政策研究。作为提案承办单位，市科委表示，将立足上海战略定位和发展需求，参考国家和兄弟省市推进科学数据管理工作的经验，并结合上海当前的实际情况，对数据汇交、共享、交易重点环节中的政策性问题、机制性措施等开展深入研究，加强上海科学数据管理制度修订完善，积极推进本市科学数据规范安全管理和开放共享。

支持开展科学数据中心和相关数据库建设。市科委表示，将支持本市具备条件的单位围绕科学研究需要和战略性新兴产业发展的需要，开展本单位、本领域、本行业科学数据中心和数据建设，为本市科学数据中心政策研究和数据开放共享提供实践经验和参考。积极推荐符合条件的数据中心申报国家级科学数据中心，进一步支撑本市科创中心建设。

跟踪支持科学数据相关关键技术研究。市科委表示，将围绕科学数据全生命周期中的安全管理、可信溯源、高效共享等关键技术问题开展跟踪研究，积极推进大数据、云计算、区块链、人工智能等高新技术在科学数据管理中的应用。不断提升数据流通与交易能级，为释放数据要素红利打好基础。

数据是发展新质生产力的核心要素。如何在确保科技、经济与国家安全的前提下促进科学数据开放共享，是推动科学数据要素化和价值化亟须解决的问题。

唯改革者进，唯创新者强，唯改革创新者胜。瞄准具有全球影响力的科创中心这一目标，上海，奋楫争先，赓续前行……

（本文作者：董潇韩）

# 找准龙头 强化长三角科创共同体

**提案号：** 1410253

**提案名：** 关于发挥国家实验室龙头引领作用，做实做强长三角科技创新共同体的提案

**提案者：** 杨守业等 13 名委员

2023 年初，九三学社上海市委副主委、市政协委员杨守业，在政协会议上提交一件提案：《关于发挥国家实验室龙头引领作用，做实做强长三角科技创新共同体的提案》。

犹如平静的水面投入了石头，水花溅起，涟漪不断。提案提交前，就引得不少市政协委员重视，刘海峰、陈新两位立刻联系杨守业，表示与他一起探讨提案、共同完善提案。最终，联名的委员达 13 人。

时值冬夜，寒气逼人。大街之上，人影寥寥，车流稀疏，居民区里，灯火暗淡，一片静谧。城市似乎提前进入了安眠时段。

在同济大学海洋楼六楼，却有一户窗口仍然透出明亮的灯光，那里是杨守业的办公室。白天，他带领学生走访了位于上海浦东张江地区的两个实验室，此刻，他正在抓紧撰写那件提案。整理材料、构思提纲、翻查依据……晕黄温馨的台灯光下，他忙个不停。

杨守业是同济大学海洋学院教授、博士生导师，平时教学任务很重。由于海洋学科与其他学科教学有诸多不同，教师要教好课，除了不断探研书本知识，还须经常去海上做实测。这几年杨守业几乎每年要到中国最前沿的南海采集有关数据，所以他真的非常忙。

这么忙还要去写提案？时不时会有人问杨守业。

杨守业回答都很简短："目前我们在科技实验上有国家实验室、国家重点实验室、各部委实验室三级平台。我担任过五年同济大学国家重点实验室

主任，对实验室的开展、运作情况比较了解，也看到了一些问题，比如国家在实验室方面花费的投资不算少，每年有几十个亿，组织的人力、给出的时间也不少，但成果似乎并不显著，感觉各实验室都是各自为政，互不往来，没有形成合力，所以在这个方面就有想法，就想建言。"

这确实是触发杨守业撰写提案的原始动因，而如果跟他深入交谈，就会发现他内心深处还有更高的视野、更宽广的思路。

这思路的一个起点，似乎与美国人马斯克有点关联。马斯克及其 SpaceX 的创新，深深地刺激了杨守业。他常想：一个并非航天和电信方面的专家，能够发明出让人感觉近乎神话的科技项目，恰恰在于他善于利用科技平台、组织使用科技人才。而在 20 世纪 80 年代，曾有中国的民营企业，创出与国外合作发射卫星的先例，不过，虽然取得一定的效果，最终却没能做大，因为进一步成长的土壤和环境还需要培植。

但更令人感到希望和信心的，是中国科技发展的宝贵经验。从"两弹一星"等重大科技成果中，可以鲜明地看到中国科技利用制度优势，集中力量和资源，协同攻关，取得一系列创新成果的足迹。

面对众多成功与失败的案例，杨守业想得很多很深，坚定的一条是：中国要发展必须科技先行，科技先行必须把调动人才、发展科技力量集合起来，形成合力，携力同行！

他要在提案中，把一些想法化为具体、实际的建议，郑重提出来。

杨守业把目光投射到渐趋一体化的长三角地区，在这片以上海为龙头、经济高度发达、科技力量雄厚的热土上，各类实验室云集。但杨守业分析下来，这些实验室"领域不同、平台一样、问题有共性"。

对于如何细致了解各实验室目前的状况和存在的问题，杨守业颇费了一番心思去琢磨。他知道，仅凭一己之力，要完成这调研工作量很大，周期也太漫长。

那日，杨守业给几位研究生教学，忽然动了念头：让学生们参与调研。这么做，一来可以让学生了解实验室科研的现状、促使他们增加科研学习的兴趣，二来可以让他们提前看到实验室科研上存在的不足、短板，在自己以后加入到其中搞科研后，可以避免这类问题。

在学生心目中，杨守业是一名称职的指挥。一声令下后，除了他带教的七八个研究生迅即跳进其中外，非带教的几名研究生也要求加入，一下子，调研队伍就聚起了"十几个人、七八条枪"。

浦东张江地区，主要分布着集成电路、人工智能、生物医药方面的实验室。而在长三角地区，除拥有上海张江、安徽合肥两个综合性国家科学中心外，还有国家重点实验室 104 家，全国占比约 20%。同时，这里汇集着全国 17% 的普通高等学校，以及四分之一"双一流"高校。

杨守业带领学生绘制了"作战图"，把一个个实验室都标注在图上，并分门别类，然后确定人员、时间逐一前往"打卡"调研。

一时间，团队充满着作战气氛！计划一确定后，大家就利用寒假，两人一组开始奔赴各地点。

困难自然跟着来了！有的实验室根本不同意他们去调研，主要是怕麻烦，觉得目前的工作节奏、工作状态蛮好，并不需要改变或增加什么。有的实验室也清楚目前的工作方式、运行模式存在弊端，但政府每年都会投入约定的经费，他们日子蛮好过，一旦找出问题反而可能影响了现有的资金支持。

还有的实验室认为，影响形成合力主要原因是体制、机制存在问题，与实验室本身的运行并无关系，所以对从实验室找原因有点避重就轻，以小问题掩饰大问题。

一个个挫折和问题回馈到杨守业这里，他只能更多地亲自出马。作为市政协委员、九三学社上海市副主委，他一个个电话联络感情，甚至登门拜访。为了铺平道路，他把公、私两方面的关系都用上了，最终使学生的调研得以顺利进行……

在调研开始时，杨守业就着手撰写提案，调研一结束，他的提案初稿已经基本形成。随后，他又组织学生共同就提案进行讨论，寻找存在不足，反复进行修改，又与第二、第三提案人一起进行完善。

提案只有薄薄的几张纸，杨守业却感觉份量不轻，因为那一行行的字，承载着他、联名委员还有参与调研的同学们，期盼科技创新发展的急迫心情！

杨守业等的提案，首先分析了存在的两大问题，指出因为国家实验室主导地位缺失，长三角科技资源难共享，创新体系整体效能低；由于产学研合作政策亟待完善，人才评价激励机制缺失，制约了区域创新体系建设。可谓一针见血，直指症结！

随后，他们深思熟虑，提出三方面的建议：发挥国家实验室龙头作用，共享长三角科技资源；以国家实验室引领，创新开放共享体制机制，助力产学研融合发展；夯实基础研究，推动任务导向的重大项目合作，实现0到1的原始创新。

这些建议，看似属于原则性的内容，实则包含着一系列的具体举措，有落地成真的极大可能。

提案提交不久，就收到了市科委的答复，其中赞扬委员的相关建议"有很重要的指导和借鉴意义""将促使以国家战略科技力量为牵引，围绕全链条构建长三角协同创新体系。加快构建世界一流的重大科技基础设施群和区域重大科技基础设施网络，促进长三角开放共享。充分发挥全国重点实验室的核心支撑优势，与国家实验室形成协同合力，助力长三角科技创新共同体发展"。

市科委还表示，将结合委员的意见建议，会同市发改委、市经信委、市科创办、浦东新区政府等相关部门，进一步强化国家实验室的长三角牵引作用，有效整合创新资源，积极构建以国家实验室为引领、全国重点实验室为支撑的创新体系，做实做强长三角科研攻关共同体，辐射带动长三角各地产业转型升级和新兴产业发展。

在得到主管部门的回音后，杨守业心中增添一份责任感，他也要投入到自己所提建议化为现实的进程之中。为此，他邀约了一批教授、专家、科技人员研讨如何助力提案落实。在所率团队中，他开启了"观念转化"的实践过程。他对大家说，我们现在对使用实验室的人才认识导向有错误，比如一定要戴顶高职称帽子，最好是两院院士。马斯克有什么帽子？所以我们要改变观念，不要以帽子、职称去认识人才，要学会把拥有科技成果的人才吸纳到实验室中。

很多人在没有认识杨守业以前，认为他年龄已经很大了，甚至是个老人，他们的依据是"守业"这两个字。"只有上了岁数的那代人，才会叫'守业'

的名字,现在的人哪会有如此老土的、直接的、渴望守住财富的名字?"他们说。

其实杨守业生于 1971 年,今年才 53 岁。听到关于"老"的说法,他常常哈哈大笑,然后"随其自然",承认自己老了,就是个老人。不过他又常常说:"虽然我有些老了,就像进入了老年期的大鹏,哪怕羽毛开始败落,仍然渴望为建设美丽中国翱翔天空!"

是的,每一天,杨守业都为中国的科技能级提升而踏踏实实、忙忙碌碌着!

(本文作者: 宋长星)

# 探索数据安全治理的"标准答案"

**提案号：** 1410538
**提案名：** 关于上海开展数据安全治理探索的提案
**提案者：** 陈凯等5名委员

进入21世纪，由信息技术和互联网所引发的新一轮科技革命和产业变革，诠释着人类进步的新征程。而大数据，被视为最具时代性的标签，堪称"21世纪的石油"。它是资源，是资产，更是资本。

在我国，数据要素市场建设获得高度重视，其步伐已紧锣密鼓地展开。2020年3月，中共中央、国务院发布《关于构建更加完善的要素市场化配置体制机制的意见》，将数据同土地、劳动力、资本、技术并列为五大生产要素，提出加快培育数据要素市场。2022年12月，中共中央、国务院印发《关于构建数据基础制度更好发挥数据要素作用的意见》（数据20条），从数据产权、流通交易、收益分配、安全治理等方面构建数据基础制度。

数据资源不同于传统资源，实现数据价值最重要的是让它流动，但同时要保证安全。2020年前后，我国发生了多起数据安全的重大案件，其中不少与百姓生活息息相关，如"大数据杀熟"、App的隐私条款默认勾选获取用户信息、企业用户数据泄露、信息数据倒卖，等等。还有不少搜索引擎收集用户输入的足够量关键词以后，精准刻画出该客户的数字肖像，从中了解用户个人的真实情况、政治面貌、健康状况、工作性质和个人爱好，等等。购物网站通过用户的搜寻记录，测评用户喜好，推送可能感兴趣的其他商品，带来更多商业价值。

数据安全治理，已经刻不容缓！

# 缘起

陈凯现任东方财富信息股份有限公司党委书记、副董事长、副总经理。2023 年，他提交了《关于上海开展数据安全治理探索的提案》。

数据安全既是国家面对的重大课题，也是陈凯所处的数字金融行业息息相关的重要课题。这件提案背后既有对国家政策文件的精研细析，更有对网络数据行业的专业判断。从纷繁复杂的问题中抽丝剥茧，既指出问题又给出建议。了解内容的人都说，没有多年的从业经历和高瞻远瞩，很难形成这样一件兼具现实意义和前瞻性的提案。

其实，陈凯并非金融专业出身，而是一名地道的"理科男"、浙江大学的工科博士。1997 年他来上海，进入长江计算机从事 IT 行业和市场相关的管理，2003 年到团市委，再转到市外办工作，2015 年才进入东方财富信息股份有限公司。学习能力超强的陈凯，用很短的时间考取了证券、基金、期货等从业资格证，迅速匹配新的岗位。用他自己的话来说，"不停地跨界，其实就是在对自身各方面能力的不断挑战，这种挑战使得自身要有不断去学习的这种能力和意识。"

之所以会以数据安全治理作为提案的主题，陈凯道出了原委。首先，数据安全是国家重视并上升到战略高度的问题，已成为国家安全的重要组成部分。"2014 年习近平总书记提出了总体国家安全观，数据安全当时并不在内。但随着数字经济的蓬勃发展与持续渗透，数据日益成为重要的基础性、战略性资源。2022 年，关于'新时代国家安全的主阵地主战场'赫然加入了人工智能和数据安全。"基于多年的政协履职经验，陈凯深知作为提案立意要高，要选择国家发展的重点方向和中心任务，又要聚焦到具体问题上面。总书记高度重视新质生产力的发展，数据作为新的生产要素，是新质生产力的重要组成部分。数据安全在数字经济时代，是一个名副其实的"热点"。

其次，出于多年的工作经验和专业眼光的判断。其实从 1997 年开始，陈凯一直就在与数据市场打交道，长期关注其发展和国家政策文件的精神。他目睹了新事物发展时期的泥沙俱下，"很多企业对待数据都是不规范的，它们甚至可能没有意识到自己是有问题的。"随着国家政策的逐步完善，事情正在发生变化。"2022 年'数据 20 条'出台给我提供了重要的启发，我当时正在做政协提案的选题，关于数据要素的方向其实非常多，有数据产权、流通交易、收益分配、安全治理，等等。关于数据产权，如果你仔细读'数据 20 条'的话，会发现目前没有一种说法是直接说数据所有权，而是说数据的持有权、加工使用权、经营权。关于数据权属的这个问题，目前讨论比较偏向理论层面，学术界还有很多争论，没有形成共识。我最后选择了安全治理这个方向，因为它在大方向上已经形成了基本共识，在这个基础上提出更加具有实操性的建议，这也是我们可以做到的。"

## 提案

确定了数据安全治理的选题方向以后，陈凯最先做的是大量案头工作，包括学习政策法规和文件文献，还有浏览国内外学术界对于数据安全的各种学术著作和论文。

这样的工作无疑琐碎繁杂，却能发现很多问题。虽然国家已经出台了相关立法和规定，但还是偏原则性的，具体细则需要进一步补充完善。"《数据安全法》提出建立数据分类分级保护制度，确定本地区、本部门以及相关行业、领域的重要数据具体目录，但对于什么是重要数据、如何认定重要数据，并没有给出具体可操作性的规定。"

实际上，并非只有中国才面临这个问题，全世界都没有一个成熟的分类分级系统。陈凯说："打个比方，分级分类系统就像是从企业标准到行业标准、国家标准再到世界标准，目前关于数据安全治理可能连行业标准都没有办法统一，大部分是企业标准。企业就可能按照自己的理解，选择更加有利于发挥数据价值和支持企业生产经营的数据治理方式，而忽视数据使用对外部造成的影响，'大数据杀熟'就是企业过度使用数据的一种表现。另一方面，在数据分类分级行业标准暂未发布的背景下，企业可能会担心自发的数据分类分级建设不符合相关部门后期发布的标准和要求，多做多错。因此，数据安全治理关键是细化相关政策，给予企业可以实际操作的指引。"

当世界都没有标准答案的时候，我们的探索就可能成为标准的组成部分。确实如此，2023年2月，上海推出了全国首个电信和互联网行业重要数据和核心数据目录，这可以视为一个不错的开始。

数据安全治理事关重大，但是专业性又非常强，任何一点展开说明都能长篇大论，如何在有限的篇幅内，有的放矢，说清问题和建议？陈凯开笔撰写提案时，真正是字斟句酌，从第一稿到最终定稿，篇幅并不长的文本，竟然细细琢磨了一个多月。其中三条建议，他认为有理有据，能从不同角度相互支撑：

首先是"在部分行业试点建立数据等级保护机制"。他提出，在上海选择部分数据密集型的优势行业和领域，先行探索进行数据等级的划分。作为改革开放排头兵、创新发展先行者，上海试点有充分的条件和经验。数据安全是一个新兴领域，需要循序渐进，从一个相对成熟且紧密相关的体系中汲取经验，是一条切近而实在的路子。网络安全等级保护的机制就是一个不错的参考对象。按照《网络安全法》的要求，企业在从物理环境、通信网络、入侵防范、安全人员配备等方面建立较完备的网络安全体系，不同等级的系统、平台需要满足不同等级的安全防护能力要求。这些已有的经验和基础，完全可以成为一种借鉴。而且在网络安全等级保护体制中，其实已经涉及了数据完整性、数据保密性、数据备份恢复等数据安全治理方面的内容。但是要注意网络安全等级保护制度与数据安全等级保护之间的制度衔接，毕竟两者还是有差别的。

其次是"支持企业参与数据治理能力综合认证"。陈凯认为，在制度不完善的背景下，企业主动参与数据治理能力综合认证来健全这个体系，其实是一种不错的方式。相关部门也都发文鼓励，2022年6月国家市场监管总局、国家网信办发布《关于开展数据安全管理认证工作的公告》，2022年11月两部门又发布《关于实施个人信息保护认证的公告》。但是，这些认证都是非强制性的，"说句实话，很多企业可能并不会主动去认证，因为认证可能会要求改进，反而给自己的企业管理带来更多的成本。如果眼光放长远一点，未来行业认证一定会慢慢规范起来，形成标准，你不去认证反而就会被淘汰。就好比酒店的星级认证，这个也并不是强制的，但是当客户一定要星级的时候，没有星级你就无法入场。"而企业的参与，可以有效助力行业标准的形成。

最后是"持续加强数据安全关键技术的研究与应用"。"说得再通俗一点儿，现在没有分类分级的情况下，怎么让数据先跑起来，就要靠技术了。"隐私计算的发展，对于促进数据有效安全流动有重要意义。隐私计算可以保证提供方不泄露原始数据的前提下，对数据进行分析计算，数据以"可用不可见"的方式安全流通。在当前的人工智能时代，数据是提升大模型性能的重要基础要素，但企业出于数据安全和商业机密保护等方面的考虑，通常不愿意共享自身的私有数据，高质量的行业数据难以流通，一定程度限制了大模型的能力迭代和应用落地。隐私计算技术的发展，有助于为行业数据的流通提供安全可靠的解决方案，助力人工智能赋能千行百业。这第三条，则是在前两条于制度上暂无保障的时候，如何靠技术来解决问题。

这三条建议，反映出陈凯思路的敏捷和视野的宽广。那些专业领域的新事物，无论是隐私计算、大模型还是人工智能，还有这两年比较火的区块链、元宇宙，陈凯和员工们做过专题学习，并且不是泛泛地了解皮毛，而是尽量弄懂其底层原理和逻辑。这样的深厚积淀，保证了他在提案中能够精准地运用学识来阐释问题。

陈凯很少接受外界采访，他所在的东方财富信息股份有限公司，办公地点坐落于徐家汇商圈，进出口门禁森严。如果单凭他的一系列耀眼的头衔和工作环境，很容易将他想象成一个不苟言笑的政商界精英，但只需一席话，他博学和儒雅的一面就会让人如沐春风。与陈凯交谈，常常觉得他像一位老师，他也确实担任了上海高金 APE 导师，"跟学生交流的过程中，不仅仅是站在我自己的角度，传统意义上的说教肯定是不行的，更多的要倾听，要去找到学生自己的困惑和问题是什么。从我的角度来讲，也可以知道青年人在想啥。"

在同事的眼中，陈凯是个怎样的人呢？"我们领导生活中没有什么架子，有的时候还会请我们喝喝奶茶。但是工作中对大家非常严格，我们写的稿件，从框架到细节，甚至标点符号，他都会严格把关，最重要的是他还会告诉你改动的原因是什么，问题出在哪里，下次我们就能更好地去改进。知其然更知其所以然！"

作为一名政协委员，陈凯此次撰写提案的经过，也诠释了他是一名怎样履职的人！

# 意义

2023 年 2 月，陈凯提交了《关于上海开展数据安全治理探索的提案》。5 月，收到了中共上海市委网信办的答复，其中写道："市委网信办将会同市政府办公厅探索制定数据分类分级管理制度，进一步推动数据分类分级保护工作……将进一步结合委员建议，持续加强安全治理探索，健全数据安全治理机制，提升数据安全治理水平，为数据要素市场建设、数字经济发展筑牢数据安全屏障。"

这件提案成为当年度的优秀提案，陈凯认为，这可能在于它的意义重大。

从宏观角度而言，中共二十大报告、二十届三中全会的《决定》都提到数据要素市场的建设，数据要素作为新质生产力的重要组成部分是重要课题。去年底还提出要把数据作为资产目标，纳入到公司的资产负债表里面去。所以，这件提案符合推进中央关注的大课题大方向。

就中观层面来看，提案旨在推进整个数据要素相关体系建设。由于从地方到国家到全世界都在进行探索，没有固定、标准的答案，任何一种探索都可能对未来这个领域的发展有帮助，因此每一种想法都可能成为最终答案中一个很小的组成部分，这个也是很有意义的。

而微观角度说来，这件提案希望上海能够走在前面，为全国做一些试点和探索工作，能够成为上海新一轮改革再出发和科创新发展的突破。数据作为一种资产，作为一种生产要素，我们希望它能够更好地发挥作用体现价值，对我们自身公司发展也是有帮助的。

"数据要素市场的建设将会是我持续关注的对象。"2024 年 1 月，在市政协十四届二次会议上，陈凯作了题为《关于加快建立数据要素价值转化体系的建议》的专题会议发言。

（本文作者：胡笛）

# 为了上海自贸区加快实施提升战略

**提案号：** 1410602

**提案名：** 关于加快实施中国（上海）自由贸易试验区提升战略的提案

**提案者：** 姬兆亮等6名委员

2023年9月金秋，中国（上海）自由贸易试验区迎来设立十周年。几个月后，12月7日，国务院正式公布《全面对接国际高标准经贸规则推进中国（上海）自由贸易试验区高水平制度型开放总体方案》，在服务贸易、数字贸易、货物贸易以及边境后管理制度改革方面提出了80条具体任务，明确要求上海自贸试验区"打造国家制度型开放示范区"。

消息传来，市政协委员、浦东新区政协主席姬兆亮感触颇深、大受鼓舞。作为特邀界别委员，他在当年初的市政协十四届一次会议上提交了《关于加快实施中国（上海）自由贸易试验区提升战略的提案》，得到相关部门的高度重视，并持续参与、共同推动着相关问题协调解决。眼见提案中的建议逐步落到实处，姬兆亮深切体会到作为专门协商机构的政协之作用和价值的发挥与彰显。

## 缘起：探路问道 建言献礼

最初引发姬兆亮产生写这件提案的灵感，是在2022年11月4日晚上，聆听习近平总书记以视频方式出席第五届中国国际进口博览会开幕式并致辞的时候。

总书记指出，举办进博会就是要扩大开放，让中国大市场成为世界大机遇。……当前，世界百年未有之大变局加速演进，世界经济复苏动力不足。我们要以开放纾发展之困、以开放汇合作之力、以开放聚创新之势、以开放谋共享之福，推动经济全球化不断向前，增强各国发展动能，让发展成果更多更公平惠及各国人民。

说到"开放"，曾任浦东新区常务副区长、兼任上海自贸试验区管委会副主任，长期深耕于经济发展领域的姬兆亮，可谓再熟悉不过。多年来，他的主要职责都围绕"深化商务领域开放"为中心，负责推进落实自贸试验区制度创新工作的开展，特别是在一业一证改革、证照分离、综合许可证等放管服工作的改革上参与较多。担任新区政协主席之后，他一方面因为之前的职业履历保持着对自贸试验区制度创新的热切关注，另一方面作为政协委员，他立足于自己深耕的专业领域履职尽责，通过提交提案、反映社情民意等方式积极建言献策。

2013年9月，国务院正式印发《中国（上海）自由贸易试验区总体方案》。上海自贸试验区曾发布了全国首份外商投资准入负面清单、建成上海国际贸易"单一窗口"，创设本外币一体化运作的自由贸易账户体系。在投资管理、贸易监管、金融创新、"放管服"改革等领域形成了一大批首创性、可复制、可推广的制度创新成果。但随着内外环境迅疾而又剧烈的变化，新形势和新任务对许多现行的政策、规定、模式、方法提出了更高要求，如何适应这些变化和要求，是近年来姬兆亮不断调研思考、探索实践的重大课题。

十年间，上海两级政协从"上海自贸试验区是推动实现中国式现代化的生动实践"的高度始终予以关注。中共二十大提出"实施自由贸易试验区提升战略"，进一步为委员们参政议政指明了方向。

二十大报告阐明了中国式现代化的丰富内涵。姬兆亮认为，中国式现代化是一个立足国情、面向世界、文明互鉴、开放发展的过程，上海自贸试验区是推动这一发展过程的生动实践。"实施自由贸易试验区提升战略"是二十大提出的新要求。立足新起点，要顺应时代发展新趋势、落实中央新要求、满足人民群众的新期待，就应加快推动上海自贸试验区发挥先行先试优势，以求百尺竿头更进一步。

2021 年 7 月 15 日，《中共中央国务院关于支持浦东新区高水平改革开放打造社会主义现代化建设引领区的意见》（以下简称《意见》）发布，标志着上海市浦东新区立足新发展阶段，肩负起新使命，踏上了更高水平改革开放的新征程。浦东新区将全面对照加快打造社会主义现代化建设引领区的各项工作要求，统筹推进引领区、自贸试验区、综合配套改革等国家战略，加快推动一批重大政策制度创新试点落地落细，推动改革试点"苗圃变森林"。

为了更好地回答上海自贸试验区"前路何方，如何破局"这一问题，姬兆亮围绕《意见》中"对标国际最高标准、最好水平、着力推动规则、规制、管理、标准等制度开放"的内容组织开展研究，邀请相关专家学者围绕CPTPP（全面与进步跨太平洋伙伴关系协定）和 DEPA（数字经济伙伴关系协定）等高标准经贸规则条款进行深入研讨。

2023 年 1 月初，他召集浦东新区发改委、商务委等部门和数名在相关领域有实践经验的政协委员开座谈会，又邀请自贸试验区一线改革工作人员围绕改革方案和条例实施情况深入交流。最终，结合此前的走访调研、深入研讨和集思广益的头脑风暴，姬兆亮牵头起草形成提案，期望通过建言献策为上海自贸试验区成立十周年献礼。

2023 年 1 月 12 日，市委书记陈吉宁出席市政协十四届一次会议召开的"着眼'四个放在'，先行探索社会主义现代化的路径规律"专题会议。姬兆亮在会上第一个发言。他以《加快实施上海自贸试验区提升战略，做好制度型开放这篇大文章》为题，提出了修订上海自贸试验区条例、聚焦特殊经济功能区与特殊综合保税区"双特"建设、打造服务国家"一带一路"，建设桥头堡等三方面建议。发言获得广泛好评，在此基础之上，姬兆亮于市政协会议期间与张峰、晏波等委员联名，正式提交了《关于加快实施中国（上海）自由贸易试验区提升战略的提案》。提案认为，现行 2014 版《中国（上海）自由贸易试验区条例》滞后于当前发展的新形势和新任务，建议尽快修订，完善制度型开放的法规保障，聚焦特殊经济功能区和特殊保税区"两特"建设，打造浦东全域引领制度型开放的"试验场"。

# 办理：落实下去 凝聚起来

提案提出后，市政府办公厅很快就明确浦东新区政府、上海海关、市商务委、市知识产权局等为提案办理部门。各办理单位高度重视，及时提出了办理意见。

2023 年 5 月 12 日，姬兆亮接到浦东新区政府正式答复。其中赞扬委员们从战略高度深刻剖析当前上海自贸试验区建设存在的问题，提出了有针对性的建议，具有重要的借鉴意义。答复表示，将深入贯彻落实党的二十大精神和党中央的决策部署，以上海自贸试验区设立十周年为契机，全面实施自贸试验区提升战略，结合委员提出的建议，重点开展以下工作：一是推动建设国家级制度开放示范区；二是提升全球资源配置能级；三是举办自贸试验区十周年系列活动；四是强化自贸试验区建设法治保障。

当月，姬兆亮专题听取具体经办单位新区发改委办理情况的汇报，提出要结合提案办理，争取能够再推动落地一批制度创新试点，放大一批改革成果效应，为上海自贸试验区十周年作出新的贡献。

2023 年 8 月 28 日，浦东新区政协"中国（上海）自贸试验区十周年再出发"主题系列活动之一的专题学习首场活动举行。活动以"委员自学＋线上线下研讨交流"为主要形式，为期一个多月，聚焦五个专题分批分期开展交流，内容涵盖上海自贸试验区十周年成果经验、自贸区进一步扩大开放和投资管理制度改革、贸易便利化监管制度改革、放管服改革、营造国际一流营商环境等多个方面，旨在进一步汇聚政协的智慧力量，助力实施自贸试验区提升战略，促进浦东引领区建设。9 月 6 日，"成就与梦想——中国（上海）自由贸易试验区十周年再出发"2023 年浦东政协第四届"观澜论坛"举行，浦东政协立足于上海自贸试验区设立以来的历程与成就，聚焦自贸试验区战略提升，邀请来自政界、产业界、学术界的嘉宾，以及部分全国、市、区三级政协委员齐聚观澜论坛，积极建言献策，征集"金点子"70 个，线上同步观看直播超一万人次。姬兆亮表示，作为浦东的政协委员，要在各自的行业和专业领域，共同推动中央为浦东制定的重大改革方案落实落地，切实担负起"落实下去、凝聚起来"的政治责任。

# 成效：协同联动 同力共举

调查研究是谋事之基、成事之道。2023年3月，中共中央办公厅印发了《关于在全党大兴调查研究的工作方案》，并发出通知，要求各地区各部门结合实际认真贯彻落实。

姬兆亮等委员提出的《关于加快实施中国（上海）自由贸易试验区提升战略的提案》也得到了市政协的高度重视。经市政协主席会议审定，在姬兆亮等委员的推动下，市政协界别地区工委与新区政协组成市区联合调研组，开展"发挥浦东先行先试优势，深化商务领域制度型开放研究"课题调研。

2023年3月21日，市区政协联合调研课题"发挥浦东先行先试优势，深化商务领域制度型开放研究"开题会，在区政协协商活动中心举行。这标志着市、区政协委员特色履职有了一个新开端。会议介绍，课题将聚焦国际航运服务业制度型开放、离岸贸易制度型开放、"丝路电商"合作先行区制度型开放、文化艺术交易制度型开放，以及专业服务业制度型开放等领域开展调研。

姬兆亮表示，课题调研正是落实中央精神的具体行动，浦东新区各职能部门要通力合作，课题组要明确职责分工，将政协专业分工的专业优势体现到课题报告中，深入了解新区在推进商务领域制度型开放方面的现状、问题和诉求，谋良策、出实招，从而为推动新区社会主义现代化引领区建设作出更大贡献。

此后，课题组采取市区政协联合、市区课题联动、三级委员联手的方法，先后赴临港新片区管委会、自贸区陆家嘴管理局等区域，沃尔沃价值设备投资（中国）有限公司等14家相关重点企业开展实地调研，举办各类专题调研座谈累计20余次。

在提案办理的过程中，姬兆亮等还注重发挥协同联动机制，深入参与落实工作，为浦东新区的企业解决部分棘手的具体问题。

2023年7月21日，市区政协联合调研课题组一行前往海关总署上海特派办开展面对面交流，在聚焦关于国产医疗器械制度型开放诉求及建议的典型案例时，姬兆亮了解到，作为在结构性心脏病领域的创新领军企业，上海微创心通医疗科技有限公司是国内首个获准上市的自主膨胀式牛心包生物瓣膜产品企业。国内患者对低价优质的国产心脏瓣膜支架产品需求量大，但国内牛心包膜的货源极其有限，行业生产需要依赖进口。因牛心包膜材料属于进境动物源性生物材料，根据国家相关政策法规，仅允许极少量进口用作科研用途，缺乏用于规模化生产所需的准入政策。姬兆亮意识到，这一问题不仅延误企业的科研、生产发展，影响自贸试验区的科技自主创新，更耽误对此产品抱有期待的患者的治疗，应全力推动浦东新区政协和海关总署上海特派办协同联动来解决问题。他去海关调研了两次，又与海关特派办等多方协调和反复沟通。主题教育启动后，新区政协联合海关总署上海特派办，将此作为国产医疗器械创新的一个突破口，深入企业生产一线联合调研。

2023 年 9 月 1 日，微创心通公司向海关提出 2000 片加工用途牛心包膜进口准入申请获得批准，这是国内企业首次获准进口加工生产用途牛心包膜。微创心通表示，这批牛心包膜可供生产 330 个人工心脏瓣膜，降低患者成本 2640 万，比同类进口瓣膜手术成本降低 20%。而姬兆亮等委员并不仅仅满足于这一进展，他们希望能够协同海关总署上海特派办，从办一件事向办一类事推进，从"特事特批"到规范化进口，帮助自贸试验区企业从研发型向规模化生产拓展升级。目前，牛心包膜进口许可证属性得到规范，从过去限量 2000 片、只允许"研发使用"，放开到企业按需申请、允许"加工生产"，企业可以非常便利地从事加工生产和商业销售。微创心通负责人接受媒体采访时兴奋地表示，能"从 0 到 2000"已经觉得意外，又能从"不可以"到"不限量"，这巨大而又迅疾的突破简直出乎想象。

好消息不胫而走，让自贸试验区的科创企业对未来满怀希望，也凸显着上海两级政协通过调研成果转化助力浦东先行先试、高质量发展的履职成效。

在浦东政协党组、海关总署驻上海特派办党委、上海外高桥造船有限公司党委开展主题教育同题共答联组学习调研中，姬兆亮对海铁联运、船供医疗器械、邮轮船供服务等自己此前并不熟悉却深知其意义重大的领域投入了极大关注，专门花费很多时间、精力去深入学习了解。他半年内先后两次登上首艘国产大型邮轮"爱达·魔都"号，沉浸式体验了我国造船业高质量发展能级的进一步提升，见证了航运业大国重器的成长蜕变，也看到了一些亟待解决的迫切问题。他牵头组织市区两级相关领域的政协委员深入调研，找到问题发生的症结所在，提出了"不限中外籍邮轮，全品类直接供船"的建议，通过浦东作为全国政协办公厅反映社情民意信息联系点的直通车平台，向全国政协和市政协反映，并得到了党中央和市委的高度重视。

2024年1月1日，"爱达·魔都"号装载着种类齐全的必备物资和丰富多样的各类商品，正式开启商业首航。2024年4月22日，《国际邮轮在中华人民共和国港口靠港补给的规定》公布，在申报方面增设了邮轮直供物资的供船方式，创新建立"常用低危物资清单"，有效解决了国际邮轮靠港补给环节存在的堵点难点痛点。4月24日，海关总署印发《海关支持邮轮产业发展的措施》，包括增设邮轮直供物资供船方式、便利国产商品供船、支持药品医疗器械供船等10项措施。

为助力上海建设国际航运中心，打通远洋船供药械的通道，姬兆亮和全国政协委员李国华，与浦东新区航运办、船供企业代表多次座谈协商，提交了"打通远洋船供药械通道，突破国际航运中心建设制度堵点"的社情民意，建议对标国际港口船供药械的通行做法，充分考虑船供药械为保障远洋船舶航行安全自用必备，且数量标准明晰、风险可控的特点，将其列为国际船舶物料供应范畴，在浦东新区率先探索船供服务企业以海关核准的其他物品形式进行申报。10月，在市、区政协的共同推动和相关部门的大力支持下，《浦东新区国际航行船舶药械供应保障若干规定》已通过浦东新区七届人大常委会第三十次会议审议，于2024年10月15日起正式施行。这一个个看似不起眼的问题，都让上海自贸区更加开放、更具活力，让世界更加认可中国、认可上海。

## 再出发：同心聚力　共谋新篇

2023年9月20日，在上海自贸试验区建设十周年主题论坛上，市委书记陈吉宁表示："我们将以海纳百川的胸怀扩大开放，以敢为人先的精神锐意创新，以通融共赢的生态展示包容，把上海自贸试验区和临港新片区建设得更好。"

同年 10 月 23 日，为发挥上海在改革开放中的突破攻坚作用，扩大电子商务领域对外开放，打造数字经济国际合作新高地，在服务共建"一带一路"高质量发展中发挥重要作用，国务院原则同意《关于在上海市创建"丝路电商"合作先行区的方案》。12 月 7 日，国务院正式对外公布《全面对接国际高标准经贸规则推进中国（上海）自由贸易试验区高水平制度型开放总体方案》。

在日常工作的开展中，在深入各地、协同各方走访、调研，收集、反映社情民意信息的过程中，姬兆亮欣喜地看见上海自贸试验区制度创新正在持续加快，离岸贸易印花税、进境维修等一批高含金量改革试点任务接连取得突破；市人大也已启动《中国（上海）自由贸易试验区条例》的修订调研工作。

亲身见证着提案中的一项项改革建议正从"施工图"转化为高质量发展的"实景画"，姬兆亮倍感欣慰与荣耀。展望今后的履职之路，他将继续胸怀"国之大者"、心系民之关切，精心精细打磨提案，瞄准痛点难点，坚持靶向施治，用心用情做好建言。他愿与政协的同志们坚守"政协初心"、突出"政协优势"、展现"政协风采"，更扬云帆立潮头，同心聚力谋新篇。

（本文作者：王萌萌）

# 续写沪港科创合作的"双城传奇"

**提案号：** 1410684
**提案名：** 关于创建港科大上海中心，完善沪港产学研基地的提案
**提案者：** 市政协界别和地区工作委员会、市政协特别邀请人士界别

"一支队伍跑得快，另一支队伍跳得高，当大家联手时，整个队伍就是既跑得快，又跳得高。"——香港特区行政长官李家超一席话，道出了沪港双城科创合作的最大意义：取人之长补己之短，携手并肩服务国家。

"无科创，无未来。"上海正以强化科技创新策源功能为主线，全力推进国际科技创新中心建设，香港也在积极服务国家发展大局，努力发展成为国际创新科技中心。近年来，"东方明珠"携手"东方之珠"，在科创领域携手写下无数的精彩双城故事，为两地经济社会发展注入新动力，推动沪港双城"同发展、共繁荣"。

2023年是沪港交流合作机制建立20周年。上海和香港如何在科创领域更好协同合作、优势互补？各界人士纷纷提出建言。在那年的市政协全会上，市政协界别和地区工作委员会、市政协特别邀请人士界别提交"关于创建港科大上海中心，完善沪港产学研基地的提案"，并得到采纳落实。这篇助力沪港"实打实合作"的建言，被评为年度优秀提案。

## 沪港科创合作由来已久

"在我以前拍的电影里，我在香港看到了上海，在《繁花》里，我在上海看到了香港。"在2024年3月的香港国际影视展上，著名导演王家卫说。

"从浦江畔走到香江边。这几天一直在下雨，上海人把下雨叫'落雨'，香港人也叫'落雨'（lok·jyu）。这个例子，足以见得两座城市的亲缘关系。"在 2024 年 4 月的浦江创新论坛上，香港大学当代中国与世界研究中心创始主任李成说。

两位不同领域的大咖在不同场合的感言，道出了沪港两地多年来的人文相亲、经济相融。

翻开历史画卷，上海与香港的科技合作交流由来已久。开放、创新、包容的上海城市品格和开拓进取、自强不息的香港狮子山精神的双剑合璧，则引发了助燃的作用，推动沪港的科技交流合作迈上了快车道。

2010 年，借世博会举办契机，上海进一步强化了沪港科技合作交流的机制，设立了"港澳台科技合作办公室"，致力于促进上海与港澳台地区之间的科技交流。

随着上海向具有全球影响力的科技创新中心进军，沪港两地科技创新领域合作日益密切、不断深化，携手推进上海国际科技创新中心与香港创新科技中心联动发展。2018 年，上海设立"科技创新行动计划"港澳台科技合作项目，鼓励引导在沪高校科研院所和创新企业与香港高校、科研机构以及企业开展科技创新合作。

2021 年，沪港签订《沪港创新及科技合作备忘录》，持续强化两地在科技创新相关领域的合作，推动沪港两地在产业创新、人工智能、生物医药、数字化转型等领域合作不断深化。

对于沪港科技交流合作的前景，上海政协委员十分关注，也非常看好。不少港澳委员认为，香港高校科研资源非常丰富，国际化优势明显，新兴专业顶尖人才荟萃，但本地市场较小，吸纳科创人才的容量有限。上海背靠巨大市场，科教资源密集，科技交流活跃，工业门类齐全，还有大量应用场景，两地科创合作机遇无限、前景广阔。

"在科创方面，沪港应该开展更大范围、更高水平、更深层次、更加务实的合作。"在 2022 年的市政协全会上，邱达根委员提出，随着国家经济发展由高速增长转入高质量发展阶段，香港和上海同为国家对外开放的重要窗口，各有所长。两地政府继续以积极务实的态度，把握机遇，深化合作，优势互补，携手共赢，以更紧密更深入的合作服务国家所需。

## "校地合作"拓宽双城合作渠道

欲穷千里目，更上一层楼。对于如何推动双城科创合作更上一层楼，在上海市政协举行的大大小小的座谈会上，许多委员都强调了"搭好合作交流平台"的重要性。

委员们说，借助合适的平台，香港的产品、科研成果和技术可以到上海进行市场转化，进而辐射内地；上海的产品和技术解决方案能借力香港"出海"，进而布局全球市场。

根据实践经验，"校地合作"不失为双城科创合作的有效途径。早在25年前，为提高两地的化学合成竞争力，香港中文大学、香港大学和中科院上海有机化学研究所就共同组建了沪港化学合成联合实验室，成果颇丰。近年来，香港中文大学、香港科技大学、香港城市大学等高校的课题组，纷纷在张江上海光源实验平台开展实验，推动科技创新成果转移转化。

2022年7月4日，在香港回归祖国25周年之际，香港中文大学与杨浦区以视频连线的方式举行合作框架协议签约仪式。8月28日，香港中文大学上海中心在杨浦区成立，通过对接上海的政策、资本、市场、人才等各类优势资源，促进科创合作、学术交流、人才培养。

同一天，香港中文大学创博港上海基地揭牌成立，作为上海中心的孵化平台，为上海基地的科研成果转化与产业化提供一站式创新创业支持。

受到这些举措的启发，在市政协特别邀请人士界别举办的活动中，不少港澳委员都提出拓展"校地合作"的观点。作为上海国际科创中心重要承载区，徐汇区科教资源丰富，承接沪港之间的科创合作，是一个不错的选择。

在2023年1月的市政协全会上，市政协界别和地区工作委员会、市政协特别邀请人士界别提交提案，建议在徐汇区创设香港科技大学上海中心，依托港科大在主要教研领域的优势，推动沪港两地在创新成果转化、产业转型升级、创新人才培养等领域加强合作。

提案建议，中心成立之后，应以创新服务为核心，建立完备的一站式服务体系，包括高科技项目体系、高端人才库体系、政府政策扶持体系、融投资体系，为参股、加盟和进驻中心的企业和孵化器创造良好的创业环境。

提案提出，引入香港科技大学的国家重点实验室，建立若干实验室或技术中心，根据区域产业、经济发展的需求，整合成立相关研究所，成为港科大在内地的产学研及高科技成果转化基地，为上海及徐汇高新技术产业化的可持续发展提供强大的公共技术平台和人力资源。

提案建议，中心联合上海交通大学、复旦大学、华东理工大学等周边高校，共建研究单位，开展科研项目合作，合办课程，通过大学校区、科技园区和公共社区的联动，加强沪港两地高校、企业的交流，推动政、产、学、研、用、投多方合作对接。

"香港科技大学上海中心的成立，可以极大推动港科大优质教育资源向上海各领域辐射延伸，放大协同创新的辐射带动效应，为上海打造'优质科创企业集聚区域'、构筑人才集聚'强磁场'注入新的活力。"市政协界别和地区工作委员会相关负责人说。

## 沪港"实打实的合作"将越来越多

查询市政协提案系统，这件提案正式提交的日期为 2023 年 1 月 11 日，提案办理的主办单位为徐汇区政府，会办单位为市教委、市科委。

同年 2 月，徐汇区科委便会同市科委国际合作处、市教委国际交流处、中共徐汇区委统战部，召开提案办理沟通会，当面听取提案调研团队代表的建议。

3 个月后，徐汇区政府给出答复，表示这件提案对徐汇区聚焦科技创新策源、科技成果转化和科技产业发展，具有积极的参考价值。这项工作的具体实施，需要国家、市级层面的政策支撑，以及更加深入的排摸调研和筹备。

"在具体工作中，我们需要进一步了解港科大的实际需求与意愿。"区政府相关负责人说，港科大能释放的资源以及徐汇能否承接、产业匹配分析等，都需要一定的周期进行研究。

该负责人表示，区政府将继续鼓励区域内高校院所加强与香港科技大学的深度合作，通过高校间共建研究单位、开展科研合作、共同举办课程等，促进产出高水平科研成果；鼓励区域内企业与港科大等开展产学研合作和成果转化，助力共性关键核心技术攻关。

2024年1月16日，提案提交一年后，徐汇区与香港科技大学签署合作意向书，共同设立香港科技大学上海产教融合中心。双方聚焦科技创新策源、产学研合作、人才协同发展等领域的深度合作，开展座谈交流。

"此次合作意向书的签署，是港科大将眼光投向长三角的重要战略举措，既为香港科技大学和徐汇区的战略合作奠定基础、展开新的篇章，也为沪港之间的合作交流丰富了实践内涵。"香港科技大学署理校长郭毅可希望，区校继续携手，在产教融合、现代医学、STEM教育等方面实现资源共享、优势互补、发展共赢。

徐汇区委书记曹立强说，徐汇将全力支持港科大上海产教融合中心建设，提供优质载体和政策配套，推动前沿科技发展和应用，形成双方共同策源带动的创新创业生态。希望双方携手打造产业创新标杆，发挥产业链、创新链、资金链、人才链优势，开拓数字经济、生命健康、文化创意、现代金融等产业合作前景，实现科技—产业—金融的高水平循环。

"我们期待，这种实打实的合作能越来越多。"黄罗维委员说。从黄浦江到香江，在两地有识之士的共同推动下，沪港将继续携手共促科技创新，谱写新时代的"双城传奇"。

（本文作者：刘子烨）

# 心怀国之大者
# 为助力上海工业高质量发展持续贡献
# "政协"力量

**提案号:** 1411067

**提案名:** 关于推动上海工业高质量发展的提案

**提案者:** 市政协经济和金融委

　　人类生存和繁衍最初依赖于自然界中可以直接获取的可用于消费的物质,之后人类逐渐学会了将原本不能用于消费的自然物加工制造成为可以消费的物品。这样,就产生了"工业"活动。

　　有人说,工业化不仅是物质技术过程,还是人类文明进程。历史事实也表明,工业尤其制造业是国家的底气所在。

　　在人们印象中,上海一直是中国工业重镇。但最近若干年的统计数字却显示,上海工业增长正面临较大挑战和压力。"十四五"末,上海市工业增加值占GDP25%的"底线"目标能否守住?

　　2023年度优秀提案——市政协经济和金融委员会提交的《关于推动上海工业高质量发展的提案》,承载着委员们对上海工业的高度关注。

## 委员始终关注"上海制造业发展承压"

　　2023年7月4日召开的十二届市委三次全会强调,全市工业要稳住基本盘,切实巩固提升工业占全市经济的比重。近几年工业占比逐年递减,工业比重过低将不利于上海"四大功能"的实现。

这种表述分量之重，近年罕见。根据"十四五"规划，上海要加快建设以实体经济为支撑的现代化产业体系，争取到2025年，工业增加值占地区生产总值比重达25%以上。不同寻常的表态，必有原因。

事实上，进入21世纪之后，"上海制造业发展承压"始终是委员关注的话题之一。市政协经济和金融委员会几乎每年都会组织委员通过专题调研座谈、议政性主席会议、提案办理协商会等多种履职方式关注着上海市的工业发展。

这种关注在"十二五"规划末期就有过一次集中体现。彼时，工业4.0大潮来袭，一场关于编制本市"十三五"规划协商议政专题座谈会，将委员与相关政府部门聚到一起。

会上，市经信委将当时上海制造业存在的主要问题概括为"五个偏低"：工业增加值率偏低、工业单位用地产出偏低、工业科技成果转化率偏低、生产性服务业能级偏低、工业项目布局与城市功能匹配度偏低。

"单纯发展服务业可能会富，但是绝不会强！"一名委员的发言激起千层浪，多名委员跟进：制造业体现的是人类适应和改造自然的智慧，创造的是真正的价值，其经济发展基石的地位不可动摇！上海经济持续平稳运行需要依靠制造业与服务业的共同推动！

在讨论中，有委员提出，"退二进三"要有"度"，上海必须给制造业留有一席之地，需要保持二、三产业合理的比例关系；还有委员提出，优化三次产业结构的方向，不是简单地调整比例，而是更好地协调三次产业之间的合理分工和有效互动。

几个月后的市政协十二届二十一次常委会上，通过了由市政协经济委员会牵头编写的《市政协关于编制"十三五"规划的若干建议（草案）》，建议第二十六条直指制造业：实施制造业强基工程。突出先进制造业，实施《中国制造2025》。

## 市政府多条政策中都有提案的影子

党的二十大明确提出着力推动高质量发展，推进新型工业化，加快建设制造强国，再次举旗定向。

2023 年初，市政协经济和金融委员会进行有关释放内需潜力的调研中，汽车、消费电子等上海优势行业的产值下滑就引起委员们重视和议论。同年 4 月举行的上海车展上，有委员在目睹自主品牌汽车群雄并起，发出"对制造业要有感情"的呼吁。

2023 年 7 月，上海市统计局网站公布：上半年上海地区生产总值为 21390.17 亿元，其中第二产业产值为 5082.60 亿元，占比 23.76%。以上海当时的表现，综合固定资产投资数据判断，制造业增加值守住 25% 底线已非易事。

在此之前一个月左右举行的十四届市政协经济和金融委员会第一次全体会议上，市政协副主席肖贵玉明确表示要将"上海制造业转型升级"纳入专委会调研课题，并对委员作了动员。

肖贵玉说："从经济周期下行到工业领域承压，政协要组织委员力量及时跟进调研，及时根据研究数据、根据一线了解的案例情况提出高质量的建议，这是政协委员把握时代脉搏的表现，同样也是党委和政府对我们的期待。"

随即，市政协经济和金融委员会召集国泰君安证券研究所、海通证券研究所、兴业证券经济与金融研究院，和委员一起进行专题研究，并听取上海市发展改革研究院、上海发展战略研究所的意见，组织智库专家和相关行业委员对上海工业把脉问诊，力求找准梗节问题，真提问题，提真问题。

直面问题是为了真正解决问题。"上海保持适度的工业体量，不仅是为了延续上海作为工业城市的荣光，也是建设科创中心的必要基础。"随着调研深入，即便是一些原先对上海发展制造业不那么看好的委员和专家也转变了认识。

2 个月后，调研报告完成。报告作出"工业形势发展严峻，面临较大挑战和压力"的判断并提出若干建议，送呈有关领导。

又过了 2 个月，市政协经济和金融委员会将报告内容转化为集体提案。这件提案回顾了 2023 年以来上海市工业生产情况，分别从短期、中期和长期三个不同维度，分析了工业生产下行的原因，并通过对问题的逐一剖析，结合上海工业发展实际情况，借鉴先进地区做法经验，提出六方面推动工业稳增长的意见建议，为政府相关部门提供决策参考。

令委员们欣喜的是，提案提出的就上海工业生产下行原因分析，以及加快培育工业新增长点的若干建议，受到市委、市政府高度重视，多位相关领导直接针对提案相关内容作出重要批示。市政府办公厅随后出台的多条政策，也依稀能看出提案的影子。

## 继续探索上海工业高质量发展路径

2023年8月28日，市政府常务会议强调要按照市委部署，推动"工业上楼"助力工业占比"再上层楼"，或可视为给上海近年来关于是否要维持制造业在国民经济中的占比，以及制订相应指标是否属于对地区产业结构的"认识误区"之争再次给出了答案。

市委、市政府的部署，与政协委员们集体关注和判断产生了同频共振：提案提交至今已经过去一年，重点课题紧锣密鼓、协商议政还在继续，市政协经济和金融委员会的工作仍然清晰可见工业之底色。

工业既能够将无用的物质转变为有用的物质，也可以将有害的物质转变为有益的物质，让废物变为资源。2023年11月，市政协经济和金融委员会开展"再制造"重点课题调研，围绕上海"要不要、能不能、怎样做"三个问题，深入细致地剖析案例，寻找上海优势。

工业面前无废物，城市垃圾也可以成为"第二矿山"。2024年3月，"绿色甲醇技术经济可行性研究"重点课题调研开启。绿色航运是实现高质量发展的关键环节，上海要抢抓清洁燃料新赛道。课题关注原材料成本、国际认证标准等难题，助力上海全力建设世界一流的国际航运中心。

工业最伟大的贡献还体现在，它是科技创新的实现载体和必备工具。人类最伟大的科学发明、技术发明，以至人类任何杰出想象力的实现，都需要以工业为基础和手段。

2024年5月，上海市政协十四届常委会第十一次会议围绕"聚焦提升三大先导产业能级，推动制造业高质量发展"议题开展协商议政。会议筹备期间，市政协经济和金融委员会同步开展"加快新旧动能转换，推动制造业高质量发展"重点课题调研。集成电路、生物医药、人工智能在上海GDP中占比或许不算庞大，但它们代表着"上海制造"的未来，也代表着"中国制造"的未来。课题组一头扎进集成电路、生物医药、人工智能三大先导产业及细分领域，切实为提升三大先导产业能级、推动制造业高质量发展谋创新之举、献务实之策、聚团结之力。委员们提出"上海应一直把发展制造业放在重要的战略地位，力求将制造业打造成为'五个中心'建设的基础和支撑"。

产业结构怎么变化，先进技术如何创新，难以未卜先知——除非投身其中。探索中国工业高质量发展路径是上海的使命使然。在一次次探索下，一次次调整中，上海产业发展的目标，永远是做时代的领先者。

（本文作者：施丹璐）

# 发挥企业"出题人""答题人""阅卷人"作用

**提案号：** 1420017

**提案名：** 关于着力提升企业科技创新能力，加快构建以企业为主体的科技创新体系的提案

**提案者：** 市政协科教委、市政协科学技术界

党的二十大报告指出，"加强企业主导的产学研深度融合，强化目标导向，提高科技成果转化和产业化水平。强化企业科技创新主体地位，发挥科技型骨干企业引领支撑作用，营造有利于科技型中小微企业成长的良好环境，推动创新链产业链资金链人才链深度融合。"

立足新时代新征程，如何更好发挥企业创新的主力军作用？2024年，市政协科教委、市政协科学技术界提交"关于着力提升企业科技创新能力，加快构建以企业为主体的科技创新体系的提案"。这件提案，荟萃了政协委员的集体智慧、观点精华，为党委、政府决策提供参考，发挥了企业科技创新"助推器"的作用。

## 推动企业成为基础研究"主力军"

近年来，上海围绕国际科技创新中心建设的战略目标，不断提升企业创新能级、壮大科技企业群体、营造良好创新环境。企业研发经费支出占全市研发经费的比例超过65%，企业专利授权数量全市占比超过85%，企业类技术合同成交额全市占比超过90%，引领创新发展的成效日益明显。

2024年是上海国际科技创新中心建设十周年。踏上高质量发展新征程，

上海国际科技创新中心建设步稳蹄疾，不断为创新"第一动力"做强引擎，正从"建框架"向"强功能"跃升，跨入创新活力持续迸发、创新成果不断涌现的新阶段。

对照国际科技创新中心建设新阶段目标要求，上海在强化企业科技创新主体地位方面还存在挑战，需要加快培育具有国际影响力、拥有先进技术、占据产业链高端的本土科技龙头企业，进一步提升企业在科技创新体系中的主导力，持续完善有利于企业创新发展的生态。

在 2024 年初的市政协十四届二次会议上，市政协科教委联合市政协科学技术界提交了"关于着力提升企业科技创新能力，加快构建以企业为主体的科技创新体系的提案"，对本市企业科技创新投入力度和意愿、产学研合作及政策保障情况作了深入分析，聚焦问题短板提出了加强对企业科技创新的支持和引导，促进企业主动加大研发投入力度；加快构建企业牵头的协同攻关体系，强化企业科研主导力；加快出台构建以企业为主体的科技创新体系的实施意见等三方面意见建议。

纵观全球，拥有一批基础研究能力突出的科技企业，已成为国际科创中心的重要标志。再看上海，能够真正扮演"出题人""答题人""阅卷人"的企业屈指可数，亟须全力加强企业基础研究，补齐这一"关键短板"。

如何推动企业成为基础研究"生力军"，让更多企业成为"出题人""答题人""阅卷人"？如何打造企业自主创新发展新高地？如何打造基础研究产教融合新模式？在市政协十四届二次会议上，涌现出了一系列高质量的集体提案，提出不少真知灼见。

九三学社界别提交了"关于大力加强上海企业基础研究的提案"，从凝聚共识合力，大力推动企业成为基础研究生力军；加强统筹布局，全力打造企业自主创新发展新高地；加快机制创新，着力探索基础研究产教融合新模式等三个方面提出了意见建议。

市工商联界别提交了"关于全面提升民企核心竞争力，着力推进上海国际科技创新中心建设的提案"，从聚焦"人才＋攻关"，提升民营企业科技创新能力；聚焦"应用＋转化"，提升民营企业创新产业能级；聚焦"环境＋服务"，提升民营企业创新生态能量；聚焦"资源＋市场"，提升民营企业创新开放能效等方面提出了意见建议。

"中小型科技企业由于其规模小、研发资金投入不足、研发人才短缺以及对未来经济和技术发展趋势把握不足，中小型科技企业普遍存在技术创新能力、转型能力以及可持续发展能力不足等短板。"陆静娟、张作贵、陈新、龚继明等委员联名，提交了"关于提升科技型企业技术创新能力的提案"，建议加强对科技型企业的金融支持，给予企业人才引进利好政策，推动产学研结合工作落实。

此外，游闽键、田梅、黄晨等委员联名提交了"关于发挥领军企业优势，推动孵化器高质量建设的提案"。俞庆榕委员提交了"关于加强科技领军企业培育，推动上海加快建设'五个中心'的提案"。欧阳元文、潘祺、王奕等委员联名提交了"关于提升上海科创企业科创政策感知度及运用能力的提案"。

## 四场座谈会贯穿全过程人民民主重大理念

市政协十四届二次会议闭幕后，市政协通过与各民主党派、市政协各专门委员会、市政府办公厅及有关提案承办单位充分协商，遴选出事关全市经济发展大局、涉及人民群众切身利益、建议可行性强关注度高的十个提案专题。其中，关于构建以企业为主体的科技创新体系涉及的7件提案组成了"着力提升企业科技创新能力，加快构建以企业为主体的科技创新体系"重点提案专题。

5月28日，作为提案提出单位的市政协科教委、九三学社界别、科学技术界，联合开展"着力提升企业科技创新能力，加快构建以企业为主体的科技创新体系"重点提案督办界别群众意见沟通会，并围绕上海市生物医药产业创新发展座谈研讨。

为持续做好"成果转化和运用"的协商，在关键环节、重点问题以及对策建议方面促成提办双方取得基本共识，推进提案办理和建言落实，6月14日，市政协科教委召开"着力提升企业科技创新能力，加快构建以企业为主体的科技创新体系"重点提案督办集中沟通会，邀请市科委、市国资委、市发展改革委、市经信委等部门的具体办理提案的负责人向提案者介绍提案办理推进情况，并座谈交流，共商共议提案办理中的重点问题。

与会委员从加强研发投入、培育创新文化、加强人才引育、强化金融支持、优化创新生态等方面进一步提出意见建议。提案承办部门相关负责人介绍了提升企业科技创新能力、加快构建以企业为主体的科技创新体系的思路和措施，并从建设高质量孵化器、培育科技领军企业、引导企业增加研发投入、科研项目提升企业话语权、强化金融和财税支持、打造一流营商环境等方面回应了委员们的建议。

在各类科技创新企业中，中小企业的创新活力强、发展潜力大，是强化企业创新主体地位的重要力量。为充分听取、反映和回应中小企业呼声，7月5日，市政协科教委召开"着力提升企业科技创新能力，加快构建以企业为主体的科技创新体系"重点提案督办跨界别委员及界别群众座谈会，听取来自不同领域、行业、所有制性质企业负责人的意见建议。

"建议从加强科技创新和产业创新深度融合，加大科创政策支持力度，提升金融服务科技创新水平，完善高水平人才引育保障机制等方面入手，进一步打造优良营商环境，全力激发企业创新活力。"与会的界别群众和相关企业负责人认为，未来的发展需要更高科技含量的技术支撑，企业在掌握核心关键技术上更需要有所突破，更需要大力发展新质生产力，抢占领域/行业高质量发展的制高点。"希望在座的各位坚定发展信心，发挥企业主体作用，用好上海科创资源集聚、智力密集、人才荟萃、营商环境优良等优势，心无旁骛创新创造，踏踏实实办好企业，为上海国际科创中心建设作出积极贡献。"市政协科教委相关负责人说。

为全面了解不同产业，不同所有制性质企业的实际经营情况与创新发展现状，吸纳更多界别群众参与到提案督办、提案办理中来，8月21日，市政协科教委组织委员先后实地调研了和记黄埔医药（上海）有限公司、振华重工（集团）股份有限公司。委员们听取了企业在新产品上市、新市场开拓等方面的情况介绍，并与企业负责人围绕如何提升企业创新能力等问题交流研讨，听取企业负责人的意见建议，现场互动气氛热烈。

在深入调研、多轮协商、充分征求意见、取得良好共识的基础上，为推动提办双方深度协商互动、提案建议真正落地见效，8月21日，市政协科教委召开"着力提升企业科技创新能力，加快构建以企业为主体的科技创新体系"重点提案办理协商会。市科委、市发改委等11家提案主办、会办单位及相关业务处室的负责人，市政协提案委员会相关负责人，市政协九三学社界别、科学技术界等提出提案的委员和单位及相关界别群众代表齐聚一堂，共商构建以企业为主体的科技创新体系的思路举措。

与会委员表示，通过参加这四次座谈交流和协商会，他们切身感受到，市政协科教委把协商民主贯穿提案工作全过程，为委员全面听取各方诉求、全面反映意见建议，为各委办局了解不同方面意见，为企业反映诉求，搭建了综合、高效、实用的协商议政交流平台，通过精准建言资政，广泛凝聚共识，很好推进了提案办理和建言落实。

## 提案"汇聚民声"，办理"落地有声"

"关于委员提出的'打造高质量孵化器'的建议，我们已遴选系列企业作为首批试点，拟逐渐扩大到20家，未来还会培育更多紧跟未来赛道布局的孵化器。关于委员提出的'借助人工智能向不同企业精准推送相应优惠政策，帮助企业读懂政策'的建议，我们正在设计一个'政策北斗'，可以根据企业标签信息推送对应内容，涉密不公开的信息可跟区科委再对接。"市科委相关负责同志表示，本次重点提案专题协商办理的系列提案提出的意见建议，对本市加快构建以企业为主体的科技创新体系具有重要指导借鉴意义。下一步，市科委将会同有关部门加快研究出台《上海市加快科技服务业高质量发展若干措施》和《上海市促进科技成果转移转化行动方案（2024—2027）》，制订过程中将充分借鉴和吸纳提案建议，通过电话、走访、座谈等形式，与委员密切沟通。

结合提案中的建议内容，2024年，市科委将重点推进以下工作：培育建设高质量孵化器，孵育硬科技企业。重点培育7—10家领域聚焦、专业能力突出、孵化成效显著的高质量孵化器，开展超前孵化、深度孵化，强化投孵联动。实施世界一流企业培育工程，制订相关培育服务方案。滚动实施"张江之星"企业培育计划。

本市将研究制定科技领军企业培育方案和评价标准，支持科技领军企业和行业产业集团会同高水平研究型大学、科研机构、产业链上下游企业等共同组建 10 家创新联合体。

本市将支持企业加强核心技术攻关，鼓励企业研发机构开展并购重组，提升关键技术创新和自主可控能力，以技术突破带动上下游要素聚集。提升产学研用融合水平，建立科研攻关、技术标准研制和研发产业化联动机制。聚焦源头技术供给、资源要素汇聚、创新协同路径、科技成果转化等方面，持续完善符合新时代上海国资国企创新需求的支持措施。

本市将加快设立上海科技创新引导基金，投资一批在前沿领域具有早期项目定价和孵化赋能能力的专业化子基金。紧密围绕全市重大活动、重大工程、重大改革，调研场景需求，设计提出一批可示范、可体验、可推广的重大技术场景应用项目，成熟一项启动一项。

本市将改革科技任务决策机制，形成企业、行业出题机制，发挥科技企业在重大技术创新方向确定和应用类科技项目遴选中的重要作用。在生物医药等重点产业领域，落实重点企业服务包制度，加强对龙头企业、骨干企业、创新型企业的服务，支持其提升竞争力。加快创新产品应用推广，发挥上海市创新产品推荐目录作用，给予"三首"支持政策。完善多元化投入机制，新增"探索者计划"合作企业 10 家，落实激励基础研究活动的税收制度，引导更多企业投入基础研究。

本市将支持科创孵化载体享受增值税、房产税和城镇土地使用税等税收优惠政策，落实各项支持科技创新的研发费用加计扣除优惠政策，在股权激励、技术成果投资入股适用递延纳税政策、职务科技成果转化现金奖励等方面激发科创企业和人才的动力与活力。

（本文作者：董潇韩）

# 上海集成电路产业何以实现突破性发展

提案号：1420063

提案名：关于发挥企业主体作用，推动上海集成电路产业链、创新链实现突破性发展的提案

提案者：市工商联

《上海市先进制造业发展"十四五"规划》指出，到2025年，上海基本建成具备自主发展能力、具有全球影响力的集成电路创新高地。这需要产业链上下游、大中小企业发挥企业主体作用、融通创新，形成龙头企业勇当引领者、抢占"身位"，示范带动上下游齐力攻关，吸引中小企业集聚、竞逐的发展态势。

在2024年的市政协十四届二次会议上，市工商联提交"关于发挥企业主体作用，推动上海集成电路产业链、创新链实现突破性发展的提案"，为上海打造集成电路创新高地谋策建言。

## 助力打造集成电路创新高地

集成电路产业是上海立足自身产业基础和资源优势，优先发展、重点打造的战略性产业之一。2021年7月发布的《上海市先进制造业发展"十四五"规划》指出，在集成电路方面，到2025年，基本建成具备自主发展能力、具有全球影响力的集成电路创新高地。其核心内容是，以自主创新、规模发展为重点，提升芯片设计、制造封测、装备材料全产业链能级。2022年1月，根据国务院有关部署要求，上海发布了《关于新时期促进上海市集成电路产

业和软件产业高质量发展的若干政策》，从人才政策支持等 6 个方面，细化明确了产业支持政策。

2023 年，受全球经济增长乏力、消费电子需求疲软、地缘政治冲突打乱全球供应链等多种因素叠加影响，全球集成电路产业市场低迷，总体规模下降 8.2%。但鉴于集成电路芯片在 5G 智能手机、高性能计算、人工智能服务器、汽车自动驾驶、"元宇宙"等领域的广泛应用，市场需求迫切，发展前景巨大。美、欧、日、韩等纷纷出台相关法案和政策，支持芯片产业回流本土，同时全方位强化对我围堵封锁，使得我国集成电路供应链、产业链面临着巨大挑战。

打造集成电路创新高地，需要产业链上下游、大中小企业发挥企业主体作用、融通创新，形成龙头企业勇当引领者、抢占"身位"，示范带动上下游齐力攻关，吸引中小企业集聚、竞逐的发展态势。基于上述背景情况，2023 年，市工商联开展"发挥龙头企业作用，推动集成电路技术和产业实现突破性发展"专项调研，为上海集成电路产业高质量发展谋策建言。

在调研中，课题组发现，上海集成电路产业在国内虽然具备一定的产业基础优势，但是与国际水平相比还存在明显差距，一是产业紧缺的创新人才供给不足；二是给产业施以巨大动能的创新龙头企业数量不足，自主独立的研发强度不足；三是完善的产业生态系统尚未形成。同时，随着国内兄弟省市，如广东省、江苏省等集成电路产业不断发展，行业竞争日趋激烈，"内卷"现象加剧。上海作为国内集成电路技术最前沿、链条最完整、生态最繁荣的城市，理应挑最重的担子、啃最硬的骨头，肩负起引领全国解决 EUV、DUV 等光刻机核心技术缺失、重点 IC 前道设备尚未形成生态链、关键 IC 材料及先进配方尚未突破等问题，加快推动 28nm 以下先进工艺制程芯片全流程国产化。

当前，上海集成电路产业在设计、制造、封装测试、设备材料等环节均有龙头企业布局，如集成电路设计环节，有复旦微电子、澜起科技等，集成电路制造环节有中芯国际、华润微等，作为行业的领军者和先行者，具备雄厚的技术实力、丰富的市场资源、完善的管理体系和持续的发展后劲，是推动产业提档升级的"硬核力量"。调研组认为，上海要打造集成电路创新高地，离不开产业链上下游、大中小企业的融通创新，需构建"以大带小、以小托大"的协同、高效、融合、顺畅的大中小企业融通创新生态，以形成龙头企业勇当引领者、抢占"身位"，示范带动上下游齐力攻关，吸引中小企业集聚、竞逐发展的态势。

在调研成果的基础上，市工商联形成了"关于发挥企业主体作用，推动上海集成电路产业链、创新链实现突破性发展的提案"，在 2024 年 1 月的市政协全会上提交。

提案指出，集成电路产业创新发展面临以下困难与挑战：关键技术受制于人局面有待进一步突破，特别是 IP 市场、EDA 工具与制造端的核心工艺等遇到重大挑战。对企业创新政策支持力度有待进一步强化，上海的政策支持力度在社会影响力、运作模式、实际效果和系统化政策支撑方面存在短板。高端人才短缺有待进一步解决，人才流出与引进矛盾显现，员工薪酬上升和企业成本增加之间的矛盾难解，高层次创新及专业人才引进困难。产业链协同有待进一步提升，设计、制造、封测等环节的配合不够紧密，技术研发能力有待提高，存在产业集群同质化竞争问题。

为更好发挥企业主体作用，推动上海集成电路产业链、创新链突破性发展，提案建议提升关键技术自主可控水平，形成产业突破合力；着力培育科技创新"生力军"，增强创新引擎力；发挥政府与市场的协同作用，提高投融资保障力；制定有竞争力的人才政策，夯实产业人才支撑力。

## "有用之言"转化为"有益之策"

对于推动集成电路产业发展的高质量建言的落地，市政协一直高度关注。2023 年 7 月 31 日，市政协便围绕"聚焦关键核心技术攻坚突破，推动集成电路产业高质量发展"，开展重点提案督办视察调研。市政协副主席寿子琪表示，聚焦关键核心技术攻坚突破作为本次提案督办的切入点，旨在推动当下国家发展进程中最重要的产业暨集成电路产业的高质量发展，期待通过总结集成电路产业发展的经验教训提出有利于推动行业发展的真知灼见。他希望，政协委员和企业家共同努力，把高质量提案转换成产业转化成果，为推动集成电路产业高质量发展贡献智慧和力量。

2024 年，市工商联提交的这件"关于发挥企业主体作用，推动上海集成电路产业链、创新链实现突破性发展的提案"，成为市政协主席会议成员领衔督办重点提案专题的主提案，市政协主席胡文容带队赴擎朗智能、格科微电子、康码生物等企业视察调研，召开调研座谈会，与承办单位沟通对接，为推动提案办理形成了良好的示范效应，也确保了提案办理的质量水平。

2024 年 7 月 25 日，在工商联界别委员工作室，市政协召开"聚焦培育发展新质生产力，加快提升三大先导产业能级"重点提案专题办理推进会，围绕 1 件主提案和 6 件相关提案的办理情况与市经济信息化委、市科委、市国资委等多家提案承办部门座谈交流。

胡文容指出，大力发展集成电路、生物医药、人工智能三大先导产业，是中央交给上海的战略任务，也是上海培育发展新质生产力、加快新旧动能转换的重要举措。要深入学习贯彻党的二十届三中全会精神，持续聚焦三大先导产业精准建言、靶向发力，切实把委员"有用之言"转化为助推产业发展的"有益之策"，助力上海加快培育发展新质生产力、打造世界级产业集群。要牢牢把握中央和市委新部署新要求，紧扣助力打造中国式现代化上海样板、深入开展全过程人民民主创新实践建言资政、凝聚共识，持续为推动上海经济社会高质量发展献计出力。要进一步提升提案工作质量，不断优化工作机制，通过联合调研、现场走访、邀请视察等多种形式支持委员跟进工作，助力党委政府科学决策、精准施策，切实把提案办理成果转化为工作实际成效。

该提案由市经信委主办，市发改委、市教委、市科委和市委组织部会办，形成了较高质量的提案答复。近年来，市工商联通过提案办理工作与相关政府部门建立了良好的沟通联系机制。市工商联相关负责人表示，相关委办局对提案工作非常重视，无论是主办还是会办，都做到了办理高质量，答复高质量，力求每一件提案都落到实处。

值得一提的是，围绕推动集成电路等先导产业发展，市政协除了开展重点提案督办外，还组织委员调研建言。2024 年 5 月 22 日，市政协十四届常委会第十一次会议围绕"聚焦提升三大先导产业能级，推动制造业高质量发展"议题开展协商议政。市政协主席胡文容高度重视本次常委会议，强调要深入产业、加强调研，并对市政协"三大先导产业"重点课题有重要批示。

在常委会召开前的两个月内，围绕"加快新旧动能转换，推动制造业高质量发展"，市政协重点课题调研组共组织约 20 次走访企业、9 家现场座谈、36 家企业与委员面对面交流互动，了解问题难点，听取意见建议。此外，课题组专赴北京市、广东省（广州市、深圳市、东莞市）实地考察，学习兄弟省市在投融资领域、三大先导产业发展方面的政策、经验和成效；通过书面调研，了解杭州市、苏州市、合肥市、武汉市、成都市相关部门的案例和做法，博采众长、拓宽思路。

在 5 月 22 日的市政协常委会会议上，严旭常委代表经济和金融委员会作主旨发言，杨蓉、高融昆、韩汉君、孙万驹、沈翊、荣明棣、潘学先、毛大立、朱云等市政协常委和委员，以及全国政协委员冷伟青分别就加快培育新质生产力、促进医药科技成果转化、打造良好产业生态、推动产学研融合协同发展、加快创新人才引育、持续提升金融服务水平等多个方面议政建言。长宁区政协委员金亚东围绕主题作了即席发言。相关部门负责人认真听取建议，现场回应委员关切。

市政协主席胡文容强调，要贯彻落实习近平总书记重要讲话和重要指示精神，深刻领会发展集成电路、生物医药、人工智能三大先导产业的重大战略意义，切实增强助推上海建设三大先导产业高地的责任感和使命感，充分发挥政协人才荟萃、智力密集的优势，强化建言资政和凝聚共识双向发力，助力全市把各类资源要素聚合起来、协同起来、贯通起来，更好服务三大先导产业发展，助推上海塑造未来发展的新动能、新优势。要聚焦强化核心技术攻关、龙头企业带动、创新生态构建、顶尖人才引育等核心环节，更好整合三大产业创新链、产业链和价值链，形成具有引领性的产业发展生态，有效推动三大先导产业"上海方案"加速实施。市政协要充分发挥专门协商机构作用，组织广大政协委员持续聚焦三大先导产业创新高地建设中的瓶颈难题，扎实开展调研、贡献真知灼见、广泛汇聚共识，为上海持续提升三大先导产业能级、不断增强高端产业引领功能贡献智慧力量。

通过市政协开展的一系列履职活动，委员们持续关注集成电路产业发展，持续提出精准建言，推动提案等相关建言落地落实。

# 继续攻坚克难裉节问题

党的二十届三中全会提出，健全因地制宜发展新质生产力体制机制，发展以高技术、高效能、高质量为特征的生产力。集成电路作为电子设备、数字经济背后的核心基础，其设计与制造技术的创新正是形成新质生产力的重要驱动力。上海是我国集成电路产业链最完整、企业集聚度最高、综合技术实力最强的地区。近年来，市委、市政府积极出台政策举措，有力保障了集成电路产业的技术创新和产业链完善，取得了显著的成果。

市工商联提出，面对集成电路产业发展过程中遇到的裉节问题，还要进一步攻坚克难、直面挑战。建议提案办理在以下三方面继续深化：

提升国产芯片的使用比例。国产芯片的技术要进步，国际差距要缩小，必须先让市场用起来，在使用过程中不断进行反馈和修正，倒逼产业不断发展。建议对首购首用本市集成电路企业自主研发设计的芯片或模组予以一定比例的补贴，切实以算力需求驱动芯片技术进步。

支持创新创业团队。一方面要注重集成电路等重点学科领域领军人才、青年科学家的培养，更要加快引进成熟的、具有先进管理理念并掌握核心技术的集成电路领域创新创业团队，给予创业资助和购房补贴等支持。

强化知识产权保护与国际合作。加强集成电路领域的知识产权保护，建立健全知识产权管理和服务体系，为企业的创新活动提供有力保障。同时，积极参与国际知识产权合作与交流，提升中国企业在全球知识产权治理体系中的话语权和影响力。

（本文作者：彭飞）

# 为家乡产业发展谋破局转型之路

所属区：金山区
提案名：关于探索转型升级之路实现汽车零配件产业华丽转身的建议
提案者：周瑶

2021年9月的一个深夜，上海干巷车镜（集团）实业公司办公楼里，只有董事长办公室的灯还亮着。专程前来求教的金山区政协委员周瑶，还在与董事长夏道余讨论吕巷（已与干巷合并为一个镇）汽车零配件产业的未来。末了，周瑶在记录本上郑重地写下这样一行字："我们吕巷的汽车零配件产业已到了转型升级的关键时刻。"

1988年出生的周瑶是土生土长的吕巷人，他觉得家乡有两个值得骄傲的地方：盛产水果，吸引四面八方的人近悦远来；汽车零配件企业生意兴隆，客户来自全国各地。不过，成年后他并没有选择与此有关的职业。

周瑶的人生重大转折发生在2007年7月，一场突如其来的严重交通事故，导致他脾脏被切除、盆骨粉碎性骨折，这一重创彻底改变了他的人生轨迹。伤病休养期间，周瑶一直在思考生命的意义和自己的发展方向。他说，要在有限的生命里，尽可能多地为社会创造价值才算没有白活。

从小就喜欢美化房屋、美化环境的周瑶，决定用自己的双手创造美，成为一名装潢和环境设计师。一年后，身体康复，重新站起来的周瑶，成立了一家装潢服务部。在当地政府大力扶持下，经多年刻苦经营，这个创业之初只有几名员工的装潢部，发展成远近闻名、有一百多名员工的装潢工程公司。

事业取得初步成功的周瑶，因为自己淋过雨，也想给别人撑把伞，先后向数十个贫困家庭捐款捐物。2015年，他获得了"金山好人"的荣誉。但志向高远的周瑶并不想止步于此，他觉着自己积聚了一定财力，应该去帮助更多的人。于是，就出现了故事开头的一幕。

汽车零配件行业，对周瑶来说是既陌生又熟悉。陌生是因为自己从来没有直接从事过这个行当；熟悉是由于周围很多朋友靠这个行业吃饭，经常从他们交谈中了解其中的一些道道。尤其是他与老前辈夏道余十分谈得来。夏道余的车镜公司是金山创利大户，像一只晴雨表，从其经营状况就能观察汽车零配件市场的潮起潮落。当得知最近几年市场变化巨大，吕巷的一些企业可能撑不下去时，作为政协委员的周瑶，萌发了写一件提案，提出自己的对策建议以引起有关部门重视的念头。对他来说，这是一个为家乡服务的新课题。

这个想法一旦成形，责任感和事业心强烈的周瑶就有了十足的劲头。每天处理完自己公司的日常事务，他就通过打电话、发微信和约人喝咖啡等方式，找业内人士了解情况，梳理可成为提案内容的线索，有时也忙碌到了废寝忘食。他主要的一个调研方式，就是为这件重要的事，要找重要的人一起来分析研究。

提出这个与地区一件产业发展密切相关的提案，对年轻的周瑶来说，是一个跨界的举动。他先后找到了三位重要人物：

头一位，是当时吕巷镇工业副镇长刘堃。刘堃与周瑶年龄相仿，对周遭事情的看法比较容易取得一致。周瑶要写提案的设想，很快获得刘堃的赞同，关键的数据也大多是由他提供的，从而保证了提案素材的真实可靠。周瑶事后再三说，假如没有刘堃支持，他的提案是无法立起来的。

第二位，就是夏道余了。作为吕巷汽车零配件企业资历最深的经营者，他对这个产业遭遇的问题，有切肤之感。可以说，周瑶悉心梳理出的几大问题，，都与老夏提供的线索有直接关系。

还有一位，是后来在提案的办理过程中出现的，他助力提案所提建议的落实趋于圆满。他就是上海龙创汽车设计公司董事长王珣。

"一个好汉三个帮"，有缘来到周瑶身边的这三位，使得他的提案避免了形成过程可能碰到的许多困难，包括理据缺失、操作性不强，等等。周瑶尽力听取行家的意见，尤其是多听刘堃和夏道余的建议。从 2021 年 9 月有初步想法到 12 月提案成稿，在百来个日子里，他先后数十次与相关人士交谈、研讨，又三易其稿，才拿出自己比较满意的提案文本。

那时候，正是疫情时起时伏期间，周瑶的公司业务面临很多的不确定因素，需要额外花精力去处理。另外，他还兼任市、区两级十多个社会团体的职务，许多事情需要分心应对。不过，周瑶最终还是有条不紊地完成了这件提案的初稿。

在这份初稿中，周瑶将调研时发现的问题分六个方面作了梳理，包括大气候急剧变化，致使整车市场受全球缺芯影响，产能受到很大限制，而本地主营产品结构比较单一，高附加值部件基本空白，企业规模又比较小，政策扶持力度不够，等等。这些方面，其实也是整个汽车零配件行业面临的共性问题。为解决问题，周瑶提出四项建议：加强产业政策配套，加快传统产品转型升级，优化招商选资标准，加快并购、重组、合作步伐。

当刘堃看到周瑶发来的提案稿时，神情不觉凝重起来。他深知，这件提案关系自己所辖范围内企业发展的前景，也关系吕巷未来发展的走向。他没有很快回馈意见，而是在电话里对周瑶说："我要仔细看看，再给你答复。"不久，刘堃专门打电话、发微信给周瑶，慎重提出了建议。身处行业之中的夏道余，则直截了当地提出了自己的修改意见。

2022年1月，在金山区政协七届一次会议上，周瑶提交了这份历时近四个月、经反复推敲形成的《关于探索转型升级之路实现汽车零配件产业华丽转身的建议》，即编号为"第7-1-061号"的提案。这件提案，与"南北转型"战略要求下，推动本地区汽车产业转型升级的大背景十分契合，受到了大会的重视。

时隔不久，周瑶收到金山区经委的办理答复。这一答复除介绍区汽车零配件方面的产业政策外，提出了进一步推动产业高质量发展的四项措施。这些比较具体的措施，也是对周瑶建议有针对性的回应。

与此同时，周瑶的提案被区政协主席会议确定为重点督办的提案，从而发力加快转化。2022年中，区政协开展"深入企业访委员，优化环境促发展"专题调研，区政协主席刘豫峰先后实地走访汽车产业链部分企业，倾听委员的意见和建议。9月，区政协召开专题协商会，请部分汽车产业链企业家参加，让同行之间有更多的交流，在沟通中发现商机，发挥优势，为合作和升级提供支撑。这一切，也为成立新能源汽车零部件产业联盟做了准备。

提案逐步付诸落实的时刻，王珣出场了。他是上海市第十六届人大代表，第四批国家万人计划科技创新领军人才，麾下的龙创汽车设计有限公司是国内最早进入汽车整车设计的代表性公司，站在了新能源汽车浪潮的潮头上。在有关方面积极协调下，王珣担任产业联盟的理事长呼之欲出。在他的指导下，联盟很快形成了这样的宗旨：整合优质企业，加快产业新的布局，更快速更高效地帮助联盟企业触达全球客户，全方位推动联盟企业发展，促进企业能量互补，项目互补，互利共赢。

经过一段时间筹备，2022 年 12 月，上海金山区新能源汽车零部件产业联盟在众多的期盼中宣告成立，有 33 家汽车零配件企业成为第一批会员单位。令人关注的是，这些单位不仅有吕巷镇的，也有来自金山区其他镇的。联盟甫一问世，就显示了它的溢出效应。

2023 年 5 月 24 日，这一联盟召开了第一期产业联盟推介会。从推介会参会代表的发言中可以清晰地看到，周瑶提案中的建议与大家的看法不谋而合，彼此的目标都指向了共同担当、共赴前程、共创新能源汽车未来。

周瑶提交他的提案，至今已过去了两年多时间，并牵引出了一个新能源汽车零部件产业联盟。不过，事情并没有就此结束，它的后续效应仍在持续。

2024 年 4 月 18 日，金山区政协经济委专门召开龙创项目建设专题协商会议，为这个投资数亿元的项目献计献策。龙创项目的加紧建成，无疑会为金山区汽车零配件产业华丽转身，提供了一个全新的平台和更多的可能。这是一个新的起点、新的开端。

面对这样的结果，周瑶满心是欣慰之感。他曾经在微信中给区委书记刘健发过一段话："感谢刘书记对政协的重视，提案的落地不仅为汽车行业的发展献一份力，也是对我个人极大的肯定和鼓舞。同时，区委工作中体现出的湾区速度，更是让我们对鑫湾区发展充满希望。"

刘健回复道："应该感谢你的献计献策，希望继续为金山发展贡献智慧和力量！我们一定会认真对待每一份真知灼见。"

从书记的话中，周瑶感觉到一份真挚的鼓励和鞭策。在杭州湾畔，他将继续做一个听潮者，在政协委员履职的平台上，继续为家乡的长远发展谋计献策。

（本文作者：冯强）

# 聚留学英才 服务 G60 科创走廊建设

**所属区：** 松江区
**提案名：** 广纳海外高层次人才 赋能松江高质量发展
**提案者：** 松江区政协致公党界别

松江是上海的西南门户，被誉为上海之根、浦江之首。2016 年，G60 科创走廊建设在这里启动，历经 1.0 版、2.0 版到 3.0 版，还写入国家《长江三角洲区域一体化发展规划纲要》以及"十四五"规划和 2035 年远景目标纲要。如今，这条走廊已发展为贯穿一市三省九座城市的长三角 G60 科创走廊，逐渐成为国家战略的重要组成部分，是长三角一体化发展的重要任务、重要成果、重要品牌。

## 持续关注留学人才

"松江作为长三角 G60 科创走廊的策源地，作为长三角一体化发展的重要承载区，只有识才聚才用才，打造高层次人才高地，才能加快推进长三角 G60 科创走廊高质量发展。"

7 月酷暑中的一天上午，松江区政协常委、致公党界别召集人、致公党松江区总支副主委李欣欣，用这句话作为讲述她的提案故事的开场白。

之后，她拿起桌上的稿纸说："这不是我第一次执笔撰写关于海外高层次人才的提案。"

时光返回到 2018 年。那年的 11 月 5 日，首届中国国际进口博览会开幕式上，习近平总书记发表主旨演讲，说到支持长三角一体化发展并上升为国家战略。这句话说进了李欣欣的心里，一番思考后，她有了一个履职想法：持续关注归国留学人才来松江创业创新的趋势。

李欣欣说她和留学生有缘。二十多年前，她作为人才引进到上海不久，成为上海中国留学生博物馆执行馆长。

这家特殊的博物馆就此成了李欣欣一个极好的平台，借助这个平台，她广泛联系海内外留学人才，线上问卷是常态，线下座谈是经常，间或开设几场专家咨询。用她的话说，就是多维度的调研，任何时间、任何地点搜集到的信息，都有可能成为她准备在政协提交提案的一部分。2019 年，在松江区政协五届三次会议上，李欣欣提交了《服务高层次归国留学人才 加快 G60 科创走廊建设》的提案。

提案引起区人社局的重视与采纳，这给了李欣欣很大的鼓励。接下来的几年履职中，随着 G60 科创走廊的建设和发展，她更是有针对性地聚焦归国留学人才的问题。上海中国留学生博物馆临近松江大学城，李欣欣因此经常与大学城的留学回国教授交流，也和各高校的大学生接触，了解他们的所思所虑，有的放矢地深入进行调研。她先后提交了《关于鼓励松江大学城毕业生留松服务 G60 科创走廊的建议》《发挥松江大学城海外高层次人才作用 赋能长三角 G60 科创走廊一体化高质量发展》等提案。

李欣欣说，其实 2018 年以后，她就一直关注上海留学人员创业园的进展。因为工作原因，她和市人社局国际处（留学处）常有联系，所以在提案被采纳后，她觉得自己是可以做些相关事情的。"提案不只是理论上的研究，更要通过协商，促进建议落地。2022 年 11 月 29 日，市人社局在 G60 科创走廊挂牌成立松江 G60 留创园。那天我应邀出席了揭牌仪式。在之前的两年多里，我主动且多次地与市人社局国际处（留学处）相关人员沟通和宣传 G60 科创走廊。所以留创园的成立，我深感欣慰。我因此告诉自己要再接再厉。"

2021 年当选区六届政协常委后，李欣欣先后又提交了《健全长三角高层次留学人才资源一体化利用机制 促进 G60 科创走廊高质量发展》《关于进一步加强留学人才投身松江新城建设的建议》的提案和《长三角 G60 科创走廊引进海外高层次人才政策研究》研究报告，还执笔写就了《关于发挥大学城高校科研人才资源优势的建议》致公党界别集体提案，均被采纳。《关于发挥大学城高校科研人才资源优势的建议》还被评为优秀提案。

2024年1月，在区政协六届二次会议上，李欣欣代表致公党区总支发言，题目是《广纳海外高层次人才　赋能松江高质量发展》，得到了诸多好评，而后转化为致公党界别的集体提案。

## 政策直达，梧高凤至

在这件提案中，李欣欣等分析了松江在吸引海外高层次人才竞争力方面存在的差距和问题，包括海外人才政策宣传有待加强、海外引才主体渠道有待扩展、大学城海归融入度有待提高等。为此，他们提出建议：畅通国际化传播，扩大松江新城海外影响力；借助多元化主体，实现海外人才引进高效能；发挥大学城作用，提升高校海外人才贡献度。

李欣欣及其伙伴们围绕G60科创走廊建设，通过政协平台提出的重视人才吸纳的建议，引起各方面的高度重视。他们欣喜地看到，这些建议逐步落地，体现在一系列政策措施之中。

G60科创走廊留创园揭牌的那天，时任市人社局局长赵永峰就表示，留创园的成立，必将吸引更多海外人才创业，培育更多"留创"企业家，推动更多高新技术成果转化，促进人才链与产业链、创新链深度融合，加快构建形成长三角地区创新共同体。时任松江区委书记程向民说，要坚持人才是第一资源，形成"来来来，到G60来；去去去，到G60去"的人才发展态势，聚天下英才而用之。

松江区围绕科技、项目、人才和资金等，加快建立和保持与国家重大工程专家联谊会、"留·在上海"、海内外知名高校同学会与校友会、中国留学生博物馆等平台的经常性联系机制；不断地创建集聚海外高层次人才、团队核心人才、紧缺急需人才来松江创新创业的政策，让利好人才的政策落地落实。

2023年3月14日，经区政府常务会议审议通过，《关于鼓励留学人员来长三角G60科创走廊策源地（上海松江）就业创业的若干措施（试行）》印发。一时间，松江大力度、全方位、多渠道地支持留学人员到科创走廊工作和创业的若干措施，在留学人才中口口相传。

有意到松江的留学人才更注意到，若干措施中有关 G60 留创园的条例多达 7 条。仅"享受国家、市、区各级创业就业及企业孵化政策"，这一行字，就拨动了许多人的心弦。而享受创业扶持资金和奖励优秀人才创新创业，包括享受医疗、子女就学及企业登记注册、政策咨询、法律咨询、金融财税，特别是优先申请本区人才公寓和租房、购房补贴等服务细则，更是坚定了大家到松江创业安居的信心和决心。

说到 G60 科创走廊广纳海内外精英，不能不提到这里的人才公寓政策。早在 2017 年 11 月，松江召开 G60 科创走廊人才高地建设推进大会，就提出"五年内推出 10000 套人才公寓"。结果，在各方积极推动、参与下，三年就实现了这一目标。经过持续多年的归集，截至今年，人才公寓总量 1.7 万套，覆盖全区 17 个街镇（经开区）和主要园区。还建成了"长三角 G60 科创走廊（上海松江）人才公寓智慧管理平台"，实现线上查询人才公寓分布、看房、选房、签约、补贴申请全程网办。一些人才公寓还形成新社区，除了有多种户型可供选择外，还提供地铁班车接送服务，配套建有休闲娱乐设施，引进了诸多商家。当年区领导提出的"来来来，到 G60 来；去去去，到 G60 去"，成了留学人才在松江安居乐业的进行曲。

再说那个李欣欣参加过其揭牌仪式的 G60 留创园，正在成为构筑留学人才发展的"归谷"——至 2024 年 5 月，留创园首期孵化器面积达到 16000 平方米，海外留学人员企业已逾百家。

## 守正笃实，久久为功

看到松江和 G60 科创走廊对留学人才产生了如此强的磁力，李欣欣有几分激动，"松江，成了留学人才奋斗之梦开始的地方。于我而言，这块有着一股蓬勃而强大力量的土地，让我对她充满了希望。人民政协给了我广阔的空间，我得以拓展自己的视野、发挥自己的才能。这些年来，我为自己的每一件提案振奋。不能说我的提案直接促使了长三角 G60 科创走廊（松江）的人才聚集和 G60 留创园的成立，但可不可以这么说，提案的被采纳，间接地起到了一定的作用？"

李欣欣正忙于主编一本名为《留在 G60——上海松江留学回国创新创业人物志》的书。此书是由区政协文化文史和学习委牵头，区人社局、区融媒体中心和上海中国留学生博物馆联合编辑的。编书的目的是为庆祝新中国成立 75 周年、人民政协成立 75 周年以及改革开放 46 周年，进一步选树典型、吸引激励更多优秀留学回国人员到松江创新创业，共同促进长三角 G60 科创走廊新质生产力加速发展。

李欣欣作为主编，结合自己多年来撰写关于重视留学回国人才的政协提案的经历，在联系和采访入选留学生、收集资料、编辑文稿等方面做了大量工作。"书将于 2024 年底出版。我想它会受到读者特别是留学生的欢迎。因为它从一个侧面反映了留学回国来松江创新创业者们的留学报国情怀和 G60 科创走廊建设助力松江经济社会高质量发展的良好态势，以及为谱写中国式现代化新松江样板所创造的新奇迹。"

说起自己连续多年撰写提案的心得，李欣欣引用了一句话"守正笃实，久久为功"，其精髓就是：咬定青山不放松。

（本文作者：许平）

# 数字赋能"云间卉谷"舒展新画卷

所属区：松江区
提案名：以数字绘就松江花卉产业集群协同发展新画卷
提案者：松江区政协民革界别等

2020 年冬季，上海市政府办公厅发出《关于推进花卉产业高质量发展服务高品质生活的意见》，提出要以打造松江等三个市级花卉产业集聚区为重点，构建上海"3＋X"的花卉产业集聚区发展格局。

2021 年春季，松江浦南花卉基地的经营者获准扩大规模，和南侧、西侧大片花卉种植土地与多家零星花卉市场联合，种植面积 2000 亩，经营企业约 300 家，升级为"上海（松江）长三角花卉科创产业园"，云间卉谷就此诞生。

2023 年春季，云间卉谷升级改造工程启动。规划分为三期建设，打造成为长三角地区最大的集生产加工、贸易物流、仓储冷链、产业服务和会展节庆等多功能一体化的花卉贸易综合体。

## 云间卉谷，一路生花

松江"三农"和乡村产业的发展，是区政协民革界别委员参政议政所关注的主要方向。2020 年以来，他们撰写了多份调研报告和提案，其中有《浦南乡村旅游"再起步"的路径研究》《以花文化产业带动浦南乡村旅游》《推进花卉产业深度融合，助力乡村振兴高质量发展》。

2023 年 3 月，民革界别委员在界别召集人沈群的主持下举行议政调研课题会,沈群建议委员们依然围绕"三农"和乡村产业,在以往几件提案的基础上,深耕花卉产业融合发展的课题,看看是否还有新的切入点?

话音刚落,祝华伟委员就兴奋起来。祝华伟,浦南花卉基地项目负责人、上海天禄园艺公司董事长,几十年的资深"花农",花卉产业的现状和前景,他无数次地作过分析和思考。所以这天他脱口而出提了这么一个建议:数字赋能花卉产业。他说目前就全国范围看,花卉产业数字化的发展,还处于起步阶段,松江可以弥补这一空白。

此说当否?依据又何在?了解松江花卉产业的委员纷纷发表了看法:花卉产业基底是生态,基础是农业。花卉产品,从根本上说是特殊的农产品,因而,花卉产业助力乡村振兴的潜力不可小觑。以云间卉谷为例,三百多家企业的生产机械化应用刚刚起步,产业链之间的信息互通存在壁垒,缺乏前端的研发主体、中间的生产种植主体、末端销售主体互通的平台,因而这些企业之间的协作性较差。如何破解这个发展瓶颈,驱动花卉产业转型升级与高质量发展呢?毫无疑问,唯数字化也。

会后不久,沈群等一众委员来到云间卉谷。花团锦簇的云间卉谷,规模大,品种多,颜值高,空气里弥漫着阵阵花香,前来观摩和采购的市民穿梭其中,或拍照留影,或精心挑选。以花为媒,花农和花商对委员们畅所欲言:说创新、技术、经营、流通,说育种、研发、种植、加工,也说零售价格内卷、市场竞争加剧,尤其说到《上海(松江)长三角花卉科创产业园项目方案》出台后,由区农委牵头,松江区正在落实《花卉产业片区专项规划》,从目标定位、产业规划、产业布局等方面绘制了"十四五"期间松江花卉产业发展蓝图,给了他们更多的获得感和参与感。同时,他们也特别希望有一个符合实际情况的监督管理办法,从传统的种植、销售,发展成为一个涵盖育种、研发、种植、加工、销售、展览等环节的完整产业链。

这次实地踏访,让一众委员享受了一场花宴,领略了花卉新品种和优质产品的魅力。更令大家感到收获满满的是,下一件提案的方向渐行渐明确:花卉产业面临新特点、新趋势和新变化,只有打造花卉产业大脑,走上智慧科技的"快车道",才能实现跨越式发展。

# 深度调研，聚焦问题

杨群，松江优秀政协委员，优秀社情民意信息员，她的"三农"和乡村产业发展问题的提案，每一件都是在深入一线考察调研、深思熟虑之后写就的。

回望 2020 年，杨群在一次乡村调研交流中发现，松江浦南地区花卉产业起步于 20 世纪 90 年代初，主要分布在叶榭镇浦南花卉基地和泖港镇五库示范区内，近三十年的发展历程，无论是规模，还是经验，浦南都是上海地区最大、最成熟的花卉产区，即便在长三角地区，它也有一定的知名度。但恰恰因为起步早、形成早，它的基础配套设施已显陈旧，亟待更新。可是若要改进扩修，就会遇到一个绕不过去的困难：产业用地受土地政策的限制，配套政策供给并不完备。

针对这些实际困难，杨群与所在的民革团队，一次又一次地走访调研，广泛听取各方的意见，最后形成《以花文化产业带动浦南乡村旅游》提案，建议着力破解花卉产业建设用地问题，在花卉融合发展的配套用地上做到稳定"增量"，盘活"存量"，逐步增加融合发展的产业建设用地，为打造花卉产业的系统融合创造条件。

提案很快得到有关部门的关注和重视，并达成共识：在原有花卉种植的基础上，与旅游等产业结合，延伸到花的饮食和观赏教育，花文化服务，向第二产业和第三产业扩散，最终实现一二三产业的融合。

有了上次的经验，为拿出一件有关数字化花卉产业的提案，云间卉谷之行后，杨群和她所在的界别团队，从这年的 4 月起，历时 3 个月，对松江乡村产业数字化发展的现状，进行了深度调研。凡是和课题有关的对象，他们几乎跑遍了。

这项调研发现，松江已经开始推进一批"智慧农业生产技术研究与示范"为专题的科技兴农项目，正在对种苗选育、种植养殖、技术推广、产业化、加工消费等完整生产环节进行技术研究。但由于基于产业的数字化体系水平建设存在不足，这些项目分属于不同的产业链上的主体，信息不能互通，部分花卉种植生产缺乏相应标准，花卉流通领域也未建立相应标准。总之，花卉产业突出的问题是体系发展滞后、信息科技支撑不足、花卉繁育科技人才较为缺乏等。

民革界别团队作了深层的分析：首先要有政策支持，从多渠道、多领域全面支持和鼓励乡村产业的数字化创新，并全方位完善精准有效的配套政策制度。其次要围绕基础设施升级、数字经济新业态创新、数字治理能力提升、数字人才培育等重点内容，完善实施规范和保障体系。最后要加大投入力度，为乡村产业数字化转型发展夯实基础，建设数字化运营平台，弥合"数字鸿沟"，实现资源整合、统一运营、统一管理，从而推动数字技术与乡村产业领域的深度融合发展。换言之，推进花卉产业数字化，数据是关键要素，价值释放是核心，以数据赋能为主线，需要政府协助搭建平台。

2023 年 8 月，杨群在根据调查笔记撰写调研报告的过程中，又发现他们对农业数字化方面的研究，单点突破技术类的较多较为集中，体系化实践的虽然有，但明显匮乏。

于是在 9 月，他们就先进制造业数字化建设进展的问题，又调研了几家公司，焦点集中在政府对企业数字化转型的政策支持、产业链上下游企业的数据对接，标准化与个性化生产及对人才的需求。

杨群说，那些日子的那些调研之后，他们坚定了数字赋能乡村振兴和松江花卉产业发展的信心。

## 汇集各方，对口协商

2023 年 10 月初，由杨群执笔完成了调研报告的初稿。

当月 27 日，就调研形成的成果，一场"以'数'着墨，绘就松江花卉产业集群协同发展新画卷"的对口协商会议举行。区政协领导、提案委负责人和民革界别、农业界别委员以及课题组成员参加；民革松江区委、市动物疫病预防控制中心、区相关部门和叶榭镇的相关领导以及花卉企业代表应邀出席。

与会人士围绕上海（松江）长三角花卉科创产业园硬件设施改造及规划目标、松江花卉产业集群协同发展面临的产业深陷"信息孤岛"困局、花卉品类质量标准体系有待健全、花卉产业数字化复合人才较为匮乏等方面，建言献策，广泛交流。各方达成一致，要在进一步加强一体化花卉综合交易平台的建设、开发具有地区代表性品类的质量标准体系等方面下功夫，擦亮松江特色花卉名片；创新"人才共享"制度建设，打造花卉数字化"人才雁阵"，助推花卉产业高质量发展。

## 搭建平台，推进落地

彼时，松江乡村已实现"5G+千兆宽带"的全覆盖，花卉产业数字化的基座有了；云间卉谷所在地新浜作为上海西南物流枢纽集聚区，已经集聚了顺丰、万纬、美库、京东等十余家供应链头部企业，花卉产业的供应链体系的通道也有了。更有那：2023年腾讯长三角人工智能超算中心落户松江，百余家数字生态链企业入驻，松江花卉产业转型升级能不更上一层楼？

早在2021年5月，松江就曾举办过一场层次颇高的全国花卉市场流通体系建设高峰论坛，郑重推出上海（松江）长三角花卉科创产业园云间卉谷。两年半过后，这一科创产业园又举办了首届上海市年宵花高峰论坛暨新优品种展示活动。

在参加课题研究的委员们看来，这是搭建物理空间平台的尝试。他们提出的建议，也很快获得了回应，其中包括区相关部门有所部署：云间卉谷的龙头企业先行先试，引领行业数据融通，技术共享，通过与腾讯、阿里巴巴等大型数字化平台嵌入式的合作，最终建立松江花卉产业枢纽型综合平台，推动区域产业数据在数字空间的"枝叶互联"。

2023年12月初，中央政治局工作会议召开，关键词是"新质生产力"。同月，国家数据局、中央网信办、科技部、工信部等17部门联合印发《"数据要素×"三年行动计划（2024—2026年）》，选取12个行业和领域，推动发挥数据要素的乘数效应，释放数据要素价值，其中就有现代农业、商贸流通、科技创新、文化旅游等。

沈群至今还记得，三年行动计划的出台，给了他们极大的鼓舞。2024年1月，他们听取黄奇帆有关产业互联网的发展将是数字经济赋能实体经济的重中之重的发言后，更是对提案有了紧迫感和使命感。

2024年1月16日，松江区政协六届三次会议召开献计献策大会。区几套班子和有关委办局主要领导齐齐出席。

会上，杨群以饱满的热情，作了题为《以数字绘就松江花卉产业集群协同发展新画卷》的发言，介绍了他们几年来的调研情况和研究提炼的具体建议。

在场的领导充分肯定了发言观点新颖、意见中肯、建议可操作性强，为政府决策和长远规划提供了重要参考。区领导明确表示，要围绕构建与新质生产力相适应的产业体系，加快产业转型升级步伐，发挥生产性服务业对产业升级的赋能作用，推动"数字化＋农业产业"融合发展。

发言的内容，最终作为提案进行了提交。

随后的3月，春暖花开之际，区农委领导与提案团队进行交流和讨论；5月，有了面对面的回复，其中说道：将继续完善数字农业产业扶持政策，不断推进农业数字化转型建设，以数字技术助力花卉产业发展；协助林业、市场等相关部门，推进《花卉领域标准体系》内相关标准制修订，进一步推动花卉产业规范化、集约化、数字化发展；积极对接区人社局、区科委、区教育局、区财政局等相关单位，为松江区的花卉产业建设提供人才、技术、培训、资金等支持。

就此，在参与提案的委员们眼中，一幅松江花卉产业集群协同发展的大美画卷，染着芳菲，徐徐展开。

（本文作者：许平）

# 擦亮上海红色文化的鲜明标识

**提案号：** 1230205

**提案名：** 关于上海重视红色资源，为纪念建党百年早做准备的建议

**提案者：** 俞亮鑫等 3 名委员

2019 年 8 月 31 日，中共一大纪念馆正式开工改建，历时六百多个夜以继日，中共一大会址得以全面修缮的同时，保留原石库门建筑风格的新馆，竣工大吉。

新纪念馆于 2021 年 8 月 31 日正式运营并对外开放。现今，这一重要场所已形成以中共一大会址为核心的"红色源头"历史文化区域。

这样的成果，与来自上海市政协的委员提案密切相关。

## 契机

忆及有关"重视红色资源，为纪念建党百年早做准备"的提案，往事历历，俞亮鑫感慨良深。

2014 年末，作为新闻界的市政协常委、曾任《新民晚报》首席记者的俞亮鑫日日挂心忖度：新年渐近，市政协十二届三次会议即将召开，这次的提案究竟写什么？如何才能力透纸背以达到事半功倍？

这一日，俞亮鑫与中共一大会址纪念馆馆长张黎明在上海报业大厦偶遇。多日不见，两人且走且叙，闲谈中聊及 2021 年即将迎来建党 100 周年。中共十八大提出"两个一百年"奋斗目标，其中与建党历程相关的第一个百年，起点就在上海。

上海是党的诞生地，是诸多共产党人革命长征的起点，亦是中国红色基因的发源地。在百年的关键历史节点上，本就闻名于世的现代化国际大都市，势必要成为万众瞩目的焦点。

"目前尚有诸多红色资源，未被充分发掘重视，这无疑削弱了党的诞生地本应有的影响力……"念及此，张黎明感慨系之，尤其令他分心挂腹的是中共一大会址，"年接待游客量勉强达到 50 万人次，与南湖、井冈山、西柏坡、遵义、延安等革命圣地的差距，天渊有别……"

俞亮鑫自打大学毕业便进入《新民晚报》做记者，一干几十年，工作的特殊性使得他经常奔波于全国各地。此刻张馆长一番感慨，他不禁想起才刚去过的面积逾 7000 平方米的浙江嘉兴南湖革命纪念馆。

张黎明又道，"上海中共一大会址纪念馆的基本展览面积仅 400 平方米，纵使是原有的历史旧址，无奈受限于场地过于狭小，力不胜任啊……"

俞亮鑫去过南湖革命纪念馆，一艘"南湖红船"虽为仿制，却仅在 2011 年游客人次就达 107 万。他也曾去过位于冀西偏僻山村的西柏坡，革命老区的年游客接待量也在 100 万以上。井冈山每年仅"十一"黄金周，游客人次就逾 42 万，几乎赶超上海一大会址的全年游客量。革命圣地延安的年游客量更远超 2000 万。这也使得由嘉兴、井冈山、遵义、延安、西柏坡五大革命圣地发起组建的"革命圣地党建实践联盟"，竟没有上海的立锥之地。

张黎明所思所忧，俞亮鑫感同身受，他听在耳中，忧心如捣。

在上海，党的早期革命中心这一特殊身份，尤其值得大力拓展还原——从 1921 年至 1933 年，中共中央曾长期驻沪并在此指挥中国革命，更涌现并留下诸如陈独秀、李大钊、瞿秋白、毛泽东、周恩来、刘少奇、邓小平、陈云、张闻天等众多老一辈革命家的红色足迹。

与井冈山、遵义、延安、西柏坡等地相比，上海虽诞生过中国革命史上的许多"第一"，但作为革命圣地，却并不像前者那么影响凸显。给世人留下更深印象的，上海是一座与国际经济、金融、贸易、航运和科创中心接轨的现代化大都市，而那些或许被繁华所隐藏、遮盖的历史，包括一大会址在内的大批中共早期红色资源，无疑应该是上海的独特优势。

要尽快尽力扩大这座城市红色资源的影响力，迎接建党 100 周年，时不我待。这不恰恰是上海发掘和弘扬"红色之源"的大好契机？俞亮鑫清楚地意识到，问题重大，刻不容缓，即刻决定就以此为提案，为上海"红色文化"建言献策。

# 提案

2014 年底，俞亮鑫先后赴中共一大会址纪念馆、《新青年》编辑部旧址、茂名路毛泽东旧居、团中央机关旧址等各处调研，发现令人忧虑的数字——70%的网民根本不认为党诞生于上海，有专门针对上海大学生的调查更显示，有同样认知的人数比例竟达 75%。俞亮鑫愈发感到问题严峻。

2015 年初的一天，朔风凛冽，呵气成霜。俞亮鑫绝早起来，携带深思熟虑精心撰写的《关于上海重视红色资源，为纪念建党百年早做准备的建议》提案，第一个到达市政协会议的会场，坐在第一排——是为抢占最佳席位，前排确保能抢到话筒发言。

无巧不成书。著名编剧王丽萍与上戏教授厉震林两位颇具影响力的政协委员接踵而至，恰好就坐在俞亮鑫左右。机不可失，时不再来，他立即将提案递给二位，邀请其参与联名。

心有灵犀一点通，三人一拍即合。

时隔多日，忆及当时会场的场景，俞亮鑫仍难掩激情。

在市政协十二届三次会议专题会议上，俞亮鑫发言。以中共一大会址纪念馆现状，以及尽快筹建上海革命历史博物馆为关注点，以兴业路、陕西北路这两条马路的红色遗迹为视角，呼吁发掘利用好上海红色资源。会上他越说越激动，讲到后来简直心潮澎湃，"距离纪念建党百年不过五六年时间，上海城市红色资源方面仍有很多问题亟待解决。"具体举例中共一大会址，在展厅、人数、规模、影响等诸多方面，与其他革命圣地有着不少差距。着重强调南湖纪念馆面积是中共一大会址的 18 倍，西柏坡接待游客是一大会址的 12 倍……在场其他委员听得频频点头。俞亮鑫慨叹，"上海革命历史博物馆，穷年累月在筹备，至今似泥牛入海……"

话音刚落，时任市委常委、宣传部部长徐麟，副市长赵雯，市政协副主席方惠萍等几位领导，当场给予积极回应。俞亮鑫的耳畔至今仍清晰回荡着赵雯的话。她说，"我今天记住了你的发言，会重视这一问题，有必要还会给中央领导写信"！寥寥数语，掷地金声。方惠萍竖起大拇指，称提案提得好。一时间，会场内议论纷然，气氛达到高潮，"上海擦亮'党的诞生地'这张名片的重要性，刻不容缓！"

俞亮鑫撰写的提案，以问题导向为"切入口"，指出上海在发掘红色资源存在的问题与不足，并详细提出积极措施——改善中共一大会址的现状，筹备上海革命历史博物馆，并尽快付诸行动，所有的努力殊途同归——迎接建党百年。如若不然，上海势必会在百年难遇千载难逢的时刻，留下历史遗憾。

其时，上海是"党的诞生地"已无可争议，但很多红色旧址被万顷高楼大厦所"吞噬淹没"，如不重视挖掘与传承，极有可能随风消散，这让作为文化记者与政协委员的俞亮鑫甚感不安。他觉得自己有责任有义务让更多人关注此事，为全力打响"上海红色文化"品牌鼓与呼，让"红色文化"带动这座国际大都市的精神与灵魂，使其迅猛发展继往开来的底蕴更深厚、更久远。

## 回声

俞亮鑫等的建言，很快被列入市政协重点协商办理的提案，由方惠萍副主席带队重点督办。

与此同时，市政协调集各路专业力量，启动"推进本市红色文化资源整合"的调研活动。成立红色资源课题组，形成近万字的《推进上海红色资源整合、迎接中共建党百年诞辰》的报告，提出不少针对性建议，包括中共一大会址纪念馆的改扩建，红色场馆之间的展陈联动，红色题材影视剧拍摄，实现上海红色文化资源的统筹整合等。俞亮鑫与十多位政协委员共同参与。

课题组在广泛持续的调研中，多次往返于中共一大会址、新老渔阳里、复兴公园、劳动组合书记部，远赴浙江嘉兴、贵州遵义、广西百色等革命旧址，为实施"党的诞生地发掘宣传工程"，传承红色基因，让上海光荣之城的形象与精神深入人心建言献策。

中共一大会址门口曾长期挂有"上海革命历史博物馆筹备处"的标牌。

其来源颇为久远。上海解放之初，陈毅市长就提议筹建这一博物馆，并制订了方案，由中共一大会址、《新青年》编辑部旧址、博文女校（中共一大代表宿舍）旧址这三处石库门建筑组成。董必武来沪亲笔题写了馆名。一个世纪以前，正是在此地孕育诞生了中国共产党，点燃中国革命的红色火种，影响了中国历史进程与世界政治格局。但由于种种历史原因，六十载时光流逝，上海革命历史博物馆始终未能建成。《新青年》编辑部和博文女校旧址，或民居，或办公，早被世人淡忘，何谈发挥革命旧址应有的引领与宣传作用？

在调研深入展开的过程中，时任市委党史研究室主任徐建刚多次提醒，要高度重视南昌路 100 弄老渔阳里 2 号，此地对建党意义非凡。

老渔阳里 2 号，门口挂有"陈独秀故居""《新青年》编辑部旧址"市级文物保护铭牌，此地还有重要的历史鲜少人知——中共"一大"的筹备处、"一大"期间的"秘书处"。

这一天，俞亮鑫来到这里，犹豫再三，敲开面前黑漆斑驳的大门。他正要为自己叨扰居民的生活深感歉意，年已七旬的原住户赵文来老人已明了其来由，热情接待了。

一脚踏入，屋内实景令来访者大为诧异——建党重地，长年作为民居被人遗忘，已是遗憾，此刻看着天井里临时搭建的简易厨房，正值午餐时间，耳边碗盏叮当，空气中充斥着浓油赤酱特有的味道，腾腾的热气伴随着进出的火星，直升到天上。万一引发火灾可如何是好？观者的心揪起来。

返回的路上俞亮鑫心情沉重，很难相信这里曾诞生中国第一个共产党组织、第一份党刊、第一批党员、完成了《共产党宣言》的翻译出版、筹备了意义重大的中共一大，一大闭幕后又成了第一个党中央机关所在，是早年中国革命的中心地所在。甚至解放后寻找"党的诞生地"之时，陈毅、潘汉年等老革命家，都会率先寻至此处，而后才去到中共一大会址……

俞亮鑫心情久久不能平复，随即动笔写下又一件提案《关于重视渔阳里旧址以迎接建党百年的建议》，呼吁将其作为革命旧址进行开发利用，并申报全国重点文物保护单位。

俞亮鑫始终坚信，历史会见证老渔阳里的重大价值。身为政协委员和资深记者的他，不停地写提案、写内参、写社情民意，以致数年中竟积攒了五六十篇之多，曾多次获市领导重要批示。

# 佳讯

由于市政协高度重视，红色资源课题组在广泛深入的调研基础上，针对申城红色资源的发掘利用，提出了一些亟待解决的问题和具有操作性的方案。课题组进行了大量调查研究，于 2015 年 10 月形成《推进上海红色资源整合，迎接中共建党百年诞辰》的调研报告。

同年 11 月，这份调研报告得到中共上海市委领导的充分肯定，并立即写下大段批示。

2016 年 1 月，市政协十二届四次会议，俞亮鑫继续紧盯红色资源话题，递交了那份关于重视渔阳里旧址保护建设的提案。

经市委批准，2016 年 7 月，以建党 95 周年为契机，市委宣传部协同市政协等相关部门，正式启动上海"党的诞生地发掘宣传工程"。

时任上海广播电视台党委书记、市政协常委滕俊杰，提议政协委员共同参与拍摄大型纪录片《诞生地》。该片初稿由党史专家写成，因文字过于概念化，未获通过。俞亮鑫领受重任，请假三天伏案笔耕，日夜赶稿。回想往事，他笑言，幸亏前期参与调研早，史料烂熟于胸，最新的党史也略知一二。纪录片分上下集，文本 15000 字，他一蹴而就，按时完稿。

此时，在多方协力下，上海形成了一个推动红色文化发展的高潮。

市政协抓住时机，趁热打铁，再次把"红色资源"调研列入课题，在多位政协委员开展大量调查研究的基础上，形成《以中共一大会址为核心，建设"红色源头"历史风貌区》的专题调研报告，供市委、市政府决策。报告提出上海应在中共一大会址、新老渔阳里、《新青年》编辑部旧址、博文女校旧址等十多处与建党密切相关的革命史迹集聚区，打造"红色源头"一平方公里历史风貌区。

数十年未得到解决的上海革命历史博物馆，在包括政协提案重点协商办理在内的多方力量聚推之下，终于有了积极进展。经中共上海市委批准，正式落地于南京路上海美术馆旧址，与上海市历史博物馆合而为一。两馆遵循"以城市史为脉络，以革命史为重点"的原则，展现城市发展各个历史时期的重要节点和重大革命历史事件。

如今，面貌一新的中共一大会址纪念馆、"红色一平方公里"展示区，以纪念馆主体建筑为中心，四周密集分布着与建党相关的十多处早期重要红色史迹。整个区域彰显着中国革命的"红色源头"、共产党人的"初心之地"的丰厚底蕴。

2017 年初，在市政协会议上，张民权委员代表课题组发言，针对"红色源头"一平方公里历史风貌区进行重点推介，反响热烈。

同年 10 月 31 日，中共十九大闭幕不久，习近平总书记带领中共中央政治局常委到上海瞻仰中共一大会址，回顾建党历史，重温入党誓词。这是中共一大会址万众瞩目的高光时刻。

历史不会忘却，岁月从未湮没。关于上海重视红色资源的一系列政协提案和建言报告的提出及其办理、落实的过程，成为上海红色文化建设高潮中一股活跃的源流。如今在上海，一个个重要的革命旧址被挖掘，一段段共产党人初心之地的历史得以再现，从渔阳里到树德里再到南湖红船，完整的建党过程渐次呈现，世人得以更多更深入地了解上海的"红色起点"，读懂上海的革命基因与百多年前的激荡青春。红色文化的历史完整性，无疑成了上海文化的一大特色……

(本文作者：王瑢)

# 重塑和铭记两岸共有的红色历史

提案号：1420123
提案名：关于打造上海涉台红色文化高地的提案
提案者：台盟上海市委

习近平总书记指出："红色资源是我们党艰辛而辉煌奋斗历程的见证，是最宝贵的精神财富。""我们要赓续红色血脉，把革命先烈流血牺牲打下的红色江山守护好、建设好，努力创造不负革命先辈期望、无愧历史和人民的新业绩。"

## 建党百年之际提交一件特殊提案

2021年7月1日，在建党百年的重要时刻，一部具有政治性和时代性的法规《上海市红色资源传承弘扬和保护利用条例》正式实施。

2022年1月，台盟上海市委在市政协十三届五次会议上，递交了一件"关于加强对涉台革命历史遗址泰安路84号保护的建议"提案。这件涉台革命遗址的提案承载了中国共产党与台湾人民携手新民主主义革命的重要历史记忆。

中共长宁区委、区政府给予高度重视。从2022年3月开始，区政府就与台盟上海市委联系，就提案办理情况前后沟通5次之多。区政府也第一时间与市规划资源局、市委党史研究室科研处、市文物局革命文物处等市级单位和部门进行对接。同年8月，长宁区政府牵头召开区委宣传部、区委统战部、区档案局（党史研究室）、区府办等九部门的提案专题协商会，各职能部门结合各自工作对第0092号政协提案，关于泰安路84号地块红色资源认定流程开展研究梳理工作和协商讨论。

## "提出地工程"开启一场沪台红色历史踏寻

上海是中国共产党诞生地，也是党的统一战线政策提出地。2023 年 3 月，中共上海市委统战部印发《关于实施"党的统一战线政策提出地工程"的意见》的通知。"提出地工程"第一项任务就是"保护利用统战历史文化资源"，即上海要建立统战历史文化资源信息库，绘制上海统战文化地图；研究制定上海统战历史文化资源保护利用的办法，实施列名管理；探索建设集展示、研究和宣教统战历史、统战工作于一体的统战文化阵地。

台盟上海市委根据市委统战部"提出地工程"的要求，加强从台盟盟史中挖掘上海涉台统战文化资源。台盟上海市委第一届主委李伟光曾于 1945 年筹建台湾旅沪同乡会，并担任同乡会理事长。一直以来台盟市委保留着一份宝贵的档案——台湾旅沪同乡会会员资料。这份档案登记了 20 世纪 40 年代台湾同胞在上海的相关信息（如姓名、在沪地址，从事职业、家庭成员等）。

弥足珍贵的是，台湾旅沪同乡会档案资料还承载了两岸那段共有的红色记忆。解放战争时期，李伟光参加了中共中央上海局的台湾工作，根据党组织指示通过台湾旅沪同乡会的渠道掩护返台筹建中共台湾省工委的同志，并秘密输送到岛内。台湾旅沪同乡会的档案保存了当年台湾革命先辈张志忠、钟浩东、辜金良等人在沪的信息。

2023 年 7 月，台盟上海市委依托这批档案，与岛内知名统派作家、"打捞台湾革命史第一人"蓝博洲联合开展了"踏寻台湾爱国革命先辈在沪足迹"的历史考察，现场走访台湾革命先辈当年在沪足迹 20 余处。其中与台盟相关的历史足迹有 5 处，即伟光医院、伟光疗养院、台湾旅沪同乡会、台湾干部训练团和上海大厦。台湾革命先辈在沪足迹彰显了台湾同胞血脉里所流淌的爱国传统和红色基因。

蓝博洲先生表示："民进党在岛内一直宣扬'中国共产党与台湾没关系'的话语体系，'假话'讲多了就变成了'真话'，被岛内民众所接受和认可。"他强烈希望上海能将伟光医院、伟光疗养院等台湾先辈在沪足迹打造成台湾同胞与大陆心灵契合的重要历史连接点，解构岛内"台独"的话语体系。

## 推进台盟先辈遗址保护　持续履职建言

习近平总书记指出，宣传思想文化工作是一项极端重要的工作。当前做好对台宣传，促进两岸融合，亟须重塑和铭记两岸共有的红色历史。

长期以来，"台独"势力一直叫嚣"中国共产党在台湾没有交过一分钱税，中国共产党与台湾没有任何联系"。这种谎言在岛内大有市场。因为近年来民进党政府一直企图抹去台湾革命先辈身上的红色基因，系统性、渐进式地肆意篡改台湾革命斗争史，欺骗岛内民众，为其"反共拒统"意识形态服务。

事实上，无论是反抗日本殖民奴役，还是反抗独裁专制，中国共产党都携手台湾革命志士，为台湾人民解放抛头颅、洒热血，付出了巨大牺牲。台盟作为具有鲜明红色基因的参政党，与民进党抢夺台湾革命斗争史的话语权，是当代台盟人义不容辞的政治责任和履职使命。

台盟上海市委在开展台湾革命先辈在沪足迹现场考察的基础上，依托各种参政议政渠道提交相关信息8篇，持续呼吁重视抢夺两岸红色历史的话语权，重视保护宣传涉台红色历史文化资源，积极为新时代构建两岸命运共同体史观夯实基础。

台盟中央主席苏辉指出，"要汲取历史滋养，切实把盟史蕴藏的深厚内涵转化为盟务履职的特色成效。"

台盟上海市委主委刘艳指出，"2024年是上海台盟成立75周年，我们要推进台盟革命先辈遗址宣传保护工作，传承和发扬好台盟先辈的爱国爱乡的优良传统和革命精神。"

2023年8月，台盟上海市委启动了"泰安路84号"提案办理再出发项目。一方面，积极搜集"泰安路84号"的相关历史资料和档案资料；另一方面，台盟市委积极与长宁区和黄浦区，进一步沟通伟光疗养院、伟光医院涉台革命遗址保护宣传等工作，得到了区委（区府）领导的高度重视和支持。

2024年，台盟上海市委在中共上海市委统战部"提出地工程"的指导和支持下，持续聚焦加强涉台红色历史文化资源保护利用。在2024年上海市政协十四届二次会议期间，台盟市委作《唤起共同历史记忆，构建两岸命运共同体》口头发言，并提交"关于打造上海涉台红色文化高地的提案"党派提案1件。

大会发言现场，台盟上海市委的发言得到时任中共上海市委副书记吴清的当场回应。他说，台盟上海市委的大会发言很有意义，具有可操作性，希望由中共上海市委宣传部和统战部等立刻着手落实和办理。

4月23日，该提案被列为2024年度市政协第一批重点督办提案，并予以推进。

5月13日，提案主办单位市委宣传部宣传处赴台盟上海市委与台盟市委就提案内容进行了沟通，介绍了上海红色资源保护利用有关情况，以及对提案的思考和下一步工作打算。

5月15日，在市政协的大力支持下，由市政协牵头，主办单位市委宣传部、会办单位市委统战部相关同志，市政协和台盟上海市委相关领导和同志赴建议中提到的"伟光疗养院"和"伟光医院"实地踏勘。

5月31日，市政协组织了该提案视察与调查督办暨知情调研会，台盟上海市委主委刘艳、中共市委宣传部副部长潘敏、市政协提案委常务副主任黄鸣等出席。与会人员现场视察了伟光疗养院旧址、伟光医院遗址，并召开专题座谈会，提案承办单位围绕涉台红色资源的挖掘、保护和利用，与市政协委员和专家进行了充分的交流。市委宣传部也在会上表示将从指导阵地建设、挖掘资源、加强宣传等方面，进一步支持台盟上海市委形成涉台历史文化遗址遗迹目录和信息库，并聚焦涉台革命遗址遗迹，开发统战文化线路，讲好统战历史文化故事，使红色涉台文化更贴近台湾同胞、走向社会大众。

提案承办单位中共上海市委宣传部在答复中表示，近年来，在市委统战部、市台办的关心下，上海不断强化涉台统战历史文化资源保护利用工作。在市委统战部编制的《上海统战文化地图》中，选取涉台统战文化地标7处，还指导推动台湾革命史研究，举办相关学术研讨活动和展览，增进台湾同胞对和平统一的认同，广泛凝聚思想共识。下一步，将从指导阵地建设、挖掘资源、加强宣传等方面，进一步支持台盟上海市委形成涉台历史文化遗址遗迹目录和信息库，并聚焦徐汇区、长宁区的涉台革命遗址遗迹，开发统战文化线路，讲好统战历史文化故事，使红色涉台文化更贴近台湾同胞、走向社会大众。2022 年，市政府发布《上海市红色资源名录（第一批）》。在 2024 年 7 月启动的第二批红色资源申报工作中，针对论证充分成熟、满足红色资源申报条件的涉台革命遗址遗迹，可纳入申报范围，将根据《上海市红色资源传承弘扬和保护利用条例》第十四条规定的规范流程，经专家研究评审、社会公示、市红色资源保护利用专项机制审议后，报请市政府核定公布。

台盟上海市委将带着跨届的相关提案再出发，为新时代促进两岸心灵契合与祖国统一贡献党派之智，履好党派之责。在上海市政协和中共上海市委宣传部、统战部等单位支持下，并结合上海台盟组织成立 75 周年之际，进一步争取台盟先辈在沪遗址的保护宣传，用台盟先辈在沪革命足迹有力批判岛内"台独"势力一直叫嚣的"中国共产党与台湾没有任何联系"的谎言，在对台联络工作中将致力于让两岸同胞，尤其台湾青年了解两岸共有的红色历史，更好凝聚共识。

（本文作者：张丽俊）

# 八年接续建言 催生上海金融法院

**提案号：** 1230876
**提案名：** 关于在上海设立金融法院的建议
**提案者：** 吕红兵等 12 名委员

2018 年 3 月 28 日，晚上 7 点。

国浩律师事务所首席执行合伙人吕红兵正在回家的路上，司机如往常一样打开收音机，吕红兵习惯性地在这个点收听新闻。主持人播报道："中共中央总书记、国家主席习近平主持召开中央全面深化改革委员会第一次会议，会议审议通过《关于设立上海金融法院的方案》……"

听到这，吕红兵不禁打开车窗，深吸口气。窗外，已万家灯火。

"上海金融法院"六个字，八年多来，甚至比一日三餐还熟悉，几乎成为他每天挂在嘴上、记在心中的一件事。如今终于瓜熟蒂落，吕红兵似乎"毫无波澜"，也许，这些年的深耕细作早已让他无比坚定地相信，这件事一定会成功！

手机微信提示音不断，吕红兵点开看，"关于设立上海金融法院的提案建议终于实现啦！""太不容易啦！"一条比一条热烈，大家都很兴奋。此时，他好像刚刚缓过神来，像是不经意，其实很在意，八年多来的坚持不懈，也不仅仅是为了设立上海金融法院……

## 思想碰撞 不谋而合

时间退回到 2009 年，12 月初。

时任上海证监局局长的张宁和吕红兵在一次会议上碰面，张宁皱着眉头说："我在工作中碰到一个案例，红兵你看看案件审理过程中对法律条款进行解释是否有失妥当？"

张宁所说的案例是 2009 年某基层法院审理的一起证券"短线交易"侵权纠纷案：某自然人通过法院的公开拍卖取得了上海某上市公司 7.89% 的股权。随后，在不到两个月的时间内，该自然人通过证券交易系统，减持了该上市公司 4.998% 的股份。为此，该上市公司提起诉讼，请求法院依据《证券法》第 47 条规定，判令该自然人通过上述行为所得的收益归上市公司所有。法院认为《证券法》第 47 条的立法宗旨是减少和制止内幕交易的发生，由于本案中，该自然人并不具备内幕交易的主体条件，且行为也无利用内幕消息之嫌，故驳回了上市公司的诉请……

吕红兵没有立即答复，他请张宁将案件的详细资料发给自己。当晚，在仔细翻阅材料后，他和张宁通了电话。他们不曾想到，这番通话就像星星之火，为日后设立上海金融法院点燃了第一束火苗。

两人在电话里对案件审理过程的细节进行推敲，吕红兵以职业律师的身份，张宁则从行政执法、监管部门的角度出发，近二十分钟的电话，两人达成共识：这个案件，一审法院对立法目的和法律适用进行解释有失妥当，对法律的理解不够全面。根据中国现行司法体制，法律解释权属于全国人大常委会。在具体案件审理过程中，法院可以依法对个案做出自己的判断，但不能自行解释法律并以此解释来做出判决。此外，该法院对《证券法》第 47 条的立法目的理解也不够全面。从证券立法沿革和证券法律法规体系看，《证券法》既要规范和制止内幕交易行为，也要规范上市公司收购行为，保护中小投资者合法权益。

挂了电话，吕红兵脑子里还在盘一个问题，刚才讨论的仅是一个案例，事实上，在自己的执业过程中类似的案件还有。比如，前不久上海某实业发展公司与 16 名自然人就买卖第三人股票发生民事诉讼，国浩律师事务所的两名律师作为原告和第三人委托代理人参加诉讼。整个诉讼过程及结果与证券"短线交易"侵权纠纷案有雷同之处。

这一晚，吕红兵辗转难眠。1966 年出生的他，性格爽直，1984 年考取华东政法学院后，风尘仆仆地来到上海，自此，这个山东小伙多了些细腻和沉稳，做事往往走一步想十步。

第二天到了单位，吕红兵正准备与张宁再进一步探讨，张宁电话来了！真是心有灵犀一点通，他们想到一块去了：之所以在审理诸如证券"短线交易"侵权纠纷案等案件时，会有瑕疵出现，可能有这样一些原因——就上海而言，目前全市各级法院在划分金融案件时，一般将主体至少一方为金融机构的民商事纠纷案件划分为金融案件，造成各级金融法庭审理的大量金融案件都是银行信用卡或贷款纠纷案，而诸如上市公司股权争议或一部分股东侵犯其他股东利益等适用《证券法》的证券金融专业性比较强的案件，由于当事人中没有金融机构，则被当作一般民商案件，由一般基层法院而非金融庭审理。由于专业知识的欠缺，造成该类案件的审理尚存在一些问题。

那么，怎么解决这个问题？

张宁说："我觉得，专业的事不仅需要专业的人来做，专业的事更需要专业的机构或部门来完成。"

吕红兵说："既然看到问题的存在，那咱们就试试看。"

这第二个电话，开启了"漫长的提案之旅"。

## 八年提案　站位更迭

2010 年 1 月，市政协十一届三次会议召开。

会上，由张宁倡议，张宁、吕红兵和时任国联安基金管理公司督察长的谢荣兴等委员联署提交提案《关于进一步加强我市金融审判工作并适时建立金融法院的建议》。

提案体现着提案者的职业特点和做事风格，层次清晰，观点与论据明确。其中有三个关键点：

首先是建议调整金融案件的划分标准：将涉及金融法律法规的案件统一纳入金融庭集中审理，充分发挥现有金融庭的专业审判力量，形成具有示范效应的司法判例。其次是建议进一步加强审判人员培训和审判机制建设，为金融法院的设立做好准备。最后要积极推动设立金融法院。

关于第三点，提案尤为不惜笔墨。八年后，再看这段文字，几位提案者仍然心潮澎湃。当时落笔时，他们可能已着眼未来，放眼世界。他们这样写道：

"当前对应航运中心建设，已有海事法院，为此有必要参照海事法院，在上海设立专门的金融法院以支持金融中心建设。而且，今年中国证监会正准备重点协调出台证券相关案件指定管辖的制度，这也为上海金融法院的设立提供了重要的支持。因此，上海有必要通过先行先试，加快形成更具专业化的金融司法体制，积极争取在上海率先设立专门的金融法院，进一步完善上海国际金融中心建设的金融法治环境。把握好'两个中心'建设的重大历史机遇，充分利用相关政策优势，为上海国际金融中心建设创造良好的法治环境。"

提案得到市政协领导高度重视。时任市政协副主席朱晓明、高小玫带队赴提案承办单位上海市高院走访调研。

在调研座谈上，时任市高院院长应勇向政协委员介绍了上海金融审判工作的情况，针对提案，他画龙点睛讲了话：这件提案非常的"好"，有利于上海国际金融中心的建设和发展；这件提案非常的"专"，是一个专业性的提案，特别对金融审判工作具有针对性；这件提案非常的"实"，是一个实实在在的提案，如果实现的话，对上海发展意义特别重大。最后，应勇又说，这件提案非常的"大"，要向最高人民法院汇报、要向中央汇报，来推进这项工作。

应勇的讲话，给了大家极大的鼓舞和信心，几位提案者鼓足士气，做好了"一战到底"的准备。

2015年初，市政协十二届三次会议期间，经进一步调研提炼、集思广益，由吕红兵执笔、张宁等11位市政协委员参与联署，再次提交了《关于在上海设立金融法院的建议》。

与第一次提案相比，这次有一段文字值得标注：以2013年9月中国（上海）自由贸易试验区挂牌为标志，上海国际金融中心建设跨入崭新的发展阶段。特别是刚刚过去的2014年，在深化改革、加快转型的"新常态"下，上海国际金融中心建设开启"新格局"：自贸试验区金融改革精彩纷呈，国际机构总部首次落户，沪港通启航，原油期货破冰……敢闯敢试，星夜兼程，上海成为中国金融改革、开放、创新的排头兵和先行者……

这一次是"从规范金融案件审判技术层面向提升到上海国际金融中心建设国家战略高度的转变"。

正如时任市政协副主席姜樑所言，在上海设立金融法院具有解决金融法律纠纷专业性、国际化的现实呼唤，具有产生引领与规范金融改革、开放与发展实践的迫切需求。

此时，张宁、吕红兵他们已"跳出提案看提案"。五年前，那个夜晚用一个电话点亮的一束火苗正燃成熊熊火焰……

2016年秋，时任市政协副主席李逸平带队，部分委员赴澳门和香港就金融审判进行调研。吕红兵看到，港澳地区在金融法治建设、加强金融监管、金融纠纷集中、专业化处理机制等方面经验丰富，制度建设也相对成熟完善，有许多值得上海借鉴和学习的地方。与他一样，委员们在调研中学习和思考，大家一路行一路议，感觉时不我待。最后他们在调研报告中写道："在上海设立专门的金融法院，做到金融案件专业化审理的'形神'合一，不仅必要，而且可行。"

2017年1月，时任市政协社法委常务副主任李芬华提交社情民意信息"关于进一步加强金融审判工作，加快设立金融法院的建议"。她建议，加快在上海设立金融法院，以专业化来提高金融审判质量，为上海国际金融中心建设营造良好的法治环境。

建议设立上海金融法院的步伐越来越稳健，与此同时，也有一组数据让提案小组肩负重任的使命感愈发紧迫：

上海法院金融案件与日俱增，2013年、2014年分别比上一年度增加33.1%、75.4%。"案多人少""案多庭少"情况突出，加之金融案件专业性强、影响性大，新问题层出不穷，新法规不断涌现，法官及法院压力日渐增大。

在讨论中，吕红兵就"战略意义"四个字曾忧心忡忡地说："金融案件专业性、技术性、国际性、全局性、系统性强，裁判结果对产业发展、市场经济影响深刻，对市场各类主体尤其是属于不特定多数的金融消费者、投资人影响极大，甚至足以引发连续反应导致社会稳定问题。"

……

2018年3月，梨花灿灿，春风拂面。

此次赴京参加全国政协十三届一次会议的吕红兵心情格外不一样。路上，他几次翻阅准备再次提交的由他执笔、黄绮和其实等全国政协委员联署的"关于设立上海金融法院的建议"提案。此时，拿在手里，沉甸甸的。八年多来，时间的跨越、实践的沉淀、思考的深入，让吕红兵对两年前大家提出的"形神合一"这一概念有了更深刻更具象的认识："形"就是组织架构，"神"就是能力和水平，"形神合一"意味着"一套标准"，代表着"规范高效地行使话语权"，只有"形神合一"，才能真正匹配上海国际金融中心的地位，才能在上海推进国家金融战略，探索完善中国特色金融审判体系。上海国际金融中心建设是"国家"战略，其重要的核心之一是"国际"二字。

吕红兵在手机记事簿里，写下了一行字：从战略层面向国际化提升——设立上海金融法院有利于加强我国在国际金融市场规则话语权这一广度，有助于加强防范化解重大金融风险这一深度。

这之前，还有 2015 年 1 月写下的一行字：从技术层面向战略层面的转变。

时隔三年，吕红兵在代理众多案例的实践中、在与全国同行的交流碰撞中、在查阅国际金融审判案例的学习中，更在全神贯注地关注国家推进金融战略建设的时代背景下自我更迭，他一步步拓展"关于设立上海金融法院的建议"提案的内涵和外延，他脚踏实地在征程上奋勇前行。

……

2018 年 3 月 28 日，跨越了八年多、三千多个日夜，吕红兵终于笑了，他的小伙伴们也笑了，在手机微信上，吕红兵和张宁互发一个握手的表情符号，这个握手真的不容易，也真的情深意切——

这一天，中央全面深化改革委员会第一次会议审议通过《关于设立上海金融法院的方案》。4 月 27 日，十三届全国人大常委会第二次会议通过了《关于设立上海金融法院的决定》；7 月 31 日，最高人民法院审判委员会通过《关于上海金融法院案件管辖的规定》；8 月 20 日，上海金融法院正式揭牌成立。

## 不负荣光　孜孜前行

2024 年 7 月 27 日，福州路 209 号。

一位特殊的客人来到这里，在进入大门时，他望着那块"上海金融法院"的门牌久久不能平静。这是集体智慧的结晶，是集体努力的成果，更是作为法律工作者日思夜想、殚精竭虑并身体力行的事业。

这位客人就是吕红兵。在上海金融法院成立近六周年之际，为建议金融审判改革深化的调研，他来到这儿。他欣喜地看到全国首家挂牌成立的金融法院——上海金融法院，身处国际金融中心和中国联通世界的重要窗口，已经开始发挥巨大作用：

审理全国首例证券群体性纠纷示范案、首例落实证券侵权民事赔偿责任优先原则案、首例因退市新规引发的行政诉讼案等各类全国首案近 20 起。

创设、创新和完善诸如全国首个《关于证券纠纷代表人诉讼制度实施的具体规定》等金融案件审理机制 30 余项，促进金融纠纷多元化解，助力防范金融风险，为一起起首案、大案、要案、难案、新类型案的高效办结保驾护航，也为上海乃至全国金融司法创造了良好的制度经验。

这家无先例可循、无成熟经验可借鉴的"创业法院"，已累计受理金融案件超过 4.5 万起，总标的额超过 1.1 万亿元。

……

此时吕红兵手里拿着的几份判决书，是近期律师们参与的几起典型的金融民事纠纷，刚刚在上海金融法院审理完。审理的整个过程，让他愈发感到上海金融法院通过机制创新，落实落细代表人诉讼制度，便捷、高效、公正地处理好群体性证券纠纷案件已初具"中国标准""上海规则"。

参与接待的院领导无限感慨又信心满满地介绍说："这座法院的建立离不开你们的心血。上海金融法院建院初期，此类案件一度占我院受理案件总数的50%以上。截至 2024 年 6 月底，我们受理的此类案件总量已达 17418 件。做金融司法的排头兵，就必须注重发挥裁判规则的引领作用，聚焦规则创设、机制创新，推出一系列可复制可推广的金融审判机制，树立解决金融纠纷的'中国标准''上海规则'。"

"石以砥焉，化钝为利。"吕红兵不仅感同身受，还如履薄冰。他说："党的二十届三中全会明确提出'推进国家安全体系和能力现代化'，而'金融'事关国家安全体系和能力现代化。当年提案设立上海金融法院，可能只是一个开头，我们永远在路上啊！"

是啊，18 岁那年风尘仆仆来到上海的俊朗小伙，一晃 40 年白驹过隙，他已两鬓灰白，但说话仍旧是爽直的男中音。于他，2015 年在市政协会议上牵头提交的《关于在上海设立金融法院的建议》获优秀提案特别奖，2019 年、2020 年关于设立上海金融法院以及有关金融案件实施集中管辖的提案，连续获评全国政协"好提案"，还有律师生涯中代理的一件件精品案件，等等，可能已成过往。在他的人生坐标上，最不同寻常的一道刻度就是——建议设立上海金融法院。

为了让这道刻度更有深度更有力度，吕红兵仍在孜孜前行。他经过充分的调研和论证，联合其实、王丽萍等委员又提交提案，建议加强金融法院建设、推进案件审判"三合一"……

（本文作者：林楣）

# 一部"法典"助力提升城市治理水平

提案号：1330947
提案名：关于编撰"上海城市法典"，提高城市法制化治理水平的建议
提案者：胡光

　　2020年1月17日上午10点，市政协委员胡光就《关于编撰"上海城市法典"，提高城市法制化水平的建议》，在市政协十三届三次会议的一个专题会上做说明。他穿着一件深蓝色西装，特意系上一条黑红条纹的领带，头发向上梳起，整个人显得年轻、精神，充满活力。

　　这次专题会议，聚焦的"着眼五个坚持，不断提高社会主义现代化国际大都市治理能力和治理水平"，旨在探寻上海城市治理的规律和路径，着力解决人民群众生活中的痛点和堵点。

　　会上，时任市委书记李强和委员们展开热烈讨论。3个小时中，有21名委员陆续发言，"抢话筒"现象频频上演，胡光就是抢到话筒的人之一。在这样的场合，"抢"代表了一种强烈的履职意识，为了能在有利的时机发出建言的强音。

　　这是胡光第二次这样争取发言了。这一次，他做了更充分的准备。

　　刚拿到话筒时，胡光内心还有点小激动，很快平复之后，他以一个专业法律人的严谨，用将近十分钟，道出自己的见解。他的声音温和、声调不高不低，论述则清晰而富有条理，逻辑缜密。"放眼人类历史和世界各国的知名城市，几乎每一座伟大的城市都有一部《城市法典》，文明古国巴比伦在消失了千年之后，因为一部刻在石柱上的《汉谟拉比法典》而重新回到人类的视野，接受整个文明世界的敬意。我们今天要对标国际最高标准、最高水平，打造世界级的卓越城市，亟须编撰《上海城市法典》。"

　　会场涌起了小声的议论，此起彼伏，像泉流一样，那是人们在思考和回应时的轻微躁动。胡光接着说："我们应该系统梳理与上海百姓生活息息相关的应该享有的重要权益和应该遵循的重要规则，使城市运转规范明确、有法可依。每位市民可以在'城市法典'中便捷地了解掌握具体的规范规则，而不是如大海捞针般去苦苦搜寻散落的法条。'城市法典'可以促进上海各部门规章之间的系统化协调。一旦我们启动《上海城市法典》的汇编，就可以通过这个平台不断梳理既有法律法规，增补汇编新的法律法规，同时清理那些'僵尸法规'，既不让市民感到茫然和无所适从，也杜绝出现人们只知旧法，不识新规的情况，其必将成为协调政府各部门规章，促进依法行政的有力抓手。上海将在全国做出表率，树立上海法治政府、法治城市的良好形象。这将产生非常积极正面的国际影响力，将上海的城市品牌形象打造得更加光亮夺目。"

　　台上台下，领导和委员们都在凝神思听。胡光的阐述在继续，"解读和辨识城市文明与否的方式有很多种，就像人和自己影子的关系一样，法是城市文明投射的影子。因此，建议尽快启动汇编《上海城市法典》的行动方案，首期的汇编不必求大求全，而应聚焦在百姓日常生活中关系最密切的规范规则上，户籍、入学、交通、就医、雇佣、求职、食品卫生、垃圾处理、房屋租赁买卖、企业市场准入等，未来再逐步扩大汇编范围。"

　　微微凝视了一会儿主席台，胡光又说，"至关重要的是，'城市法典'的汇编不是现有法律法规的简单罗列，那样仍然无法便于市民快速了解掌握，而是应该提炼相关法律法规中最具切身性、操作性和适用性的重要规则予以编纂。我相信，通过'城市法典'的编纂而形成的'一法通识'，一定可以助力'一网通办'和'一网统管'，极大地促进上海全面依法治市，为上海迈向卓越的世界级城市发挥不可替代的重大作用。"

　　胡光一口气陈述完自己的建议，不见丝毫的停滞和卡顿。话语和字词以及隐藏在其后的法理与逻辑，已经在他的脑海里来回翻滚了无数次。他感到不是他自己而是法在说话，法要求他说话。也许是太过投入，他没怎么留意会场上响起的掌声和许多委员露出赞许的微笑。李强书记对胡光的发言和提案十分感兴趣，夸赞这是"一个很好的金点子"，他在会后还拉着胡光在会场边仔细询问，请胡光把这样一部"城市法典"对上海城市治理的促进和提升，讲得再细致、再深入些。

胡光是湖北武昌人，高考时他在许多可以选择的名校中，决定将自己最富求知欲的四年本科时光交付给武汉大学，因为武大有当时全国最好的法学专业和法学专业中最强的国际法。老校长刘道玉，法学家韩德培教授、刑法学家马克昌教授，国际法专家余劲松教授、曾令良教授……一长串的中国法学界泰斗级人物。时隔近四十年，胡光依然能准确地说出他们的名字，当初，他就是冲着这些名字去的武大。他为自己的选择而骄傲，在珞珈山上尽情汲取着法学的养分，接受着人文的熏陶。

在美国法学院留学深造期间和后来从事国际法律事务的经历中，胡光发现美国许多城市的大小酒店里摆有两部厚厚的书，一部是《圣经》，一部是《城市法典》（City Code）。这引起了他的好奇。如果说《圣经》是掌管西方人心灵世界的道德律，那么《城市法典》就是规约他们世俗生活的现实律。西方人"论法的精神"的传统不仅发源于精英思想家、法学家的鸿篇巨著，而且已深入人们的日常生活。

作为一名资深律师，胡光总是会遇到身边朋友大量的关于法律方面的咨询。户籍怎么申请，落户材料有哪些？居住证怎么办理，积分规则又是什么？生孩子有补助吗，生育补贴高不高？高架限速吗，限速多少？可以养宠物吗，宠物的类型有什么规定，需不需要申请执照？开办公司企业需要哪些登记手续？……这些其实也是每一个新来上海甚至在上海长期生活或创业的人，都会碰到的疑问。法律法规、规定细则都有，可是茫茫"法"海，何处有渡船。外国人初到上海，语言不通，国情不熟，更加迷糊！

举一个最近的例子，归国留学生落户上海到底涉及哪些政策、需要准备哪些材料？通过搜索引擎，查出来的大部分是各种中介广告，即便有也不是很准确。其时，上海市人力资源和社会保障局印发了《留学回国人员申办上海常住户口实施细则》，详细阐明了相关条件、需要提交的资料及申办流程等。但知晓度不够，用起来还是有许多不便。胡光认为，此类与上海的日常生活息息相关，市民应该享有的重要权益和应该遵循的重要规则，理当系统梳理出来，集中到"城市法典"当中，让每个市民和每个行政执法人员都知道。

胡光用一双"法眼"，深入观察和思考上海城市治理中的一大课题，决定写一件提案，通过政协的平台，引发有关部门的重视。

胡光时常想起法律界流传的一句话："古巴比伦不以王朝之强盛而不朽，古巴比伦以一部法典而不朽。"他要为上海打造一部系统性、智慧型的"城市法典"贡献力量。这也是他从一名法律人的角度，一个新上海人的视角，想要奉献给上海的一份礼物。他的提案角度新颖、别具一格，专业、高效，瞄准了上海作为超大城市在治理中的一个带有全局性、基础性的问题。

2019年，胡光热情满满地写成了关于"城市法典"的提案，不过收到的回复是"留作参考，继续研究"。胡光觉得有些出乎意料，但是他并没有放弃，而是细细琢磨自己的观点和理据，准备找准时机再次提出。在繁忙的工作之余，胡光组织旗下君悦律师事务所的专业律师团队，一同查阅纽约、伦敦、东京、巴黎等城市集成"城市法典"的做法，借鉴国际发达城市的法规索引文献，并根据上海市民实际的需求和现状进行多次调整，搭建出系统的框架体系。为不断推敲的那些细节，他花费了整整一年的时间。他的提案，不断地被打磨、完善，最终在2020年初的政协会议上亮了相，并且激起了反响。

时隔仅一年，上海版的"城市法典"就上线了。2021年1月20日，市委全面依法治市委员会办公室发布"上海城市法规全书"应用系统。人们视之为上海全市深入贯彻落实习近平法治思想，践行"人民城市人民建，人民城市为人民"重要理念的生动写照。如今，在上海市政府的官方门户网站、手机端随申办APP，输入关键词"上海城市法规全书"，你能想到的法律法规都赫然在目。网页版的"全书"，还支持模糊搜索，举凡养狗、生孩子、垃圾、超速之类的日常高频词，都可以搜到相对应的法律法规。运用数字传播手段推出"城市法典"，在世界范围内来看，都堪称更加现代化，而且它还有英、德、法、日、韩、俄多种文字版本。

回想起建言上海"城市法典"的过程，胡光感慨万千。他感到欣慰，作为政协委员和司法人，他展现了担当精神和使命意识。他为之高兴，"上海城市法规全书"在上海速度中诞生了，我们的城市治理，有了更加法治化、国际化的依循。

胡光的行动还在持续。对于心心念念的"城市法典"，他架构了自己的平台，"我们现在已经做到2.0版本了！"在这个平台上，"法典"的大逻辑框架被分为市民、企业和政府三大模块。市民模块下分列着生育户口、教育、婚姻家庭、就业创业、社会保障、医疗卫生健康、文化体育、养老、殡葬、食品安全、住房、交通出行、消费者权益保护、社区治理、特殊保护、兵役与军人权益保障、社会公益及其他市民权利和义务……截至 2024 年 7 月 19 日，总库共收录 1503 篇，其中现行有效地方性法规 259 篇，现行有效市政府规章 254 篇，现行有效配套行政规范性文件 596 篇，现行有效关于修改废止地方性法规等决定 41 篇，现行有效关于修改废止市政府规章等决定 61 篇，法规规章规范性文件历史版本 292 篇。平台访问总量已达 466.20 万。

对于不断进化中的 2.0 版本，胡光还有新的设想，那就是做成类似于"十万个为什么"的简约版法典，搜索功能更加强大和智能，成为所有与上海共享城市发展成果的中外人士和企业触手可及、方便快捷的宝典。

胡光是资深的政协委员，履职生涯已有 15 年。这期间，他曾也提出过让公立中小学校学生吃上滚热午餐等接地气的提案，多次获得提案奖和相关荣誉。生活中的胡光喜欢阅读，常常感慨现代社会的人们脚步太匆忙，而阅读能让人慢下来，又能让人思考——能够提出创设"城市法典"这样富有远见和学识的提案，跟他这种爱好，应该是密不可分的吧。

在静安寺左近的一座摩登写字楼里，胡光忙碌着他的法律事业，也深沉地关注着这座城市的未来。

（本文作者：曾金辉）

# 政协助力培育宗教界代表人士队伍

**提案号：** 1410998

**提案名：** 关于加大宗教界代表人士队伍培养力度，助力推进我国宗教中国化
的提案

**提案者：** 市政协宗教界

宗教界代表人士队伍建设，是一项基础性、战略性工作，事关新时代宗教工作长远，事关坚持我国宗教中国化方向有效落实。近年来，上海抓住宗教界代表人士队伍建设这个"牛鼻子"，有效引导宗教与社会主义社会相适应，维护本市宗教和睦与社会和谐。

协助党和政府做好新时代民族宗教工作，政协当有作为。

2023年春，市政协宗教界提交了题为"关于加大宗教界代表人士队伍培养力度，助力推进我国宗教中国化"的提案。这份沉甸甸的提案背后，源自一次课题调研……

## 摸底"三支队伍"建设的情况

2021年12月，全国宗教工作会议召开。

习近平总书记着重强调要为宗教工作培养"三支队伍"，即一支精通马克思主义宗教观、熟悉宗教工作、善于做信教群众工作的党政干部队伍，一支政治上靠得住、宗教上有造诣、品德上能服众、关键时起作用的宗教界代表人士队伍，一支思想政治坚定、坚持马克思主义宗教观、学风优良、善于创新的宗教学研究队伍。

"习近平总书记的讲话为新时代宗教工作指明了方向，提供了遵循，聚集了力量。"2022年9月，上海市宗教工作会议召开，时任中共上海市委书记李强对上海如何培养宗教工作"三支队伍"提出了具体的要求。

同年9月15日，中共上海市委常委、市委统战部部长陈通赴部分宗教活动场所调研，进一步推动全国宗教工作会议相关精神落实落地。

围绕中心，服务大局。

为深入贯彻落实全国宗教工作会议和上海市宗教工作会议精神，市政协民族和宗教委员会（以下简称市政协民宗委）迅速反应，联合本市相关研究领域的专家学者成立课题组，开展本市宗教工作"三支队伍"培养情况相关调研。

如何助力提升本市宗教工作"三支队伍"工作水平？第一步，就是要对本市宗教工作"三支队伍"建设情况进行摸底。

2022年7月6日，一个炎炎夏日，民宗委召开专题会议，邀请专家学者就本市宗教工作三支队伍建设情况相关问题进行交流讨论。

调研过程中，宗教界和专家学者们梳理总结了以往工作中推动"三支队伍"建设的有益经验和做法，对标全国宗教工作会议上习近平总书记对"三支队伍"提出的要求，剖析"三支队伍"建设中存在的问题和面临的挑战，并聚焦资源整合、围绕搭建平台、实现"三支队伍"优势互补、形成合力、助力上海城市发展等方面提出了具有可操作性的对策建议。

此后，市政协民宗委通过形式多样的调研活动，深入了解相关情况，将围绕深入推进我国宗教中国化、宗教工作三支队伍建设、依法处理宗教事务等方面，提出针对性意见建议，并做好提交提案、反映社情民意信息等成果转化工作……

同时，"三支队伍"的"轮廓"初显——

近年来，本市宗教工作"三支队伍"培养重视思想政治建设，积极开展政策、理论学习培训活动；重视组织建设，组建各类平台，促进"三支队伍"发展；重视创新协作，开始初步探索"三支队伍"交流合作机制。这些措施取得了一定成效，"三支队伍"优势互补，齐心协力，共同为促进上海宗教领域和谐稳定作出了积极贡献。

"经过多年探索，上海在培养'三支队伍'方面形成了一些经验，但从宏观层面看，尚缺乏总体规划、且未出台相关具体的指导性政策，仍不能与上海国际化大都市的城市地位相匹配。"市政协民宗委主任、宗教界召集人闵卫星说。

## 形成"三支队伍"建设的共识

调研的过程，亦是找问题的过程。

自 2022 年 3 月起，在市政协副主席金兴明、钱锋的关心带领下，市政协民宗委通过线上线下相结合的方式，向市民族宗教局本市五大宗教团体及院校等搜集资料，赴有关单位进行实地调研和专题视察，召开了多方面、多层次的专题座谈会，广泛听取意见建议。

除了民宗部门、专家学者之外，宗教团体、教职人员、各宗教院校负责人的声音尤为重要。

2022 年 7 月 13 日，市政协民宗委邀请了本市宗教团体、宗教院校相关负责人，进一步讨论调研提纲和聚焦当前本市宗教工作"三支队伍"建设存在的问题。

张喆人、丁常云、光慧、徐玉兰、吴建荣、照诚、张国铭、刘巧林、郭立忠、耿卫忠等委员及民宗委专职副主任徐梅分别围绕构建"三支队伍"中长期人才队伍建设规划、加强"三支队伍"协同合作、营造保障人才发展外部环境、创建完善协作平台和机制、聚焦"三支队伍"稳定性专业性服务性等作了交流发言。

会议形成共识：要将"三支队伍"人才培养纳入城市发展的大格局中，从顶层设计和制度、机制层面，为"三支队伍"建设营造良好的外部环境，吸收人才、培养人才、留住人才，充分发挥上海宗教界"三支队伍"在提高城市"软实力"的优势和作用。

2022 年 8 月 16 日，市政协围绕本市宗教工作"三支队伍"建设情况，赴市佛教协会、市佛学院开展平时视察暨调研活动。

市政协副主席金兴明在视察时表示，要提高站位，着眼全局，充分认识加强"三支队伍"建设的重要战略意义。要把握定位，明确任务，牢牢把握"三支队伍"建设的大方向。要整合资源，放大效应，形成维护宗教领域和谐稳定的强大合力。

调研过程中，"宗教界代表人士队伍"成为一个常被提及的词。委员们发现，当前比较突出的问题是宗教界代表人士队伍可持续发展不够，人才引进工作面临政策困境，具体表现为：

——目前上海宗教界代表人士队伍（市五大宗教团体副秘书长以上）人数不多，平均年龄已超50岁，发展后劲不足。

——各教新一代宗教界代表人士整体上缺乏重大政治考验，群众基础、知识结构、处理和解决复杂问题的能力尚不足。

——部分宗教界人士知识结构单一，视野不够开阔，在推进宗教中国化进程中心有余而力不足。

另外，本市宗教教职人员除基督教外，其他各教以外地来沪为主。上海作为特大城市，人才竞争激烈，引进要求高；宗教界人才和其他各领域人才在衡量标准上尚无法榫合，故此，宗教界人才并未被列入现行政策相关的人才引进目录，在落户、住房、待遇、子女教育等方面面临诸多现实困难。

委员们认为，针对宗教界代表人士队伍自身培养与人才引进遇到的瓶颈问题，结合上海宗教工作实际，需要从提高思想认识、加强统筹规划、细化评价体系、拓展培养渠道、完善梯队建设等方面予以综合考虑。

## 调研成果转化为集体提案

委员们的辛勤调研，终于浇灌出履职成果。

2023年1月28日，这份"关于加大宗教界代表人士队伍培养力度，助力推进我国宗教中国化的提案"以宗教界的名义提交。

首先是顶层设计。

宗教界委员们建议，要在大的历史方位与国际国内两个大局中理解和认识宗教界代表人士队伍自身培养与人才引进问题，加强顶层设计，做好整体规划。

认真贯彻落实《中央统战部关于加强新形势下宗教界代表人士队伍建设的意见》等文件精神，坚持质量优先，着眼于优化宗教界代表人士的层次和结构，制订并落实"关于支持本市市级宗教团体加强宗教人才队伍建设的工作计划（2022—2026 年）"。

要建立健全宗教工作队伍人才库，全面了解和掌握本市宗教工作人才队伍情况，重点培养骨干力量，夯实宗教界代表人士队伍遴选基础，创造更多机会锻炼培养，在社会实践中砥砺品质、增长才干、好中选优。

其次是评价体系。

委员们建议，要拓宽人才队伍范畴，进一步细化评价体系。

为了克服本市教职人员在数量、年龄、经历、学历等综合能力方面的局限，建议拓宽宗教界人才队伍的范畴，重视在信众中发现、培养宗教人才。

建议围绕"政治上靠得住、宗教上有造诣、品德上能服众、关键时起作用"的总体目标和方向，进一步量化和细化选人用人标准，建立符合时代要求的宗教界代表人士选拔和任用的评价体系，形成"有进有出、能上能下"的动态人才培养机制。同时，要加强市和区宗教团体在人才培养中的联系，充分发挥市宗教团体的主体作用；要加强市、区民宗部门和市、区宗教团体在宗教人才选拔使用中的联系，探索一条各方认可、行之有效的人才培养路径。

最后是梯队建设。

委员们认为，应拓宽培养模式，要着眼与具有世界影响力的社会主义现代化国际大都市地位相匹配的宗教人才需求，探索宗教院校培养、宗教传统培养与社会人才引进相结合的培养模式。

充分发挥宗教院校"三个基地"作用，重视吸收宗教传统培养模式中的有益经验，积极发展继续教育和日常培训工作，提高现有教职人员综合素质。要加强宗教界人才的梯队建设，立足于充分挖掘现有本地年轻宗教人才后备，并给予沪外优秀宗教人才引进以政策支持，如通过市民宗局下属的市宗教院校服务中心渠道吸纳储备人才等，为确保宗教与社会主义社会相适应提供坚强的人才保证。

## 委员们的建议——落地

提案提交之后，宗教界委员们着力开展《关于加大宗教界代表人士队伍培养力度，助力推进我国宗教中国化》提案的办理协商，力争逐步推进提案的采纳落实。

"我们注重发挥'专'的优势、'商'的特色、'聚'的功能，加强与宗教教职人员、信教群众的沟通联系，探索建立信息直通车方式，收集民情民意，及时做好意见建议反馈工作，使协商过程成为凝聚界别群众共识的过程，成为推动宗教工作落实的过程。"闵卫星说。

"近年来，本市始终坚持加强党对宗教界代表人士队伍建设的领导，按照政治上靠得住、宗教上有造诣、品德上能服众、关键时起作用的标准，把宗教人才培养作为宗教工作中的基础性、全局性和战略性工作持续推进。"2023年6月，上海市民族和宗教事务局（以下简称市民宗局）在答复中表示，围绕"领悟新要求、赋能老品牌、推出新特色、破解难问题"的总体思路，市民宗局在支持市、区宗教团体发挥主体作用，形成统分结合、上下联动、协调高效、整体推进的运行机制上持续努力。

在各方推动下，委员们的建议一一落地，各项工作规划、管理制度、培训计划被制订并实施。

——《关于支持本市宗教团体加强宗教人才队伍建设的工作规划（2023—2027年）》，明确了宗教人才队伍建设的总体目标和重点任务，有计划、有重点、分层次地培养更多合格爱国宗教人才，为当前和今后一段时间宗教人才队伍建设提供规划支撑。发挥规划的牵头抓总作用，推动各市级宗教团体制订本宗教五年人才培养计划。

——《市民族宗教局党员领导干部与民族宗教领域人士列名联系（管理）制度》，以坚持原则性、注重平等性、体现包容性为工作基本原则，加强市民族宗教局党员领导干部与民族宗教领域代表人士和其他重点人员的沟通、交流、了解和掌握，充分发挥思想政治引领作用，做到"导"之有方、"导"之有力、"导"之有效。

——《本市民族宗教界人士教育培训五年计划》，明确宗教人才教育培训指标体系。每年举办宗教界代表人士研修班，组织宗教界中青年骨干培训并开展跟踪培养，用五年时间完成对所有宗教活动场所负责人的轮训，以培训为契机，近距离了解掌握培训班学员的学习、思想和工作情况，从而发现、培养、储备一批宗教界人才。

——《上海市宗教院校管理实施办法》，加强宗教院校规范化管理，构建具有上海特色的办学体系。市宗教院校服务中心统筹课程设置，打造精品公共课程，加强"开学第一课""中国化大讲堂"等学习品牌建设，把思想政治教育贯穿全过程，引导正确政治方向。指导宗教院校更好发挥三个基地作用，加强教职人员在职培训，提高教职人员综合素质。

为破解队伍建设发展瓶颈，市民宗局借鉴党外代表人士综合评价等成功经验，着手制定宗教人才综合评价办法，通过保底线、标基线、筑高线，推动各级宗教团体加强对宗教人才的培养考核，探索形成宗教人才定性与定量评价相结合、共性指标与个性指标相结合、能力指标与绩效指标相结合、正面指标与负面指标相结合、民主测评与个人评价相结合的综合评价体系。

"深入推进宗教中国化行稳致远，做好新时代宗教工作，离不开党政干部队伍、宗教界代表人士队伍、宗教学研究队伍的培育。"闵卫星表示，要坚持我国宗教中国化方向，积极引导宗教与社会主义社会相适应，不断开创宗教工作新局面。

（本文作者：刘毅）

# 跑出简政放权的"浦东速度"

**所属区：**浦东新区
**提案名：**关于在进一步简政放权深化行政审批制度改革中浦东新区应为先驱
先行者的建议
**提案者：**易国勇

浦东开发开放三十多年来，浦东政府在优化营商环境方面持续推出新举措。新区市场监督管理局发布了进一步深化"放管服"改革、持续优化营商环境"新十条"措施，聚焦提升企业开业便利度、降低企业制度性成本、维护公平市场环境等方面。

"这几年，浦东的行政审批制度改革，取得了突破性的进展。"时任新区政协委员易国勇对此深有感触。2014 年 1 月，他在浦东新区政协五届三次会议上提交了《关于在进一步简政放权深化行政审批制度改革中浦东新区应为先驱先行者的建议》。

提案立足进一步完善行政审批机制、提高审批效能和加快政府职能转变，提出浦东新区应争取更大的改革发展自主权、积极培养和扶持行业协会、充分发挥中国（上海）自由贸易试验区先行先试作用、加快配套改革和相关制度建设等一系列建议。

"我为什么要提这个提案？因为着急，浦东是排头兵中的排头兵，再看看深圳甚至是杭州，我们不能等啊。"易国勇说。

新区行政审批制度改革领导小组办公室，用了 6 页纸对提案作了详尽回复，并在工作推进中积极采取有效措施，不断深化行政审批制度改革。

言必信，行必果。这是一场"刀刃向内"的改革，浦东用实际行动践行着政协委员的关切，简政放权、审批制度改革迈出了令世人惊叹的"浦东速度"。

# 为什么要敲 108 个图章？

易国勇是沪上知名律师，他还有诸多身份：上海市律师协会理事、浦东新区人民政府法律顾问、上海市消费者权益保护委员会委员等。政协委员的责任感和法律界人士的特点，让他对做好"政府参谋"有着高度的敏感性。

易国勇担任着多家企业的法律顾问。在工作中，他发现有的企业办事"真的很难"，如早期的房地产开发企业，从拿到地块到完成楼盘销售，需要审批的事项多到数不过来，一个个图章要敲，缺一不可；有时候还会遇到门难进、脸难看的情况，令人疲惫不堪。他留意了一下，竟然有 108 个图章要敲，而有些图章，完全敲得莫名其妙。"不仅仅是房地产开发企业，其他企业也有遇到审批慢、事项烦琐的现象。"他说。

易国勇发现，在中国其他城市，如深圳、杭州，在简政放权的做法上，有的已经超过浦东走在了前面。"这与浦东的改革开放先行者的定位不符，浦东必须迎头赶上。"

对此，他提案的落脚点是"先驱先行者"。

"我知道审批制度改革是一场'刀刃向内'的改革，但必须迎难而上。"2014 年，易国勇在提案中直言：经过多轮行政审批制度改革，虽然浦东新区在审批事项的清理和审批方式的变革等方面取得了显著成效，但在审批机制、审批效能和政府职能转变等方面仍有待进一步深入、完善、提高。

易国勇认为，进一步简政放权、深化行政审批制度改革、担当先驱先行者，是浦东新区建立公共服务型政府的重要举措。

彼时，浦东新区正向中央部委、市有关部门争取改革试点放在浦东先行先试，并已取得了良好的改革效应。如全市首家个体工商户转企在浦东成功试点，以及上海市第一家"票据中介"金融创新企业在浦东率先设立等。

但易国勇认为，放眼全国，在转变政府职能这方面，浦东还需快马加鞭。他在提案中指出，转变政府职能上海历来走在全国前列，而浦东新区又是上海简政放权、审改工作的先驱先行者，示范作用责无旁贷。

作为律师，他还特意提到，浦东新区在推进审改工作时，应避免为了简政放权而"朝令夕改"，这关系到政府各部门的威信，也关系到我国行政法中的"信赖保护"原则。

"我们不能为了简政而简政、为了改革而改革。"易国勇说，简政放权，绝不是一放了之；"放"了，并非"不管"。浦东新区在推进审改工作的同时，也应加快配套改革和相关制度建设，切实做到"放管结合"，杜绝"以批代管、重批轻管、只批不管"，积极探索加强审批后监管的有效举措，切实改变只批不管、重审批轻监管等现象。

为此，易国勇建议浦东相关部门一方面应注意广泛搜集民意，哪些行政审批事项应取消,哪些应调整,哪些应保留,不能由政府机关人员自己"拍脑袋"决定，一切应以老百姓的利益作为出发点；另一方面，在涉及重大事项及关系到公共利益的行政审批事项需要取消或者调整时，政府应举行公示或听证会，根据公示或听证会结果决定审改方向。

## 细抠每一个标点符号

或许是职业习惯，易国勇笑称自己是个对文字"死抠"的人，每一份法律文书，从文义表述到逻辑关系，哪怕是一个标点符号，都不允许有丝毫偏差。

当了政协委员后，易国勇对文字表达更是极端认真。"我总觉得要对得起政协委员的称号，这不是荣誉，更多的是责任。"

易国勇几乎每年都能围绕国家大事，切合浦东新区区委、区政府重点工作，并结合工作实际，提交高质量的提案。如 2015 年，他提交了《关于在加快建设法治政府过程中，让浦东新区成为先行者的建议》；2016 年，他提交了《关于面向"十三五"，浦东新区应以法制建设服务新发展理念的建议》；2020 年，他提交提案的关键词是"营商环境"——《关于如何进一步优化浦东营商环境，释放经济活力的建议》。

无论是全会还是"两会"，上至全国，下至新区，易国勇都会高度关注工作报告和相关文件："这是纲领性的东西，是委员建言献策是不是在点子上的关键。"

在提案《关于在进一步简政放权深化行政审批制度改革中浦东新区应为

先驱先行者的建议》开篇，易国勇引用的依据便是党的十八届三中全会通过的相关决定。

他注意到，全会通过了《中共中央关于全面深化改革若干重大问题的决定》，其中指出："进一步简政放权，深化行政审批制度改革，最大限度减少中央政府对微观事务的管理，市场机制能有效调节的经济活动，一律取消审批……直接面向基层、量大面广、由地方管理更方便有效的经济社会事项，一律下放地方和基层管理。"这表明，行政审批制度改革是行政管理体制改革中的核心环节，抓住这个环节，是改革攻坚的关键点。

多年来养成的对"大事"的高度敏感，使他的提案总能切中要害。

2013年9月29日，中国（上海）自由贸易试验区挂牌成立，易国勇便在提案中提到，浦东应利用上海自由贸易试验区建立的大好契机，为行政审批制度改革工作积累经验，积极探路。

他还前瞻性地建议，自贸试验区内相关制度、规定、管理模式在经过一定时间检验之后，其中部分适合推广的，浦东新区可在全区进行推广试点，如建立打通海关、质检、工商、税务、外汇等各部门的信息共享平台，建设诚信管理体系等机制、工商登记"一口受理"模式等。自贸试验区对外商投资的"负面清单"管理模式，争取有朝一日也能通过结合实际复制推广到民资领域。

提案中的一项项建议正成为现实。如今，在浦东，"一支口红的旅程故事"广为人知。过去，繁杂的审批流程曾让一支进口口红还未上架就遭遇过时的窘况。企业跑赢了时间，获得了丰厚的经济利益。

浦东新区与自贸试验区制度联动，率先将不涉及突破法律法规的试验区改革经验复制推广；深化投资管理体制改革，借鉴负面清单管理理念和备案制项目管理方式，优化内外资项目审批流程等一系列改革，在这片改革的土地上加快推行。

## "壮士断腕"的勇气

在对提案《关于在进一步简政放权深化行政审批制度改革中浦东新区应

为先驱先行者的建议》的答复件中，新区行政审批制度改革领导小组办公室特意对"壮士断腕""明放暗不放"作了答复。

2013年3月17日，易国勇注意到，时任国务院总理李克强在十二届全国人大一次会议举行的记者会上回答机构改革、简政放权和转变政府职能的提问时说："我们要有壮士断腕的决心，言出必行，说到做到，决不明放暗不放，避重就轻，更不能搞变相游戏。"

推行"简政放权"，意味着社会公共资源的再分配，易国勇注意到，这个过程势必涉及一部分人的利益；而为了利益，有些地方的"简政放权"变了味。同一项行政审批事项"改头换面"，以许可、审核等各种名义再次出现；一项行政审批事项取消或调整的同时，悄悄从一个政府部门转移到另一个政府部门名下；相关委、办、局和下属行业协会、企事业单位是"一套班子、两块牌子"，行政审批权名为下放，其实还在同一批人手里……

这样的现象，在浦东新区不应该发生。对此，易国勇建议，首先，应该广开言路，结合党的群众路线教育实践活动，广泛听取群众意见。其次，"简政放权"应实施领导负责制，确保行政审批制度改革取得实效。只有明确责任，让行政审批法制化、标准化、公开化、智能化，最大限度减小自由裁量权，才能确保行政审批制度改革工作落实到位，做到"可有可无的事项尽量无，可长可短的期限尽量短，可繁可简的材料尽量简，可多可少的环节尽量少"。

这也是一个法律工作者对行政审批制度改革推行之路的期盼。

事实证明，改革之路让易国勇颇感欣慰。自"'证照分离'试点改革后，政府职能管理方式从以事前审批为主向以事中事后监管为主转变，探索形成了以'双告知、双反馈、双跟踪证照衔接机制＋双随机、双评估、双公示监管协同机制'为核心的'六个双'政府综合监管机制，初步形成了覆盖企业全生命周期的政府监管闭环"。

权力正运行在规则的轨道内，企业"办证难"问题有效缓解就是典型。"当权力被当作服务，改革便会一往无前。"易国勇说。

（本文作者：潘永军）

# 把上海地铁站建成流动的文化地标

提案号：1240799
提案名：关于把上海地铁车站建设成国际文化大都市文化地标的建议
提案者：江海洋等 35 名委员

上海，一座名副其实的流动的城市。它的地铁总里程，已是世界第一。2024 年的最新数据显示：上海地铁运营线路达 20 条，共设车站 508 座，运营里程 831 千米（含磁浮线，不含金山铁路）。地铁客运量单日超千万人，历史最高客流纪录 1339 万人次。2023 年，上海地铁年客运量为 36.61 亿人次。未来，新的纪录还在孕育中。无数上海人的每日生活，还有旅行者的游程，每一天都跟地铁紧紧关联。

上海正在建设国际文化大都市，其历程已十数载，成果斐然。东方明珠、陆家嘴"三件套"、外滩万国建筑群、石库门里弄，还有城市里如繁星点点，散落各处的文明古迹和红色遗迹。这些都是能代表上海的文化地标。无论盛夏还是寒冬，外滩的人群熙熙攘攘，陆家嘴的白领们脚步匆匆。那些有着上海独特韵味的地标，矗立在历史和地表的显要处，人们抬眼可及。或高大巍峨，有磅礴之势；或精致典雅，能温润人心。不过，它们都会有一个缺憾，即人们不可能每一天都去接触它、感受它、亲近它。

## 发现地铁新价值

如何将国际文化大都市的宏大愿景落细落实、融于日常？市政协委员江海洋，一直在持续关注和思考。他探寻的目光，常常停留在"世界之最"的上海地铁之上，终于萌生了一个念头：地铁，可以作为建成国际文化大都市的文化地标。

说起事情的缘起，江海洋立刻提到了关于"上海建设成国际文化大都市"的战略规划。履行政协委员职责，江海洋义不容辞地投入到"建言献策"的行列。国际文化大都市，既有软实力，也有硬指标。联合国教科文组织就有类似的硬指标：历史遗存。在世界各大城市的历史遗存排名，中国有两个城市上榜，上海和北京。上海作为现代都市的历史年头并不长，在不增添市里额外财政负担的情况下，当代上海有什么拿得出手的"硬货"，来彰显其国际文化大都市之名呢？

江海洋陷入了深深的思索，作为上影集团一名资深的电影导演，他的脑海里很容易浮现出一幕幕关于国际著名文化坐标的场景，巴黎的凯旋门、纽约的帝国大厦、泰晤士河畔的伦敦桥……有多少人对好莱坞电影中这些建筑印象深刻、心思神往啊！江海洋毕业于78届的北京电影学院电影导演系，陈凯歌和田壮壮是他的同班同学。如果谁看过电影《高考1977》《最后的太阳》《一无所有》；电视剧《婆婆 媳妇 小姑》《一江春水向东流》《生死卧底》等，那他对江导的执导水平和艺术品位应该有自己的感受。江海洋非常健谈，健谈的底气在于他的专业，对领域内的事情仿佛无所不知，对科技革命与时代和文化艺术的关系也颇有思考。熟悉江海洋的圈内人都知道，他喜欢身兼多职，导演是毋庸置疑的，监制、编剧、作词、制片人，他都干过，金鹰奖、金鸡奖、华表奖等众多国内影视大奖，他都拿过，还曾担任华表奖及三届金鸡奖评委。

谈起电影，江海洋是当之无愧的业内大拿。他想事情看问题，常常带着他的"电影思维"。这一次，面对比普通电影、电视剧更具历史意义和长远文化价值的战略规划，江海洋的脑海涌现出一连串宏大的场景。他决定用长年积累的艺术经验和文化洞察力，为实现这些场景尽一份力。

江海洋平日里不坐地铁，但对地铁的运行心中有数。他清楚地记得，2016年的时候，上海地铁有14条线在运营，车站三百多座，平均每天有近千万人通过地铁通勤，不是一周、一个月，不是黄金周、节假日等高峰期，而是每一天，无论刮风下雨。如此庞大和持续的人流量，在同一个地下空间里经久不息地流动，那些散布的地标，哪里才能看到？江海洋的目光聚焦之下，看到了上海能够立于国际潮头的一个特质：既然上海地铁自 1993 年 5 月 28 日正式运营 1 号线，此后就一路绝尘，以其冠绝于世的庞大体量和对未来雄心勃勃的设计，成为能够代表上海国际化和现代化水平的技术及空间载体，那么这样一个空间，不也可能成为一种文化地标吗？

一个政协提案，从那一刻起，就在江海洋的脑子里开始酝酿。

有几次开会，与文艺界众委员遇上了，老朋友闲聊，谈及这个话题，江海洋说出了自己的设想，没想到大家都对这个提议感兴趣，夸江导眼光独到，"侬辣手啊！"委员们认为上海要有不同于其他知名国际大都市的文化特色，地铁就是可以大做文章的地方。李磊和陈妍音两位委员主动请缨，愿意协助江海洋做实地调查和相关案头工作。

## 一呼百应的建言

对地铁空间的改造，江海洋有着电影导演的浪漫设想，但也并非过分的天马行空，而是要有实现的可能。他在落笔写提案时，任思路在眼前纵横。

他设想，在不改动现有地铁车站空间构架的前提下，运用各种现代影像技术，将中国优秀传统文化及上海在近现代文化艺术领域的成就展现出来，就是说，让红色文化、江南文化、海派文化在地铁空间中流淌和氤氲。每条地铁都充分挖掘其线路相关的历史和文化内涵，每个站点的室内外和墙面装饰尽可能体现特有的文化元素。"这才叫文化之都，艺术之都，才能耳濡目染。"江海洋写到这里的时候，都快要从椅子上蹦起来，他有艺术家的审美，也有导演把控全局的能力。

想象一下，当你步入徐家汇地铁站，上海徐家汇源的历史纵深感和上海电影百年前光影变幻的辉煌与荣耀，通过雕塑、图片、影像、声光电等方式一一巧妙呈现在面前。当你路过四川北路、海伦路地铁站，百年前上海文学重镇的历史画面赫然就在眼前，鲁迅、郭沫若、茅盾、巴金，左联五烈士……其人、其作品，甚至日常起居、饮食爱好、散步路线都能清晰可见。当你走进淮海中路、黄陂南路地铁站，中共诞生地惊心动魄的革命故事，一大代表或迥然不同的人生道路，或筚路蓝缕的创业艰辛，相信都能带来人生的启迪。

豫园站与上海老城厢，长寿路站与小沙渡及风起云涌的工人运动，等等，不同的场景在一样的时空糅合到一起。你还可以徜徉在"中国书法主题车站"浏览世界唯一的方块文字的神奇与伟大；在"贝多芬音乐车站"驻足聆听全人类共振的激情与欢乐。

所有这些你都可以一看再看，看个一整天也没问题。足不出地铁站，就感受丰厚的文化与历史，顺便思考一下人生，很酷、很惬意的一件事情吧！即使是短暂停留的旅人，也能在匆匆一瞥中，对上海建立起一见倾心的美好印象。想来，来过，会再来——这里有一条向上海文化致敬的地铁长廊，这便是国际文化大都市的品行、品位、品质。

2016 年市政协十二届四次会议上，江海洋在其领衔提出的《关于把上海地铁车站建设成国际文化大都市文化地标的建议》中说，文化艺术界人士谈到"国际文化大都市"建设，大都有些"不着落"的看法，在不少会议场合及私下讨论中提出一些问题：我们将以什么样的"文化精神"建设国际文化大都市，我们能提供什么独特的文化形象、文化追求和文化价值，展现出什么样的具有中国风格和气派的文化软实力？江海洋的提议得到了委员的广泛认同，仅文艺界别就有二十多位委员都对他的提案进行了附议。

在江海洋心中，看得见的是价格，看不见的是价值：文化建设虽然需要钱，但文化传播的是金钱所无法估量的精神价值。把上海建设成为国际文化大都市，是这座城市为中华民族伟大复兴做出贡献的一次脚踏实地的行动。我们量力而行花一点钱，以此来提升城市的软实力、影响力。而文化所开拓的历史高度、文化厚度、人文温度的精神疆域，是金钱远远无法覆盖的。

江海洋阐释到，纵观世界上的国际大都市，地铁站堪称是一个明显的城市标志，这些车站除了运送乘客之外，也体现着城市的精神气质和文化风貌。上海地铁是世界上最年轻、最现代化的地铁，也是上海迅速发展的象征之一，遍及全市的地铁车站，能够建设成为世界唯一的地铁文化长廊，作为上海国际文化大都市的文化标识。

江海洋领衔的提案中，也吸纳了许多委员经多次合议后形成的建议。大家提出，可以选择有条件的大站，分别建设成为文学（诗歌）、音乐、舞蹈、绘画与书法、摄影、建筑、电影世界等"七大艺术"的永久性主题车站，普及各艺术门类的基本知识，展示世界最高艺术成就信息，春风化雨般提升人们的审美情趣及精神追求；还可以定期利用其他各大地铁站，介绍世界各民族的优秀文化和风土人情，行走上海，了解世界。

## 流动的文化长廊

江海洋与众多委员的提案，成为上海五百多座地铁站以文化为目标开展新建设的推手之一。市文广局和申通地铁积极行动起来，在过往多年地铁文化空间营造行动计划的基础上，继续精雕细琢、添砖加瓦，让地铁成为增厚上海城市文化氛围的重要载体。越来越多的风格别样、韵味深厚的地铁站，不断进入市民和来沪游客的视野：

地铁18号线丹阳路站，空间是极简黑白风，站厅与站台以黑白为界，黑与白意味分明。黑色的墙面上，行进着杨浦百年工业史——1913杨树浦发电厂，1923上海制皂厂，1924明华糖厂……杨树浦深厚的工业底蕴，昭示中国近现代民族工业的春天。白色的墙面上是电子屏显示的新杨浦发展图景，北外滩亲水滨江近在眼前，工业锈带成为生活秀带、时尚秀带，神奇的巨变令人为时代而感奋。

地铁13号线淮海中路站，石库门的标志性拱券，红褐相间的精致小方砖，古铜色站牌名，紧致排布的鹅卵石墙面，花园饭店和锦江饭店的老照片。到站的广播响起："党的诞生地——中共一大会址纪念馆，请从一号口出。"浓浓的海派风情，为革命肇始之地平添了几分神韵。

地铁14号线豫园站，站内大厅的顶部设计有蜿蜒曲折的褶皱灯带，层层铺设开来，在不同的时间段，灯带变幻出白、蓝、橙、紫的梦幻光影，直冲天际。头顶的正上方就是上海老城厢，站内满满的极致科技感，站外是玉华堂、会景楼，湖心亭上九曲桥，明清盛景映入眼帘……

多条线路交错的徐家汇地铁站，架起了一座上海地铁文化艺术长廊。2024年夏，那里正在举办中法建交60周年特展——印记·法兰西。同样的位置，还曾展陈过巴金的作品和往事回眸。而在1号口与文艺长廊之间有一段很长的空白，等待着添加光影、绘上新的文化图卷。

一座座地铁车站，在倾情诉说着上海的过往与未来，无数惊喜等待着人们去探索。因着一件提案与地铁深深结缘的江海洋，看到眼前鲜活、灵动的文化场景，感到欣慰，也感到更多的期待。他在提案最后设想的，是将上海地铁建设成为全世界独一无二的"文化艺术长廊"，这是一个颇为宏大、高远的愿景，需要有充分的想象力和持之以恒的行动来把它化为实景。上海地铁空间真正成为享誉世界的流动文化地标，还有比较漫长的路要走。

(本文作者：曾金辉)

# 保护历史风貌 留住城市珍贵记忆

提案号：1250027
提案名：关于保护社会历史风貌，共建卓越全球城市的建议
提案者：陈永弟

2017 年 1 月 14 日，一年初始，万象更新，云气清朗，市政协十二届五次会议在黄浦江畔开幕。陈永弟迈着矫健的步伐，向世博中心的大会堂走去。他穿过挑空的视觉通廊，目光望向窗外，浦江风景在眼前徐徐展开。在宽阔的江岸边，由西向东大跨度舒展的世博中心，如晶莹的玉兰，散发着通透的光芒。

16 日下午，本次会议的首场大会发言举行，陈永弟登台，作了题为《创新开发机制，保护历史风貌》的发言。他的一番话，引起了现场聆听委员建言献策的时任市委书记韩正的关注。

就在这次政协会议期间，陈永弟提交了《关于保护社会历史风貌，共建卓越全球城市的建议》。这件提案获评当年度的优秀提案，并由时任市政协副主席赵雯领衔督办。

## 思想火花源自热爱

时间的指针拨回到 2016 年 12 月 19 日，市委十届十四次全会举行，韩正书记在讲话中强调，"要建立健全最严格的历史文化风貌保护体系，加强成片、成街坊、成区域的历史建筑与文化风貌保护，延续历史文脉，留住城市记忆。"

韩书记的这段话，犹如一道火花擦亮了陈永弟的思路。彼时，陈永弟正担任市政协区县联络指导组副组长和静安区政协主席、党组书记，他的心中开始酝酿一件相应的提案。

这位从基层干起，历任过共青团市委组织部部长、市青年管理干部学院书记、区委副书记、区委政法委书记等职的政协主席，热爱着政协的工作，也一直坚持要给政协委员们做表率。每次区政协全会，他站在主席台上作常委会工作报告，念出一个个委员的名字，心中满是感动和骄傲。他一直有个质朴的想法，不仅要在区政协做好一名委员，在市政协的舞台上，也要交上一份满意的履职报告，因为他是一名静安政协人，因为他的背后站着全体静安政协人！从 2014 年至 2016 年，他的提案连续三年获评"上海市政协优秀提案"，受到大家的好评！现在，新的一年马上要开始了，他要再提交一件高质量的提案，才能给来自静安的政协委员当好榜样！

就是这个简单朴素的想法，陈永弟一直努力着，寻求着火花和思路。此刻，市领导对于历史风貌保护的指示，给了他很好的启发，如灵光乍现：对，就从这个角度入手！通过深入、扎实的调研，逐步形成一件关于历史风貌的提案！

## 走进张园触摸历史

对此，陈永弟胸有成竹，因为在他工作的静安区，有着众多颇具历史、文化等多重价值的老建筑和老街区。他第一个想到的，就是傍着南京路的张园。

从静安政协办公地康定路向东走，至西康路右拐，再左转到奉贤路，沿泰兴路过南京西路，也就两千米多的路程，散着步就到张园了。陈永弟熟悉这条路。走进张园，置身于这座开始修缮的石库门建筑群落，他看着古朴的木质门窗、复古的维多利亚式横向清水砖线条、优美的涡卷形挑梁阳台、简约的三角形山墙，它们似乎正穿越时光，轻轻诉说着各自的过往。处于南京路的"钻石地段"，有着历史、人文、商业等多重价值，上海现存规模最大、保存最完整、建筑风格最丰富的张园，堪称活着的"石库门博物馆"，它代表的就是上海地标性的海派历史风貌。通过对张园进行商、旅、文、居一体化保护开发，必定会使这座"海上第一名园"在这座城市留下它独特的建筑记忆。

从张园开始入手，陈永弟多次认真听取工作人员作相关情况介绍，带领委员进行调研，并就创新历史风貌保护开发机制进行交流讨论。经过一段时间酝酿和积累，提案的主要内容已经在心中基本成形。

2017年的元旦，陈永弟并未休息，他在区政协办公楼里加班，潜心将调研讨论的内容和自己的思考转化为提案。他从背景入手，提到了上海发布的新一轮城市总体规划，规划中强调要重视对城市遗产的整体性保护。他更提到了在市委十届十四次全会上，市委书记所强调的要建立对历史风貌保护体系，加强成片、成街坊、成区域的保护，延续历史文脉，留住城市记忆。在提案的第二部分，陈永弟分析存在的问题：据调查，像张园这样的历史文化风貌区，全市有44个，还有1058个优秀历史建筑、167条风貌保护道路，119个风貌保护街坊，但不是所有的历史风貌都能像张园一样得到切实有效的开发。由此，他列出了三个现实的难题，那就是权属关系复杂、有效保护难，开发模式单一、综合利用难，权责不够明晰、精准监管难。针对这三个难题，他一一辨析列举。最后，提出四条建议：一是全方位梳理，健全保护开发分级标准；二是全领域互动，完善保护开发实施细则；三是全过程监管，强化保护开发主体责任；四是全社会协同，构建保护开发共治格局。这四条建议，点石成金，条理清晰，言简意赅，直击重点！

拟定完最后一条建议，陈永弟又不断细化脉络，扩充内容，精心打磨字字句句，最后再梳理全文。事后，他又去向时任市政协地区组组长顾国林请教。顾国林之前一直在和陈永弟进行张园修缮保护的研究探讨，他非常乐意为这件文案提出修改意见。他俩字斟句酌，反复推敲，终于，一篇"关于保护社会历史风貌，共建卓越全球城市的建议"的完整提案诞生！

那天，提案完稿的时候，陈永弟长长地嘘了口气，抬头看办公室墙上挂着的两幅书法，一幅是"政协如家"，另一幅是著名书法家高式熊为静安政协题写的"委员如诗"。此刻，他心头滋生一股暖意，万分感慨。这么多年来，正因为对政协工作的炽烈热爱才让他灵感泉涌，他把政协当成自己的家，他知道自己肩负着的使命。他要履行好提案的本职工作，和委员们一同探索，一同成长，打造静安样本，一同走过最长情的"履途"。

# 老旧建筑生机重现

就这样，一件坚实有力的提案，提交给了市政协十二届五次会议，也有了文章开头陈永弟在政协大会上的铿锵发言。他唱响了政协的声音，也树立了静安的形象。

让陈永弟感到惊喜的是，就在提交提案不久，反响就逐渐传来：

当年春节前，韩正书记带了秘书来到张园，没有惊动区里，他直接视察了这片曾住过"七十二家房客"的石库门里弄。陈永弟的提案让市领导对张园的修缮高度重视，如何从以前的"拆、改、留"，到现在的"留、改、拆"，如何更进一步对历史风貌有良好的保护，无疑，具有独特地理位置和稀缺性建筑形态的张园是一个范本，在这基础上，可以摸索出一系列参考标准与保护范式。

陈永弟提交的提案，由市政协赵雯副主席督办。她多次来到张园视察，每次都由陈永弟全程陪同，和有关方面一起商讨研究，进一步优化张园的修缮方案。

2017年5月15日，陈永弟收到了市规划和国土资源管理局就提案给予的答复。市规土局非常感谢这件提案，并结合陈永弟的建议，在职责分工、保护修缮、财政支持等方面，决定在保护条例修订工作中进一步予以研究、细化、明确管理依据与主体，将历史风貌保护落实到位。

陈永弟倍感欣慰。他的提案对加强上海的历史文化遗产保护，特别是对历史文化风貌区的保护管理、保护条例的修订以及保护配套政策的出台，起到了积极的促进和推动作用。这让他感到自豪和骄傲。

2018年6月12日，陈永弟又主持召开了"优秀历史文化资源传承保护和开发利用"重点课题调研座谈会。专家和委员们纷纷亮招、贡献智慧，陈永弟称之为一场"水平高、成效好"的头脑风暴。他要求调研组把专家们的见解吸纳到调研报告中去，抓紧打磨完善，形成高质量的调研成果。

2018年9月，张园地块开始启动保护性征收，遵循"留、改、拆"的理念，采用"征而不拆、人走房留"的方式。这以后，张园经过几年的保护性修缮，呈现出更胜往昔的繁华与生机，为上海人民城市建设再添新的注脚。历史传承的厚重感与五光十色的时尚感在张园和谐相处，海派风格的历史建筑"修旧如旧"，清水墙、拼花地坪，重现着老上海的里弄风情。

在大家的努力下，更多像张园这样的历史文化风貌区，会得到更好的保护。延续历史文脉，留住城市记忆，成片、成街坊、成区域的历史建筑与文化，以古典和现代相交融的风姿，保持着绵延不断的生机活力，必将重现在世界面前！

（本文作者：杨绣丽）

# 让"世界城市日"这颗世博会明珠的光华更璀璨

提案号：1250274

提案名：关于提升"世界城市日"影响力，推动上海建设卓越全球城市的建议

提案者：市政协对外友好委

2010年10月31日，上海世博会落下帷幕。184天，围绕"城市，让生活更美好"的主题，上海世博会为世界打造了一场精彩纷呈、美轮美奂的世界文明大展示。"成功、精彩、难忘"的世博会不仅留下了中华艺术宫、世博源、世博展览馆、世博会博物馆等宏伟壮观的建筑设施，还留下了许多宝贵精神财富，其中尤为璀璨夺目的一颗明珠，就是"世界城市日"的申设。

在世博会闭幕之际诞生的《上海宣言》中，我国提议将10月31日上海世博会闭幕之日定为世界城市日，让上海世博会的理念与实践得以永续，激励人类为城市创新与和谐发展而不懈追求和奋斗。2013年12月6日，第68届联合国大会第二委员会通过有关人类住区问题的决议，决定自2014年起将每年的10月31日设为"世界城市日"。这是中国首次在联合国推动设立的国际日，获得了联合国全体会员国的支持。

## "世界城市日"在上海扬帆起航

"世界城市日"是首个由我国政府倡议、得到国际社会支持并经联合国大会批准设立的国际日。2014年，首届世界城市日活动以"城市转型与发展"为主题，在中国上海启航。

2014年，时任上海市政协对外友好委员会主任道书明便将目光对准了这

颗"明珠"，并递交了《关于设立"世界城市日"工作机构的建议》提案。他建议对"世界城市日"承办机构的身份做长远规划和分步安排，初期可强调国内主导，中长期向能代表和实现我国相关诉求的国际性社会组织的方向发展。

"世界城市日"在城市发展的过程中应该发挥怎样的作用？为了厘清这个问题，2016年，市政协对外友好委专门就此开展了课题调研。委员们发现"世界城市日"活动的举办依旧存在很多不足。首先是其知晓度不高。对标其他国际节事活动，上海国际电影节、国际艺术节、国际马拉松赛、F1大奖赛等知晓度都超过10%，而"世界城市日"却仅为2%。此外还存在着社会动员不足、市民可参与面窄、规划性不足、缺乏前瞻性考虑、组织机构和协调机制受限等问题。

2017年初，上海市政协十二届五次会议期间，对外友好委提交了"关于提升'世界城市日'影响力，推动上海建设卓越全球城市的建议"提案。"本专题提案只有一件，却是市政协的一件重点提案，凝聚了一个专委会委员的集体智慧。"时任市政协副主席周汉民介绍了这件提案的"份量"。

提案认为，"世界城市日"的设立，既反映了国际社会日益关注全球城市化问题，也说明中国在城市化议题和治理中的话语权不断增强，同时"世界城市日"的设立也为上海提升国际影响力，推动社会主义现代化国际大都市建设提供了新的高端平台。它可以进一步促进全球城市相互学习借鉴，共同探讨并践行城市化问题的治理和解决方案，有助于加深世界各国对中国发展理念的认识和认同，为中国总体外交服务。上海作为"世界城市日"的发源地和承办地，能够通过此项活动极大提升上海在城市发展和治理领域的国际话语权，为上海走向卓越的全球城市服务。因此，思考如何进一步办好"世界城市日"，提升其影响力，具有很强的现实意义。

同年6月7日，在上海世界城市日事务协调中心，委员们与提案承办方一同就提案办理展开协商。说起"世界城市日"的设立，亲历其中的市政府外办巡视员范宇飞回顾了申设期间令他印象深刻的片段和瞬间。在场委员听了之后无不动容："这一国际日能从倡议变为现实，真不容易。过程远没有字面叙述得那么简单！"

# 委员建言提升"世界城市日"影响力

"世界城市日"并非单纯的上海地方项目，也不能简单地把"世界城市日"理解为"上海世博会留下的一个纪念活动"，它是上海发展的助推器。如何给提升"世界城市日"影响力加点"力道"，委员们有自己的点子。

市政协常委金亦民瞄准的是"抓手"。他感到目前中心的很多工作都围绕着编修《上海手册》展开，要扩大影响，不妨再多些类似抓手。市政协提案委常务副主任黄鸣和时任对外友好委专职副主任孙小双的建议则是"借力"政协——相关部门与政协合作举办高层次活动，扩大社会影响，借全国政协委员建言渠道将问题和思路向更高层级反映，获取支持。委员们还建议中心搭建围绕城市发展的高端研究平台，为"世界城市日"活动，尤其是"世界城市日论坛"提供智力支撑，定期做好《上海手册》的修编和国际推广工作，建立权威性的世界城市可持续发展案例资料库。

时任市政协委员管维镛有个很直截了当的想法：在本市显著区域设立"世界城市日"的标识，"类似世博大道上的日晷，可以是一尊雕塑。"让市民经过时通过视觉冲击，能对这一国际日有个感性认识。周汉民接着说，不妨在全球招标这一标识的设计方案，让更多人通过招标知道"世界城市日"，也通过高水平的标识作品进一步提升其影响力。

"体制、机制、平台。"仔细听取提案办理单位介绍和委员们的建议后，周汉民分享了自己的想法：办好"世界城市日"必定是采取举国体制，机制上可以采取外交部、住建部、上海市政府等共同参与的联席会议机制，决定每年推进"世界城市日"工作中的大事。而具体事务机构则不应是本市委办下属机构，应该成为专门的办事机构。同时还要积极争取联合国人居署在沪设立办事处，与事务协调中心进行更紧密的工作联络和对接。他还认为，在选择举办主场活动的城市时也要慎重遴选，对每年活动的主题则要更加实在，更贴近城市治理具体工作，让探讨更有实效。

# 职能部门给出"加倍努力"的回复

"世界城市日"设立以来，在住房城乡建设部和上海市委、市政府的指导下，上海市委外宣办、市府新闻办等有关单位和部门的支持下，上海先后在包括米兰、基多、上海、厦门等国内外城市举办了一系列的论坛与主题活动，积极参与了第8届世界城市论坛和联合国第三次住房和城市可持续发展大会，并修编发布了2016版《上海手册》，在国内外积极宣传与推广了"世界城市日"。

收到《关于提升"世界城市日"影响力，推动上海建设卓越全球城市的建议》提案后，上海市住房和城乡建设管理委员会如是回复："作为新生事物的'世界城市日'与已经成熟的其他国际日相比，仍存在知晓度和社会动员度等方面的不足。我们将加倍努力予以提高。"

提案建议，要"明确性质，重视顶层设计"，从配合国家可持续发展战略和总体外交的高度，将"世界城市日"活动纳入到上海城市发展和对外开放的总体战略中，并与上海公共外交平台有机衔接，以做好"世界城市日"专项活动规划。对此，上海市住房和城乡建设管理委员会表示，将继续积极与住建部、外交部、中国贸促会等相关中央部委沟通，拟建议将城市日工作列入住房城乡建设部和上海市合作的范畴，明确部市分工，研究建立部际联席会议机制和市级层面联合工作机制，整合住建、外事、外宣等各方资源，以推动建立国内层面的长效工作机制。

关于提案中"完善机制，提高动员和协调能力"的建议，上海市住房和城乡建设管理委员会表示，已将此项工作列入委年度课题，委托上海国际问题研究院合作开展"世界城市日"的平台研究。拟在住建部和市政府的共同领导下，探索与联合国人居署在国际主场城市遴选、年度主题确定等方面的长效合作机制，研究人居署在上海设立常设工作机构的可行性。开展与国际展览局、城市间国际联盟和世界大城市协会等国际组织的多边合作，研究成立国际城市联盟的可行性，以扩大世界城市日的全球影响力，推动建立国际层面的合作与协调机制。

"我们将积极与国内外智库合作，尽快成立国际国内专家委员会，在住建部、人居署、国展局和上海市政府的共同领导下组织开展《上海手册》案例遴选、定期更新和年度报告的编制工作，做好案例巡展、推介和分享工作。"针对"深化研究，强化智力支撑和社会参与"的建议，上海市住房和城乡建设管理委员会表示，将借鉴其他联合国国际日成功经验，在做好城市定向赛、工地围挡、宣传海报和文化列车等已有社会活动的基础上，适时拓展城市日标志物全球征集遴选等活动，做好线上线下推广工作，扩大社会参与度与社会知晓度。

## 十岁的"世界城市日"重回上海

2023 年是"世界城市日"设立十周年。十年来，世界城市日已发展成为上海城市名片和中国式现代化展示的重要窗口，为全球城市分享经验、拓展合作提供了平台，为推动建设持续性、包容性、安全性、韧性的世界贡献了力量。

同年 10 月 28 日，全球可持续发展城市奖（上海奖）颁奖活动暨 2023 年世界城市日中国主场活动开幕式在上海举行。"在世界城市日申设成功十周年之际，中国主场回到上海意义非凡。"联合国副秘书长、联合国人居署执行主任迈穆娜·穆赫德·谢里夫在致辞时表示，"中国共建'一带一路'倡议以及各个城市的优秀案例展现了'以人为本'的优秀实践，为全球城市提供了重要参考。"

"今年，我们将围绕'青年领导力 + 气候变化 + 创新创业'三个议题，开展相关公益推广活动，呼吁各界关注，助力城市可持续发展。"2024 年 5 月 24 日，市政协委员、上海世界城市日事务协调中心主任成键在"城市可持续发展下的青年领导力"主题公益活动上表示。

人心往之，城必兴焉。为了让"世界城市日"之花永远绽放，上海将继续秉持开放包容、合作共赢的精神，加强与国内外城市的交流合作，共同应对全球性挑战，推动构建人类命运共同体。政协委员也将汇聚更多智慧和力量，为城市的持续繁荣和可持续发展贡献更大的力量。

"面向未来，我们聚在一起，在世界城市日这样的重要时刻，以绿色发展和可持续发展为主题展开探讨，也希望能持续传承和发扬当年的上海精神。"周汉民表示。

（本文作者：张希喆）

# 打造文化自信自强的"上海样本"

**提案号：**1320013

**提案名：**关于打响上海文化品牌的建议

**提案者：**市政协教科文卫体委

炎炎盛夏，演艺大世界分外火热，迎来一波又一波人潮。

演艺大世界是以上海人民广场为核心的演艺集聚区，于2018年定名。

短短数年，"演艺大世界"品牌声名鹊起，这里以全市五分之一的剧场数、三分之一的座位数，贡献了二分之一的演出量，既有"大戏"拉升显示度，又有"小戏"凸显活跃度，成功打造了上海舞台"新一极"。

演艺大世界是"上海文化"品牌的重要组成部分。如何进一步打响"上海文化"品牌，也是上海市政协长期关注的一个重点。

早在2018年，市政协教科文卫体委员会就牵头组建"打响'上海文化'品牌"重大课题调研组，聚焦用好用足红色文化、海派文化、江南文化资源，提升"上海文化"品牌标识度，搭建开放式平台，邀请政协委员、专家学者、国际友人等共同参与调研，把准瓶颈短板，汇集各方智慧，最终形成《全力打响"上海文化"品牌，加快建设现代化国际文化大都市重大课题调研报告》，并转化为相关提案提交市政协十三届二次会议。

这件提案，被选为十三届市政协优秀提案典型案例，并由时任市政协副主席方惠萍领衔督办。

## 原创

文化品牌是一座城市最闪亮、最有魅力的金字招牌，承载着城市精神品格和理想追求。

2018 年，上海市委、市政府制定《关于全力打响"上海文化"品牌　加快建成国际文化大都市三年行动计划》，要求"城市文化特质更加凸显，人文内涵更加厚实、文创产业更加发达、文化事业更加繁荣、文化交流更加频繁、优秀人才更加集聚"。

根据市委的委托，在上海市政协的布置下，教科文卫体委员会从 2018 年 3 月开始，就如何落实市委部署、全力打响"上海文化"品牌的专题开展调查研究。

2018 年 3 月 23 日，市政协教科文卫体委员会举行"海聊"专题座谈会，邀请市政协委员围绕市政协"打响'上海文化'品牌"等重大调研课题畅所欲言，提出建议。

"要打响'上海文化'品牌重在树立勇于创新的意识。"

"唯有具备人们'脱口而出、交口称赞、有口皆碑'的'第一记忆'方可称之为'品牌'。"

"做强上海文化，就要求上海文化人的创作紧扣艺术特色、需求特点和上海特征三个环节，同时要具备放眼天下的格局。"

……

通过面对面的交流，大家有一个共同的感受：上海文艺原创作品数量不少，但影响减弱，原先在文化生态、原创能力、领军人物等方面的传统优势正在削弱。作为文化精品尤其是主旋律作品创作主力军的市属文艺院团，优秀主创骨干欠缺，创作实力不足。

打响"上海文化"品牌，需要打造一批叫好又叫座的文艺精品。怎样才能创作出文艺精品？结合座谈会上收集的意见建议，课题组提出，一方面，要重视和建设主流文化阵营的核心创作团队。发挥市属文化单位主旋律文化精品创作"主力军"作用，通过人才引进等多种方式，快速聚集核心原创队伍。不断改进创作选题规划，聚焦富有上海特质、能在国内外产生巨大影响的题材。

另一方面，要加强对体制外文化创造新主体的导向和扶助。帮助民营文化机构走出创作题材或展览取向偏仄等困境。改变非体制内创作人员业态铺展规模虽广，但影响偏弱的现状。探索引导体制外新兴力量接受主流文化观念，纳入主流原创阵营的创新工作机制。力推上海的网络文学平台，扩大其在国内外的标识度和影响力。

课题组的建议，被转化为提案，并在 2019 年的市政协全会上提交。承办单位市委宣传部会同市文化旅游局（市广播电视局、市文物局）等部门，对提案进行研究，认为提案建言具有很强针对性。许多提案建议得到采纳，并转化成为推动上海文化繁荣发展的成果。

——沪产电视剧迎来艺术创作的新高峰。从《平凡的世界》到《大江大河》，从《心居》到《安家》……《功勋》《超越》《大江大河》《小欢喜》等 10 部作品先后荣获"五个一工程""飞天奖""白玉兰""金鹰奖"等奖项。2024 年以来，《繁花》《烟火人家》《城中之城》《承欢记》《庆余年第二季》等 8 部"沪产剧"在央视黄金档首播，数量创历史新高。

——驻场演出已经形成品牌效应。舞剧《永不消逝的电波》《朱鹮》先后在美琪大戏院开展 5 轮驻演，目前已累计完成驻场演出 140 多场。国风音乐现场《海上生民乐》常演常新，已经在 2023 年 8 月完成首个百场驻演。

——上海国有文艺院团深化"一团一策"改革，佳作迭出。18 家市级国有文艺院团 2023 年共计开展演出 9570 场，演出收入 3.64 亿元，较 2019 年增长 20.13%，创历史新高。21 部上海作品入选国家级展演。

# 平台

100 分钟的座谈交流，提出 21 项工作中的"难点""痛点"。2018 年 4 月 19 日，来自本市演艺市场的部分机构负责人在"吐槽"中切身感受到市政协大调研活动的实在与高效。

当天，市政协"打响'上海文化'品牌"重大课题调研组围绕打造亚洲"演艺之都"、提升剧场国际性等话题，专门邀请了本市部分剧场、票务等演艺市场机构负责人一起座谈，面对面听取意见，实打实查找问题。

本市现有剧场 145 个，中心城区 50 家剧场每年举办营业性演出近 9000 场，观众人次近 600 万，实现演出收入近 10 亿元……单听这些数字，上海演艺市场的繁荣不言而喻。然而，若与东京等演艺业发达城市对比，差距立显：东京的剧场总数达到 1200 个，一年有 4 万场次演出，上海只有 1.6 万余场次。

更重要的是，演艺业发达城市剧场层次清晰，布局合理。纽约、伦敦等城市具有百老汇、西区等空间比邻、内容集聚、票务联动的剧场群。与会者都感到，当下上海各剧场群还未形成联动，社会资本投资建设与运营的剧场很少，大部分国有剧场缺少经营活力。

在调研中，课题组还发现：管理分散、缺乏世界高度的眼光和专业化的指导，导致了上海之春音乐节、上海国际电影节、上海艺术博览会等本市各类文化节庆活动品质、能级和影响力都呈相对下降之势。

对此，围绕"提升'上海主场'的文化平台能级，彰显文化码头地位"，教科文卫体委通过提案提出三方面建议：

第一，加快将国际文化节庆活动的品质升级到世界一流。启动上海文化节庆活动品质提升工程，对标志性文化节庆品牌进行有针对性的指导与支持，并实施"一节一策"。成立各主要节庆活动的专家委员会，制订发展战略，实行专业管理。加固上海国际芭蕾舞比赛、国际小提琴比赛在各自领域的高端地位。升级多年来拥有良好口碑的白玉兰戏剧奖。

第二，强化文化平台为全国服务、与长三角联合的功能。提高文化经纪和文化中介行业的服务能级，吸引国内外文化演艺机构在上海展示创意成果并走向世界舞台。重视与长三角地区在资源共享、人才交流、作品创作、文化产业等方面的联动发展，做大做强演艺市场和文化企业。实现"国内原创上海首演（首映），世界巡演上海首场"，确立文化展示与交流"上海主场"的地位。

第三，建成国内领先、世界一流的公共文化服务平台。整合现有资源再度提升市民文化节品质。争取文化捐赠的税收优惠政策，在公共文化设施中先试先行。探索文化公益配送和市场运作相结合的管理模式，走出社会承办和市民自主管理的新路。

提案承办单位逐条答复提案建议，表示将围绕提升重大节展国际影响力、推动节展赛评活动提质升级、服务长三角一体化发展国家战略、搭建优质公共文化服务平台等方面，提升各类节展活动的品牌标识度和国际影响力。

如今，提案中的建议早已从纸上变成了现实。

——上海国际电影节首映率屡创新高，已经成为上海城市文化的一张闪亮名片，影响力和辐射度不断扩大。2024年第26届上海国际电影节征集到来自五大洲105个国家和地区的报名参赛、参展作品超3700部。经过遴选，50部参赛作品进入金爵奖评选，其中世界首映38部，国际首映6部，亚洲首映6部。

——上海书展已成为打响"上海文化"品牌的金字招牌，为全国业界树立了标杆。2023年，上海书展进一步面向全国开放办展，吸引全国20多家出版集团、350余家出版社携18万余种精品图书参展，主会场入场近30万人次。

——作为三省一市共同推动长三角文化产业高质量一体化发展的重要实践，长三角文博会已举办四届。2024年第四届展会为期四天，面积首次超过10万平方米，共有32个国家和地区的文化企业、国内12个省市65个地级市参展，参展单位数量超1500家，是全国规模最大、内容最丰富的综合性文化产业博览会之一。

## 品牌

打响上海"文化品牌"重在展现标识度。

"展现好上海文化标识度，需要立起响当当的文创项目。"2018年4月25日，市政协"打响'上海文化'品牌"重大课题调研组赴市文化创意产业推进领导小组办公室，围绕发展文化创意产业，充分展现上海文化标识度议题与文创办负责人座谈交流，市政协常委滕俊杰在会上说。

2018年5月11日，市政协"打响'上海文化'品牌"重大调研课题组赴嘉定区和青浦区，考察了安亭新镇文创集聚区和金泽古镇等，听取有关保护利用江南文化资源情况介绍，并进行了座谈交流。

座谈会上，调研组表示，古镇保护利用首先要"想清楚"，对江南文化遗迹要从物理空间、社会生态和生活物件三方面统筹，实现融合性的保护开发，把古镇中的文化魅力凸显出来，让人徜徉其中能用脚步丈量出文化的刻度，而非只记得"小吃街"或"小商品街"。

如何进一步打造精神标识和文化地标，充分彰显国际大都市精气神的独特魅力？

"打响'上海文化'品牌，需要有上海标志性的文化符号，如何通过品牌的建设，把我们有影响力的文化符号'擦亮'，以及根据现代社会发展开发新的文化品牌，是需要我们思考的。"参加课题调研的上海市政协教科文卫体委员会副主任、上海文广演艺集团有限公司党委书记、上海杂技团团长俞亦纲提出。

通过一系列专题调研和深入剖析，市政协教科文卫委在提案中建议：

一是打造以中共一大会址为核心的"红色一平方公里"风貌区。修饰一大会址附近环境，突出中共建党的纪念氛围；提高中共一大代表宿舍和筹备会议等旧址的保护等级；修缮周边建党早期旧址，勒石挂牌并向游人开放；设计红色旧址最佳步行参观路线，打造革命旧址建筑群露天博物馆。

二是打造环人民广场演艺活力区。加快环人民广场演艺活力区的建设，在市中心形成以演艺娱乐为主的中央文化区，集中展示代表上海水平和特色的文、商、旅结合的多元多彩文化，并向外延伸，在东西南北四个方向发展历史风貌迥异的副文化区。

三是打造当代文化潮流汇聚的徐汇滨江文化艺术区。打造与世界当代艺术对话的窗口，按照世界现当代艺术和时尚文化潮流的定位，加快徐汇滨江文化艺术带沿线西岸传媒港、滨江剧场群、美术馆大道的建设，着力打造西岸文化艺术季、全球水岸文化论坛等平台。

四是打造展示和传承江南文化的特色小镇文化圈。根据全市乡村建筑元素和文化特色普查与调研结果，统筹规划和具体指导乡村特色小镇的建设，凸显各个文化圈特质，使之以各具风采的新江南田园风貌展现于世。

作为主办单位，市委宣传部充分吸纳提案建议，表示将通过深入实施"开天辟地——党的诞生地发掘宣传"专项行动、城市精神弘扬专项行动、人文历史展示专项行动和江南文化研究发掘展示专项行动等，努力打响上海红色文化、海派文化和江南文化品牌。

目前，提案中的一条条建议已落地转化。

——2021年6月，中共一大纪念馆全新开馆，展品数量由原先的278件增至1168件，一街之隔的中共一大会址完成保护修缮。上海全面启动实施"开天辟地——党的诞生地发掘宣传工程"、党的诞生地红色文化传承弘扬工程和革命文物保护利用工程，成果斐然。

——如今的演艺大世界，已从"演艺码头"走向"演艺源头"。演艺大世界在环人民广场1.5平方公里范围内建成专业剧场、演艺新空间31个，成为国内密度最大、集聚效应最强的剧场群，原创剧本、原创音乐、原创舞蹈、原创戏曲纷纷涌现，上海首演、首秀、首发重镇地位基本确立。

......

一批批具有世界美誉度、展示中华文化的城市地标正在加快建成。"让在者舒心、来者倾心、未来者动心"，人文经济视野下的上海，正在呈现干事创业热土、幸福生活乐园的生动图景，积极当好"中国式现代化的开路先锋"。

（本文作者：游思静）

# 母亲河百年工业遗存焕发新光彩

提案号：1330635

提案名：关于上海黄浦江、苏州河沿岸近现代工业遗产的建议

提案者：吴榕美等 88 名委员

　　吴榕美在普陀区当政协委员的时候，就热心地提交过两件提案，内容都是关于苏州河沿岸工业遗产保护并申报世界文化遗产的。她成为市政协委员之后，这方面的提案涵盖领域扩大，2020 年升级为"关于上海黄浦江、苏州河沿岸近现代工业遗产的建议"，并发展成 88 位委员的联名提案，最终被列入市政协十三届优秀提案典型案例。

　　从区级层面到市级层面，多年来，吴榕美锲而不舍地在保护近现代工业遗产上建言献策。其中的原因是什么，背后有什么曲折的故事，是许多人希望了解的。

## 缘起：她在苏州河边伤心落泪

　　"之所以要写这件提案，追根溯源，最初的原因还是因为毛文采。"吴榕美动容地说。

　　说这话的时候，正是 7 月的午后，暑热汹涌地漫溢，空气中潮润的气息扑面而至，不远处的暴雨声正簌簌地临近。吴榕美保持着一贯干练、直爽的作风，她的话，如同随风而至的清脆的雨点，敲击着徐汇光启城咖啡厅的落地玻璃窗，字字分明。

　　吴榕美口中说的毛文采也是普陀区的政协委员，且致力于雕塑文化研究，

长期以来一直关注苏州河两岸的工业遗存。

在文学家笔下，苏州河是一条沉淀了上海这座城市的繁华、往事、传说的河流。在河水匆匆的波涛声中，苏州河成为上海乃至中国工业文明的摇篮，受到历史的礼敬，上海城市的发展依苏州河次第展开，后延伸至黄浦江两岸。如今，苏州河上密密的码头和船队已经消失，两岸喧闹和嘈杂的机器声也已远去，但众多的工业和文化遗存依然矗立在那里。

一次，毛文采开车路过苏州河边的一个旧厂区，她远远地看到一座烟囱。在碧蓝的天空下，它高耸，简洁，上面涂鸦的图案和原有的金属质地相融合，非常具有艺术气息，充满着岁月的沧桑感。毛文采一下子被吸引住了，作为一名雕塑家，直觉告诉她，这个工业厂区的烟囱，在苏州河边上，简直比任何一个人造的雕塑都美！

毛文采一直念念不忘这个烟囱，她告诉了同行，也是区政协文艺界别的李树德，相约一起去厂区看一下。一周后，当两人来到厂区，寻觅那个烟囱时，却出乎意料地找不到那个昂然屹立的身影了！厂里出来几个人，听毛文采和李树德询问烟囱的事，就问："你们是否来收废铜烂铁的？你们要找的烟囱，前几天被我们敲掉了，如果你们要回收，可以当废品卖给你们。"

天哪！被敲掉了？当废铜烂铁卖掉？毛文采一听，心急火燎地走近前去察看，果然面前是一堆拆落敲碎成一地的砖瓦。瞬间，她抑制不住伤心，一屁股坐在台阶上，放声大哭起来！

"怎么可以这样？如此无知！竟然把这么宝贵的工业烟囱给随便拆了！"毛文采事后向吴榕美说起这个情景，还是忍不住流泪……

这件事对吴榕美触动太大了！她觉得有必要写一件提案，通过政协的渠道，大声疾呼要保护苏州河沿岸工业遗产！

## 从文稿雏形到联名提交

如何来写这件提案呢？当然首先会着眼河畔老工厂集中的普陀，苏州河流经市区的河段，北岸有三分之二在它的境内，但其他河段则贯穿了黄浦、虹口、静安、长宁、嘉定五个区。为此，吴榕美同时联系走访了几个区的文广局，向分管局长和文物历史保护建筑研究的专家请教，寻求帮助，为用大视野来写好关于苏州河沿岸近现代工业遗产保护并申报世界文化遗产的提案，广泛收集资料。

有的部门负责人曾私下劝她打消这个念头，说："你知道申报世遗有多么难吗？上海的工业遗产，早晚会被一些人败光的。我劝你还是放弃吧！"

但是，执着的吴榕美没有放弃。她一想到毛文采面对被轻易毁弃的烟囱那种伤心欲绝的情景，就觉得自己必须担负起这个使命。她联合毛文采、李树德向区政协连续几次提交了提案，这些提案后来成为在市政协提案的雏形。

说起来，吴榕美对上海工业遗存有独特的情愫，也和她母亲有关。抗战胜利后，她的母亲还只是一个十五六岁的小姑娘，从苏南来到上海，进入上海药厂，当了中国第一代女电工，成为一名独立自强的女性。后来，因支援福建前线，母亲随药厂迁往福州。母亲的人生轨迹，也影响了吴榕美的成长和生活。

母亲的人生因上海工业而发生深刻的变化，在吴榕美看来，这并非个案。上海是近代中国工业的发祥地，中国第一家工厂在上海，杨树浦路上有中国工业的很多"第一"和"最早"。20世纪30年代，上海工业产值占全国30%到40%，50年代以后，中国国民经济的143个工业门类，上海有141个，是全国体量最大、门类最齐全的工业城市。因此，上海诞生了大量产业工人，从解放前到解放后，上海产业工人的人数始终占城市人口的四分之一，这也成为上海城市气质和人文特性形成的基础。吴榕美认为，大家一提到上海就会想到的男女平等、守纪律、讲规矩和契约精神等，恰恰和上海最早有大量工厂以及产业工人有关。

随着时代的变迁，至20世纪八九十年代，上海大型工厂历经转型、外迁或关闭，留下了丰富的工业遗产。2009年，市文管委经过普查，梳理出全市分布的290处工业遗产；2015年，市文物局公布上海现存300处工业遗产。

2018年成为市政协委员后，吴榕美决定要将原来的提案进一步完善，从全市的角度，从苏州河拓展到黄浦江，把"一江一河"两岸工业遗址全部考虑进去。为了进一步搜集资料，她在网上花400元买来了《上海工业遗产实录》和《上海工业遗产新录》，这两本书对撰写提案很有帮助，书中有工业遗址的厂名、地址、照片，还有这些厂区曾经做出过什么贡献，等等，内容非常翔实。吴榕美发现，黄浦江边的工业遗产比苏州河两岸的遗产更加丰富，数量更多。

为了实地踏访，掌握更多内容和信息，吴榕美同时参加了九三学社上海市委学习委和市政协文史委联合建立的工业遗产课题调研组。她和课题组成员一起多次到"一江一河"沿岸的杨浦、黄浦、普陀、宝山、闵行、浦东等区，调查工业遗产。通过调研他们发现，上海工业遗产其数量之多、范围之广、质量之高，为国内仅见，且70%集中在黄浦江、苏州河沿岸。同时，他们也发现，2009年普查时上海全市的290处工业遗产已经越拆越少，破坏也触目惊心。在一个啤酒厂，德国产的全套老设备，被拆下当废品卖了，后又花费上百万重新做一套新的当摆设；有的企业说老设备没地方放，也全部被当作废品变卖并搬走了……有资料显示，在苏河十八湾，2009年时仍有工业遗存百余处，如今留下的不到三分之一！

从苏州河拓展到黄浦江，从区政协委员到市政协委员，对上海工业遗产的研究成了吴榕美工作和生活中一项重要的内容。不断地查资料、实地看、听建议……她的脚步不曾停歇。

终于，在充分研究的基础上，吴榕美开始提笔撰写新的提案。她不断修改，征求组织调研课题及实地走访的时任九三市委副主委、市政协委员周锋、市政协委员景莹和其他参与调研者的意见，几易其稿。在撰写过程中，吴榕美时常心潮起伏，思绪万千，她回想自己每一次在调研过程中，漫步在苏州河畔，巡游在黄浦江边，遥望江河波涛，斗转星移，沧海桑田，母亲曾工作过的药厂遗址如今安在？江河两岸，百年前工业文明的盛况仿佛浮现眼前：第一家味精厂、第一家牙膏厂、第一家电灯泡厂、第一家电扇厂……上海工业的奇迹发端在十里洋场的旧时代，更在新中国的起步中熠熠闪光，有名的"三转一响"——永久自行车、蝴蝶牌缝纫机、上海牌手表，红灯牌收音机，成为当年几代人的心中梦想，改变了中国多少人的生活。而苏河边的纺博馆、造币厂、M50、梦清园、四行仓库又深藏着多少秘密？

吴榕美反复思考和斟酌，为提案倾注了几多心血！终于，在她的感召下，也在周峰和市政协文史委领导马建勋的支持下，87 名委员愿意和她共同署名。在 2020 年初市政协十三届三次会议期间，《关于上海黄浦江、苏州河沿岸近现代工业遗产的建议》的提案正式提交。

## 一江一河的激荡与回响

几个月后，由吴榕美担任第一提案人的这件提案，收到了市经济和信息化委员会的答复。针对提案中指出的"上海尚无一个世界遗产，这似与上海国际大都市地位不相符""一江一河的工业遗产保护进程中，存在着缺乏独立的保护体系""保护对象过于局限""保护价值的单一性"，以及为"申遗"作前期准备的四点建议等关键点，市经信委给予高度肯定，认为提出的问题、建议相当及时和必要，对于保护和利用好工业遗产的历史文化价值，塑造和提升上海城市品牌形象，推动社会经济高质量发展具有积极意义。答复也明确，要加快和推进工业遗产资源的统筹梳理，做好保护区外的资源挖掘和利用，以及加快拓展"生活秀带"等城市功能。

这件提案入选十三届市政协优秀提案典型案例，而关于近现代工业遗产保护的问题，也成为市政协和更多委员关注的热点之一。市政协在进行工业遗产调研时，曾到陆家嘴的 1862 走访，委员们建议为曾经在这一段江岸辉煌了百余年的上海船厂作介绍展示，让人们走进这个工业遗产改造体中赏景、观剧、购物、享受美食时，也能知道这里曾经的火热岁月和历史。浦东新区文体局采纳这一建议，委托上海大学董春欣老师团队多方面采访和搜集船厂职工的事迹，建成老船厂介绍铭牌，树立了船厂英模的装置，并将船厂过去的影像在 1862 集合体中循环播放。这些装置建成后，上海船厂老职工相携相扶，甚至坐着轮椅前来重温他们和工厂曾经的荣耀。这也成为市政协调研工作及相关提案的一个落地成果。

作为提案落地的延伸活动，为了进一步扩大影响，让广大市民关注"一江一河"沿岸工业遗产的保护工作，了解这些工业产业的历史和曾经的辉煌，市政协文史委还联合有关单位，举办了一场黄浦江、苏州河沿岸工业遗产摄影大赛。从这些作品的镜头中可以看到珍贵的工业遗存的改造、更新与现状。

获奖作品还被送到普洱美术馆与景迈山茶文化世纪遗产做了交流展。

让吴榕美感到欣慰的是，央视二套栏目组到上海找到她，采访了有关课题组的人员，拍摄和记录了上海工业遗产的专题片。2023年9月，上海首批工业遗产在世界设计之都大会上公布；为了全方位展示上海工业发展史，上海还正在打造工业博物馆，于2024年开工，预计2026年建设完成，对外开馆……

吴榕美相信上海渐趋浓烈的保护工业遗产的氛围和一系列具体行动。那些珍贵的遗存定会述说好过往的记忆，一江一河，滨水两岸，春风化绿，向阳而行。

（本文作者：杨绣丽）

# 建好中国共产党人的"精神家园"

**提案号：** 1341060
**提案名：** 关于推进"党的诞生地"红色文化传承弘扬工程实施的建议
**提案者：** 市政协文史委

2024年4月29日，"伟大飞跃——马克思主义中国化时代化文物史料专题展"在中共一大纪念馆专题展厅开幕。本次展览的不少文物都是首次展出。这些展品中，既有首次在中国刊出马克思形象的《近世界六十名人》大画册、陈望道翻译的《共产党宣言》第一个中文全译本、中国共产党成立后人民出版社发行的"马克思全书""列宁全书""康民尼斯特丛书"，也有《湖南农民运动考察报告》《中国的红色政权为什么能够存在？》《星星之火，可以燎原》《新民主主义论》《论人民民主专政》等反映毛泽东思想创立过程的光辉著作。中山大学图书馆珍藏的马克思《论波兰问题》笔记手稿也首次在上海亮相。

作为党的诞生地和初心始发地，近年来，上海以实施"党的诞生地"红色文化传承弘扬工程为抓手，大力弘扬伟大建党精神，推动红色基因融入城市血脉，构筑起城市精神的鲜明底色，助力城市软实力建设。

如何进一步推进"党的诞生地"红色文化传承弘扬工程，一直是市政协高度关注的议题。2021年是建党100周年，市政协文史委提交了"关于推进'党的诞生地'红色文化传承弘扬工程实施的建议"的提案，为擦亮上海"红色文化"的金字招牌献计献策。

# 全面启动实施"党的诞生地"工程

上海兴业路 76 号，有一幢古朴庄重的石库门小楼。

"我们党从这里诞生，从这里出征，从这里走向全国。"看着那扇古朴如初的乌漆木门，市政协委员、中共一大纪念馆馆长薛峰心潮澎湃。

1921 年，上海古朴的石库门内，革命的火花悄然点燃。旧上海租界遍布，列强肆虐，百姓生活困苦不堪。

转眼百年，2021 年，浦江之畔焕发新生，处处洋溢着勃勃生机与万千气象。新时期的上海，正以社会主义现代化国际大都市的雄姿，昂首阔步迈向新的发展阶段，展现着前所未有的活力与希望。

历经百年沧桑的上海，见证着中国共产党以人民为中心的深厚情怀，书写着为人民谋幸福、为民族谋复兴的初心使命。

作为中国共产党的诞生地、伟大建党精神孕育地的上海，拥有丰富的红色资源。其中，既包含了重要旧址、遗址、纪念设施或场所，重要档案、文献、手稿、音像资料和实物等，也包含相关场馆，如博物馆、陈列馆、纪念馆、档案馆、图书馆等，还涉及基于上述资源拓展的特色书店、主题公园、演艺场馆、城市景观等红色文化空间。

自 2016 年起，上海全面启动实施"党的诞生地"发掘宣传工程，包括发掘保护、理论研究、新闻宣传、文艺创作、社会宣传、教育培训、红色旅游 7 方面任务，着力打造红色文化资源高地、红色文化研究高地、红色文化宣传活动高地。

五年多来，在全市共同努力下，一批革命旧址修缮开放，一批展览展陈功能提升，一批理论课题研究实现突破，一批活动项目蓬勃开展，一批文艺作品深入人心。上海充分挖掘红色资源蕴含的丰厚文化艺术价值，借鉴流行元素、融入时代风格，以丰富多样的形式讲好"党的诞生地"红色革命故事，在理论研究、文艺创作、创意产业等方面亮点频出。

2020 年，上海进一步推动红色资源保护利用的机制建立和法治供给，启动上海红色资源保护利用立法工作。2021 年，上海发布并施行《上海红色资源传承弘扬和保护利用条例》，推动全市红色资源的综合保护利用。

市政协文史委原主任周蔚中表示，实施"党的诞生地"红色文化传承弘扬工程，是建设共产党人精神家园、弘扬红色文化的重要抓手，是坚定党员干部理想信念、凝聚广大群众奋斗力量的重要举措，是坚持"人民城市人民建，人民城市为人民"重要理念、满足广大群众不断增长的精神文化需求的重要工作。

"助力推进'党的诞生地'工程，政协理应有所作为。"他说。

## 广大委员心系红色资源挖掘保护

站在建党百年的历史节点上，如何进一步挖掘并保护红色资源？如何更加深入地弘扬红色文化？

为了"拉直"这些问号，早在 2019 年，市政协文史委便围绕"用足用好本市红色文化资源"开展课题调研，组织委员赴本市多处红色文化旧址、场馆实地调研，召开 10 多次座谈会，听取相关部门、党史专家的意见建议，形成调研报告，提出相关建言。

"用足用好上海红色文化资源是一项长期课题，任重道远，需要久久为功。"周蔚中说。

本着"对红色资源保护工作'再推一把'"的目标，2021 年，市政协文史委开展"传承弘扬上海红色文化"重点课题调研，组织委员赴本市 30 多处红色旧址、遗址、纪念设施或场所实地调研，召开多场"'党的诞生地'红色文化传承弘扬工程"专题视察监督座谈会，开展重点协商办理"赓续红色血脉，传承伟大建党精神，深化'党的诞生地'发掘宣传工作"提案专题，市政协副主席吴信宝参加。

在百年红色弄堂渔阳里，面对"围观"的居民，委员主动上前，问计问需，和基层工作者互加微信，以便可以随时请教、保持沟通联系。在上海市政协的会议室中，委员们与应邀登门的相关部门、党史专家展开头脑风暴，聊出一条条"金点子"。

"传承弘扬红色文化要同弘扬伟大建党精神紧密结合，要同挖掘上海这座城市的精神底色、文化底蕴联系起来，从而让传承弘扬更有持续性。"

"要注意红色文化作品传播的'重'与'轻'，保持作品本身精神内涵的庄重，也要注意传播方式上的'轻'，即契合当下受众需求，更有针对性、有效性和到达率。"

"近年来本市红色文化传承弘扬规模大、成果多，下一步可以在打造上海红色文化资源保护利用工作品牌、磨砺更具感染力和美誉度的精品方面多下功夫。"

"红色文化资源保护，应和城市更新、民生改善结合起来，让各方受惠。"

……

在深入调研、汇聚众智的基础上，文史委形成调研报告，并将调研成果转化为2021年9月提交的"关于进一步推进实施'党的诞生地'红色文化传承弘扬工程的几点建议"提案。

如何切实加强红色资源保护利用？提案提出，研究制定本市红色资源保护利用专项规划，进一步明确红色资源保护利用工作目标、工作要求、工作步骤，明确红色资源保护的具体形式、利用的具体方法，确保可执行、可落地。充分发掘本市红色资源，及时补充、调整相关展览展示内容，把红色旧址、遗址、纪念设施或场所和档案、文献、手稿、音像资料、文物中蕴含的伟大建党精神演绎出来，讲好中国共产党的故事。把保护利用红色资源与推进旧区改造、推进城市更新、改善周边环境、改善居住条件等有机结合起来，共谋多赢局面。

提案建议，在本市红色资源较为集中的路段，如复兴中路、南昌路、愚园路、四川北路和多伦路等，统一设置导引牌、街区地图等，进一步提升红色资源标识度，为开展红色旅游创造便利条件。积极与头部网络平台等合作，举办网上展映、展播活动，开通在线直播、点播等功能，制作更多的红色文化微视频，提升广大群众获取红色文化信息的便捷度。进一步释放政策活力，更多探索共建共享机制，吸引、动员、组织更多企业和社会力量参与红色资源保护利用，支持红色文创产品开发、生产等。

提案强调，要优化红色文化展览展示效果，探索差别化的讲解方式，针对不同年龄、不同职业的受众提供不同版本的讲解。通过AR、VR、AI等技术丰富展览展示手段，通过沉浸式、参与式、互动式等方式增强现场感、体验感，并运用互联网、大数据等信息技术推动展览展示方式融合创新,实现远程瞻仰、线上参观。

"要深入挖掘红色遗址的革命历史内涵和时代价值,让红色文化亲近群众、走入生活,亲近学生、走入校园,根植市民心中。"市政协委员、上海文艺出版社副总编辑姜逸青说。

## 汇聚各方力量做好红色文化传承弘扬

对提案建议,提案办理单位中共上海市委宣传部给予了充分肯定和积极回应。

围绕切实加强红色资源保护利用,市委宣传部表示,2021 年 7 月 1 日颁布实施的《上海市红色资源传承弘扬和保护利用条例》,与《上海市文物保护条例》《上海市历史风貌区和优秀历史建筑保护条例》等法律法规相衔接,共同构建完善本市红色资源传承弘扬和保护利用的地方立法体系。《上海市红色资源传承弘扬和保护利用实施方案》也在制订中。

围绕持续优化展览展示效果,市委宣传部表示,2021 年 6 月 18 日,在"学习强国""随申办"系统正式上线上海红色文化资源信息应用平台"红途"。同年 11 月起,他们将会同党史、文旅等部门,对全市重点革命历史类纪念设施开展专项调研核查,启动市级爱国主义教育基地第八批申报和 2020—2021年度评估考核,将展陈质量、展示手段、展览效果等作为考核项目纳入评估标准,推动各场馆优化提升展示水平、打造展陈精品。

"我们会同相关部门,选取首批共 48 处本市重要红色革命旧址、遗址,设置统一纪念标识。"市委宣传部表示,为不断提升红色文化服务水平,上海将发布《上海红色文化地图(2021 版)》,建设本市首条"红色经典步行道",打造适合市民游客漫步街区、阅读城市的人行系统。下一步,上海将持续完善中共一大、二大、四大纪念馆国家 5A 级景区旅游服务配套建设。同时,结合网络文明建设,实施爱国主义数字建设工程,推出红色文化云展览、云演艺、云课堂等,让广大市民群众更便捷汲取红色文化营养。

2021 年初,市委成立红色资源保护利用工作联席会议。"我们将依托联席会议制度，整合党史、档案、文旅、统计调查等部门力量，探索建立本市红色文化传播周，以中小学生、市民群众、爱教基地讲解员等群体为重点，举办红色故事大赛，实施新一批红色资源申报评定工作，开展 2022 年全市红色文化传播市民满意度调查，广聚各方力量，共同为红色文化的传承弘扬出谋划策提供助力。"市委宣传部相关负责人说。

## 不断擦亮"党的诞生地"的城市名片

2024 年 7 月 23 日，思南路 73 号的花园内绿意盎然。经过精心修缮，中国共产党代表团驻沪办事处纪念馆（周公馆）重新开放，120 多件珍贵文物、史料档案、历史照片以及珍贵历史影像资料。"真是大开眼界，不虚此行！"冒着酷暑前来参观的市民，纷纷拍照留念。

"传承城市红色文脉，应从'特''新''实'三个方面发力。"薛峰说。

自实施"党的诞生地"红色文化传承弘扬民心工程以来，上海推动一批革命旧址修缮开放、一批展览展陈功能提升、一批理论课题研究实现突破、一批活动项目蓬勃开展。上海"红色文化"的金字招牌越来越亮。

在各方推动下，上海颁布实施了《上海市红色资源传承弘扬和保护利用条例》，将全市自 1919 年五四运动到 1949 年上海解放，梳理考证所得的612 处旧址、遗址、纪念设施，236 件 / 套档案、文献，纳入名录管理。探索数字赋能，在全国率先建成红色文化资源信息应用平台"红途"，累计注册用户数超 653 万；上线"上海市红色资源联合目录数据库"。

上海举办了全国首个以"伟大建党精神"为主题的大型特展"伟大精神铸就伟大时代——伟大建党精神专题展"，已成功举办 295 场，接待观众超400 万人次。

上海全力打造建党故事传播高地，推出舞剧《永不消逝的电波》、杂技剧《战上海》、影片《望道》、沪剧《一号机密》、京剧《龙潭英杰》、歌剧《晨钟》《义勇军进行曲》、连续剧《破晓东方》等一批既叫好又叫座的文艺作品。

2024 年 5 月至 7 月，上海开展"光荣之城"红色文化季，围绕研究出版、展览展陈、文艺影视、社会宣教、思政研学、旅游文创六大板块，推出 56 个市级重点项目和 75 项全市精品活动，在全社会营造传承光荣传统、赓续红色血脉的浓厚氛围。

"党的诞生地"已成为上海的鲜亮名片，政协委员将持续贡献智慧力量，不断擦亮这张名片。

（本文作者：张岩）

# 让工业博物馆讲好上海工业发展故事

**提案号：** 1350494

**提案名：** 关于建设上海工业博物馆，集聚本市工业文化资源，助力打响"上海制造"品牌的建议

**提案者：** 市政协九三学社界别

　　"非常高兴，保护工业遗产，弘扬工业文明，上海终于有大动作了。"2023年9月13日，在上海市政协举行的"推进工业博物馆等场馆建设，弘扬工业文明"重点提案专题督办推进会上，长期关注这一主题的十三届上海市政协委员吴榕美说。

　　近年来，在中共上海市委、市政府的高度重视和领导下，黄浦江和苏州河"一江一河"沿岸工业遗存保护传承与活化利用工作不断加强："一江一河"开发建设成效显著，历史文化遗产有效传承；加强工业遗产保护和价值挖掘，将"工业锈带"建设成为"生活秀带"；强化制度体系建设，推动工业遗产规范管理；促进城市工业遗存活化利用。

　　工业遗产是工业文化的重要载体，记录了工业发展不同阶段的重要信息，见证了国家和工业发展的历史进程，具有重要的历史价值、科技价值、社会文化价值和艺术价值。工业遗产的特点决定了它们是"生产型的遗产"，不应只是建筑或设备等的静置展示，而应通过价值发掘和活化利用，继续融入现代生活，在空间上、经济上、社会文化上与城市共生，成为城市的名片、市民的休闲地、产业的集聚地。

　　"做好这项工作，不能靠零敲碎打，多部门协同，形成社会合力很重要。"长期关注工业遗产保护利用的上海市政协常委、九三学社上海市委专职副主

委周锋说，"应该作为一项系统性的工作，政府牵头引导，全社会包括企业、行业部门，还有一些第三方的专业机构一起参与。"2023年初上海市政协十四届一次会议期间，由周锋作为第一提案人，多位市政协委员联名提交了"关于推进上海黄浦江、苏州河沿岸工业遗产申报世界文化遗产的提案"。

其实，围绕"一江一河"工业遗产申报世界文化遗产和上海工业博物馆建设，政协委员和界别已连续多年提交相关提案，其中包括市政协九三学社界别2022年在上海市政协十三届五次会议期间提交的"关于建设上海工业博物馆，集聚本市工业文化资源，助力打响'上海制造'品牌的建议"提案。

## 持续调研连续提交提案

2019年，九三学社上海市委和上海市政协文史委启动联合开展"上海黄浦江、苏州河沿岸近现代工业遗产调查"相关课题调研。课题组通过深入走访，并参考文物部门和专家学者多年丰富研究成果，形成调研报告，提出了"一江一河"工业遗产申遗的建议，并逐年围绕该课题对黄浦江、苏州河沿岸不同区域进行调研走访。

2020年上海市政协十三届三次会议期间，参与联合课题调研的九三学社社员、上海市政协委员吴榕美作为第一提案人，提交了"关于上海黄浦江、苏州河沿岸近现代工业遗产的建议"的提案，联名的政协委员有88位。提案认为，上海是中国近代工业的发祥地、民族品牌的发源地，深邃的工业历史、深厚的文化底蕴沉淀造就了得天独厚的水岸工业遗产瑰宝。我国第一家工厂在上海，第一家水厂、电厂也在上海。作为我国最大的、门类最齐全的工业城市，上海的独特性是其他任何一座中国城市所不具备的，这也成为上海城市气质和人文特点形成的基础。20世纪八九十年代的工业转型，给上海留下了丰富的工业遗产，但随着高速的城市发展，原有场地上的工业建筑或构筑物、生产设备等产业肌理不断灭失。2015年，市文物局公布上海存有300处工业遗产，同时，"工业遗产沿黄浦江和苏州河狭长地带呈连续带形分布"，占整体的六七成。上海实施的黄浦江、苏州河沿岸公共空间贯通工程"开创性地将'一江一河'滨江临河工业区原有的特色空间和场所重新融入城市生活中",特别是徐汇、黄浦、虹口、杨浦和浦东新区等部分贯通区域将工业遗产纳入城市公共空间整体设计中,存续了其内核或肌理,有助于工业遗产的可持续保护利用,为市民认识和珍视工业遗产的价值提供了载体,也成为"提案建言提出的基础和条件"。针对黄浦江、苏州河沿岸近现代工业遗产,提案提出了将其申报世界文化遗产的建议。

市经信委在提案办理答复中表示,从国家到上海,对工业遗产的重视程度与日俱增,"一江一河"地区有着丰富的历史文化资源,"一江一河"两岸工业遗产申遗工作"有基础,有差距,也有对策",赞同提案中关于开展工业遗产设计再利用规划、抓紧相关实物征集、明确牵头部门开展申报世界文化遗产等建议,将加快推进工业遗产资源的统筹梳理工作,进一步深化细化规划,谋定而后动。

2021 年上海市政协十三届四次会议期间,基于相关持续调研成果,吴榕美作为第一提案人,40 余位委员联名,再次提交了"由市政府主持启动一江一河沿岸部分工业遗产申报世界文化遗产工作的建议"提案。提案认为,目前"一江一河"沿岸贯通已经形成良好的申遗基础,存量丰富的工业遗产已有保护和改造的范例,应彻底改变工业遗产保护没有统一规划,拆毁和破坏性改造持续发生的现状,由市政府牵头组建"一江一河"沿岸工业遗产保护和联合申遗会商机构,组织开展申遗工作。

综合市规划资源局、市文旅局的会办意见,市经信委在提案办理答复中表示,将启动市级工业遗产认定工作,为下一步工业遗产保护利用建立长效机制奠定基础。

2022 年上海市政协十三届五次会议期间,基于扩大范围重点寻访考察和邀请业内专家参与调研座谈的收获,吴榕美作为第一提案人,近 20 位委员联名,第三次提交了"关于加强黄浦江、苏州河沿岸近现代工业遗产保护利用的建议"提案。提案建议,选取"一江一河"具有历史价值并保护完好的工业遗产申报世界文化遗产,实现零的突破。以红色经典和工业遗产旅游进行推进,探索城市更新、区域一体化综合开发模式,并通过"申遗"以提升区域影响力。

与此同时，上海市政协九三学社界别亦提交"关于建设上海工业博物馆，集聚本市工业文化资源，助力打响'上海制造'品牌的建议"提案。针对上海缺少大型综合性工业博物馆、现有场馆不能充分展示上海现代产业、上海工业文化资源有待进一步集聚与挖掘等问题，提案建议，高水平建设面向未来的上海工业博物馆，将工业文化打造为上海重要文化标志。打造"留存工业文明记忆、承载城市文化缩影、彰显中国工业精神、国内一流和具有国际影响力的大型综合性工业博物馆，系统、完整、生动地展示各个领域上海制造的成果"，在展陈内容上包括上海工业发展历史、当前发展成就和未来发展畅想，并融入对上海工业发展起到重要作用的事件、人物、物品、建筑等元素，并"以全景式、沉浸式、互动式的线上线下体验，使参观者充分领略工业的魅力"。

这两件提案，被列入这一年度市政协重点协商办理"进一步加强上海历史文化遗产保护"提案专题。

2022年8月22日，市政协开展提案专题座谈会暨相关平时视察。委员们实地考察了M50创意园区工业遗产活化利用转型升级、华东政法大学长宁校区文物建筑保护修缮利用、苏州河沿岸步道贯通和滨水空间开放利用等有关情况，并与提案承办部门开展交流。时任市政协副主席李逸平表示，保护和利用好上海的历史文化遗产，是上海建设国际文化大都市不可或缺的重要内容，要认真贯彻落实习近平总书记的重要论述和重要指示批示精神，采取更加有力的举措，做好相关工作，加快推进以"一江一河"沿岸为核心的工业遗产保护利用，形成具有产业规模、集聚效应、品牌影响力、旅游吸引力的水岸工业旅游发展区域。

市经信委在提案办理答复中表示，国家工信部已启动中国工业博物馆体系建设，部分省市已先行先试建设城市工业博物馆。上海工业博物馆的建设必须要对照全球博物馆发展趋势，按照打造世界一流博物馆的标准，将工业博物馆建设成为工业旅游的新地标、工业记忆的承载地、工业文化的会客厅。市文旅局在提案办理答复中表示，将与市经信委、市发改委等部门建立本市工业遗产保护利用工作机制，深入挖掘工业遗产丰富内涵，通过梳理资源摸清工业遗产家底、突出重点区域创建工业遗产保护利用示范区、推动重点项目打造更新活化新地标、加大工业遗产向社会开放力度、支持鼓励依托水岸工业遗产建设工业类博物馆等，让工业遗产保护利用成果更多地惠及人民群众。

## 直击瓶颈再度提出建言

工业遗产作为工业文化的重要载体，见证了工业发展历程。工信部积极推进工业遗产保护利用，2017 年启动试点工作，2018 年印发《国家工业遗产管理暂行办法》，之后又修订出台了《国家工业遗产管理办法》。

《国家工业遗产管理办法》明确了国家工业遗产突出保护利用的重点区域，同时强调遗产利用应注重生态保护、整体保护、周边保护，以自然人文和谐共生的理念，实现动态传承和可持续发展。办法参考借鉴世界文化遗产评价标准等经验做法，细化完善国家工业遗产认定评价的标准和指标，并重新整合了国家工业遗产认定条件。

周锋注意到，《国家工业遗产管理办法》提出，鼓励和支持大运河、黄河、长江沿线城市和革命老区、老工业城市通过国家文化公园、工业遗址公园、爱国主义教育基地建设和老工业城市搬迁改造，系统性参与国家工业遗产保护利用。在 2023 年初上海市政协十四届一次会议期间提交的"关于推进上海黄浦江、苏州河沿岸工业遗产申报世界文化遗产的提案"中，他与不少委员认为，工业遗产承载着上海丰富的城市记忆，是中国近代工业发展乃至于近代史的重要组成部分。目前，工信部有"国家工业遗产名单"、国资委有"中央企业工业文化遗产"、中国科协有"中国工业遗产保护名录"……"国家和市级层面相关制度与环境平台尚需进一步完善"。提案从四方面提出建议：制定和完善上海工业遗产保护和开发的法律法规体系；市政府相关部门组建会商机构，启动联合申遗事项；加大工业遗产申报世界遗产的宣传力度，形成政府和市民的共识；梳理保护符合申遗条件的工业遗产，以申遗带动城市功能的活化。"对上海工业遗产进行重塑与推广，使之成为城市的记忆、城市精神的象征和城市文化建设的组成部分。"

市文旅局在提案办理答复中表示，将会同市经信委组织开展本市工业遗产相关认定工作，"后续将在经认定的市级工业遗产中，进一步遴选优秀的、具有代表性的工业遗产，推荐申报国家级工业遗产，为接下来的申报世界文化遗产工作创造基础条件"。下阶段，将围绕三个重点方面推进相关工作：一是加强制度建设，推进申报国家级工业遗产进程；二是存续工业遗产历史价值，推进工业遗产活化利用；三是发挥工业遗产公共价值，促进工业遗产文旅融合。

## 以"工业博物馆"为抓手弘扬工业文明

2023年7月20日，中央广播电视总台与上海市人民政府共同签署关于上海工业博物馆项目的战略合作框架协议。根据协议，双方将对标国家级博物馆定位，共建上海工业博物馆体系，共同打造中国工业发展影像新空间，并推进博物馆策展运营等方面创新合作，坚定文化自信、秉持开放包容、坚持守正创新，持续打造融藏品展示、教育引导、精神传承为一体的数字化、可视化、互动化、智能化的上海工业文化综合体，通过项目建设，探索带动上海工业旅游，展示上海文化底蕴，彰显上海城市软实力，进一步拓展中华文明传播力、影响力的创新路径。

在2023年9月13日市政协举行的"推进工业博物馆等场馆建设，弘扬工业文明"重点提案专题督办推进会上，来自市经信委、市规划资源局、市文旅局、黄浦区商务委、东浩兰生集团、华建集团等的相关负责人分别介绍了关于以建设综合性上海工业博物馆为抓手，更好弘扬工业精神，夯实工业遗产保护的筹建工作。

上海将依托工业遗存，组织开展好上海工业遗产申报认定工作，探索数字呈现展陈技术，跨界融合运营模式，用原址讲述工业文明，将工业主题馆及城市工业遗迹串珠成链，打造上海工业博物馆体系，建成工业旅游的新地标、工业记忆的承载地、工业文化的会客厅，推动潮流顶流与史意史韵融合。包括打造"1+1+N"的全域工业博物馆体系，讲述工业文化故事，诠释工业文明内涵。第一个"1"即旗舰馆，基于位于江南造船厂原址进行建设，其前身是 1865 年诞生的江南制造局，是中国近代机器工业的发源地；第二个"1"即中央展厅，基于位于宝山区的中央钢铁公园及周边建设；"N"即珠链星网，将工业主题馆及城市工业遗迹串珠成链联动，打造工业遗产博览带及分布式的城市展厅，讲述上海工业传承和创新，打造场景丰富的工业博览基地和具有世界影响力的高品质文博城市空间，与城市景观及建筑，与水岸轴线相统筹，展现跨界融合的文化浓度、历史深度。

市政协副主席肖贵玉表示，上海是中国工业的摇篮，类型丰富，底蕴深厚，推进展现工业发展历程、展示工业辉煌成就、面向工业未来发展的工业博物馆建设，对于讲好中国发展故事、提升城市软实力、建设现代化产业体系、推进上海高质量发展具有重要意义，展陈设计要充分突出专业性、历史性。

筹建工业博物馆、规划建设上海工业博物馆已连续写入 2023 年和 2024 年的上海市政府工作报告，场馆于 2023 年 9 月获批进入国际招标阶段，2024 年 2 月启动展陈展品征集工作。2024 年 4 月，筹建中的上海工业博物馆公布了首批 70 余件馆藏展品。

为助力推进上海工业博物馆筹建工作，2024 年 4 月 28 日，市政协召开"推进上海工业博物馆建设"专题会议，市政协主席胡文容出席并讲话。

胡文容指出，上海是我国近代工业的发源地、现代工业的集聚地、先进制造业的新高地，在上海筹建好世界一流的工业博物馆，具有特殊而重大的意义。长期以来，市政协将推动筹建上海工业博物馆作为建言资政的重点，特别是在十四届市政协履职起步之初，就把建设上海工业博物馆列为重点提案，坚持把全过程人民民主贯穿提案办理全流程，多次组织提案者、提案承办部门和相关单位互动交流、共谋良策，协商推进相关提案建议转化落地，很好实现了发扬民主、集思广益、凝聚共识、科学决策的效果。下一步，建议相关部门和单位进一步贯彻落实市委部署要求，高质量建好场馆，真正体现时代特征、中国气象、上海特点，使工博馆成为上海这座国际文化大都市崭新的地标；高标准做好展陈，系统梳理发掘工业记忆，厘清工业展陈脉络，综合运用场景再现、故事讲述、信息技术等手段，使受众在参观中得到熏陶、受到启迪；高水平运营管理，更加突出包容性、多样性和参与性，加强与文化、旅游、科技、教育、展会等的融合，传承和保护好上海工业文脉。市政协将持续把服务推动工博馆建设作为重点工作，组织引导相关领域的专家委员，持续关注、深入调研、精准建言，并广泛发动社会各界积极支持，共同打造好浦江之畔令人向往的文博城市空间。

在听取相关部门和机构关于上海工业博物馆规划建设情况、筹建进展及后续工作安排通报后，与会政协委员和专家代表，围绕进一步拓展工业博物馆文化功能、提升博物馆国际化水平、加大工业展品和影像资料搜集力度、推进博物馆数字化建设、创新展陈内容和展陈形式、更好展现工业魅力和工业文明等提出建议。

（本文作者：顾晓红）

# 发展演艺新空间 促成文旅商融合

**所属区：**虹口区

**提案名：**关于加强持续发展演艺新空间，促成文旅商融合树立虹口"文化三地"形象的建议

**提案者：**成海涛等 4 名委员

　　2023 年初虹口区政协会议期间，以成海涛为第一提案人的提案《关于加强持续发展演艺新空间，促成文旅商融合树立虹口"文化三地"形象的建议》，引发了关注。

　　生于上海虹口、长于江西井冈山的成海涛，多年从事新闻传媒工作。许多年前，他就萌生出"防止文化沙漠化"的忧患意识。当 21 世纪的钟声落锤不久，各种新风浪潮迎面扑来之时，成海涛自筹资金，创办上海品欢文化传播有限公司、上海品欢象声影视文化有限公司。凭借着在《上海商报》《新民晚报》和捷讯传媒等任职多年的阅历，他第一次跨界，率领他的"演艺新空间"团队演出，首战告捷。

　　成海涛熟谙自己的出生地虹口的历史文化背景。虹口区被誉为"海派文化发祥地、先进文化策源地、文化名人聚集地"。这里有着悠久的剧场、影院发展历史，在 20 世纪二三十年代就有"过河看影戏"的说法，文化空前繁荣直接带动了区域内的消费。直至 20 世纪八九十年代，虹口仍承继着历史的余韵，拥有一定数量的影剧院。

　　然而，进入新世纪，随着"掌上"传媒视屏等的飞速发展，电影、电视出现萧疏，而电商的汹涌风潮，使得像虹口四川北路这样的繁华商业街巷日渐冷落。

　　昔日"公主"不甘沦落为寻常"丫鬟"！当地文旅部门努力化危机为新机，从大力发展演艺事业入手，激发虹口重现繁荣景象的动力。很快，各式演艺

新空间成为支撑地区演艺产业的重要力量。然而正当虹口的演艺事业再度兴旺的时候，一场严重疫情打来无情一棒，即便阴云散去，演艺新空间还是如经霜打一时蔫。

作为中国民主同盟盟员、虹口区政协委员的成海涛，看到自己参与其中的事业遭遇此难，时常夜不能寐。为了能让演艺新空间重回正轨并保持良性发展，他想单靠个人的力量是远远不够的。于是，受内心责任感的驱使，他与刘思辰、周伟、曹清三位共同提出那件提案，一连提了六项建议——

一是大力支持演艺新空间的成立和发展，支持更多新团队入驻虹口。定制针对演艺新空间的规范和制度，更好地服务新空间，让"家门口的剧场"成为常态的、喜闻乐见的消费场景。

二是疫情直接影响演艺行业发展，使得从业者压力巨大。建议配合市里的纾困政策，对疫情期间受到重大影响的演艺新空间进行相应的补贴，让优质的演出团队和场地能渡过难关。

三是从宣传和推广上助力演艺新空间的发展。在公众媒体上开辟类似《每周演出预告》的栏目，并可做成"人气榜""精品榜"等能促进票务销售的宣传品，引导更多的市民关注。

四是依托演艺新空间，引进更多的演出、创作团队，对经典剧目，首演剧目、驻演剧目进行鼓励和支持，打造有创新力和艺术价值的演艺产品，让更多从业者和演出单位致力于深耕在虹口。

五是举办"戏剧节""戏剧大赛"，组织场地方和演出团队创作虹口题材的故事，挖掘红色文化、海派文化、江南文化精髓，形成具有特色的驻场项目，打造"留得住、传得开"的虹口项目。

六是由有关部门牵头，联合周边商家、社区、企业共同宣传相互导流，形成宣传矩阵，在各种平台进行全方位推广，用演艺新空间这个低投入的业态，撬动整个虹口的消费市场。

这六点建议，体现出成海涛等人的宽广视野和胸怀。作为民营企业主，成海涛并非站在利己主义的角度看待问题，因为即使在疫情期间，他的"演艺新空间"凭着积累的影响力，从线下转入线上，依然吸引观众无数。疫情过后，他的公司在同行中率先重返剧场，年演场次达五百多场。成海涛并不想"一家独大"，他要的是整个虹口在文化事业上集群发力、成行成市、整体繁荣。

虹口区领导和各相关部门从提案的六条建议中，看到了政协委员参政议政的热心，也看到了推进区域经贸文旅发展的动力。依这六策来发展演艺新空间，无论以公益形式运作还是在纯商业市场形式下运作，对地区建设都能发挥积极作用。

形成了共识，锚定了方向，提案办理的行动，融入了虹口推动文旅商融合发展的热潮之中。好消息不断传出：区文旅局与企业进行合作，发挥区域内"胜利、群众"等具有演艺空间性质的历史文物建筑的作用，其中胜利电影院改造完成正式开放，周边酱园弄电影布景成为"网红打卡地"。区里大力支持商业深挖文化内涵，拓展消费空间，鼓励演艺进商圈，将主题剧场、演艺新空间等开进商场，鼓励今潮8弄等商业载体引入了喻音社、ARK Live House 等，北外滩友邦大剧院演艺内容不断丰富，形成了富有内涵的文化消费打卡点。面上的演艺新空间建设也持续有所行动，形成了四川北路演艺空间联盟等演艺集聚联盟，在区内公众媒体上，开辟了《今夜有戏》栏目，每周推送区内演艺空间剧目介绍、排片等信息。开展优秀原创剧目商业演出，在虹口获得支持。目前虹口的各种演艺形式和空间已开枝散叶遍地开花，生活广场、剧场、商场等许多商业体空间，歌声、笑声、鼓乐声汇成一片……

演艺新空间，乍一看是个新名词。而成海涛在介绍这种演艺形式时，认同它跟传统的"乌兰牧骑"有些类似。他的演艺团队没要政府出钱，拥有三十多人的队伍，灯光、音响、舞美俱全，有四个固定剧场。除了普通商演，成海涛也带着团队做公益，每年公益性演出不下于百场。他自己成了一只不知疲倦旋转的陀螺，既是出品人、总负责，又常常是编、导、演于一身。在向采访者讲述自己的提案故事的2024年盛夏，逼近40摄氏度的高温里，成海涛依旧带着团队四处巡演，不光上海，还有北京、杭州、苏州、广州等地，甚至还有古巴、阿根廷、墨西哥、俄罗斯……其中有商演，也有公益演出，忙得不亦乐乎。

成海涛等委员的提案，着眼整个地区的繁荣来谈演艺事业的发展，是与他对演艺新空间特性的深刻理解密不可分的。演艺新空间是以演艺为主营业务，并实现多业态融合、多功能协同的新型演出场所。这些空间不仅包括传统的剧场，还涵盖了商业综合体、办公楼宇、会馆、已改造的老旧厂房、文化街区、公园景区等室内外开办的演出场所。它在演出场景、表演形式、观演关系、演出体验上都有创新，因此能够有力地促进释放新消费活力、文旅商深度融合发展，也为观众提供更加潮流独特的生活娱乐方式。

成海涛也深知演艺事业的多重功能。因此，他的团队一直把社会效应和公益事业放在重要位置，他的文艺志愿服务队，在疫情期间 25 次登上"学习强国"平台，曾获区疫情防控杰出志愿服务团队和市工人先锋号、市五四青年奖章团队、市十大青年公益项目等荣誉称号。作为政协委员，他把参政议政当作体现"公益心"的又一具体行动，在文化的舞台上履行政协委员职责，进行自己的观察和思考……

（本文作者：何秋生）

# 咖啡节擦亮虹桥商务区文化品牌

所属区：闵行区

提案名：关于打造虹桥国际咖啡文化节品牌，促进虹桥国际中央商务区文化
产业发展的建议

提案者：周行君

## 小小咖啡豆带来的启发

近年来在上海，无论是繁华的闹市还是轻奢的小街，抑或是商厦广场和写字楼，一家家风格各异的咖啡馆，成了市民和游客驻足休憩、会友聚谈或者遐想漫思的好去处。上海的咖啡馆数量为全球之最，成了人们津津乐道的话题，更成了许多人"喜欢上海的理由"。

咖啡的浓香在城市的各个地方弥散，其中作为上海陆上大门的虹桥地区，咖啡馆也随着商务区建设的蓬勃发展而迅速兴起。在这里，咖啡已不仅仅是一种饮品，而成为一种新的生活方式的象征，甚至逐渐催生一种产业和与之伴生的咖啡文化。

对于这样的过程和趋势，作为闵行区政协委员、也是当地政协委员工作站负责人的周行君，有着突出的感受。本职为新虹街道党工委副书记的他，一直都在深入思考党建工作如何创新。他知道，传统的党建活动已经不能完全适应新的时代需求，尤其是在虹桥这样一个国际化程度很高的区域，如何通过党建引领文化产业的发展，进而推动城市的整体进步，是一个亟待解决的问题。

周行君从小小的咖啡豆上得到了启发。他与咖啡的缘分，来自于参加闵行区对云南保山市的对口援建。正是这段特殊的工作经历，使他接触到了当地的各种咖啡豆，至今说起来还如数家珍。他知道，2021 年世界咖啡师大赛中国

区总决赛冠军潘玮和季军王贵峰的比赛作品，都选用了出自保山的卡蒂姆豆种。

但是，正所谓"酒香也怕巷子深"。保山小粒咖啡，无论是质量还是数量都很优秀，知名度和影响力却不高。周行君了解到相关的情况，直到返回上海后，都在思考如何让保山咖啡走出去、走得更远。

在上海渐趋浓厚的咖啡氛围里，周行君时时寻找着所思问题的答案。2022 年，他在调研中发现一组数据：虹桥国际中央商务区作为贸易中心，人流量大，对咖啡的需求量大。仅在属于闵行的新虹街道不到 20 平方公里区域内，就有百余家咖啡馆，平均下来每平方公里 5.68 家，其中仅申长路沿线就聚集了五十多家，这足以跻身上海街镇咖啡馆数量榜单 TOP10……

周行君的脑海里，又浮现出 2700 公里外的云南优质咖啡豆，它们能否在上海咖啡文化的新重镇火红起来，并且为这里扩大咖啡产业"朋友圈"、建设咖啡文化新高地助力？他把这些想法，在一次政协活动中提了出来，引起许多委员的共鸣，大家把这一主题确定为街道政协委员工作站的调研课题。

## 打响国际咖啡港文化品牌

周行君人如其名，是个行动派。他和委员深入了解了咖啡产业、咖啡文化在区域内发展的现状。他们获悉，虹桥地区正在形成的国际咖啡港，是亚洲最大的咖啡进口港之一，每年处理的咖啡豆占到全国进口总量的 60% 以上。这里不仅汇聚了来自全球的优质咖啡豆，还吸引了大批国内外的咖啡爱好者、从业者、商家和企业。可以说，虹桥国际咖啡港已经成为中国咖啡产业的中心。

周行君等分析后认为，虹桥商务区经过十多年的建设和发展，已经拥有了一流的硬件设施，但在文化等软环境建设上，还缺乏有影响力的品牌和活动。而虹桥国际咖啡港的建设也需要产业与文化的融合。在他们看来，可以通过扩大咖啡港品牌影响力，提升咖啡产业集聚度，孵化出有国际影响力的上海文化品牌。

一个具体的"孵化"路径，也在周行君等的思考中逐渐清晰：打造"虹桥国际咖啡文化节"品牌。他们认为，打造这样的文化节，有着坚实的基础，那就是虹桥国际咖啡港的地理位置和资源优势。此外，作为一个国际化程度很高的地区，虹桥拥有大量的国际商务人士和外籍居民，能为文化节提供潜在的受众群体。

经过大量调研和深入思考，一件题为《关于打造虹桥国际咖啡文化节品牌，促进虹桥国际中央商务区文化产业发展的建议》的提案最终形成，并由新虹街道政协委员工作站和区政协新闻出版界别的委员联名，在 2023 年 2 月正式提交。

之所以有这样的联名，与提案形成的最后阶段，新虹街道工作站发起过一场"头脑风暴"密切相关，他们和区政协新闻界别联组，举行协商调研座谈会，大家共同就提案涉及的主题进行热烈谈论。那一天，设在虹桥品汇的座谈现场热闹非常，连区政协主席祝学军也赶来参加，并提出意见。委员们形成了共识，认同在新虹街道举办咖啡文化节具有区位优势和良好基础，可以以此为切入口，打造咖啡产业集散地、商品贸易港，通过举办丰富的创意活动，拓展咖啡饮品消费的文化内涵，让虹桥国际咖啡文化节成为咖啡行业的标志性文化品牌。

## 国际咖啡文化节余韵悠长

这份汇集众智的提案，提出了多条切实可行的建议，首先是依托虹桥国际咖啡港，发挥"党建 + 文化 + 产业"的系统集成效应，做到党建引领、文化唱戏、产业受益，扩大虹桥国际咖啡港品牌影响力，提升咖啡产业集聚度，孵化有国际影响力的上海文化品牌。其次是建立相关推进和协调机制。可由虹桥商务区、闵行区牵头协调，新虹街道、虹桥品汇公司等单位具体实施，建立咖啡文化节活动协调和推进机制。

提案还提出，围绕"大会展"，打造集中度显示度最高的进博咖啡展示、号召力影响力最大的咖啡行业展；围绕"大交通"，推动长三角产业联动、企业互动、资源流动，提升咖啡产业集聚度；围绕"大商务"，把虹桥国际咖啡港打造成集"咖啡人才培训中心、咖啡贸易促进中心、咖啡品牌孵化中心"于一体的文化新地标、产业新高地。

提案又为扩大宣传和参与度、品牌影响力出实招：以咖啡文化节为主体，开展"1+5+X"系列活动，即一场开幕式、五天"咖啡 +"特色活动（包括行业论坛、咖啡市集、文化交流等）、"X"场主题活动（包括"咖啡＋美食""咖啡＋国别""咖啡＋论坛""咖啡＋阅读""咖啡＋交友""咖啡＋文创"等），由此营造出浓厚的文化氛围。

提案提出的建议，很快被区相关部门采纳。经过反复的研究，以第三届上海咖啡文化周活动为契机，详尽的《第三届上海咖啡文化周产业高峰论坛暨 2023 虹桥国际咖啡文化节系列活动方案》制订完成。

提案提交三个月后，5 月 26 日，2023 虹桥国际咖啡文化节就在人们的期待中拉开了帷幕。这一文化节，由闵行区委宣传部、东方国际（集团）主办，新虹街道、虹桥品汇承办。办节期间，上海咖啡产业高峰论坛、沪滇合作专题推介会等八场活动在虹桥商务区核心区重磅登场。

在虹桥品汇，一场"好咖啡　云南豆"专场推介引来众多的关注，来自彩云之南的二十多种精品咖啡，与上海文化交融、碰撞。咖啡节一个个特色活动，使人们不断遇见生活中的美好。在虹桥综合枢纽，刚刚来沪的旅客可以获得"抵达上海的第一杯咖啡"。"最美咖啡馆摄影展"令艺术爱好者饱了眼福，而喝杯咖啡、听场京剧又让人感到不同文化、不同韵味的奇妙融合……

2023 虹桥国际咖啡文化节余韵悠长。2024 年 2 月 24 日，"抵达上海的第一杯咖啡"活动再次亮相。由区委宣传部、区文明办指导，新虹街道、申虹地产、虹桥品汇联合举办的这一活动，在虹桥火车站举办，不少刚下高铁的旅客，惊喜地免费享用了一杯热乎乎的咖啡，感受到一个"啡"常元宵节。

周行君参加了当天的活动，他说，"我们为旅客送上咖啡，也送上祝福和问候。"他知道，这些有特色、有温情的咖啡节活动的举办，有着政协委员积极建言的助力。看到自己付出诸多心血的提案，渐渐在眼前化为现实，他心里有些激动。

在周行君看来，元宵节的活动，也是新的年度举办虹桥国际咖啡文化节的预热。他想，今后新虹街道工作站将继续发挥政协委员作用，把咖啡文化节打造成为更显标识度、更具影响力的"闪亮名片"，让更多人感受咖啡文化魅力，也感受上海的温情、闵行的温情。

（本文作者：凌寒）

# "花朝节"点染生态岛上万紫千红

**所属区：** 崇明区
**提案名：** 关于在花博会试运行和地方花展期间举办崇明首届"花朝节"的建议
**提案者：** 赵磊等 2 名委员

打开手机扫一扫，搜索引擎查一查，大数据、AI……这些新技术让人们越来越博学，从柴米油盐到宇宙天下，正应了那句俗语"秀才不出门，全知天下事"；这些新技术也让工厂越来越聪明，从原材料到生产、销售，数据已经成为继土地、劳动力、资本、技术之外的第五大生产要素。数据，为人们的生产生活插上"数字翅膀"。

## 用鲜花拼图推动生态岛"美丽经济"

"百花生日是良辰，未到花朝一半春。"2024 崇明花朝节随春花盛开赴约而来，伴着立夏乘势灿烂。今年花朝节为期 46 天，主展区域总面积约 48 万平方米，各类花卉达 600 余种、近 300 万株。花朝节期间，主会场东平国家森林公园，人头攒动、群芳斗艳，随处可见头戴簪花、身着汉服的年轻人拍照打卡，还有汉服巡游、花朝集市、非遗体验等精彩环节，仿佛赶赴一场浪漫的春日之约。

崇明被誉为"海上花岛"。崇明花朝节借第十届中国花博会东风，近年来日臻完善，效应凸显，世界级生态岛有了自己亮丽的品牌和风貌。又有谁知晓，这样的成效，背后还有一件提案的作用。崇明区政协常委、民革崇明区总支部主委、区妇联副主席赵磊，长期关注崇明生态发展。她认为，随着崇明文旅能级不断跃升，举办一场具有高辨识度和大影响力的"文化标签"活动迫在眉睫。于是，在崇明区政协一届五次会议上，她递交了提案《关于在花博会试运行和地方花展期间举办崇明首届"花朝节"的建议》，受到多方高度重视，并由此形成共识，层层推进落实。"年年岁岁花相似，岁岁年年花不同"，用鲜花拼图推动生态岛"美丽经济"，让更多人共享生态发展红利，从而助力崇明世界级生态岛这张"绿色名片"更好地"活起来""走出去"，实现了环境价值和经济价值双赢。

## "我有一个根深蒂固的文化情结"

这件提案的根基，是一份沉甸甸的调研报告。

赵磊虽然是理工科出身，但家学渊源颇深。她曾在崇明区博物馆任职，从事文物研究工作，平时，沉浸于传统文化的探索，尤喜花鸟画谱系的研究。2018年崇明成功申办第十届中国花博会，从那时候开始，她一直关注着花博会的进展，希望作为区政协委员，也能为之奉献一份绵薄之力。

"花博会申办成功后，上海民革高度关注，开展系列调研活动，组织相关主题论坛，作为区民革一员，我也参加了调研走访，了解社情民意，寻找有价值的课题建议。"赵磊说，"花"是崇明绕不开的话题，是穿越千年绘画之外的鲜活存在。在一次次的实地调研中，赵磊发现，当年农历二月十二的"花朝节"恰与花博会试运行和地方花展启动时间完美契合。受到杭州、苏州、武汉等多地举办"花朝节"活动的启发，赵磊认为，在花博会试运行期间举办首届崇明"花朝节"，既可以丰富花博会的内涵，以活动传承花卉文化，同时给崇明花卉产业和乡村振兴带来新的发展动能。

为让这一提案经得起检验，赵磊利用闲暇时间翻阅了大量书籍，查找相关信息，并认真做好笔记。那些古今中外的花卉绘画名作，更是魔力般萦绕在脑海，写实的、抽象的，工笔的、写意的，风华自来。每一个文化知识点、每一次灵感创意的迸发，都像一粒粒种子播撒进她的心里。她只有一个念头：崇明需要一个属于自己的"花朝节"。

她不放弃每一次政协集体视察、花博会筹备组的新闻发布会以及新闻媒体的有关报道，更是不放过每一次和花博会组委会、崇明区委区政府办理提案过程中的讨论和进言，特别是花博会首次花朝节方案制订的不断探讨、不断丰富、不断完善的全过程。即使是机关党组织的花博会工地的参观或党建、团建活动，赵磊都想方设法参加。甚至，志愿服务、场馆压力测试工作也亲自上阵，为的就是关注所必需的信息获得、各种渠道所提供的准确消息，让自己全身心投入。正是这样身临其境、深切体念、深度感受，才有了提案所需的宏观把握、精准献策。

谈及崇明花朝节，赵磊十分看好。她认为，经过四年多的各方努力，崇明花朝节有了比较乐观的外溢效应，崇明有能力和信心，讲好崇明以花为媒、以花美景、以花兴业、以花惠民的时代故事，让娇艳的鲜花不仅盛开在花博园区，而且盛开在崇明三岛沿江环线、田间地头，绽放在村前屋后和老百姓的心田。

## 建言聚焦关注点，议政议到点子上

赵磊谈到撰写提案的心得：着眼一定要高、落地一定要实，建议要有改革创新的精神，要符合自然规律、符合民心所向，更要具有可行性。

第十届中国花卉博览会定于 2021 年 5 月 21 日在崇明开幕。筹办进入冲刺阶段时，根据安排，花博南北两园 3 月下旬将启动试运行和地方花展，为正式开园做好压力测试和预热活动。当年农历二月十二"花朝节"，阳历是 3 月 24 日，恰与花博会试运行和地方花展启动时间契合。赵磊想，若能同步举办崇明首届"花朝节"，深度挖掘花博和花朝互通元素，并与各乡镇的"一镇一花"有机结合，主题上可以相得益彰，都是以花为媒，赴一场花事盛宴，享一番生态体验，必将给崇明生态发展带来新动能。

2021 年 1 月 12 日至 14 日，在区政协一届五次会议报告审议会上，赵磊代表民革界别将提案观点慎重提出。"作为民革党员，'三农'一直都是我们关注的领域。'花文化'长卷般绵延了千年，眼下，'以人民为发展中心'的理念已深入人心，人民生活品质的提升、经济的赋能发展和乡村振兴具有核心地位。"赵磊说。

"该提案在挖掘和展示崇明生态特色上提出了中肯与宝贵的意见，非常有见地。"时任崇明区委书记李政参加政协小组会议如是说。这让赵磊信心倍增，会后第一时间完善了提案，使之有了更开阔的视野、更切实的路径。

提案被花博会组委会和区政府职能部门采纳后，赵磊很受鼓舞。崇明区政协领导和提案委员会不时跟踪提案的递交、协商和办理，分管副主席、提案委主任张荣择时走访赵磊，联系有关职能部门、单位，召开重点提案推进协调会，督促提案的高质量办理。同时，召集赵磊、民革区总支和部分政协委员举行议政会，及时汇聚共识、传导信息。赵磊表示，推动崇明生态发展是惠民举措，是发挥政协作用的着力点，也是一名政协委员为民发声、履职尽责的使命所在。

当花朝节成功降下帷幕之时，赵磊及时把私下评估意见和新建议告诉主承办方，"这时会有一种使命实现的踏实感和小甜蜜"。

该提案的落实和深化得到广泛关注，启发和激励了区政协许多委员积极履职，为崇明生态发展建言献策。他们要为崇明成为真正意义上的世界级生态岛奉献政协的力量。

## "期待花文化成后花博生态文明奇葩"

2021年3月24日，距离花博会开幕还有58天，由崇明区政府、市绿化市容局、市花卉协会共同主办的2021年崇明花朝节，在花博南园（东平国家森林公园）开幕。

提案终于落地，赵磊实践的脚步未曾停歇。在她的组织协调下，几天后，一款由民革上海市委、上海中山学社牵手上海辰山植物园共同命名的莲花新品种"博爱莲"，正式入驻花博会。"这是一次让城市更美好的'美丽实践'！"仪式上，时任民革中央副主席、上海市人大常委会副主任、民革上海市委主委高小玫感慨。

"博爱莲"的入驻，为万紫千红的花博会增添了一抹亮色，也为上海城市景观注入了新的历史与文化内涵。

赵磊表示，"博爱莲"的命名推广，更是民革上海市委利用深厚政治历史资源，推进"花文化"落地的一个创新实践。1918 年 6 月，为感谢日本友人田中隆对中国革命的热情参与，孙中山特赠四颗莲子寄托美好期望。1962 年，田中隆后人设法将这些莲子培育开花并命名为"孙文莲"。以此发端，以孙中山命名的"孙文莲""中山莲""逸仙莲"等在不同的国度和城市繁衍。如今，入驻崇明的这款承载弘扬孙中山博爱精神的高颜值"博爱莲"，已成为博爱精神的"花使"。

据悉，上海市人大常委会副主任、民革上海市委主委徐毅松高度重视"三农"领域新质生产力的相关研究，民革市委数项课题正在紧锣密鼓的调研中，其中有数项"花卉"相关课题。"博爱莲"种植推广等实践工作也在积极推进之中。

"期待花文化成后花博生态文明奇葩！"赵磊如是说。

## 让崇明像花儿一样魅力绽放

"采得百花成蜜时，为谁辛苦为谁甜。"如今的崇明花团锦簇，不仅增添了"好风景"，也被打造成了长江沿岸生态发展的生动案例。以花为媒，打造美丽名片、促进产业兴旺、推动乡村振兴尝到了甜头。

崇明花朝节已然成为产业牵引。每年花朝节期间，走进东平国家森林公园，水杉林下，百万株郁金香一路铺开，绽放各种色彩，不少游客在此赏花、拍照，更是吸引上海、长三角乃至全国的文人墨客，前来采风、写生和创作。"森林公园的紫藤长廊太漂亮了，我每年都要来看一眼。今年的郁金香比去年更漂亮。"赵磊每年打卡花朝节，每次都有新的惊喜。"当初一件提案，如今万紫千红。以游客的身份深度体验花朝节，让我更体会到精准献策的政协委员作用。"赵磊说。

花朝节期间，东平国家森林公园热闹非凡，崇明各处"赏花游"热度持续飙升。三星镇海棠文化旅游节在该镇玉海棠景区成功举办。第二届中兴镇樱花文化旅游节在 C77 园区隆重开幕。各乡镇依托自身独特资源优势，相继举办各类"花文化"活动，吸引八方游客，带动民宿旅游、特色农产品的发展，赵磊说："这是我提案的初衷。"一朵朵鲜花在扮靓乡村的同时，也实现"风景"变"钱景"、"颜值"变"产值",为乡村旅游发展注入了生机,接连不断的芬芳花事成了"海上花岛"崇明独特的气质和名片。

"花样"美景的背后,花卉经济也正在崇明蓬勃发展。代表性花卉和企业的生产订单不断增加,品牌美誉度不断提升。在各类"花事"上,向化镇施家花厢的崇明水仙与漳州水仙共执牛耳,已驰名和畅销全国;庙镇的红掌花和藏红花基地建设日新月异,产值连年翻番;港沿镇的瓜子造型黄杨被国内园艺公司纷纷求购。崇明本土花卉产业不断出圈,花卉企业浸润在"花经济"带来的产业发展活力中。赵磊表示,"'美丽经济'给群众带来了实惠!"

"一枝独秀不是春,百花齐放春满园。"以花卉产业带动乡村振兴,这样的景象近年在崇明已"遍地开花"。而集体经济"钱袋子"鼓起来也正在实现乡村建设的"反哺",村容村貌越变越好,乡村旅游、民宿经济蒸蒸日上。随着崇明花朝节的美名远扬,客流纷至沓来,特色农产品、文创产品集中亮相,周末民宿、特色体验活动爆满,一帧宜居乐业的和美乡村绚丽画卷正徐徐展开。看到这一切,赵磊感到由衷的高兴。

（本文作者：黄胜）

# "110"成为闪耀人民警察荣光的节日

提案号：1210852
提案名：关于创立"拥警爱民日"的建议
提案者：郭翔

2021 年 1 月 10 日。

第一缕晨光穿过寒冬的薄雾，两架悬吊着巨幅国旗和警旗的警务直升机飞过外滩万国建筑群。随着一阵阵汽笛声响起，悬挂着警旗的公安巡逻艇闪烁着警灯，缓缓驶过堤岸，在江面上拉出了一道道洁白的浪花。在这一刻，上海五万公安民警以别样的方式道出了那份喜悦，他们向第一个自己的节日表白："中国人民警察节"，你好！

面对此情此景，伫立在窗前的郭翔心潮澎湃。

## 那道深深伤痕触动了心弦

为了这个日子，八年前春天的一个夜晚，时任上海市政协常委的上海国翔科技（集团）有限公司董事长、总经理郭翔点灯伏案、紧锁眉头，前不久遇到的两件事让他思绪万千——

被聘为上海市公安局警风警纪特约监督员的郭翔在参加市局监督员会议时听闻一个消息，民警小王在抓捕犯罪嫌疑人时，不幸负伤。会后，郭翔赶到医院探望，被眼前的一幕怔住了：小王左脸颊被刀划伤，离眼睛仅一厘米的距离，一条长约十厘米的伤口深深地烙在那儿，虽已进行手术包扎，但长长的包扎带依然能让人想到在生死一刻，他奋勇一扑牢牢守护住了人民群众生命财产安全的情景。此刻，他安静地躺在病床上，也许他还不知道脸上有一道长长的、深深的刀口。

之后的两个多星期，郭翔一直牵挂着受伤的小王。当伤口拆线后，郭翔再次前往探望，未料，由于刀口伤到神经，小王的眉毛产生高低，不能自由抽动皮肤。这可是一个才二十出头的小伙子啊，难道就这样挂着一高一低的两条眉毛生活下去？

郭翔想到了同是市政协委员的李医生，在征得小王的同意后，郭翔带着他赶到医院。李医生经验丰富，一看便知，刀口伤及神经，眉骨间本应相接的两根神经断开了，如要恢复原状，要么手术修复，要么服用一种进口药物，促进神经生长相连，哪一种方法更安全有效？

大家仔细商榷后，决定采用服药的保守疗法。但是当时这种药还未全面进口，很难买到。

药，想尽一切办法买到了！大半年后，小王受伤的神经慢慢康复，经过辅助治疗，眉毛基本齐平，终于能够自由"皱眉头"了。

当小王感激地握着郭翔的双手时，比他更激动的是郭翔。之后两天，郭翔又见到一位在执法中受伤的民警，他的膝盖被碎玻璃刺伤，为了取出藏在碎骨头里的残留玻璃，民警忍着剧痛，让医生一次次揭开皮肤、按压伤口，以确定碎玻璃残留在哪儿，他那痛苦而坚强的脸庞刻在了郭翔的心头。一个念头在郭翔脑海跳出：能否有一种形式让市民和警察能更加密切地沟通？比如，一个节日，或是警营开放日？让市民走进警营、了解警察，从而全力支持公安工作。

究竟怎样的形式好？郭翔还没完全想好。但是，这个想法.很强烈，他觉得自己重任在身：政协委员——有为人民警察呼吁发声的义务，市公安局警风警纪特约监督员——有深入了解人民警察的渠道。

思考再三，郭翔有了撰写一件提案的迫切想法。

## 聆听历史，目标越来越清晰

提笔之前，郭翔走进了位于瑞金南路 518 号的上海公安博物馆，在一帧帧老照片前，他驻足停留；在发黄的档案册里，他寻找往日；在锈迹斑斑的实物展品中，他穿越历史，他看到了波澜壮阔的上海公安画卷——

从 1949 年 5 月 28 日接管国民党上海市警察局的那天起，上海公安于筚路蓝缕之中，从无到有，由小到大，开拓出了一条建警强警之路。

上海公安接管十里洋场，打赢经济金融领域的"淮海战役"，改革开放后破获于双戈持枪抢劫银行杀人案、首起中美合作破获锦鲤鱼藏毒贩毒大案、处置肯德基劫持人质案等一批重特大案件，以及新世纪承担了 APEC 会议、上海世博会等重大安保工作，等等，这些镌刻在上海公安丰碑上的壮阔图景历历在目。

还有，壮烈牺牲的公安英烈盛铃发和严德海，享誉全国的一代名探端木宏峪，等等，这些烙印在上海人民心中的英模集体和先进个人跃然纸上……

如果说，之前，想为人民警察撰写一件提案，是因为这支队伍太辛苦太不易，郭翔希望广大市民更多地了解、理解和支持公安工作和人民警察，但是此刻，他有了更明确的想法，这件提案应该是为人民警察镌刻荣耀和光辉，应该向有关部门建议创立"拥警爱民日"。

郭翔马不停蹄地奔赴上海图书馆、上海档案局，查阅更多的资料，他了解到——

许多职业都有自己的纪念日，比如"5·12"护士节、"11.8"记者节、"9·10"教师节，等等，这些节日确实产生了良好的社会作用，既让这些特定职业者得到了老百姓的尊重，也促使他们更加爱岗敬业，为建设新时代中国特色社会主义和服务人民群众砥砺前行。

再看人民警察队伍——

这是一支在和平年代牺牲最多、奉献最大的队伍。新中国成立以来，有1.6万余名民警在与犯罪分子的斗争中英勇牺牲；10万余名民警在执勤岗位上负伤；3700余名民警被评为革命烈士……人民警察用宝贵的生命、辛勤的汗水，在共和国的土地上植下了一棵棵可以挡风遮雨的参天大树。

这样一支队伍值得也必须拥有一个属于他们自己的节日。

再听听市民群众和人民警察怎么想怎么说？大大小小的座谈会、调研会，组织召开了十多次，也去了十五六个居委会，邀请不同年龄、不同职业的市民一起聊聊天，郭翔听到了最真切的声音——

居委会主任刘霞：作为居委干部，我们看到民警工作很辛苦，有时调解矛盾纠纷还被骂，警民之间确实需要一个沟通的桥梁。

市民吴迪超：我骑电动车送小孩上学被警察拦下，说我违反交通法律，关于交通违法行为，平时不能多宣传宣传吗？

教师张展国：警察严格执法、规范执法很重要，代表了上海城市形象，我们希望能有一些优秀警察到校园里来和我们师生交流互动。

民警刘全辰：老百姓喜欢民警马天民，是因为他真正走进了群众的心里，我们要做的还有很多，还要做得更好，应该有更多的新时代马天民为人民全心全意服务……

不同的声音和意见，郭翔都记录在本子上。他知道，其实所有人都只有一个心愿，就是多些警民交流沟通的渠道和形式，警民能够走得更近些、更亲些，警民应该齐心协力推进社会基层治理多元化。

郭翔的思路越来越清晰，他认为，创立"拥警爱民日"，其根本目的在于，让更多的政府部门和市民群众关心关注人民警察，新闻媒体也能够聚焦这支队伍，同时人民警察能够在全社会、在广大群众的监督下，以更高要求履职，在全国形成崇警爱警、爱民为民的良好社会风气。

那么，这个日子应该选哪一天呢？"110"，三个数字瞬间跃入眼帘。之前，在上海公安博物馆郭翔曾看到——

110报警服务台的建立源于治安形势发展的需要。1986年1月10日，广东省广州市公安局率先建立中国第一个110报警服务台。上海公安110报警服务台始于1993年5月1日。今天的市公安局110报警服务台，近400名接警员翻班接听，全天候在线。"110"，在确保城市安全运行中发挥着不可替代的作用。

"110"，读着这个平凡又不平凡的数字，郭翔已胸有成竹……几经修正，《关于创立"拥警爱民日"的建议》的提案正式出炉。

## 亲送蛋糕贺首个"警察节"

2012年初，在市政协十一届五次会议上，郭翔郑重地提交了这件提案，并得到市政协领导、民进上海市委领导的关心和支持。

在提案中，郭翔指出："世界上有不少国家都设有警察日或警察节，每到这一天社会各界举行各类欢庆活动，这些活动对树立警察形象与威信、和睦警民关系均起到一定的促进作用。"

他还写道："当前我国已进入经济发展的转型期，警察在构建和谐社会中起着越来越重要的作用。据我了解，公安部每年在元旦、春节期间都要开展'爱民月活动'，我感到创立'拥警爱民日'在当前具有强烈的现实意义，并能产生良好的社会效应。建议在上海先行。"

郭翔建议选择将 1 月 10 日作为拥警爱民日。他阐述了理由：这一天，是开展警民互动的好日子，可举行警民恳谈、警民联欢活动；这一天，是所有媒体宣传公安、关爱民警的宣传聚焦日，让社会神经触一次电，"警"醒一下：平安日真的来之不易；这一天，是全体警察提升荣誉感、自豪感，增进家庭亲情的好日子。

关于这件提案，还有一个小争议，就是"拥警爱民日"究竟是 1 月 10 日好，还是 7 月 6 日好？因为有人提出 7 月 6 日是新中国公安部队成立日。不过，经过热烈讨论后，最终还是定于 1 月 10 日，因为这与公安 110 报警热线相吻合。

……

提案很快递交到上海市公安局等部门。市局对此十分重视，局领导相继作出批示，并多次召开会议，还赴黄浦公安分局南京东路派出所和上海公安博物馆进行调研。

2012 年 7 月 16 日，市公安局召开党委会，听取有关创立"拥警爱民日"情况的汇报，形成《关于创设"拥警爱民日"有关问题的请示》，报请公安部政治部征询答复意见。10 月 23 日，公安部政治部答复说，根据《中共中央办公厅、国务院办公厅关于节日、纪念日、活动日设立程序的通知》有关"确有必要设立地方性或者行业性节日、纪念日、活动日的，分别由有关省级人民政府、国务院有关部门提出意见，报国务院批准"的要求，公安部对于设立"警察节（日）"和"拥警爱民日"等行业性节日将统筹考虑，适时报国务院申请批准。如上海设立"拥警爱民日"，需上海市政府报经国务院批准。

2013 年初，在市政协十二届一次会议期间，郭翔再度提交编号为 1210852 的《关于创立"拥警爱民日"的建议》，希望尽快设立相关节日。提案办理单位市委政法委表示，将围绕加强"树警察威势，立法律尊严"理念开展一系列活动……

与此同时，郭翔开始将建议创立"拥警爱民日"定为自己的"重要工作"之一。几年间，他时时关心关注着提案办理的进展。他注意到，在每年的全国"两会"上，有不少人大代表、政协委员也多次提出为人民警察设立节日。这些议案、提案，反映了两百多万人民警察在全国人民心目中的地位，也是广大人民群众和社会各界的呼声与期盼，这也更加坚定了郭翔要努力将提案落为现实的信心。在担任市政协常委期间，他逢会必提，并一次次补充、论证创立"拥警爱民日"的可行性、必要性。

曾经深耕细作，终于瓜熟蒂落。2020 年 7 月 21 日，经党中央批准、国务院批复，自 2021 年起，将每年 1 月 10 日设立为中国人民警察节。

第一个中国人民警察节，在 2021 年 1 月 10 日拉开帷幕。一大早，郭翔就开车载着他亲自参与设计制作的蛋糕，去问候警察朋友们。

车子开在路上，他看到很多大商圈的户外大屏幕上，滚动投播着警察节的主题海报，市民驻足观看。在路口，郭翔看到一个熟悉的身影，市先进工作者、徐汇分局交警支队一大队副大队长王润达正全神贯注指挥交通；还有老朋友、长宁分局北新泾派出所民警钱海鸥也发来微信，说正在下社区走访群众……许许多多的普通民警，用坚守平凡岗位庆祝属于自己的节日。当把书写着"拥警爱民"四个大字的蛋糕送到民警手中时，这份来自普通市民的深情问候，让他们的笑容在冬日晨曦中灿烂起来。

回到办公室，郭翔打开电脑，"东方 110"特别节目《我们的节日》有好多市民网友刷屏留言："上海民警是实实在在的上海温度，祝警察蜀黍节日快乐！"后面也有"警察蜀黍"暖心地回复："'110'不仅是千千万万个警察暖心的日子，更是让老百姓安心的号码。"

温馨的对话，让郭翔也情不自禁敲击鼠标，留言写下了八年前提笔撰写《关于创立"拥警爱民日"的建议》时，就装在心里的话："'中国人民警察节'

是对人民警察队伍为党和人民利益英勇奋斗的充分肯定，体现了鲜明的政治性、广泛的人民性和警察职业的标志性。警民鱼水情深，是建立良好社会治安的基础，人民城市会愈加美好。"

1月10日，一个平凡而特殊的日子，从此有了更深厚的含义！

(本文作者：宁穗)

# 为失智老人撑起社会"保护伞"

**提案号：** 1310039
**提案名：** 关于进一步完善上海失智老人家庭照护体系的建议
**提案者：** 九三学社上海市委

2018年1月，上海市政协全体会议召开期间，来自九三学社上海市委的集体提案"关于进一步完善上海失智老人家庭照护体系的建议"引发了社会的广泛关注，沪上各家媒体纷纷报道。但对于不少媒体习惯性地将老年失智症唤作"老年痴呆"，提案执笔人之一，九三学社市委老年工作委员会（以下简称老委会）副主任陈以文至今仍耿耿于怀："从这样的称呼里，我们就能听到当时社会对于失智老人的误解以及因此产生的病耻感更加重了家属照护的负荷。"

2022年，该提案入选市政协优秀提案典型案例。荣誉的背后，是20年来以九三老委会为代表的九三学社各级组织对上海养老事业发展的责任担当，更饱含了他们自觉肩负起推动建立失智老人家庭照护体系的履职情怀。

## 一

步入2000年，老委会作为九三学社上海市委工作委员会之一，开始积极承接并参与管理社市委相关重点课题。这支当时由九三学社中来自各行业的老年专家、学者、各级政协委员和人大代表组成的队伍，在定期组织开展政策学习、时事交流和社会调研等活动，举办文化、艺术和科技与健康等社会各方面讲座的过程中，建立起了自己的履职品牌"老年茶座"。

从那时起，日益严峻的城市老龄化问题，成了大家关注的焦点。2008 年，时任老委会主任，同时也是市政协常委、九三学社上海市委副主委的张良仪提出，九三学社的参政议政工作就是要做到激发社员在各专业领域"先知先觉"的能力，并启发相关社会领域的"后知后觉"者，推进政府作为，然后，最大可能地带动"不知不觉"的社会群体，共同加快社会变革和发展。

他说："民主党派的一项重要社会责任就是通过参政议政，了解政府想做啥，想政府所想，急政府所急，帮助发声。老年人养老涉及的社会方方面面问题是最重要的民生问题，老年人在社会群体中的声音较弱，九三学社老年委员会应当开展长期的、专门性和专业的课题研究。"

正是在这一理念的引领下，老委会工作深入展开，还多方联合社会资源，通过专题研讨会、论坛和调研，搭建履职平台，直击社会热点，深度交流研讨。"老龄问题由年轻人来做才有生命力"，当时还在上海市老龄科学研究中心工作的陈以文，正是因为深度参与过这些由老委会搭建的平台，发表了不少论文，所提意见建议，引起了张良仪的注意。

"当时张主任问我愿不愿意加入九三学社。"当年往事仍历历在目，在和九三学社的老专家长期共事的日子里，老专家们一丝不苟、为了所有老年群体福祉潜心钻研的精神，早就深深感染了陈以文。

很快，陈以文就以一名九三学社社员的身份，参与到了老委会的老龄课题中，也正是在以她为代表的年轻一代新鲜血液的不断加入，许多课题终于开花结果。老委会从 2010 年起就重点关注社会各类老年困难群体，如失能老人护理、就医、家庭照顾、医养结合直至生命末期的社会问题。20 多年来已经完成课题超过了 30 个，课题成果多被转化为"两会"的集体或委员联名提案。其中，九三学社上海市委在市政协十一届四次会议提交的集体提案《积极关注"临终关怀"，城市让生命更完美》（第 0312 号提案）被评为 2012 年市政协优秀提案，并荣获了市政协 2010—2015 年课题优秀提案特别奖。

## 二

2010 年 12 月的一天，张良仪找到了陈以文，邀请她参加由上海市政协组织的针对养老课题的专题调研。因自己并非政协委员，却能以民主党派成员的身份参加调研，陈以文非常珍视这样的机会。她清楚地记得，当天和委员们一起考察了上海市第三福利院，"这是上海第一家开设失智照料床位的市级公办专业养老机构，建有失智床位250张（失智床位占比62.5%），这样的条件在当时上海可是数一数二的。"

对专业养老机构有了全新认识的同时，陈以文更因政协委员在座谈会上，就养老问题提出的意见建议，打开了全新的视野。"政协委员来自社会各个界别，对同样的问题，往往能从不同的角度，提出独特的见解，这为我重新认识养老问题提供了很大的启发。"回来后，通过与社员们的讨论和分享，对失智老人的照护问题，开始成为老委会的关注重点。

与此同时，失智老人的全社会关注度也在日益提高。2012年中国人口福利基金会和央视新闻中心共同在青浦朱家角镇发起"黄手环行动"社会公益项目，为那些身处走失或者其他危险的老人提供帮助。2013年，上海剪爱公益发展中心在沪发起"记忆的守望者"项目，组建医师、社工师、康复师、心理咨询师和健康管理师等跨学科的专业志愿服务团队，在全市200多个社区为55岁以上的社区长者开展脑健康科普、风险筛查与评估等志愿服务。

陈以文和社员们通过积极参与跟踪这些项目，积累起更加专业的知识储备的同时，随着新一批年轻社员的加入，为课题研究带来了全新的活力。2024年2月，被选树为上海社会福利领域巾帼之星的社员胡如意就是这些年轻社员的代表之一。

源于童年经历，现任上海市浦东新区社会工作协会秘书长的胡如意，年纪轻轻就对失智老人问题有了非常专业全面的认识。"现在回想，我爷爷应该就是典型的失智症患者。时年高考，因为父辈突遇疾患，在爷爷初步出现症状时，没有能力把爷爷留在家里照顾，只能送去养老院。"此后的近10年时光里，眼看着曾经硬朗、80岁时还能在凌晨独自骑行去十多公里外的老街吃新鲜羊肉的爷爷，逐渐出现记忆衰退、错拿物品、脾气变大，到之后的辨识模糊、经常摔倒，当时的养老院还没有失智症专区，更没有失智症照护的专业力量。至今，胡如意回忆起来依然心如刀绞。

本科毕业后，胡如意成了一名社会工作者，直接服务于弱势青少年和老人。同时，她边工作边学习，又获得了香港大学社会工作学专业的在职研究生学位。在不断的深入研究和实践工作中，她思考了很多：如何在政策制度的层面，为失智老人提供更多更好的社会专业服务？要完善失智照护的服务体系！胡如意越发希望能通过自己的努力，把更多的"爷爷"留在家里，弥补曾经的遗憾。

2016 年，经陈以文介绍，胡如意加入了九三学社，也正是在当年，她主持完成了由上海市民政局委托的专项课题《社区非正式照护体系构建路径研究》，使她对非正式照护体系，尤其是家庭照护有了更深刻的理解。不久之后，她所在的浦东新区社会工作协会联合上海养老先锋社群合作举办"家庭照护支持的现在与未来"主题沙龙，胡如意以《社会工作介入老年人家庭照护服务的优势与局限》为题从专业视角和思考做了分享。陈以文则应邀参加第十三届世界华人地区长期照护研讨会，与港、澳、台等地区和内地实务人员以及日韩的专家交流长期照护的经验。

同年底，经老委会课题会议商定，计划 2017 年向社市委申报课题《完善养老服务家庭照护制度的建议》，旨在针对本市高龄失能人群，解决其在家或在院长期护理服务和照护人员紧缺的社会问题，提出建立家庭支持性照护保障体系。

# 三

2016 年底我国民政部发布《中国老年人走失状况调查报告》，报告显示，中国每年走失老人约为 50 万人，平均每天约有 1370 个走失老人案例发生。从年龄上看，65 岁以上老人容易走失，在走失老人中比例达到 80% 以上。

2017 年初相关信息在社会层面持续发酵，同时一部反映中国认知症患者的纪录电影《我只认识你》也在全国引发了社会持续关注。在当年 3 月份的一次"老年茶座"活动中，老委会就 2017 年申报课题内容方向的讨论过程中分享了这一社会热点话题，课题组充分听取了老年社员、老专家们的意见，一致决定将 2017 年参政议政申报课题名称改为《关于建立上海失能失智老人家庭照护体系的建议》，把原"高龄失能人群"聚焦定位为"失能失智老年人"。

2017 年课题申报立项后，课题组深入社区和社会各界，对本市从事"失能失智"服务的政府项目和承接服务的社会组织开展调研，涵盖了普陀、闵行、黄浦、静安、浦东新区从事长者照护、日间照护机构和社区综合为老服务中心，以及创新设立的认知症友好社区。访谈了包括浦东新区塘桥社区居家健康服务社、上海剪爱公益发展中心、爱照护、上海新途社区健康促进社、静安区江宁路街道爱老家园、上海尽美长者服务中心、福寿康（上海）家庭服务有限公司、健租宝健康服务（上海）有限公司、上海悦安健康促进中心、上海浦东手牵手生命关爱发展中心等 10 多家早期研究和从事认知症创新服务项目的社会组织。

同时，积极参与业界组织举办的相关研讨会，参与讨论和学习，包括：

2017 年 3 月 15 日，参加"第二届中国养老行业陆家嘴峰会"，了解行业实务层面的进展和动向。

2017 年 5 月 3 日，邀请上海市老龄科研中心的专家、领导（市民政局直属事业单位）和市老年学学会专家，以及相关课题组成员 30 余位赴金山区上海颐和苑老年服务中心参观调研、交流。

2017 年 6 月 6 日至 9 日，组织参加"2017 年老年健康社会工作论坛"。

在第七届"上海公益伙伴日"期间，参加了"爱的力量——《我只认识你》幕后分享会"以及上海市社会工作者协会和"老牛工作室"联合举办的"认知症友好社区的推动和探索"主题沙龙。课题组获取了大量的研究数据和社会解决方案，为课题在认知症家庭支持照护和非药物防控的探讨提供了依据。

2017 年 9 月 20 日，老委会组织课题终期评审，听取来自上海市老年学学会专家和社内老委会原老领导、老专家对课题的意见和建议。

2017 年 11 月 2 日，陈以文参加"失智症早期预防及干预策略研讨会"（上海市卫生和健康发展研究中心等主办），了解卫生和医疗在认知症领域医疗、药物和照护的科研进展和服务发展。

经过近一年的努力，课题成果最终经过九三学社上海市委参政议政部的组织转化，在 2018 年的市政协十三届一次会议上，成为九三学社上海市委集体提案"关于进一步完善上海失智老人家庭照护体系的建议"。提案建议主要包括四个方面：完善支持失智老人家庭照护的社会政策；完善失智症的筛查、评估和预防工作；完善针对失智症家庭照护的支持服务；扶持增加社区失智症专业照护机构，为家庭照护提供支撑。

# 四

2018 年，上海市民政局印发了沪民福发〔2018〕11 号和沪民福发〔2018〕33 号两个文件，提出在全市改建 1000 张失智床位并完善评估标准，提案建议被采纳，并迅速落地见效。

"我们起初对提案答复的初稿并不是太满意，因为有些意见建议没有被提及。"据陈以文回忆，在提案办理过程中，提办双方都高度重视与共同努力，"大家心往一处使，积极推进工作"。

收到答复初稿后，九三学社上海市委曾以书面形式再次向提案承办单位提出，有关部门应尽快实施"失智症的社会普及和社区预防"，并强调"失智症的照护是异于普通失能老年人的一项复杂照护服务，应重视社工师的专术功能以及特有工作方法的作用"，重提了"老年志愿者的人力资源和专业化系统培训"的重要性等具体建议。

为此，相关部门负责人亲自带队赴九三学社上海市委办理提案。经过多次深入沟通交流，双方形成了许多共识，并在最终的提案答复中，针对性地提出了进一步完善失智老人照护体系的构想：

加强认知症照护体系的顶层设计，加强专业机构照护，完善认知症照护的需求评估标准，探索建立认知症老人的社区和家庭照护体系。

实施《上海市老年照护统一需求评估指南（试行）》（2017 版）纳入认知症项目，全市共有护理站 108 家，为失智老人提供相关医疗护理服务。

实施老年照护统一需求评估，试点实施符合条件的享受长期护理保险等。

在"共识"加持之下，提案"效应"持续溢出。2018 年 9 月，中华慈善会上以"失智症"单独募集基金，并在上海教育电视台播出一套失智关怀的教育节目，在各区的综合为老服务网络，提供专项的培训，支持社区家庭养老。

2019 年起，上海市民政局又先后制定下发了 8 个文件，在全市启动了五批老年认知障碍友好社区建设的试点工作，全市约有 150 个街镇与专业机构合作，在社区内广泛开展老年认知障碍的宣传教育、风险测评、早期干预、家庭支持、资源链接和平台建设等试点。

2022 年、2023 年市民政局又先后下发文件，下拨市级试点经费 2070 万元和 2235 万元，用于开展老年认知障碍友好社区建设试点单位，并要求各区（街镇）要按照不低于市级试点经费 1:1 配比的标准，落实好配套资金。截至目前，全市已建有"认知症照护床位"1.3 万张，一定程度上为认知症老人的机构照护提供了供给保障。

# 五

作为全国最早进入老龄化社会的城市，数据显示，上海社区老年人的认知障碍患病率为 4.63% ～ 6.5%，认知障碍前的风险人群约为 15%，而 2022 年前本市 98.5% 的老年人从未开展过规范的认知评估与诊断。作为"第五轮公共卫生体系建设三年行动计划"重点内容，市卫健委自 2022 年将本市首创的"三分钟"筛查实现早发现法，纳入"社区老年人群记忆筛查率达 80%"的工作目标，以推广多渠道、多形式、多层级递进式的认知症干预机制，专业筛查被列入政府工作。

提案相关的四大建议中大部分意见，目前都已纳入了相关部门的日常工作并得到了积极推进。随着"家庭床位"试点、"家庭病床"推进和医养结合工作完善，也为建立认知症家庭照护体系提供了良好的基础……

与本市失智老人照护体系发展一步步前行的九三学社课题组社员们，在看到成绩的同时，也看到更深层次的矛盾。陈以文认为，囿于长期存在的客观问题，认知症家庭照护体系还没有真正建立起来，提案建议的专业化个案管理和家庭照护专业服务的转介链机制也没有形成，失智老人家庭照护家属的负荷还没有切实得到有效的缓解。她坚定地表示："我们九三学社上海市委课题组将持续关注这一课题，继续深入调研，开展更多角度、更多层级的研究，为不断推进这项事业继续努力。"

（本文作者：谢臻）

# 呵护"最柔软的群体"

**提案号：** 1320060
**提案名：** 关于尽快制定上海市科学托育服务发展规划的建议
**提案者：** 市政协社会和法制委员会

2022年11月，上海市十五届人大常委会第46次会议表决通过了《上海市学前教育与托育服务条例》，并于2023年1月1日起施行。"这是国内首部将学前教育与托育服务合并立法的地方性法规。"长期关注儿童友好城市建设的时任全国政协委员黄绮为此点赞。她表示，学前教育和托育服务面向"最柔软的群体"，事关千家万户，是民生保障的重要环节。相关条例的出台，离不开上海近年来持续破解学前教育与托育服务发展瓶颈问题的努力。"在社会各界的推动中，也有来自政协和政协委员的力量。2018年，上海市政协社会和法制委员会曾牵头组织政协委员和专家学者成立课题组，开展相关重点课题调研，并将调研成果转化为政协提案，提出建议，力促瓶颈问题的解决。"

黄绮提及的那件提案，是2019年初上海市政协十三届二次会议期间上海市政协社会和法制委员会提交的"关于尽快制定上海市科学托育服务发展规划的建议"。

## 以问题导向开展高密度调研

深入推动幼儿托育服务健康有序发展，是上海贯彻落实党中央"幼有所育"精神的必然要求，是全面落实国家人口战略和"二孩政策"的客观需要，也是实现上海城市可持续发展的关键所在，更是关系市民切身利益的民生大事。

随着上海人口规模和结构发生变化，市民群众对多元化的家庭育儿指导、普惠型托育服务的需求变得更为迫切。2018 年 4 月，上海在全国率先发布了托育服务工作"1+2"文件（"1"即市政府发布的《关于促进和加强本市 3 岁以下幼儿托育服务工作的指导意见》；"2"即市政府办公厅发布的《上海市 3 岁以下幼儿托育机构管理暂行办法》，和本市 16 个部门联合出台的《上海市 3 岁以下幼儿托育机构设置标准（试行）》），提出了"政府引导、家庭为主、多方参与"的基本思路，鼓励多方参与，多渠道扩大托育服务供给，指导家庭科学育儿，推动托育服务体系建设。

文件推出的同时，在部分区先行先试。2018 年中，上海市政协按照中共上海市委要求，组成了由时任市政协副主席徐逸波领衔、社会和法制委员会牵头的课题组，组织政协委员和相关专家学者开展"深入推动 3 岁以下幼儿托育服务健康有序发展"重点课题调研，并深入分析研判上海托育服务发展中存在的困难和问题，针对性地提出意见建议。

7 月 12 日，市政协社法委召开课题调研座谈会，听取市政府和市教委相关情况通报并座谈交流。"这项重大课题调研，要着眼瓶颈问题着力推动政策落地。"徐逸波说，课题调研应重点关注上海"1+2"托育服务文件在推进落实过程中面临的障碍、瓶颈，希望委员们在深入调研基础上精准建言。

7 月 19 日，课题组赴浦东新区开展调研，实地查看华翘托育园、听取区教育局等的工作情况介绍后，委员们对幼托机构的可持续运营表示高度关注，"缓解托育服务的供需矛盾，关键在调动运营主体的积极性。如果在政策支持上没有大的突破，托育服务就会成为试点区'盆景'，难以复制、推广。"

7 月 24 日，课题组赴闵行区开展调研，实地考察了 2 处由街镇购买服务的非营利性托育机构——新虹街道和虹桥镇的德英乐托育园、1 处营利性托育机构——莘庄镇德浦托育服务有限公司、1 处单位设置的免费福利性托育点——古美社区卫生服务中心亲子工作室，听取了相关工作情况介绍。座谈中，不少市政协委员围绕完善托育服务提出建言：推动 3 岁以下幼儿托育服务健康有序发展，前提要进一步摸清需求底数，同时还要有相对精准的预测，以免资源浪费；针对不少企业、园区年轻职工家庭对孩子入托入园有较大需求，企业和园区也愿意开设托育点的情况，要因地制宜，有更加务实的措施予以支持；应切实加强对行业的管理，重视从业人员的教育培训，严把准入关；进一步完善家庭养育支持服务系统，应有更多相应政策，支撑家庭为主、多方参与的政策初衷。

7月30日，课题组赴静安区开展调研，实地考察了华业托儿所、静安区托育服务指导中心、延长路东部幼儿园，听取了相关工作情况介绍。座谈中，不少委员的话题聚焦如何切实加强托育服务队伍建设：在2018年4月出台的文件中，对托育机构及人员提出了较高的从业标准，而真正符合相关条件的从业人员非常少；托班的孩子年龄小，身心发展的特点与幼儿园年龄段孩子不同，让教惯了"大孩子"的老师一下子转带"小孩子"，往往会觉得"能力不足"，而生活照护方面，对保育员也会有更高要求。

8月1日，课题组赴徐汇区开展调研，实地考察了长桥街道中海瀛台居民区拾贝湾悦读馆、市立幼儿园、市妇女儿童服务指导中心，听取了相关工作情况介绍。委员们认为，应尽快规划托育服务队伍建设的近中期目标，拓宽托育职前培养途径，加强在岗教育培训。

8月17日，课题组赴黄浦区开展调研，实地考察了中华托儿所、上海黄浦俊星托育有限公司和五里桥社区幼儿托管点。详细了解了黄浦区公益性民办托儿所、营利性托育机构、社区幼儿托管点实事项目的运营机制和情况。"有力度、有特色、有成效。"课题组对黄浦区3岁以下幼儿托育服务工作给予了充分肯定。委员们希望黄浦区在总结前阶段试点经验的基础上，围绕需求调研科学规划、家庭育儿政策支持、加强队伍专业建设、鼓励社会多方参与、强化事中事后监管和配套法律制度保障等方面下功夫、出举措。

通过对托育工作试点区的深入调研，课题组认为，上海幼儿托育服务各项工作正在积极、有序、稳妥推进，但托育服务发展仍面临不少困难和问题，主要表现在以下几个方面：

托育服务资源总体供给不足。一是托育服务供不应求矛盾比较突出；二是托育服务供需存在结构性矛盾。普惠性托育机构数量不多，难以满足市民的入托需求，很多民办托育机构的收费又超出了市民可承受的经济能力，进一步加剧了托育服务供给与实际需求不匹配的矛盾。

社会各方参与发展托育事业的积极性不够高。一是现有公办幼儿园由于资源紧张等因素，增开托班难度较大；二是托育机构准入门槛偏高，申办难度较大；三是不少托育机构运营风险大、成本高，可持续发展难。

托育从业人员数量和质量难以适应托育机构发展的需要。一是专业托育从业人员数量短缺；二是现有托育从业人员素质参差不齐，专业化程度不高，托育从业人员的业务培训和管理考核尚需加强。

托育服务监管机制亟待完善。相关工作比较注重事前审批，但尚未形成常态长效、科学动态、闭环无缝的监管机制，在加强事中事后监管、充分运用高科技手段来提高日常监管实效等方面的措施还需进一步加强。同时，在监管合力方面，条线之间、条块之间的整合力度还有待加强。

## 转化调研成果　提交提案建言

2019 年初，上海市政协十三届二次会议期间，基于 2018 年"深入推动 3 岁以下幼儿托育服务健康有序发展"重点课题调研成果，市政协社会和法制委员会提交"关于尽快制定上海市科学托育服务发展规划的建议"提案。

提案建议有关部门在深入调研、摸清底数的基础上，对上海托育服务体系进行顶层设计，明确以普惠性托育机构为主、营利性机构为补充的原则，并坚持以托幼一体化作为主要发展模式，统筹解决托幼供给总量、托幼需求结构和托幼服务质量问题。具体建议如下：

深入调研，准确掌握托育需求情况。根据未来五至十年上海人口变化总体规律，摸清全市不同年龄段幼儿家庭实际托育需求总量，了解市民可承受的价格区间、托育服务类型等，做到需求和供给相对平衡，避免结构性富余和结构性紧缺的矛盾，防止基础服务设施的浪费。

科学规划，加强托育服务顶层设计。研究制定上海市 3 岁以下幼儿托育服务五年发展规划，作为专项规划纳入城市总体规划，形成"规范化、多层次、多样化、可选择"的托育服务格局。

细化措施，促进托育服务相关制度落到实处。加快制定完成与"1+2"文件相配套的管理制度和工作措施；加强对"1+2"文件的实施执行情况进行调研，对普遍反映的一些突出问题要分析研究，适时修改完善相关规定，在确保安全的前提下，给予区级政府在发展托育服务工作方面一定自主权。

固化经验，适时探索托育服务地方性立法工作。处理好先试先行实践探索与逐步完善法制保障的关系，在探索实践的基础上，把实践中行之有效的做法，提炼固化成制度，探索托育服务地方性立法工作，为上海托育服务健康有序发展营造更加完善的体制机制和法制环境。

上海市政协十三届二次会议期间，除了市政协社法委提交的"关于尽快制定上海市科学托育服务发展规划的建议"提案，另有多件提案围绕托育相关工作建言。"关于尽快制定上海市科学托育服务发展规划的建议"与"关于完善本市 3 岁以下幼儿托育工作相关政策的若干建议""关于加强上海市托育机构师资队伍建设问题的建议""关于本市构建'互联网＋托育'的幼儿托育服务管理体系的建议""关于缓解上海 0—3 岁幼儿入托问题的建议""关于进一步推进本市托育机构发展的建议"以及"关于加大改革力度，切实提高本市公办幼儿教师基础工资水平的建议"这 7 件提案，形成当年度市政协重点协商办理"深入推动 3 岁以下幼儿托育服务健康有序发展"提案专题。

## 助推"行动计划"和"条例"出台

2019 年 5 月 23 日，上海市政协重点协商办理"深入推动 3 岁以下幼儿托育服务健康有序发展"提案专题座谈会在虹口区广中路街道召开，市教委和市人力资源社会保障局相关负责人介绍了幼儿托育和提案办理情况。座谈前，委员们实地考察了虹口区同心托育园，市政协副主席徐逸波参加。

座谈中，委员们聚焦主题展开交流，围绕合力促进托育服务有序发展、增加托育服务供给、加强托育服务信息化建设等方面提出意见建议，并对本市幼托机构目前的开展情况以及后续政策的跟进力度表示关注。

据市教委介绍，本市托育工作坚持"政府引导、家庭为主、多方参与"的总体思路，相关部门多措并举、有效协同，取得积极成效。多位委员十分关注幼托机构的教师待遇及师资队伍的素质问题。对此，市人社局表示，将加大力度研究解决幼托教师队伍待遇问题，提高育婴员培训效能。

徐逸波表示，要把坚持不懈发展托育服务事业作为本市的民生大事来推进，在保障安全的前提下，加快推进普惠性社区托育机构的开办。同时，政协委员要争当建言献策主力军，继续为本市幼儿托育健康有序发展"鼓与呼"。

"关于尽快制定上海市科学托育服务发展规划的建议"提案承办单位上海市教育委员会在答复中表示，市教委将与上海市公安局人口管理部门有效对接，对市域当年常住人口中适龄入托入园儿童数量进行总体掌握，同时，结合市妇联、市总工会的相关调研和国家政策，开展进一步的综合调研，科学预判未来几年的人口变化，做到对托育点和托育机构的合理布局，并将科学托育服务发展规划的相关内容纳入"十四五"规划纲要中。"上海市托幼联席工作会议已组织专家组，对上海市的幼儿托育工作进行总体规划，拟研究出台上海市托育工作三年行动计划，重点是优化结构，设定普惠性托育机构和其他类型托育机构的发展目标和规模比例，使供给和需求相匹配。"同时，将进一步加强管理队伍和从业人员队伍建设，"在市托幼工作联席会议的体系下，各区也成立了区托幼联席工作会议，对各区托育服务工作的开展进行综合指导"。

2020年6月，上海出台《关于深入贯彻落实"人民城市人民建，人民城市为人民"重要理念，谱写新时代人民城市新篇章的意见》，把促进"幼有善育"作为进一步提升城市温度、实现品质生活的重要抓手，赋予了托育服务工作新的时代内涵和使命责任。

2020年9月16日，上海市政府新闻办举行新闻发布会，宣布上海发布并实施第一轮托育服务三年行动计划，也是全国首个托育服务行动计划——《上海市托育服务三年行动计划（2020—2022年）》，从制度层面明确了上海托育服务工作的前景方向。

《三年行动计划》明确，上海将用3年左右时间，进一步整合优质资源，动员社会力量，持续扩大托育服务资源供给：一是大力推进普惠性托育点建设二是坚持托幼一体化方向增加托育服务供给；三是加强多元化托育服务资源供给。《三年行动计划》还从全面加强组织领导、扎实推进队伍建设、加大支持保障力度、切实强化安全管理四个方面明确了保障机制。

2023年1月1日起施行的《上海市学前教育与托育服务条例》，更是从地方立法层面进一步夯实了上海学前教育与托育服务工作的发展基础。以人民为中心，体现"人民城市"建设要求，坚持政府主导、社会参与、普惠多元、安全优质、方便可及的原则，是上海学前教育与托育服务发展的基本遵循。学前教育与托育服务以政府主导，以提供普惠性服务为主体，这一发展原则被进一步明确。各级政府、各部门对学前教育与托育服务的投入保障、监管等责任，在《条例》中进一步落实、落地、落细，解决了从机构设立到事中事后监管的闭环管理的问题。《条例》还提出，要将社区托育服务和家庭科学育儿指导服务纳入"15分钟社区生活圈""乡村社区生活圈"和社区综合服务体系建设，各类"宝宝屋"无疑将越办越好。

"关于尽快制定上海市科学托育服务发展规划的建议"提案，入选十三届市政协优秀提案典型案例。

（本文作者：顾晓红）

# 做"幼有善育"的参与者见证者

提案号：1320395
提案名：关于优化配置本市社区儿童活动场所的建议
提案者：市妇联


如今，"宝宝屋"、阅读新空间、儿童友好公园和友好医院等在上海社区遍地涌现，为儿童提供了丰富多样的活动和服务选择。它们的建成和发展，不仅满足了上海社区儿童成长的需求，也促进了家庭和社会内部的和谐发展。

社区儿童活动场所呈现日益多元、便捷和科学化，不仅广受家长好评，也令上海市政协委员翁文磊倍感欣慰。


## 五年前的"两会"建言

"优化配置社区儿童活动场所，对标国际最高水平，共建'儿童友好型城市'，是上海建设卓越的全球城市和具有世界影响力的社会主义现代化国际大都市的重要组成部分，也是未来上海城市发展愿景的不可或缺要素。"2019年1月29日上午，上海市政协十三届二次会议举行大会发言，时任上海市妇联副主席的翁文磊如是说。

作为长期从事妇幼工作的一名政协委员，翁文磊始终致力于围绕加强顶层设计和改善民生出发积极建言。2019年上海两会期间，她所在的市妇联在广泛听取市妇代会代表、全市各界妇女群众的意见和建议的基础上，围绕幼儿托育、妇幼健康、生育配套制度创设、家庭养老等问题提交了10件提案、议案。其中，翁文磊代表市妇联在政协大会发言上的提案建议，引起有关方面的高度重视。

精准的建言质量缘自扎实的前期调研。2019 年，市妇联联合市妇儿工委及上海社科院课题组，有计划、有针对性地对上海社区儿童活动场所进行了排摸调研。调研中，一组数据令人印象深刻：截至 2017 年底，本市中小学生视力不良新发病率为 29.86%，比 2016 年上升 2.36 个百分点；本市托幼机构儿童肥胖检出率为 4.56%，进入义务教育阶段，中小学生的肥胖检出率达到 18.17%，指标值均呈现上升趋势。

"探究其原因，我们发现儿童的日常活动空间正不断被挤压、被侵蚀。"翁文磊指出，基于成人视角的城市规划和经济主导的发展模式也带来了诸多新问题：日益增多的城市人口、日趋拥堵的公共交通、日渐萎缩的社区儿童活动场所。

调研显示：上海儿童对社区范围内建设儿童娱乐游戏场所与设施的需求高达 80.1%，位列各项社会服务需求的第一位。但同时，本市儿童和家庭对社区活动场所知晓率总体不高，只有 43.8% 的儿童了解社区儿童活动场所地址和开放时间。

通过调研，市妇联发现，上海社区儿童活动场所建设主要存在以下问题：一是整体上缺乏儿童优先的理念和儿童视角下的社区参与，需要专业力量的加入，进一步加大宣传和培训。二是缺乏统一管理和建设标准，没有明确的主管部门，缺乏整体发展思路和监管规范，尚未实现社区儿童活动场所服务资源的有效整合。三是资源配置不均衡，主要体现在区域分布不均衡、服务功能不均衡、服务供需不均衡。四是财政保障不充分，社区儿童活动场所建设和活动开展缺乏专项的经费保障。

截至 2017 年底，上海拥有常住人口 2418.33 万人，其中户籍人口 1455.13 万人，18 岁以下儿童人口为 173.05 万人，儿童人口占比为 11.9%。《上海市城市总体规划（2017—2035 年）》提出"打造 15 分钟社区生活圈"；市政府专项规划《上海市妇女儿童发展"十三五"规划》提出"街镇依托社区综合服务设施设置儿童之家或儿童活动场所全覆盖"的发展目标。统筹各方资源，共同打造保护和服务儿童的社区平台已纳入城市经济社会发展的整体规划。

一项针对全市 1543 名 0 ～ 12 岁儿童家长的调查显示，相比较生活津贴、交通补贴等经济类支持，家长对社区公益性临时托幼服务（55.1%）、社区提供孩子下课后的看护服务（58%）的需求明显要高，尤其是对社区范围内建设儿童娱乐游戏的场所与设施的需求高达 80.1%，位列各项社会服务需求的第一位。如何打通为儿童服务的"最后一公里"，回应儿童和家庭对社区活动场所的迫切需要，提高儿童和家庭的生活质量，具有重要的现实意义。

为此，市妇联有针对性地提出建议：市政府出台《关于加强本市社区儿童活动场所的指导意见》，明确建设和运营规范；明确政府责任，由市民政局牵头，统筹管理本市社区儿童活动场所的整体建设与发展；出台建设和运营社区儿童活动场所的指导性规范意见，积极探索第三方评估机制；鼓励各方参与，培养专业化运营管理队伍，鼓励和支持社会组织参与社区儿童活动场所的建设和运营，形成专业化和规模化的服务。

## 儿童"乐园"遍地开花

转眼间，市妇联关于儿童友好型城市建设的大会发言已过去 5 年。5 年来，本市社区儿童活动场所发生了翻天覆地的变化。

"现在我们的社区儿童活动场所呈现多元化、便捷化和科学化，这是一个了不起的成就。"市妇联相关负责人说，"宝宝屋"、阅读新空间、儿童友好公园和友好医院等在上海社区遍地涌现，为儿童提供了丰富多样的活动和服务选择，极大满足了上海社区儿童成长的需求。

在 5 年前的提案中，市妇联曾建议：市政府出台《关于加强本市社区儿童活动场所的指导意见》，明确建设和运营规范。对此上海市妇儿工委曾答复称：将出台《关于上海市开展儿童友好社区创建试点工作的指导意见》，计划到 2020 年底，全市要建成 50 个具有示范效应的儿童友好社区示范点。

2018 年，上海市人民政府印发《关于促进和加强本市 3 岁以下幼儿托育服务工作的指导意见》，有效地推动了本市托育服务事业健康发展，资源供给和服务质量显著提升。截至 2023 年底，本市已有各类托育服务机构近 1500 个，提供 6.6 万个托额，约 60% 的幼儿园开设托班，近 70% 的托育服务资源是普惠性服务，基本形成了幼儿园托班为主体、普惠性资源为主导的托育服务体系。

2023 年 1 月 1 日，《上海市学前教育与托育服务条例》正式实施，明确"按照区域内常住人口和需求配置学前教育与托育服务设施"，"社区托育服务和家庭科学育儿指导服务纳入十五分钟社区生活圈建设"等。截至 2024 年 8 月，上海已有多个社区建成了"宝宝屋"，总数超过 240 个，并且仍在不断增加。这些宝宝屋广泛分布于各个街镇，为居民提供了便捷的托育服务。例如，静安区作为先行者，已建成 23 家宝宝屋，覆盖全区 14 个街镇，提供 1203 个托位。此外，全市范围内已建成超过 260 家宝宝屋，中心城区已实现每个街镇至少有一个宝宝屋的目标。

市妇联在提案中曾建议，在明确各部门的职责基础上，由承担社会行政事务职能的民政部门牵头，统筹管理协调本市社区儿童活动场所的整体建设与发展，组织协调社区儿童活动场所工作，包括制定总体规划和年度工作计划，提出实施目标、任务、方针，构建规范标准等。有关部门表示，松江、奉贤已将"儿童之家"建设列入 2019 年区政府实事项目，徐汇自 2018 年起开展儿童友好型小区创建并发布创建指南（试行意见），嘉定区出台《嘉定区推进儿童友好型社区建设的指导意见》，立足本地区经济社会发展实际，因地制宜，推动社区优化配置儿童活动场所的实践创新。

5 年来，上海加快推动少儿阅读"全域"服务体系布局，计划打造 100 个儿童友好城市阅读新空间列入为民办实事项目。这些阅读新空间将更具友好度、多元化和高品质的儿童阅读服务功能嵌入"家门口"的公共服务空间。例如，浦东新区唐镇儿童服务中心、宝山区"昊耀书苑"共享书房等，都是儿童友好城市阅读新空间的代表。这些空间不仅提供丰富的图书资源，还定期举办各种阅读活动，激发孩子们的阅读兴趣。

在上海市教委、市卫生健康委员会、市妇女联合会等部门联合指导下，本市加大举办科学育儿指导公益活动力度，通过"育儿加油站"等形式，将科学育儿指导服务送到家长和孩子身边。这些活动在多个场馆和指导站点同时举行，提供科学育儿大讲堂、育儿工作坊、专家面对面咨询等服务，帮助家长掌握科学育儿方法、缓解育儿焦虑。

除了宝宝屋和阅读新空间外，上海还建设了多个其他类型的儿童活动场所，如儿童友好公园、儿童友好医院等。这些场所通过适儿化改造和特色服务，为儿童提供安全、舒适、有趣的活动环境。

## 社区"带娃"何以卓越

"我们非常赞同你单位的观点，优化配置社区儿童活动场所，对标国际最高水平，共建儿童友好型城市，是上海建设卓越的全球城市和具有世界影响力的社会主义现代化国际大都市的重要组成部分，也是未来上海城市发展愿景的不可或缺要素。"回顾5年前市妇儿工委的提案答复，这段话可谓提纲挈领。

"近年来，本市社区儿童活动场所配置越发卓越，这得益于政策引领、设施完善、专业团队、便捷预约、公益服务以及持续升级与优化等多方面因素的作用。"翁文磊说，在市妇联的提案中，同样有类似的论述：儿童的成长性和发展性决定了他们是未来社会的主人，是城市可持续性发展的保障。因此，为儿童提供安全、安心的成长环境，不仅是上海城市发展的目标，也是城市可持续发展的基础。

从国际视角来看，为缓解日趋严峻的家庭育儿压力，政府主导推进构建社区育儿支援体系是发达国家的普遍趋势。比如，日本推进建立的以为社区儿童"提供健全游戏，促进健康，培养丰富的情操"为目的的"儿童馆"；韩国为"健康养育社区儿童"组织设立的综合性社区儿童福利服务场所"社区儿童中心"；美国为确保每个儿童都能有一个"安全的、丰富的、高质量"的放学后生活推行的社区服务计划"放学后计划"等。通过构建社区儿童服务平台，完善社会公共服务，为儿童创造一个安全、健康的成长环境，是社会进步的必然发展方向。

以"宝宝屋"为代表的上海社区"带娃"新模式，正体现了上海建设卓越的全球城市和具有世界影响力的社会主义现代化国际大都市的最新实践，也与上海将社区托育服务和家庭科学育儿指导服务纳入"十五分钟社区生活圈"建设遥相呼应。

宝宝屋内设施完善，色彩鲜艳的软包环境配合柔和的灯光，给予家长充分的安全感。宝宝屋还设有运动区、阅读区、建构区等内容丰富的区域，为孩子们提供充足的探秘空间。宝宝屋的从业人员都持有育婴员、保育师等专业资格证书，具备专业的照护能力。此外，部分宝宝屋还与幼儿园等教育机构合作，提升服务的专业度。宝宝屋提供丰富的课程和活动，如绘本阅读、手指操、认识五官小游戏等，旨在促进婴幼儿的全面发展。同时，部分宝宝屋还提供个性化的照护服务，满足婴幼儿及家长的共性需求与个性发展需要。

部分社区宝宝屋在运营过程中不断升级服务内容和服务质量，如曹杨武宁党群服务中心的社区"宝宝屋"在开放运营后升级打造出了"社区带娃"服务的 2.0 版本，体现了服务的持续优化和创新。政府部门通过发布相关政策文件和工作动态等方式，及时向社会公布社区托育服务的进展情况和成效，增强了信息透明度和社会监督力度。

此外，每年宝宝屋为每位孩子提供一定次数的免费服务（如 12 次免费服务），超过免费份额后，可按公益价格继续享受服务。这种公益性的服务模式，减轻了家庭的经济负担。家长可通过"随申办"APP 等渠道提前预约社区宝宝屋的服务，享受便捷的托育服务。

当前，上海在规划社区儿童活动场所时，注重均衡分布和就近便捷的原则，确保各区域儿童都能享受到优质的服务。同时，结合社区实际情况，采取多种模式嵌入社区，如设置在社区党群服务中心、市民驿站、社区文化中心等区域，方便家长和儿童使用。除了基本的活动设施外，上海社区儿童活动场所还注重功能的多样性。例如，一些阅读新空间则注重培养儿童的阅读兴趣和能力，提供丰富的图书资源和阅读活动；一些阅读新空间则不断更新图书资源和阅读活动内容。

完善的反馈机制也在逐步建立起来。一些机制鼓励家长和儿童对社区儿童活动场所的服务进行反馈和评价。这些反馈和评价有助于发现问题和不足并及时改进和完善服务。这些措施不仅为儿童提供了安全、舒适、丰富的活动环境和服务内容，也促进了儿童的全面发展和健康成长。

"上海社区儿童活动场所配置展现出高度的人性化与先进性，我有幸成为这个过程的参与者和见证者。"回顾建言提出的 5 年来，翁文磊总结道，在相关政策的有力引领下，上海社区儿童活动场所配置卓越、分布均衡，确保儿童能就近享受服务。设施完备且功能多样，满足儿童不同成长需求。通过注重持续优化与升级，满足家长和儿童日益增长的需求。"总之，上海社区儿童活动场所配置体现了对儿童成长的全方位关怀与支持。"她说。

（本文作者：林海）

# "五育并举"帮助学生全面发展

提案号：1340251
提案名：关于在基础教育领域推广"五育并举"的建议
提案者：民进上海市委

　　"民进上海市委在 2021 年提交的那篇关于基础教育'五育并举'提案，被上海第十三届政协评为优秀提案典型案例。"

　　这个消息，似一声春雷，打破了寂静。一眨眼工夫，从民进上海市委各个部室传开了，在上海教育系统中广泛传播。

　　由民进市委课题组成员卢慧文、万玮、沈弘和占盛丽完成的《关于在基础教育领域推广"五育并举"的建议》，引起有关部门的高度重视。市教委在提案答复中指出："立德树人是教育工作的根本任务，五育并举则是推进立德树人、帮助全体学生全面发展的重要途径。你们以民办教育中的五育并举实践出发，提出了在课程建设、教育评价、家校社协作等三方面加强和改进基础教育阶段五育并举的建议，对推动学生全面发展很有帮助。"

　　2021 年 6 月，市政协开展"深化教育教学改革，坚持德智体美劳'五育并举'，全面发展素质教育"重点提案专题协商办理，助力上海全面推进"五育并举"。市政协副主席张恩迪参加。

## 两位校长的不约而同

　　谈到这份提案，卢慧文手里拿着一份《中国教育报》，如数家珍地说了起来："'五育并举'来自于 2019 年 6 月 23 日中共中央、国务院发布的《关于深化教育教学改革 全面提高义务教育质量的意见》（简称《意见》）。其中明确提出，'坚持德智体美劳五育并举，全面发展素质教育'。"

"这是一大跨越，能够有效推动中国基础教育的整体的高质量发展。"卢慧文说，在这个《意见》发布的20年前的1999年6月13日，中共中央、国务院发布《关于深化教育改革 全面推进素质教育的决定》（简称《决定》）。20年来，从"素质教育"到"五育并举"，文件发了不少，级别不可谓不高。但在现实中,学生家长仍然普遍反映中小学生课业负担重、应试教育倾向明显、体育美育的时间和空间受到挤压、德育偏重说教、劳动教育流于形式等情况，仍然普遍存在。素质教育也好，"五育并举"也罢，点上做展示容易，面上长期坚持很难。这样的矛盾长期存在。

同一时刻，坐在办公室里的万玮看见这个《意见》后，激动不已。他说："德智体美劳'五育并举'，正是我们二十多年来不断探索的方向，这才是全面发展的素质教育。"

作为上海较早践行国际化教育理念的上海协和教育卢慧文总校长和上海平和教育万玮总校长，都希望将多年学校"全人教育"办学经验实践加以梳理，作为一只麻雀进行解剖、分析，最终归纳出能为中国素质教育提供可复制和可传播的有效经验，推动中国基础教育的整体的高质量发展。

协和教育与平和教育两家教育集团都是"民办双语学校"。这个课题研究之所以选择"民办双语学校"作为主要研究对象，是因为民办双语学校发端于20世纪90年代，当时教育行政管理部门对于民办双语学校的课程设置和实施给予相对较大的自主权，这些学校课程统整的实践一直在探索中，在加强全人教育培育、五育统整发展等方面，积累了丰富的经验。相比公办学校，民办双语学校机制比较灵活，教育资源相对丰富，因此教育的创新探索落实比较到位，作秀卖萌的动机不大；相比升学通道单一，在国内中考高考中任务艰巨的一般民办学校，民办双语学校升学通道更为多元，线性应试教育活动较少，学校的教育时空更有弹性；相比外籍人员子女学校，民办双语学校在德育、智育、劳育三方面更接地气，符合中国的实际情况，更具有未来的推广价值。

两位校长不约而同，想到了要以《意见》为契机，推进全人教育培育、五育统整发展。作为民进上海市委的常规工作，时任民进上海市委常委的卢慧文与任民进中央教育委员会委员的万玮一起，于 2020 年 3 月向上海民进市委共同提交了《关于在基础教育领域推广"五育并举"的建议》的课题申请书。

# 线下难见面，线上开会议

课题立项后，卢慧文和万玮两位总校长迅速组建以民进委员为主干、由学校课程和研究负责成员参加的课题团队。2020 年 4 月，课题团队刚刚成立，就碰到了新冠疫情，全市各类学校实行封控管理。

疫情要防控，课题需推进，线下难见面，线上开会议。

4 月下旬，他们组织召开了第一次线上会议，这个课题的两位负责人分别是沪上极具代表性的两所民办双语学校——协和双语学校与平和双语学校的总校长，成员包括案例学校的课程研发负责人，以及上海市跨文化基础教育研究中心主任和研究人员。课题内容需要梳理和分析两所案例学校的优秀实践，为更多的学校提供"五育"并举融合贯通的操作建议，同时，也意图提出政策建议，为教育行政管理部门有效落实《意见》相关政策、补齐短板提供参考。这次会议把课题任务分配给每位成员，要求大家收集协和教育和平和教育两家教育集团在学科间和课程间的统整、基于学生发展特点及学校—家庭—社会联系的资源融合，以及体现"五育并举"思想的学校管理模式的案例。

5 月中旬，他们组织召开了第二次线上会议，在收集的案例基础上，聚集讨论当前国内教育发展中存在的短板问题。大家在讨论中认为，学生家长普遍反映的中小学生课业负担重、应试教育倾向明显、体育美育的时间和空间受到挤压、德育偏重说教、劳动教育流于形式等情况，确实客观存在，究其原因，不是大家的认识不到位，而主要是在学校的教育时空里，师生的精力和时间有限，在学业和应试选拔压力较大的情况下，很难找到落实的办法。因此，课题团队决定，继续以协和教育和平和教育两家教育集团为样本，在学校一线实践中做调查研究，寻找有效系统整合各种教育资源，长期有效实施德智体美劳在内的"五育"，使学生真正实现全面发展，使素质教育真正落到实处的解决方案。

6 月中旬，他们组织召开了第三次线上会议。这次会议对几个重点问题展开研究。平和与协和二十多年的探索和实践，在五育并举的育人方面积累了以下的共同经验成果：其一，德育要体现生活化和体验性，让学生在生活学习实践中感受和领悟各种行为规范和价值标准，并学会自我选择和自我负责。其二，智育在夯实学科基础的同时，增加了学科的拓展和跨学科领域的统整，并利用十二年一贯制的优势，设置系列思辨综合课程。学生学习的进展和成果，除了以考试的方式，也通过学校活动、展览、海报、戏剧表演等多种形式展示，增加学习的趣味性，提升学生的成就感。其三，体育和艺术教育体现全体学生的整体发展和学生的个性化后续发展，并将其与学校的课外活动、校体队、校乐队、社团活动建立联系，从课内走向课外，提升体艺教育的参与度、乐趣感和专业性。其四，通过动手动脑的科学小实验和设计课程，通过实地走访参观的博物馆课程和人文行走课程，通过调研和参与社区建设的走进人大、政协课程，将劳动教育与科技创新相结合，将劳动教育与社区服务相结合，将劳动教育与对更大范围的社会认识相结合。

## 避免"五育并举"陷入形式主义

基于以上三次线上会议对调研成果所作的分析研究，课题组就基础教育"五育并举"的融合贯通和短板补齐的课题写作内容形成共识。

7月酷暑，热浪滚滚。

课题组成员集中召开第四次会议。卢慧文、万玮认为，在共识基础上，重点要放在建议与对策上。这是课题组第一次线下会议，大家畅所欲言，形成了四点建议：

其一，倡导公民办学校向社会宣传并公示本校实施"五育并举"的实质性举措，接受监督。他们认为，"五育"并举绝非口号。每一所公民办学校都有义务向社会宣传本校如何落实德智体美劳五大育人目标在年度课程计划中的实施，尤其是承诺体育、美育、劳育应有的课程地位和资源不会被侵占，承诺接受学生、家长、社区的监督。

其二，增加"德体美劳"教育的体验性和选择性，多元评价其教育成效，减少一刀切的行政命令。他们表示，培育学生的"德体美劳"，要采取不同于传统的"智"育模式，防止"重视什么学科，就把什么学科纳入统一考试"的应试教育惯性思维，防止形式主义。

其三，鼓励家庭、社会、学校之间的协作，允许学校对课程进行必要的弹性设置和整合，为学生的个性化和差异化发展提供多元资源。他们指出，"德智体美劳"需要学校、家庭、社会共同搭建，使所有学生都有发展。要鼓励学校开展跨学科的探索，鼓励学校设立校本的主题成长课程、活动，鼓励学校设立各个学科内的欣赏型课程。

其四，梳理现有政策，给予学校更多的自主创新空间，为"五育"并举的实施找到更多适合中国国情的创新措施。他们提出，随着我国教育法制化进程的推进，规范化制度和政策的出台和实施，有效地规范了教育市场的相对有序和国家对义务教育阶段的主权控制和质量推进。同时，也应该意识到，我国幅员辽阔，教育的地区差异化，政策的落地实施需要因地制宜，给予学校更多的自主空间。

他们建议，要在确保学校满足国家课程标准要求底线和教育质量要求的基础上，适当给予学校，在课程设置、在课程规划和课时安排上的弹性空间，使学校基于学情和校情开展"五育并举"的教育教学活动，并形成学校的特色。对各学段或学年设定总课时量，而不是设定每周课时量，以保障德育美育劳育领域体验性课程开展的灵活性。在学科课时安排让设置可上下浮动的空间。要建立长三角地区的研学联动机制。长三角地区交通便利，文化资源丰富，中小学生可以通过春秋游和研学课程，在行走中体会和了解中国不同地区在社会形态和生活方式等方面的异同和多元。要配合高校招生评价体系的改革，研究可行的方法，打通国际高中与中国高校间的升学壁垒，打通国外高校和中国高校之间的转学壁垒，通过拓展升学通道来降低应试压力，为五育并举、素质教育赢得更从容的实施空间。

## 万字课题报告转化为集体提案

经过几个月的调研、讨论和磋商，一份一万多字的《关于在基础教育领域推广"五育并举"的建议》课题报告诞生了。

2020 年 10 月初,这份凝结着课题组成员汗水的报告,分别由卢慧文、万玮、沈弘、占盛丽执笔,最终由占盛丽统稿,并在课题报告的基础上形成《关于在基础教育领域推广"五育并举"的建议》的提案。

2020 年 10 月,卢慧文和万玮将课题报告和提案提交给上海民进市委。2021 年初,民进上海市委召开上海两会提案发布会,卢慧文和万玮负责的《关于在基础教育领域推广"五育并举"的建议》被列为民进市委集体提案的消息一公布,获得各类媒体的广泛关注,也引来社会各界的关切。

2021 年 1 月 23—26 日期间,卢慧文作为上海市政协常委,参加上海市政协十三届四次会议,呈报民进上海市委集体提案——《关于在基础教育领域推广"五育并举"的建议》,强调,中小学的"五育并举"不仅要对教育空间与时间重新组配,还要通过系统整合,让"德、智、体、美、劳"融合于所有课程中,让"素质教育"内蕴到所有教学环节,真正帮助学生达到全面发展的目标。

·在全市义务教育阶段,各学校要在五育课程的融合贯通上提出实质性举措,以丰富多样的教学课程,补齐各自的教育短板。在"德、体、美、劳"等教育中主动探索学生的实际体验模式,为学生提供个性化的课程选择。增加学习的趣味性,激发学生内在的主动性,让学生在学习实践中感受和领悟各种社会行为规范,养成健康的价值标准,学会自我选择,具备自我负责的独立意识。

·"五育并举"要给学校足够的自主空间,探索多元化的评价体系,让"一刀切"的传统评价模式退出历史舞台。同时也鼓励家庭、社会、学校之间开展协作,在非文化知识教育领域,建议允许学校对不同社会资源进行整合利用。

《关于在基础教育领域推广"五育并举"的建议》提案荣获上海第十三届政协优秀提案典型案例。在 2021 年上海两会期间,针对提案内容,卢慧文接受了上观新闻、政协头条、澎湃新闻、《青年报》、青春上海、《上海法治报》多家媒体的采访,就如何才能更好地实现"五育并举"建言献策,她建议在中小学开设"不考试的课"。

2020 年 12 月,提案的主要建议,以《融合贯通　短板补齐——以丰富课程推动"五育并举"》为题目,发表在《协和教育》杂志 2020 年第四期,得到广大师生和家长的认同和回应。

2020 年 12 月 29 日，第十四届上海民进教育论坛召开，围绕论坛"以尊重生命，回归教育本源——深入贯彻落实《深化新时代教育评价改革总体方案》"的主题，卢慧文和万玮分别做了《成长有选，管理无痕——激发师生内驱力》《美，生命的来处与去处》的专题发言，他们运用生动案例，继续阐释提案中的建议。

卢慧文还将协和教育的一线实践经验加以梳理，主编了《坚守与跨越：上海协和教育创新发展 30 年》（2022 年）。

万玮也通过学校管理会议、学校大会主旨发言、媒体邀约演讲等平台，传播和推广"五育并举"、全人教育的核心理念，传播学校、家庭、社会之间协同共育的理念与策略。他将平和学校的教育实践，以及自己的阅读和思考心得、刊登在媒体上的文章，汇编成《教育只有一个主题》（2022 年）、《家长有远见 孩子有格局》（2023 年）两本专著出版发行。

这些都对《加强"五育并举"在中小学阶段的推行》提案在实践与政策、现实与学理上做了相对系统的梳理和深入思考，是"创新融合 智慧践行"的生动展现。

（本文作者：管国忠）

# 加装电梯 助力残障人士跨越天桥

**提案号：**1340549

**提案名：**关于为全市过街人行天桥逐步加装电梯的建议

**提案者：**臧熹

在上海市政协共青团界别的会议中，常常回荡着一个极具磁性的男中音。他的发言简短而动情。2019 年，他连续两年提议制定和出台《上海市无障碍环境建设条例》；2021 年，他提出为全市过街天桥加装电梯；2022 年，他提出在地铁站增设上下车的渡板以及在重点路段增设盲人过街的语音云提示——五年来，臧熹作为第一提案人的提案共 22 件，其中有 7 件都与无障碍设施息息相关。

## 繁忙路口的难过天桥

2022 年，延安东路福建路口。这里是延安高架的入口，车流缓缓上坡。烈日当空，臧熹头戴安全帽，站在天桥旁，汗如雨下。耳边传来施工负责人的声音，断断续续，偶尔被车流声淹没。臧熹听见最后一句："2022 年底，延安路沿线七座过街天桥将全面覆盖电梯。"臧熹与其他政协委员一起迈进电梯，走上天桥。往西眺望，蓝色路牌上的石门一路是一切的开始。臧熹曾经无数次路过那里，再往北几百米，便是他工作二十余年的地方——威海路 298 号，上海电视台。

同样是盛夏，延安中路石门一路口。一位拄着拐杖的老人站在马路中央，左顾右盼，踉踉跄跄，佝偻的身影不断给车流画上休止符。过了马路，臧熹拉住老人，询问他不走天桥的原因。老人气喘吁吁，汗水滑过面颊的老人斑。他敲着拐杖反问，"侬以为我想吗？"

天桥跨越延安中路，压在头顶，投下一片阴影。臧熹踩着水泥台阶，爬上缓而长的楼梯。烈日下的人们，大多撑着遮阳伞，在楼梯上走得小心翼翼。站在桥上的阴凉处，臧熹拂去额头细密的汗珠。延安中路川流不息，车速很快。不一会儿，一位身材瘦小的白发阿婆出现在马路旁。她拉着一辆红色小推车，看上去像是要去买菜。她一只手扶着栏杆埋头爬楼梯，一只手拉着推车。上几个台阶，便放下推车歇一会。臧熹扶着天桥的金属把手，经过太阳炙烤的把手微微发烫。看着阿婆，他想起刚刚拄拐老人的反问。他在思考：横穿马路真的完全是那位老人的问题吗？

当晚，臧熹做完节目回到家。时间已近午夜。他思来想去，打开了与《夜线约见》嘉宾祝长康的聊天界面。祝长康是上海市无障碍环境建设专家组组长、市政规划设计研究院教授级高工。臧熹不知过街天桥加装电梯的想法是否可行。很快，他收到回复，是一组关于全市天桥的电梯数量以及天桥电梯使用效率的数据——

"目前，全市 175 座天桥中仅有 37 座配置有电梯，仅占 21%，设置垂直电梯的天桥更是少数。由于电梯配置不足，导致天桥使用效率不高。比如吴淞路海宁路口高峰时段每小时 1200 人次，而配置电梯的延安路华山路口每小时约 2300 人次。"

如果说，白天的情景可能是偶然，但数字不会骗人。加装电梯的必要性一目了然，想法初具雏形。随后几天，臧熹走访了延安路华山路与恒丰路天目西路两处路口天桥，发现了天桥管理运营的更多问题。在华山路，电梯开关时间没有明确标准，如果运维不当，全天不开的情况都存在。在天目西路，无障碍电梯仅在早晚高峰开放。但这里临近上海火车站，人流量极大，而且大多都带着笨重的行李。还有，由于地面设施的限制，有的天桥被迫设计成一字形、L 形、U 形，部分路段的行人无法通过天桥到达对面马路。

天桥之上，臧熹再次看到行人横穿马路的隐患。这次不是老人，而是提着行李的年轻人。他背着巨大的编织袋，左手拉着行李箱，右手拎着包。站在天桥的楼梯口，他犹豫了片刻，随即闷头冲上马路。问题远比预想得要突出，臧熹觉着，想法需要落纸成文。

政协的提案分为三部分，背景情况、问题及分析以及建议。如何在规定的方框中跳舞，如何言之有物，如何详略得当？在开始做一件事之前，臧熹喜欢学习经验。他查阅了很多过往委员的提案，研究他们的写法，吸取成熟经验，也思考哪里可以改进。综合调研结果与专家祝长康提供的数据，臧熹了解到天桥加装电梯的困难，包括资金问题、权属多样、周边设施的限制，等等。之前，曾有政协委员多次提出为延安路江苏路口天桥加装电梯，但每次得到的回复都是"不具备加装条件"。所以，臧熹在提案中提及若干关键词——"计划先行、逐步加装、一桥一策、试点推进"。他说："无法一次到位，但是希望能做一个标准，先给老百姓一个交代。"

他最关心的是延安路沿线。这里既分布着公交71路的大量站点，又是东西向穿越市区的重要道路。作为中运量公交线路，71路连接了上海最大的交通枢纽站虹桥枢纽与最繁华的外滩商圈，长达17公里，全程运行时间不超过1小时，被誉为"路面地铁"。但臧熹认真地提出一个被忽视的问题——"你有没有想过？如果经过延安路的天桥没有电梯，那么残障人士便永远无法乘坐71路公交。"

臧熹经常想起那位拄着拐杖横穿马路的老人、拉着小推车艰难爬坡的阿婆以及背着行李的青年。脑海中，越来越多的人聚集在天桥附近，有残障人士、有行动不便的孕妇、有不小心受伤需要轮椅出行的人……另一个问题萦绕他的心头——难道真的只有残障人士和行动不便的老人需要电梯吗？三年后，臧熹这样说："我认为这始终是一个观念问题。我一直在重复的是，无障碍设施不是给残障人士专门使用的，而是给所有人准备的。"

## "螺蛳壳里做道场"

镜头前，臧熹是一位新闻主播。镜头背后，他是政协委员，是大学兼职教师，是航天科普人，是热心公益的志愿者。他生于20世纪80年代，属于政协的共青团界别。他的生活似乎与残障毫无关联，但他反复提到一位盲人女孩的双手。

十多年前的初冬，国泰电影院门口。寒风萧萧，梧桐叶铺满淮海路，或大如扇，或小如蝶，随风翻卷。臧熹刚刚完成一场无障碍电影解说，站在紫红色泰山砖的外墙旁。一位父亲牵着一个盲人女孩向他走来，确认他是臧熹后，父亲小心翼翼地问，"能不能让我的女儿摸摸你？她很想知道你长什么样子。"那一刻，臧熹真正开始理解无障碍电影的意义。十多年过去，他不再记得当天解说的电影与女孩的模样，但他记得那双手的温度。他说："我本来认为把电影刻成光碟，让盲人在家里观看可能会更方便。但无障碍电影的意义在于，让残障人士真正走出家门，能够和普通人一样参与社会生活。"所以，他才会在多年后如此关注残障人士能否乘坐 71 路公交，与普通人一样享受这座城市的便利；他才会多次提到五个人人中的"人人都能切实感受温度"，他说："'人人'应该包括每一个人。"

加装电梯的进展比臧熹的计划要迅速。他一直说，这不是我一个人或者一件提案的力量。2021 年 6 月，臧熹收到市住建委办公室的回复。其中提到，目前已初步确定 2021 年开工的 16 座天桥，市属天桥共计 2 座，包括延安路福建路口与延安路凯旋路口。这一年，全市共加装了 50 部电梯。2022 年，全市又有 38 座天桥加装了 106 部电梯，这项工作正式被列入 2022 年市政府实事项目。

提出提案时，臧熹了解过加装电梯的困难，但终归雾里看花，并不知实施起来竟如此复杂。他这样形容加装的过程——"螺蛳壳里做道场"。天桥的周边地面可能有地处交通要害、道路狭窄、场地空间有限的问题；地下可能有多条地铁穿过，或者超高压电力和大口径管线的覆盖。比如延安东路西藏南路口天桥，轨交 1 号线与 8 号线穿过地下，距离电梯基础最近距离仅为 3.03 米，如何在保证地铁运营安全的同时完成 26 米的钢管桩桩基作业？这里地处寸土寸金的市中心，西北、西南靠近人民公园和上海音乐厅，东北、东南靠近港陆广场和大世界，如何在密集的人流中完成施工？几乎每个天桥都有属于自己的难题，所以加装工程需要因地制宜，一桥一方案。根据天桥的不同条件，有的电梯是封闭轿厢式，有的是开放扶梯式，还有一些天桥因为"先天不足"，只能做隔板式电梯。从前期设计初始，施工队伍反复调研调整，优化细磨方案，平衡用地和管线搬迁关系，每部电梯一般从两至三个方案中比选而出。

最大的变化是延安路。由西向东沿经凯旋路、江苏路、陕西路、石门路、成都路、西藏路、福建路的7座人行天桥，高高的框架从地面延伸到高架桥面，四周被围栏包裹。两年之内，25部垂直电梯围绕延安路高架拔地而起，创下了上海同一路段加梯数量之最。从福建路的横向波纹到西藏路的雕花图案，再到成都路的点状凹刻，电梯外观与周围风貌巧妙融合，浑然天成。臧熹再次来到延安路石门一路口。人行梯道的四个角落新增4部垂直电梯，钢箱梁柱式结构。这一次，臧熹搭乘电梯上天桥，跨越平台，从石门一路到瑞金一路。与他同部电梯的是一位坐着轮椅的老人，臧熹想帮他推轮椅，但老人摆摆手，"有电梯，我自己可以"。臧熹愣了片刻，笑了。他欣喜的是，电梯建成后，残障人士终于拥有了搭乘71路公交的机会。

天堑变通途，越来越多的变化聚集在天桥周围。宛平路肇嘉浜路口的清晨，老人跨越南北，前往徐家汇公园健身锻炼；吴淞路海宁路口，人们乘坐无障碍电梯奔向东北方向的第一人民医院；莘庄立交附近，改造后的新梅天桥焕然一新，厚实的混凝土底座、钢结构主体、灰黑的铝板幕墙，顶部还设置了遮雨棚。行色匆匆的上班族乘坐电梯前去外环路地铁站，搭乘一号线……

臧熹的提案《关于为全市过街人行天桥逐步加装电梯的建议》获许2021年度的优秀提案，这不是他第一次获得优秀提案的荣誉。在获奖者与记者见面会上，面对镜头，他虽然西装革履，但却不再是那个声调沉稳冷静的新闻主播。他指着半空，有点激动。他说："我们每个人都会老，当我们老到需要坐轮椅的时候，谁都不希望家门口有个过不去的坎！"

## 让语音"导引"盲杖

臧熹始终在关注残障人士的出行与无障碍设施的建设。2022年的助残日，《夜线约见》采访一位盲人。他反映，现在大部分盲人在上海出行，需要携带两根盲杖。因为不知何时身边会突然窜出助动车或者遇到其他障碍物，盲杖就会报废。最大的问题是过街。因为没有语音提示，只能通过耳朵去辨别车流是横向还是纵向。臧熹说："我听完非常难受，感觉自己仿佛做错了什么……"他停顿了会儿，望着窗外，"我们一直在为无障碍设施的建设而努力，但为什么还会这样？"他认为这是一个先有鸡还是先有蛋的困境——到底应该先做好连续的无障碍设施让残障人士能够顺利出行，还是残障人士出行频率增加后再完善设施？

新闻是臧熹的职业，也影响着他认识世界的方式。从过街天桥到地铁渡板，再到盲人过街的语音提示，他的每一件提案着眼点都很小。从细微处出发，更有改变的可能性。他的提案都与民生息息相关。他借用一位新闻前辈的话——"你天天喝着卡布奇诺，开着车上班，你永远拍不出好片子。"他用总书记对新闻工作者提出的"四力"来形容政协委员的履职。他掰着手指，"'脚力'是调查研究，'眼力'是发现问题、'脑力'是思考问题、'笔力'是形成建议。"关于新闻工作与政协提案，臧熹提到一个词"闭环"。他说："做新闻，我能接触很多社会问题，但很难形成发现问题、分析问题与解决问题的闭环。成为政协委员后，我可以利用提案这种方式为一些问题找到解决的办法。"

臧熹经常说，我的提案只是绵薄之力。但是，变化就在身边。它们看似细微，却如溪流入海，聚集起来，便是一番新气象。2021 年，上海开始加装过街天桥的电梯；2022 年，上海地铁全网各站配置无障碍渡板，提供专用渡板服务，铺平列车与站台的间隙高低差；2023 年，《上海市无障碍环境建设条例》制定出台并正式实施……

今年，臧熹离开了政协，成为市人大代表。他再次提出为盲人过街加装语音云提示。他说："有些事情，很难一步到位，但需要有人常常提及。"他愿意做一位锲而不舍的提醒者、参与者、监督者。

（本文作者：陈思）

# 功以才成　业由才广

**提案号：** 1410029

**提案名：** 关于提升社会认同，推动上海职业教育高质量发展的提案

**提案者：** 市政协民进界别

"当初孩子临近初中选考时，正是上海探索落地中本贯通、中高职贯通相关政策。我抛开杂音，全力支持他就读职业技术学校。" 2023 年 7 月 5 日，在上海市政协"深化产教融合，推动职业教育高质量发展"重点提案督办的座谈现场，中侨职业技术大学学生家长代表顾菊英道出心境——当年 6 月的毕业典礼，当她看到校长为孩子"拨穗"的一刻，百感交集。

既能让孩子掌握一技之长，又能让孩子顺利升学深造——这是职校生家长们的理想期待，"不可否认，社会对学技能的认同度不够，进职校仍是口头看好，实际情况中的'退而求其次'。"市政协委员现场直言：一方面，在"千军万马过独木桥"的教育困境下，义务教育双减政策落地见效亟须提速；另一方面，适应城市未来产业发展要求的人力资源储备不足。在此背景下，解答如何将"千军万马过独木桥"变成"条条大路通罗马"的命题，迫在眉睫。如此，既要转变社会的"成才观""人才观"，同时在解决路径上需整个体系合力为之。

## 扎实调研察实情

职业教育与经济社会发展紧密相连，对促进就业创业、助力经济社会发展、增进人民福祉具有重要意义。作为以教育为主界别的参政党，2023 年民

进市委向市政协十四届一次会议提交了民进界别提案《关于提升社会认同，推动上海职业教育高质量发展的建议》，为上海职业教育高质量发展贡献民进智慧和力量。

"我们要用超越职业教育的认知来认识职业教育。"——黄震在 2022 年度民进市委主委课题开题会上如是说。

2022 年适逢新《职业教育法》修订通过，民进市委将《提升职业教育社会认同，建设技能型社会》作为年度主委课题，并同民进界别课题相结合开展深入调研。黄震指出，要从事关提升人力资本质量、打造人力资源强国、搭建未来社会结构基础的高度，从事关根本上解决当前"千军万马过独木桥"教育困境，使教育健康全面发展的高度，来认识职业教育发展的迫切性和重要性。

民进上海市委充分发动相关民进区级组织、直属基层组织、专委会、合作智库等力量参与到课题研究，依托民进界别平台广泛调研，2022 年 5 月 27 日，民进上海市委以视频会议形式召开学习贯彻《中华人民共和国职业教育法》暨主委、界别课题开题会。中华职教社专家委员会副主任、上海市职业教育协会会长马树超解读了《中华人民共和国职业教育法》。《提升职业教育社会认同，建设技能型社会》课题组负责人，时任民进市教委直属系统委员会副主委、市教育考试院副院长常生龙介绍课题内容。

《提升职业教育社会认同，建设技能型社会》课题组联合负责人，时任民进市教委直属系统委员会主委、上海市教委副主任倪闽景在介绍课题研究原则时说，职业教育重要性的逐步提升是社会经济发展的必然趋势，提升职业教育社会认同的关键在于提升职业教育自身的教育质量。在职业教育办学体系上，可借鉴国际经验，发展中高贯通、中本贯通等升学机制，打造通畅的职业教育升学道路。在职业教育课程体系上要立足就业，注重实训基地的建设与实训教师的培养，着重培养学生的终生学习能力以顺应时代的发展。职业学校的布局要服务于区域发展，统筹规划公办职业教育与民办职业教育的发展，完善政府购买职业教育服务的机制。此外，还应该建立符合职业教育特点的评价体系，培养面向就业的高素质职业人才。

其时，倪闽景和常生龙已经完成了 1 万余字的《提升职业教育社会认同，建设技能型社会——完善职业教育的学制结构》的课题报告。这份报告从世界上发达国家职业教育的现状切入，对国内现行职业教育学制结构进行了充分分析。报告指出，随着我国新《职业教育法》落地，现代职业教育体系框架全面建成，但职业教育还存在着体系建设不够完善的问题。一是普通教育与职业教育发展不协调；二是职业教育学制局限于专科层次为主；三是学历教育与职业培训衔接不畅；四是企业参与职业教育不足。

针对这些问题，2022年9月9日，民进上海市委主委课题暨民进界别（市决咨委课题）课题组赴上海飞机设计研究院、申通地铁集团调研。

民进界别召集人、民进市委专职副主委杨蓉在调研座谈时建议，从把握职业教育人才培养方向、提升职业院校办学核心能力、拓宽学生成长成才通道等方面去思考职业教育发展，在深化产教融合、推动职普融通上深入探索，重构职业教育生态，营造崇尚劳动和技能、尊重和认可职业教育的社会氛围，加快建设技能型社会，让技术技能"长入"经济、"汇入"生活、"渗入"人心。

民进市委专职副主委蒋碧艳指出，轨道交通的快捷、安全是因为背后有优秀技能团队、现代化管理团队、工匠团队、智能管理系统的全方位保障。今天的调研对课题的深入研究有很大的启发，职业教育是孩子成长的需要，也是为产业发展提供人才人力保障，应该成为孩子们更加多元的成长通道。

此外，他们还赴奉贤中专等单位实地调研并开展调研。据统计，课题组组织座谈6场，参会人员200余人次，形成近17000字课题调研报告，成为界别提案的重要基础与依据。

## 成果转化出实招

上海，近现代中国职业教育的重要发祥地。早在19世纪中叶，上海同文馆、江南制造局附设的"机器学堂"即成为中国最早用学校形式举办职业教育的机构。中华职业教育社及我国第一所现代职业学校均诞生于上海。在新中国职业教育发展的各个阶段，上海职业教育都作出了独特贡献。

回望历史，展望未来，高质量发展职业教育都已成为上海的一道必答题。但相当长一段时间以来，上海的职业教育存在中职"小而散"、高职"少而弱"的问题。

目前，上海 56 所中职校，平均每所中职校在校生不到 1800 人；"2022年中国高职院校竞争力排行榜"中，上海 22 所高职院校只有 6 所进入前 500名，排名最前的仅在第 126 位；职业本科学校，上海只有一棵"独苗"——上海中侨职业技术大学。这与上海的产业与教育发展地位严重不符。上海应该重点建设 1 至 2 所具有上海特色的高水平、国际化、示范性的产业技术大学，以高质量的本科层次职业教育，重塑上海职业教育金字招牌。破除相当长一段时间以来"矮化""窄化"职业教育的传统认知。

据工信部调查，到 2025 年我国高技能人才缺口将达到 3000 万以上。但是当下就业市场，敲门砖往往还是一纸学历，职业教育还不是"香饽饽"。产教融合是破题人才供需错配的法宝。因此，要深化上海职业教育的供给侧结构性改革，全面对接上海高端制造业、现代服务业，打造区域和行业产教融合共同体；建立对应高职、职本和专业学位研究生三个层次的初、中、高三级现代学徒制；打造一支以高层次企业师傅与双师型教师构成的"双元"师资队伍，帮助学生学好"一技之长"，在企业收获"一席之地"。

《职业教育法》明确职业教育是与普通教育具有同等重要地位的教育类型。上海要从打造人力资源强市、提高劳动生产率、提升核心竞争力的高度来认识职业教育，从根本上解决千军万马过独木桥的教育困境，更好推动教育健康发展。我们要加快上海现代职业教育体系建设，将职业教育定位由"谋业"转向"人本"，让不同禀赋和需要的学生多样化成才。提倡"适合的就是最好的""三百六十行，行行出状元"，切实提高技能型人才的社会地位和福利待遇，弘扬工匠精神，从无资格就业走向职业资格就业，从学历型社会走向技能型社会。

立足课题调研成果，民进上海市委以界别名义提交了题为"关于提升社会认同，推动上海职业教育高质量发展的提案"，分析了上海职教体量偏小、分布较散、整体实力有待提升、职普融通和产教融合推进遇阻等问题，并提出三点建议：

一是优化类型定位，以做强做优高职教育为突破口，提升本市职业教育的"含金量"和吸引力；二是切实深化产教融合，以多层次现代学徒制为支撑点，提高职教人才培养匹配度和适宜性；三是全面推进职普融通，以技能与人文类课程共建为催化剂，消弭职教与普教间的隔阂和鸿沟。

除了转化为界别提案外，民进上海市委进一步深化调研成果转化运用。在市政协十四届一次会议上，杨蓉以《打造与城市发展相适应的高水平职业教育》为题，作了大会发言，媒体竞相刊发报道，引发社会热烈反响。

2023 年 4 月 24 日，上海市教育委员会发文民进上海市委，对这件提案做出答复。

## 持续跟进求实效

2023 年，《关于提升社会认同，推动上海职业教育高质量发展的建议》提案被纳入市政协"深化产教融合，推动职业教育高质量发展"重点提案，由市政协副主席黄震领衔督办。民进市委持续跟进、深度参与提案督办工作，同提案主办单位市教委，会办单位市发改委、经信委、人社局、财政局、总工会等深入协商，赴上海出版印刷高等专科学校、上海交通职业技术学院等调研，以及同政协委员、职校负责人、学生代表、家长代表、企业代表等开展座谈交流，进一步深入掌握上海市职业教育情况。

为学习借鉴兄弟省市好的工作经验，2023 年 7 月 19 日至 22 日，黄震率市政协专题调研组就市政协"深化产教融合，推动职业教育高质量发展"重点提案督办，赴广东省开展调研。

调研组一行先后考察调研深圳职业技术大学、东莞职业技术学院、理工学校、技师学院，广州番禺职业技术学院、城市建设职业学校、旅游商务职业学校等职业院校，并围绕推动职业教育高质量发展座谈交流。

调研组还通过主管部门、学校多方走访调研，了解到广东各级党委政府高度重视职业教育发展，持续加大投入力度，职业教育生均拨款标准位居全国前列；紧紧把握世界科技革命和产业变革趋势，积极推动职业院校转型升级；多措并举深化产教融合，校企共同开发新课程标准、共同开发职业资格证书等，取得积极成效。广东职业教育发展环境不断改善，社会认同不断提升。

职业教育作为对接产业最密切、服务经济最直接的教育类型，是国民教育体系和人力资源开发的重要组成部分，要加快建立国家职业资格框架制度，推动无资格就业转向职业资格就业，推动学历型社会转向技能型社会。

在调研过程中，黄震指出，要充分调动企业参与职业教育发展的积极性，深化产教融合，发挥引领作用，树立职业教育形象，不断完善职业教育体系。上海作为中国职业教育发源地，要学习借鉴广东职业教育发展的成功经验做法，深化产教融合，推进职普融通，切实提升职业教育社会认同，打造与上海城市发展相适应的高水平职业教育。

深入了解广东在职业教育领域的一手资料数据和做法，以他山之石为上海职业教育高质量发展提供有益借鉴。

同时，民进市委继续发动会内力量，深耕职业教育研究，将《促进上海高等职业院校提升竞争力》作为 2023 年民进界别课题开展调研。在市政协十四届二次会议上，民进市委再次提交以职业教育为主题的界别提案《关于推动上海职业教育高质量发展的建议》，持续为推动上海职业教育高质量发展鼓与呼。

## 追本溯源建诤言

"学历要求：本科及以上。"这是人才市场上招聘广告里最常见的一句话，多年来大家司空见惯，将学历作为求职门槛的做法，困住了千千万万接受职业教育的年轻人。因此，要真正推动职业教育高质量发展，并不是办好一两所职业院校就能实现的，而是要彻底扭转社会唯学历的人才评价标准，打破对职业教育的偏见。

黄震指出，要从根本上解决职业教育高质量发展的掣肘，关键要在人事、劳动、分配制度和社会评价体系上，努力营造一个有利于各行各业技术技能型人才培养和成长的环境和土壤。谈到人才评价，他经常会举一个例子：华盛顿邮报一天登载的 900 多个招工广告中，79％要求有职业资格证书，而对本科学历有要求的只有 6％，对硕士学历要求的工作岗位仅占 2％。"其核心是要建立就业市场认可度高的职业资格证书制度。"

在 2024 年 3 月召开的全国政协十四届二次会议上，黄震带去了《以国家职业资格证书制度，推动职业教育健康发展》的提案。他认为，"要尽快恢复和重建国家职业资格证书制度，建立以技能专业性为基准的职业资格分类管理机制，加快赋予职业资格应有的地位，提升职业资格证书评价的信效度、公信力和适用性，推动用人单位改变以往仅以学历为核心的人才评价体系，建立以职业资格为核心的人事招录、考核、分配制度，努力营造一个有利于各行各业技术技能型人才培养和成长的环境和土壤。"，并呼吁："加强国家职业资格证书体系建设，推动劳动力市场走向职业资格就业，从'学历社会'向'技能型社会'转型。"

这就把《关于提升社会认同，推动上海职业教育高质量发展的建议》的提案，从全国层面提出了提升社会认同、推动职业教育高质量发展的民进方案。

"功以才成，业由才广。"这句话出自东晋史学家习凿齿的《襄阳记》，刘宋史学家裴松之在给《三国志》作注时曾引用过这句话。它表达了这样一个观点，无论是建立功绩还是发展事业，都离不开人才的作用。这句话不仅强调了人才的重要性，而且揭示了人才对于国家和民族长远发展的关键作用。在现实中，这句话被广泛引用，以强调人才对于推动社会进步和国家发展的重要性。

职业教育是实施人才强国战略的重要力量、重要途径、重要引擎。民进上海市委将始终秉持"为执政党助力、为国家尽责、为人民服务"的宗旨，务实调研、积极建言，在职业教育领域持续发出民进好声音，为推动上海乃至全国职业教育高质量发展鼓与呼。

（本文作者：管国忠）

# 申城"旧貌换新颜"背后的政协力量

**提案号：** 1410002
**提案名：** 关于高水平推进城市更新的提案
**提案者：** 市政协人资环建委

一个个老旧街区摩登蜕变，一个个老旧空间焕新升级，一个个"民生洼地"变身"生活秀带"……近年来，上海全面推进城市更新，为高质量发展打开新空间、注入新动能。

申城"旧貌换新颜"，政协委员们是亲历者、参与者。

2023年1月，市政协人资环建委提交"关于高水平推进城市更新的提案"。这一纸建言，篇幅不长，却凝聚了委员多年来的协商议政成果。自2018年以来，围绕上海高水平推进城市更新，人资环建委年年组织委员深入调研、问计问需、寻求对策，在提炼整合各方观点的基础上，形成提案，供党委、政府决策参考。

## 破解老城厢改造之难

委员助力城市更新，始终与时代发展"同频"，与党政工作"共振"。

纵观时间轴，三十多年来，上海城市更新经历了3个阶段："拆旧建新""拆改留并举""留改拆并举"。

自2017年起，上海的旧区改造模式，由"拆改留并举，以拆除为主"调整为"留改拆并举，以保留保护为主"，明确"坚持留改拆并举，深化城市有机更新，进一步改善市民群众居住条件"的要求，上海城市更新从"高速发展"转向"高质量发展"。

"上海的历史建筑，能完整保留下来，肯定是好事情。但老房子留下来以后怎么用、怎么让居民住得更舒服，更要好好思考。"多次去老旧街区调研的市政协委员、上海刘杰建筑设计有限公司总经理王洁的一席话，道出了上海城市更新面临的新挑战——如何兼顾"历史风貌保护"和"居民生活改善"两大要务。

2018年，旧住房综合改造被纳入上海市政府实事项目，这意味着老城厢数万户居民将告别"拎马桶"时代。这片被誉为上海"城市之根"的老旧街区的焕新，引起包括政协委员在内的社会各方关注。

"老城厢改造，贵在一个'老'字，也难在一个'老'字。"原南市区区长李伦新说。

一方面，老城厢是上海中心城内整体性最好、规模最大的上海传统风貌的历史文化风貌区，有30多条风貌道路和街巷，有众多名胜古迹。另一方面，老城厢又是旧式里弄集中分布的区域。"这里的居民区，道路犹如羊肠小道弯弯拐拐，住房又狭小又危旧又杂乱。居民日常生活有'两多'，即用煤球炉的多，用马桶的多。"据李伦新回忆，当年他收到的居民来信中，要求改善居住条件的，占了绝大多数。

黄浦区乔家路地块堪称老城厢的缩影。乔家路沿线及周边500米范围内，留有明、清、民国、现代等不同时代的多种风格建筑，极具保护价值。在这里，精美的石库门建筑外观——以雕花刻字石头做门楣、乌漆实心厚木做门扇，与房屋内部阴暗逼仄的生活环境，形成了鲜明而刺眼的反差。

当上海城市更新迈入"留改拆"阶段，老城厢的更新面临一个现实问题：如何在保留"烟火气"的同时解决"倒马桶"问题？毕竟，从"一拆了之"到"留改拆"，这对改造资金的平衡也提出了更高要求。

带着这一问号，2018年，市政协人资环建委、文史委联合开展了"上海老城厢历史风貌保护与旧区改造对策研究"课题调研。

"老城厢不仅仅是黄浦区的老城厢，更是上海的老城厢。"十三届市政协常委、人资环建委主任陆月星道出了调研的目的——通过解剖老城厢这只"麻雀"，寻求破解老城厢难题的对策，并为破解全市旧区改造难题提供借鉴。

自 2018 年 7 月起，课题组历时近 5 个月，开展了 50 余次调研，完成 3000 多份问卷调查，形成一份《上海老城厢历史风貌保护与旧区改造对策研究》重大课题调研报告。超过 800 人次的常委、委员和专家参与调研。

"此次调研，注重点与面相结合、实地调查与文献研究相结合、课题组调研与相关部门和专业单位调研相结合。"陆月星表示，通过"三个结合"，课题组充分整合各方智慧，形成了比较全面的调研成果。

课题组对老城厢面临的历史风貌保护和民生改善的两难问题，进行了深入剖析，揭示了六个方面的突出问题，找出了六个方面的症结所在，提出六个方面 28 条对策建议——如建立"市级统筹、区为主体、企业运作、社会参与"机制，制定"扩大市区联合收储土地的适用范围、拓展征收政策的适用范围、在完成成套改造后允许房屋使用权转换、在全市范围推进开发权跨区转移和总体统筹、落实专项资金、进一步拓展安置房源渠道"等特殊政策。

在课题组看来，老城厢的焕新，可以分两步走，一是立足当前，制订三年行动计划，集中力量解决老城厢内马桶问题；对年久失修、存在安全隐患、明确保留的各类历史建筑（文物）采取抢救性措施，并坚决制止各类破坏、损毁文物和历史风貌的现象；加快历史建筑甄别工作，明确保留保护建筑的具体"留改拆"方案。二是着眼长远，围绕"重塑功能、重现风貌"目标，市、区联手制订老城厢保护与更新发展规划。

"老城厢保护与改造，需要以创新的思路来谋划。多样性的整体保护，是留存和延续历史风貌的关键所在。多种模式并举的精细化有机更新，是留存和延续历史风貌的必由之路。"全程参加调研的市政协委员、同济大学建筑与城市规划学院教授蔡永洁说。

对这份调研成果，相关部门的评价是"针对性强、可行性强"。尔后，针对旧区改造面临的政策落地难、资金筹措难、部门协同难的问题，人资环建委组织委员开展协商和考察，提出加强政策保障、加强资金扶持、加强统筹协调等建议，助力上海旧区改造跑出"加速度"，在保留城市记忆、守护历史文脉的同时，让更多居民实现"安居梦"。

# 让更多"阿婆"有幸福感

"街道为我装了淋浴房，今后洗澡，再也不用踩着板凳从浴缸里爬进爬出，真是太方便了！"年近90岁的黄浦区桃源新村居民王阿姨领着委员，参观自家的新浴室。在桃源新村居住了近50年的王阿姨岁数大了，子女不在身边，半人高的老式浴缸成了老人生活上的一大难题。如今，老人平生第一次用上淋浴房，心里一直美滋滋的。

"现在我洗完澡站起来，再也不用靠这个了！"面对上门考察的委员，杨浦区凤城五村居民朱老伯笑着指了指手中的拐杖。在小区适老化改造过程中，朱老伯家的浴室安装了崭新的扶手和座椅，老人淋浴更方便更安全了。

……

在委员参与旧区改造民主监督时，这样的场景并不鲜见。委员对旧区改造的进度，一直很牵挂，屡屡深入基层查实情、谋实招。

2018年，上海城市更新进入"留改拆"阶段，全市完成中心城区二级旧里以下房屋改造45万平方米。2019年，上海新一轮旧区改造持续大力推进，并逐渐进入深水区。尚未完成改造的剩余地块，很多是成本收益倒挂的"硬骨头"。

2019年，上海计划完成中心城区二级旧里以下房屋改造50万平方米。对于尚未纳入旧改范围、没有卫生设施的各类老旧住房，实施综合改造。在"十三五"期间，全市计划完成中心城区二级旧里以下房屋改造240万平方米。

对于居民改善居住条件的期盼，市政协人资环建委始终牢记在心，并将"助力旧区改造"作为履职的重头戏。

2019年1月，人资环建委启动了"本市旧区改造推进情况及主要问题"专项民主监督暨专题调研。在大半年中，课题组走访了市发改委、市财政局、市规划资源局、市住建委等部门，了解上海旧区改造推进情况以及瓶颈问题。同时，课题组奔赴5个旧区改造任务繁重的中心城区——静安区、普陀区、黄浦区、杨浦区、虹口区，调研旧改基地、征收地块、保障房基地建设情况，并围绕破解资金筹措难题、推动政策举措落实、加强市区相关部门协同、有效回应群众吁求等议题，与各区政府、企业、机构负责人交流探讨。

"为了提高监督的质量，此次专项民主监督，采取市区政协联动的方式，并实行明察与暗访、集中监督与分散监督、监督性调研和提出改进建议相结合。"陆月星说。

7月，课题组形成中期成果《当前本市旧区改造推进中需要进一步引起重视的几个问题》。11月，课题组形成民主监督调研报告，针对上海旧区改造工作中存在的突出问题，提出了13条对策建议，报送市委、市政府，供决策参考。其中，课题组紧盯旧区改造资金难题，帮市里算总账，帮区里算细账，建议多措并举拓展融资渠道，得到相关部门采纳落实。

2020年，人资环建委趁热打铁，持续开展旧区改造专项民主监督，并组织委员参与平时视察和年末集中视察，让更多委员深入参与监督、提出建言。在视察中，委员将当时的旧区改造工作概括为"难中求进，进中加速；快中有忧，忧中少统"。人资环建委梳理了委员的观点建议，报送市委、市政府，得到市领导充分肯定。

2019年，上海完成中心城区二级旧里以下房屋改造55万平方米，2020年完成75.3万平方米。到2020年底，上海剩余成片二级旧里以下房屋110.7万平方米。经过多年接力，上海大规模旧区改造进入收尾阶段。上海城市更新提速增效，委员贡献了不少"金点子"。

"如果是我们自己长期住在没有抽水马桶的房屋中，会有什么感受？只有将心比心，我们才会真正理解居民的诉求，调研才会用心。"王洁在虹口区老街区调研时的有感而发，道出了委员们履职为民的真谛。

## 把脉"一江一河"建设

2020年的一天，市政协委员杨文悦来到杨浦滨江，考察"一江一河"公共空间建设情况。沿着绿色长廊一路前行，映入她眼帘的，是一幕幕温馨画面：一家三代人结伴出游，共享天伦之乐；一对对情侣彼此相依相偎，用手机将幸福的当下定格；在广场上，孩子们尽情撒欢，在驿站里，游客们用直饮水解渴、借阅图书……"让百姓有更多幸福感和获得感，是城市更新的出发点，也是委员建言的关注点。"她说。

"一江一河"（黄浦江与苏州河）是贯穿上海的两条重要水系，素有上海的母亲河之称。如何打造高品质的滨水公共空间，把最好的岸线资源留给市民？近年来，上海深入践行"人民城市"重要理念，实施"一江一河"岸线贯通工程。2020年，上海"一江一河"沿岸地区建设规划（2018-2035）公布，按照建设世界级滨水区的总目标，黄浦江沿岸定位为国际大都市发展能级的集中展示区，苏州河沿岸定位为特大城市宜居生活的典型示范区。

持续提升公共空间品质，创造宜业、宜居、宜乐、宜游的良好环境——上海的城市更新，向着更高标准迈进。2020年5月，市政协人资环建委召开"建设好滨江公共空间，把'工业锈带'改造成'生活秀带'"专题协商会。杨文悦等14位委员围绕重视滨江公共空间开发顶层设计、强化滨江公共空间精细化管理、促进滨江与腹地融合发展、加大沿岸历史风貌和工业遗存保护力度等建言。在提建议的同时，委员们还提出了冷思考：适度设置滨江开发的底线，凡是影响生态环境、历史风貌、整体景观、安全保障的，坚决不做。

2022年7月，黄浦区建国东路68街坊和67街坊东块的房屋征收签约率突破90%，上海中心城区成片二级旧里以下房屋改造全面收官。瞄准中心城区零星旧改、不成套旧住房改造及启动城中村改造，上海开始攻坚"两旧一村"改造，委员也踏上了城市更新的"新战场"。

"这里的配套动迁房啥时候能交付？""'城中村'周围道路啥时候能完工？""二期项目啥时候能启动？"……2022年9月13日，宝山区杨行镇"城中村"改造现场，迎来了一批特殊的访客，一下面包车，他们便拿起手机，对着展板上的规划图"拍拍拍"，还拉着基层工作人员问东问西。他们是参加人资环建委"高水平推进城市更新情况"调研的委员。那天除了宝山区外，他们还去了虹口区、黄浦区。

在深入调研的基础上，人资环建委召开"高水平推进城市更新"专题监督会。委员们在对城市更新成效进行复盘的同时，对城市的专项更新——如加装电梯、成套改造、适老化改造，以及区域更新——如老小区综合改造、街区更新改造、园区更新改造，找问题，提建议。

# 30 年和 5 年

从 1992 年上海启动首个成片旧改项目——斜三基地开始，上海的城市更新，至今已走过了 30 多年历程。其间，既涌现出很多引以为傲的成功案例，也留下了一些"先盛后衰"、令人叹惋的案例。

围绕城市更新，人资环建委连续 5 年深入调研，对这项工作的成败得失、经验教训进行梳理。"带有规律性的成功经验需要好好总结，有些教训也需要认真汲取。"陆月星说。

全面进入存量更新阶段的上海，其城市更新的范畴，早已从最初的以老旧小区改造为主，拓展至如今的居民区、滨水空间、历史街区、园区、商务区等。新情况和新要求的不断涌现，促使城市更新的思路、模式、政策、路径需要不断创新。为此，人资环建委对五年中汇集的诸多案例进行剖析，并从中精炼出对未来城市更新具有借鉴意义的观点。

2023 年 2 月，人资环建委提交"关于高水平推进城市更新的提案"，直指上海城市更新的三方面问题：处理好保护和改造的关系，还存在问题；在推进专项更新和区域更新的过程中，存在不同步、不配套的问题；资金和资源利用的平衡，还存在问题。

提案提出，纵观上海城市更新的成功案例，如卢湾斜三地块首拍、普陀"两湾一宅"改造、虹口虹镇老街更新、长宁上生新所更新改造、静安张园保护更新、虹口今潮 8 弄修复更新，无不印证了市场的力量。上海高水平推进城市更新，要相信并依靠市场的力量，坚持市场化的方向，利用市场的资源、力量、机制来破解难题；要相信并依靠法治的力量，坚守城市更新条例的原则和要求，落实城市更新条例的权利和责任；要相信并依靠群众的力量，充分调动群众参与城市更新的主动性、积极性和创造性，激发蕴藏在群众中的无限创造力。

这些观点和思路，得到提案承办单位高度认可。2023 年 6 月，围绕城市更新这一议题，由市政协副主席虞丽娟领衔，市政协开展重点提案督办活动，助力城市更新提速增效。

2024 年首个工作日，上海市举行全市城市更新推进大会，提出要加强更新任务、更新模式、更新资源、更新政策、更新力量的统筹，全力推动城市更新工作取得新的更大进展。围绕分类实施城市更新，会议提出 7 项举措，包括集中推进零星旧里改造、稳步推进"城中村"改造、有序推进风貌保护区域更新，等等。

　　上海城市更新更上一层楼，意味着许多新机制和新模式的落地落实。心怀大局、心系民生的委员，也将继续聚焦城市更新褪节难题，贡献智慧力量，彰显责任担当。

（本文作者：刘子烨）

# 聚焦"两旧一村" 推进城市更新

提案号：1410307

提案名：关于重点聚焦"两旧一村"项目，进一步完善城市更新工作制度的提案

提案者：陈永亮

2023 年 4 月 26 日，对于市政协委员、上海金外滩集团董事长陈永亮来说，是一个令他高兴的特殊日子。因为这一天，他在年初市政协会议上提交的那件提案的承办单位——上海市住建委，作出了高质量的书面答复。在陈永亮看来，这既是对他履职工作的肯定，也是政府部门高度重视城市更新工作的体现。

让政府部门高度重视，并于城市更新工作中在资金、政策等方面给予"两旧一村"的改造主体更多的支持力度，始终是陈永亮作为政协委员的一大诉求。

## "城市更新"触发提案缘由

每天，从位于长宁区安顺路的家里，到位于黄浦区福建中路的单位，陈永亮在感受上海这座城市日新月异变化的同时，也会留意那些老态龙钟的小区、住房。这些旧小区、旧住房，总会击中他心里的某个痛点——作为一名房地产行业的领导、一名城市建设者，他觉得自己犹如一名高级裁缝师，看到了一件鲜亮衣服上的破损布片，常常就会在心里涌现一种要去修补的冲动。

陈永亮目前就职的上海金外滩集团，是市中心黄浦区最大的地产商。或是由于那种"高级裁缝师"情愫，让陈永亮早早地把目光从房地产开发，转到了城市更新工作上来。2016 年后，陈永亮开始正式践行这项工作，他提出，要

让城市更新工作成为"金外滩"的主业。由此,集团率先在地产行业完成了转型。

回忆起当时的决定,陈永亮至今都觉得这不仅缘于他对"两旧一村"改造(旧区改造、旧住房成套改造和城中村改造)这一城市更新重要工作的热衷,也是因为自己对房地产行业拥有一份清醒的认识。当时,房地产行业已经有了需要转型的预兆,在增量上出现瓶颈,只能在存量上寻求突破,而城市更新中亟待改造的"两旧一村",恰恰是房地产行业中的巨大存量。同时,在不同阶段,政府和市民对"两旧一村"改造也会有不同的要求。可见,聚焦城市更新,倒是房地产公司得以持续发展的一个路径。而且,习近平总书记提出了"人民城市人民建,人民城市为人民"的理念。立足于为人民的"两旧一村"改造,是一项党和国家高度重视的工作,必定会引领房地产企业的前进步伐。

揆诸事实,陈永亮的判断是正确的。在他提出把城市更新工作为上海金外滩集团的主业后,差不多过了半年的时间,国内知名的房地产企业万科集团也提出,把城市更新作为主业。陈永亮认识到,这绝不是巧合。于是,他提出了一句口号:要让上海金外滩集团成为城市更新的综合服务商和运营商。

如上所述,陈永亮的《关于重点聚焦"两旧一村"项目,进一步完善城市更新工作制度的提案》,其实就源自于他的思考和实践。

## 实践难点恰是提案聚焦点

尽管陈永亮及其"金外滩"成为城市更新中最早的实践者,可实践中碰到的诸多难点问题,还是常常困扰着他。陈永亮回忆,即便集团是全市第一家申领到城市更新营业执照的企业,可申领的过程并不顺利。他至今记得,他们去市场监管局申领执照时,一开始,工作人员并不同意这一申请,说是只有房地产开发公司和置业公司,哪有"城市更新公司"。于是,陈永亮耐心地跟工作人员解释,工作人员终于被说通,表示要全力支持。不过,在当时的情况下,顺利拿到营业执照,还需要集团所在的黄浦区政府出具同意证明。这样,陈永亮又赶赴区政府沟通协调,好在城市更新的意义几乎是不言而明的,区政府相关人员在第一时间表示同意。

从办证的一番"周折"上也可以看出,城市更新是一项新事物,它在推进的过程中，总会碰到这样那样的难处。对于金外滩集团，以及之后冒出的一批城市更新公司来说，在参加城市更新上必定要面临许多新情况和新问题。

事实也是这样。陈永亮说，作为一家国企，"金外滩"在推进"两旧一村"改造项目的过程中，始终面临着资金的困扰。在城市更新上，尽管政府已经投入了大量的资金，可政府的工作面广量大，专门用于城市更新的资金毕竟有限，所以，陈永亮一直想引进社会资本。可众所周知，社会资本是以盈利为目的的，在"两旧一村"改造这类社会效益当先的项目中，这些资本要实现其预期中的盈利是很有难度的。所以，引进社会资本，只是陈永亮心里的一个"愿景"。他也十分焦虑，面对着全市成片亟须加速推进的二级以下旧式里弄改造，感到力有不逮，一直在苦苦求索着办法。

除了资金问题，陈永亮也常常困惑于所碰到的一些政策性问题。比如在旧住房成套改造中，旧住房原有的消防设施是不合格的，而按照当地规划部门的旧改政策，这样的设施可能永远不会合格，如要改造合格，就要突破旧改政策的"红线"。两相权衡，陈永亮提出了一个观点：针对某些政策限制，在旧改完成后，如果某些绕不开的设施没有恶化，就算合格，如果能进一步好转，那就是胜利。

陈永亮的这个观点，成为他的公司在推进城市更新中的座右铭。可是，他又怎么会满足于在工作中留下遗憾呢？他的观点只是面对政策限制时所采取的一项灵活措施，也可以说是一项权宜之计。他心里渴望的，还是把一件事情做得尽量完美，不留遗憾。

所以，针对城市更新工作，陈永亮盼望着政府部门在政策赋能上加大力度。而目前，和资金一样，政策上的一些制约因素，让他和集团在城市更新上的手脚，不同程度地受到束缚。不过，正是在实践中所碰到的这样那样的难点、痛点，成了陈永亮在撰写提案时的聚焦点。由此，他的提案也成了一件有精准度的、高质量的提案。

## 既是勤思者，也做力行者

到第十四届市政协为止，陈永亮已经担任了四届的委员，第十三届时他还是常委。正是从第十三届开始，陈永亮每年在市政协的专题会议上，就城市更新建言献策，还连续数年就这项工作提出相关提案，内容涉及城市更新的方方面面。为此，陈永亮也时时关注着政府在城市更新上的政策、举措，同时，他也用心收集着自己在参加城市更新中碰到的各种难点。

无疑，这位把自己定位于"城市更新的实践者"的市政协委员，是一位勤思者和力行者。无论是在公司还是在政协，他都扮演着这两种角色。正因为在"一岗"城市更新中的投入，才有了他在"二岗"参政议政中的高质量提案，其中最具代表性的，就是在市政协十四届一次会议上提交的这篇《关于重点聚焦"两旧一村"项目，进一步完善城市更新工作制度的提案》。

陈永亮的勤思和努力得到了应有的回报，真所谓天酬勤思者和力行者。对他的提案，市住建委在回复中明确：要以更高站位、更大力度、更强合力加快推进"两旧一村"改造工作。同时就落实"两旧一村"的改造提出了政策措施，包括明确推进机制、制订实施计划，还在市政府印发"两旧一村"改造支持政策的基础上，加快了相关配套政策的制定工作。市住建委表示，还要在统筹谋划"两旧一村"改造资金方面，推进制定市级专项补贴资金的操作细则等一系列工作。

城市更新的希望之光已经在陈永亮的眼前闪耀。还令他高兴的是，上海金外滩集团和上海地产集团共同成立的上海黄浦城市更新公司，目前是上海规模最大的一家城市更新公司，总投资规模达 1800 亿元。

对于陈永亮来说，接下来，又可以大干一番了，无论是在一岗还是在二岗，相信对于这样的一位勤思者和力行者来说，好多工作正等待着他。

（本文作者：徐斌）

# 久久为功　善作善成

**提案号：** 1410436

**提案名：** 关于建设与上海城市功能定位相匹配的高质量发展社区卫生服务中心的提案

**提案者：** 农工党上海市委

　　社区慢病管理的难点如何解决？精神病社区防治康复模式如何建立？家庭医生制度和分级诊疗如何完善？全科医生服务网络的推进、家庭医生团队标化工作量的研究、基层发热哨点的建设、居民电子健康档案的应用、延伸处方的开展……一个个的问号、一次次的调研、一项项的课题，都是农工党各级组织和党员持续探索社区卫生服务中心高质量发展的不断努力。他们深知，每一个问题的解决，都是对人民群众健康福祉的一份贡献。在推进社区卫生服务中心发展的道路上，农工党上海市委带领农工党党员直面挑战，砥砺前行，用调研和实践破解发展的难题。

　　多年来，农工党上海市委紧紧围绕推动社区卫生服务中心发展不断研究、不断分析、不断总结，倾听民声、汇聚民意，最后形成了一份又一份的报告、提案、社情民意信息等参政议政成果。这些成果不仅仅是对医疗卫生事业的建言，更代表了广大人民群众内心最迫切的呼唤。

　　2023年，基于对当时社区卫生服务现状的深入分析和对未来发展趋势的前瞻性思考，农工党上海市委向市政协十四届一次会议提交了集体提案"关于建设与上海城市功能定位相匹配的高质量发展社区卫生服务中心的提案"。

# 深耕细作社卫中心建设

说起社区卫生服务中心建设，一直都是农工党市委深耕不辍的领域。年复一年，农工党市委以孜孜不倦的探索精神，通过连续多年设立并深入研究一系列课题，不仅推动了社区卫生服务的改进与创新，更促进了医疗卫生政策的完善与优化。

农工党市委针对社区卫生服务中心的研究几乎覆盖了每一个关键领域。从慢性病的精细管理到精神健康领域的社区预防与治疗，从深化家庭医生制度到优化家庭医生团队的目标化工作量管理，从基层医疗机构的绩效考核体系到全科医生服务网络的构建，再到发热哨点诊室的规范化建设、社区卫生服务中心的延伸处方服务，不断推进着分级诊疗体系的完善、公共卫生健康管理服务模式的转型、基层医疗机构的标准化建设、电子健康档案的有效应用、区域化审方工作的深入实施、医疗资源的合理配置……每一个课题都紧密结合社区卫生服务的核心议题，紧跟基层医疗的实际需求，展现出极强的针对性和现实意义，持续为社区卫生服务的综合改革与高质量发展助力。

在时代的浪潮中，医疗卫生改革如同一股不可阻挡的春潮，涌动着创新与变革的力量。近年来，随着医疗卫生改革的不断深入和人民群众健康需求的日益增长，农工党市委的课题研究更加注重前瞻性和创新性，如探索将社区卫生服务中心纳入商业保险报销范围、加强全科医生职业能力培训、提升社区卫生服务体系能级等，这些研究对于推动社区卫生服务构建更加公平可及、系统连续的医疗卫生服务体系具有重要意义。

同时，农工党市委高度重视并充分发挥一线党员的智慧和力量。他们不仅是政策的坚定执行者，更是勇于创新的探索者。在社区卫生服务的各个领域，党员们的身影如星火一般散落。他们以实际行动，开展课题研究，集合社区卫生服务中心的力量，共同探讨每年课题的方向。凝心聚力、汇聚众智，他们广泛汇聚各方智慧和力量，为课题研究提供有力支撑。这种集思广益的做法，不仅增强了课题研究的科学性和实效性，也为社区卫生服务的发展注入了新的活力。

# 匠心雕琢集体提案

2021年12月，根据《国务院办公厅关于推动公立医院高质量发展的意见》（国办发〔2021〕18号）精神，结合《上海市卫生健康发展"十四五"规划》（沪府发〔2021〕10号），上海市人民政府办公厅印发《关于推进上海市公立医院高质量发展的实施方案》，并启动"本市高质量社区卫生服务中心建设试点单位遴选"工作。出于对提升基层医疗服务质量、推动医疗卫生体系改革、实现健康中国战略目标等多重考虑，为了落实"建设与城市功能定位相匹配的医疗卫生服务体系"的指导思想，落实"推进公立医院内涵式发展"的目标，农工党上海市委组织各领域专家开展多轮评审工作。经过专家一致认同，在众多课题申报中，课题《社区卫生服务中心高质量发展政策支持研究》脱颖而出，成为农工党上海市委的重点课题。

一场关于社区卫生服务现状与需求的深度调研拉开了序幕。为了精准把脉这座国际大都市基层医疗的脉搏，课题组深入上海市11个行政区，对205名社区卫生服务中心的管理人员进行了全面而细致的问卷调查与专题访谈。课题组的足迹从繁华的市区到宁静的郊区，确保了调研的广度和深度。每一位调研对象都成了课题组倾听的对象，他们的声音汇聚成了上海社区卫生服务现状的生动图谱。

问卷调查，如同一张细密的网，系统地捕捉了社区卫生服务中心的运营现状、存在的痛点、发展的渴望以及对政策支持的殷切期盼。这些数据如同一幅幅生动的画卷，展现了社区卫生服务的真实面貌。而专题访谈则进一步深入了解了管理人员的具体经验和看法，通过与主要领导、分管领导、职能科室负责人、全科团队长等关键角色的面对面交流，课题组能够更直接地听到一线工作者的声音，了解他们在实际工作中遇到的困难和问题，以及他们对未来发展的思考和建议。这些来自一线的声音，不仅充满了真实与温度，更蕴含着对社区卫生服务深刻的理解与独到的见解，为课题组提供了宝贵的数据支持和深刻的见解启示。

随着课题调研的深入，农工党上海市委领导不仅密切关注调研的进展，还多次带队前往关乎民生福祉的基层阵地——社区卫生服务中心进行现场调研。这种实地考察的方式，能够直观地了解社区卫生服务中心的实际运营情况，触摸基层的脉搏，与一线医护人员和管理人员面对面交流，感受他们的辛劳与挑战，倾听他们的声音，了解他们的需求和期望，获取第一手资料和真实反馈。

课题组的成员们，如同一群勤勉的工匠，将收集到的丰富数据和深入访谈的内容，一点一滴地编织成一份沉甸甸的总结报告。报告系统地梳理了国家层面的顶层设计和上海市在推动社区卫生服务中心高质量发展方面的政策背景、研究目的与意义，并详细阐述了上海市在这一领域的具体举措。报告中，课题组指出了社区卫生服务中心在高质量发展过程中面临的诸多问题与瓶颈。从资源配置的制约，到财政投入与薪酬体系的不足；从高质量发展评价体系的缺失，到信息技术应用能力的滞后，每一个问题都直击要害。

面对复杂的问题与挑战，课题组没有孤军奋战。农工党上海市委发挥与市卫生健康委、市医疗保障签署对口合作协议的有利条件，精心组织的专家评审会，为完善课题报告及提案转化提供了强大的智力支持。来自医疗卫生、政策研究等领域的权威专家，以专业的视角、严谨的态度对课题进行了全面而深入的评审。他们的每一条建议串联起课题组前行的道路，让对策建议更加科学、合理、可行。

在充分吸纳各领域专家的真知灼见后，课题组对报告进行了精心修改和完善并转化成了提案成果。从优化资源配置、整合医疗卫生服务链，到改善薪酬体系、建立财政投入新机制；从完善考核评价、推动基层内涵式发展，到依托信息技术、推进基层高质量发展……一系列具体而可行的政策措施应运而生，形成了一件高质量、可操作、有针对性的集体提案《关于建设与上海城市功能定位相匹配的高质量发展社区卫生服务中心的提案》。

这件提案，是对基层医疗需求的深刻理解，更是对政策制定的精准把握。这份文字材料，承载着希望与梦想的蓝图，每一条建议都如同种子般深植，等待着破土而出的那一刻。

# 春雨中的守护者

这件提案的执笔人，是静安区政协委员、农工党静安区医卫三支部主委、彭浦新村街道社区卫生服务中心院长彭德荣。说起提案，有一个观点被反复提及，即"首诊在社区"，它涉及分级诊疗体系建设、社区基本医疗服务、社区医生的服务能力等。似乎，相关的话题也被关注了很多年，时至今日，为什么还需要强调呢？彭德荣解释道："提案本身涉及的问题，不是拍脑袋想出来的，也不是一天两天暴露出来的，更不是一家两家医院发现的个性问题，是经过长期调查研究、分析研讨出来的共性问题，在恰当的时机提出，希望能够得到更大范围的关注和真正的落地。"

时间回到 2001 年，在一所二级医院外科工作已十多年的彭德荣，来到社区基层医疗机构，从一名普通医生做起。在往后的二十多年里，他从外科医生到全科医生，再到管理者，亲历和见证着社区卫生的变革，深刻感受到：近年来，国家对社区卫生的支持越来越大，同时对医院的服务能力和医护人员的专业水平要求也越来越高；医院的检查设备和治疗仪器越来越先进，就医环境、业务用房进一步优化；卫生信息化运用越来越广，服务触角延伸到居民区深处；病人对社区医生的依从性也越来越高……然而，"有健康问题第一时间找家庭医生"的意识还是不够。

有一名四五岁的小男孩，从外地到彭浦新村来走亲戚，突然，手动不了了，又因为疼痛，哭闹不止。家长带着孩子跑了 2 家三级医院、1 家二级医院，又是拍 X 光片又是做 CT，折腾两三天，还是没看好。这时，小男孩的当地亲戚，是彭浦新村社区卫生服务中心某医生的"粉丝"，就建议找自己的家庭医生看一下。结合检查报告，家庭医生诊断小男孩是桡骨小头半脱位，只需手法复位……1 分钟不到，小男孩的手就能上举，也不疼不闹了。

虽然病人的问题最终解决了，但类似的门诊故事还在不时上演。为什么病人就不能第一时间来社区医院？为什么社区儿科、皮肤科、康复科那么少？二三级医院的医疗资源怎样才不浪费？……彭德荣不禁叩问，并陷入沉思。他与有志者们一起以实际行动积极呼吁，希望解决限制社区卫生服务能力发展的瓶颈问题，希望提案能够在春天里落地破土，在大家的呵护下茁壮成长，促进社区卫生高质量发展。

回顾 2021 年到 2023 年，为了更好发挥农工党党员和政协委员的作用，做好调研和撰写提案工作，彭德荣与基层站点的医生交流过，与家庭病床的病人接触过，与各地的管理者们研讨过，与专家领导们虚心求教过……他遇到过有共识的同行，也遇到过不愿真实表达的医务人员……3 年里，在农工党市委的关心下，他共提交政协提案 12 篇，起草大会交流发言稿 2 篇，组织参与农工党市委政策研究课题 8 个，调研的脚步遍布上海 16 个区。他说，"我不是一个人在'战斗'，而是和一群人一起在'奋斗'。"

签约医生和病人之间发生的一件事，让彭德荣对今后的社区卫生发展有了更大的信心：一名肠息肉患者在选择就医时咨询了自己的家庭医生，后听从建议来到静安区北部"医联体"内的一家二级医院进行手术。术后，家庭医生第一时间参与到病人的后续管理，通过"全科"+"专科"模式，与专科医生一起查房，第一时间了解病人术后情况，以便回到社区有针对性的服务。这种方式既节省了三级医院医疗资源，又增强了一二级医院的联动，还有助于社区对居民的健康管理。

从人员柔性流动、共享设施设备、医保总额管理、药品目录对接、医疗质量管理、住院床位联动、效果效率评价等方面着手，彭德荣希望能够推动"紧密型"医联体、专科联盟建设，让居民就近获得更加公平可及、系统连续的医疗卫生服务。

2023 年 4 月，上海市人民政府制定和下发《进一步提升本市社区卫生服务能力的实施方案》，强调"推进社区卫生高质量发展，不断提升社区卫生服务能力"。伴随着实施方案的出台，彭德荣在之前深入调研的基础上继续发力，成为农工党上海市委的市政协定向课题的负责人之一，围绕"上海社区卫生服务体系现状和能级提升支撑政策"开展研究。当这份凝聚了课题组心血与智慧的研究报告经过上海市政协挑选提交给市领导后，很快便获得了相关市领导的批示。这是对农工党上海市委课题组工作的充分肯定，更是对社区卫生服务未来发展的深切期待与鼓励。

彭德荣始终认为，社区卫生高质量发展，需要"高质量管理"的支撑。今年，彭浦社区医院将上报"智慧管理平台"建设课题，涉及"医疗护理管理、药品耗材管理、运营管理、财务资产管理"等十个方面,他希望能够节省医疗资源、降低医疗风险、提高社区卫生服务效率,让卫生管理出效益。

当谈及"期望中未来的社区卫生模式"时,彭德荣这样回答:居民生病了能第一时间想到家庭医生,而家庭医生对签约病人乃至家属的健康状况都能了然于胸。这也是千千万万社区卫生工作者心中愿景和奋斗目标。

久久为功,善作善成。此件提案,获评年度优秀提案。

(本文作者:张圣洁)

# "数字大气"赋能城市数字化转型

**提案号：** 1410674

**提案名：** 关于将数字大气纳入本市城市数字底座体系，助力城市数字化转型的提案

**提案者：** 市政协无党派人士界别

上海是全国率先推进城市数字化转型的城市之一。城市上空的数字大气，是城市数字化转型的重要组成部分。当前气象先知系统、气象插件等已融入城市数字治理，如果在这些基础上建设高质量的数字大气，成为城市数字底座体系的新组成，就可以更好、更全面地服务城市数字化转型三大领域，即经济数字化、生活数字化和治理数字化，为上海数字化转型做出新增量。

## "同心"启航

"这些数据该怎么用？"在浦东新区陆家嘴华能联合大厦，一场讨论正"热辣滚烫"。委员们针对一件《将数字大气纳入本市城市数字底座体系》的提案，纷纷提出各自问题与建议。

这是一组发生在上海市政协无党派人士界别委员"同心"工作室里的镜头。大家正在热议的是"同心"工作室成立以来的第一件界别提案。提案的最初想法和建议来自长期在气象系统工作的无党派人士界别委员陶立英。

2022年7月27日上午，上海市政协首个界别委员工作室——无党派人士界别委员"同心"工作室正式成立。市政协副主席黄震、虞丽娟，市委统战部二级巡视员李霞，市知联会会长李林出席活动，共同为工作室揭牌。

界别，作为人民政协的基本单位，其职责重要性不言而喻。也是在这个工作室，市政协常委、无党派人士界别副召集人游闽键更为直观地体察到委员们建言资政的热情以及"同心"二字背后的凝聚力。

何为"同心"？提到这两个字，市政协常委、无党派人士界别召集人陈春兰打开了话匣子："我们要依托界别委员自带的流量团结人、引领人、凝聚人，最大限度拉长团结联合的半径，把更多人团结凝聚在中国共产党的周围，与中国共产党始终同心同向同行，所以我们的工作室加上了'同心'二字。"

"同心"工作室挂牌成立当天，即开展了首次履职活动——"同心沙龙"，邀请党史研究专家解读上海市十二次党代会精神，会后还进行了座谈交流。无党派界别具有"横向独立性强、纵向专业性强、内部联系性强"的特点，委员们表示，今后将充分发挥界别联系广泛、代表性强、渠道畅通的优势，围绕经济社会重点热点问题，组织开展调研考察、学习交流等界别活动，以及科技推广、文教宣传、医疗下乡、立法调研、法律援助、扶贫济困等公益活动，深入了解社情民意，广泛汇聚各方智慧，密切联系界别群众。

## 背后的凝聚力

界别委员工作室不仅仅是一个物理载体。

"委员之间的联系变得更加紧密了。"游闽键说，以往无党派人士界别委员们通常只在市政协组织的会议上相聚。而工作室能让委员们聚起来交流，一起探讨自身工作中和生活中一些值得关注的话题，互相启发形成界别调研重点，再集中精力解决其中一两个难题。

把时针拨回到2023年1月，一年一度的上海两会，正在如火如荼地进行。这天，一场讨论会刚刚结束，凛冽的寒风直钻衣领，却吹不灭委员们履职的热忱。在返回住处的路上，界别召集人陈春兰委员和陶立英委员边走边聊。

资深气象专家的身份，让陶委员的提案总是充满"气象逻辑"。当前，上海需要建设数字大气，为城市数字化转型做出新增量，为国家数字大气建设提供上海经验。数字大气主要包括三维的真实大气和未来大气，分别是对大气实况和预报的立体化数字表达。陶委员关注到，当前气象先知系统、气象插件等已融入城市数字治理。她建议，数字大气应该像交通路网、通信设施一样，成为城市数字底座体系中的重要组成，积极赋能数字经济、数字治理和数字生活。这一想法得到了陈春兰委员的呼应与共鸣，她当即决定集体酝酿提交一件关于数字大气的界别提案。

无党派人士界别委员们在讨论中提出这样一个场景：自然灾害防治涉及很多部门。单由市气象局发布数据，在推送方面往往有滞后性，业务效率也不算很高。再者，气象局的累计数据能够揭示一些气候变化，这些信息对城市基础设施建设颇有助益。是否能将气象局的数据作为城市数字底座，尝试同各部门的数据结合在一起形成更多靶向精准的信息，提升数据的附加值呢？

拓宽天气预报数据的应用场景——在数字城市建设中，这关乎体系构建。这件提案在去年的上海两会上一经提出，便引发关注。数据要素是新型生产要素，现实情况中其归集、存储、加工等环节或归属于不同部门。对于各政府部门而言涉及数据隐私、流通等难点，跨前一步共享的动力不足。这些背景下，数据到底怎么用，能用到什么程度需扎实深入的调研。

在界别委员工作室现行的机制中，市政协专委会同各工作室点对点联系，其中一项重要增量即为组织界别委员深度参与提案督办。2023年8月末，处暑刚过，暑气未消，市政协提案委员会便组织"同心"工作室委员们赴上海市气象局，以走访提案承办单位的创新督办形式，深入推进提案办理。

"政协专委会分党组联系界别委员工作室这个功能非常重要"，陈春兰表示，因为这破除了原有界别自己调研、单打独斗的局限，工作联动、互动性更强，委员们也有了更广阔的视角和更充分的信息，可以提出更高质量的建言。

在这场提案督办会上，市气象局、市经信委、市住建委等承办部门就无党派人士界别提交的"关于将数字大气纳入本市城市数字底座体系，助力城市数字化转型的提案"，分别汇报提案办理及数字大气融入城市数字底座整体框架的推进情况。游闽键、李欣益、陈璘、俞庆榕、黄晨等委员围绕推进智慧气象赋能超大城市精细化治理、推进城市数字底座建设等问题开展协商交流。承办单位相关负责人表示，会积极推动气象全面数字化转型，充分发挥数字气象赋能"一网统管"的基础性、前瞻性功能，推动气象精密监测、精准预报、精细服务，全面提升城市精细化管理水平。

同步提升的还有凝聚力。

在市政协，无党派人士界别委员数量不算多，但有无党派身份的市政协委员体量不小，不下百余人，游闽键表示，"他们属于不同的界别。而工作室也能把这些力量凝聚起来。"放眼全上海，在无党派人士履职的重要载体"上海中青年知识分子联谊会"中还有大量具有无党派身份的全国政协委员以及各区政协委员，"通过工作室把'上海中青年知识分子联谊会'会员也串在一起，将他们的课题调研成果转化为我们的一些提案。在此过程中，关乎上海的议题由我们市政协委员提出，区议题，由区政协委员来提；还有全国的事情，交给全国政协委员来提。争取形成卓有成效的上下联动，促成更多好提案。"

## "数字大气"提案落地

"数字大气"如何落地生花？

数字大气提案的推进重点落在了解决算力保障、数据要素隐私、流通等难点上。在市政协提案委员会的推动协调下，市经济信息化委牵头，联合市气象局、市住建委等承办部门经过充分调研和深入沟通，推动数字大气基础建设成为落锤打桩的第一步。

算力作为支撑数字大气的动力引擎，如同心脏一般源源不断提供能量。为解决算力上的巨大需求，2023年9月，上海超级计算中心会同上海市气象局、魔方Ⅲ研制厂商中科曙光提出气象数值预报专区升级改造方案并迅速落实，提供了强大的算力和存储资源，建成独立的气象预报专区，处理器核心实现翻倍增长，为高分辨率气象数值模式研发和业务运行提供强有力支撑。

市气象部门更是积极打造精细化数字大气"基座"，通过华东区域快速更新同化系统预报场，融合风云卫星、雷达、地基遥感等多源资料，一张范围覆盖上海及周边区域、逐小时更新和1km水平分辨率，300m垂直分辨率的高分辨率三维大气场"底图"绘制完成，精细刻画了真实大气和未来大气。

2023 年 6 月，市气象局和浦东新区政府就智慧气象服务浦东数字化转型工作方面达成共识。在多方共同推进下，以陆家嘴规划开发地区为试点的超大城市精细化观测示范区建设也着手启动。在 6.89 平方公里区域面积内，建设了 15 套气象泛在感知设备，构建陆家嘴智慧城市气象泛在感知网，使该区域气象常规六要素监测密度达到次公里级。建设完成后，可有效提供陆家嘴核心地区的气象观测能力，增强对突发性的雷雨大风、短时暴雨等强对流灾害天气监测预警能力，为陆家嘴数字孪生城市提供高精度的"气象皮肤"，赋能城市精细化管理。

## 细"治"入微

数字大气正在加快融入城市数字底座体系，在数字经济、数字治理和数字生活等多个方面逐步释放出气象要素的乘数效应。

为全面融入上海超大城市精细化治理体系"大棋局"，气象和住建、水务、绿化市容等多个部门共同推动数据融合，初步打造起上海超大城市气象影响阈值矩阵。在市数据局、气象局等多个相关部门的共同推动下，形成了《数字大气赋能数字孪生城市工作方案》，启动"一张图"智能应用气象服务产品研发工作，根据城市运行管理中的难点和堵点，先后完成"一江两岸"城市内涝、大风高坠、健康气象等闭环场景，一套快速响应、规范化管理的数字化赋能机制也在建设中。

面向全领域数字经济新动能，各部门之间也推动了高价值气象数据开放共享和交易流通。在数交所官网的挂牌大厅栏目中，输入"光伏发电"关键词，找到心仪的气象数据产品，看中后即可立马下单。如此丝滑的一番操作，得益于上海数据交易所和上海技术交易所上线的气象专版。

去年底，上海市气象局数据产品《上海年度辐射分析报告》在上海数据交易所完成上海首笔场内气象数据产品交易。本次交易中，气象数据产品挂牌、企业注册认证、线上查询购买、合同签署备案、数据产品交付等流程一气呵成，实现了气象数据数字资源唯一标识符 MOID 与数交所数据交易过程对接，让气象数据产品全程可溯源。

在上海技术交易所挂牌的"南美白对虾气象指数保险模型"技术服务项目去年被"摘牌"交易，面向养殖合作社、养殖户等推广。南美白对虾是奉贤区的特色农产品，其产量受到天气因素影响很大，农户往往会因为气候变动陷入"贫困陷阱"。强降雨、持续低温、台风、持续寡照等天气对白对虾的生长十分不利。

此次研发的气象指数保险不仅适配了奉贤区的气候条件，同时按白对虾生长周期将保险责任期划分为两个时间段，确定了降雨、寡照、低温三种气象触发条件及其对应成灾阈值。其他的农业保险往往需要去往现场进行灾情核定，而气象保险指数使用客观准确的气象数据，避免了多部门进行灾情核定的繁杂流程，也不会在核灾过程中和保户发生争议。

除了赋能经济金融领域，数字大气也正为市民健康、宜居、出行、文旅、消费等数字生活新图景的智能应用提供服务。今年夏天，上海正遭遇罕见的高温天气，尤其是第三波高温天里持续出现了 13 个酷暑日。

"陈阿姨，我们刚接到城运中心的通知，今天天气很热，你们这样患有哮喘的，中午就不要出门了，晚上空调也要开起来，覅省钞票！"

"晓得了，晓得了，空调开着呢！"

浦东新区陆家嘴街道的东园一居专职网格员心里总惦记着辖区内多位有基础疾病的老人健康。上午 8 时，手机"叮"一声响了，是陆家嘴城运中心推送的高温天气"健康气象检查任务通知"送达。一接到通知，专职网格员就赶紧挨个上门看望，家住东大楼的 89 岁独居老人陈阿婆是他走访的第一家。

除了高温预警，寒潮期间，浦东新区气象局通过陆家嘴城运中心平台发布健康气象寒潮防御指引，一份份暖意融融的健康气象"嘱托"精准送达高风险人群和独居老人。

该服务由浦东新区气象局联合长三角城市环境预报预警中心推出，通过将健康气象产品与街道人口数据相结合，可匹配辖区内高龄和独居老人、婴幼儿、大病患者等易感人群信息，明确不同易感人群在中暑、感冒、儿童哮喘、慢阻肺等病症上的易感指数，持续提升气象服务精准度。

樱花开了吗？哪里的花最美？每到樱花季，这样的提问总是层出不穷。去年樱花季，上海市气象局入驻大众点评平台，为游客提供更权威、准确的本地热门赏樱地的花期预测和攻略。

"同济大学樱花大部分还是花骨朵状态,预计初花期为 3 月 30 日—4 月 2 日。""共青森林公园的早樱已全面开放,预计 3 月 30 日为盛花期,4 月 4 日开始为落花期。"相较于网友分享的"野生实时花讯",市气象局在大众点评上发布的花期信息,精准到了花骨朵、盛花、落花等不同阶段,且具有预测性。这是气象局利用历史数据积累,建构大数据模型进行科学预测,能够精准预测不同阶段花期时间,对赏花季出行提供前瞻性参考。

"数字大气"赋能超大城市的数字化转型,未来的气象服务产品将不再局限于健康气象,场景将变得越来越丰富,服务也更精准、更智慧。下一步,市经信委、市数据局、市气象局等多部门还将进一步加强合作,全方位挖掘和发挥各行业数据要素价值,在用电负荷预测、市民用药需求、网约车需求、陆家嘴高层云海景观预测等数字经济、数字治理和数字生活的方方面面推进气象智能场景、应用产品研发,深入推动数字大气融入城市数字底座体系,更好地助力城市数字化转型。

就在 8 月 12 日,"同心"工作室迎来了新址,从原本的陆家嘴华能联合大厦乔迁至位于东园路 111 号的滨江独栋办公楼。站在新的起点,眺望新的高度,是否也会有更新的气象?

(本文作者:杨晓希)

# 数字技能助劳动者走上成长"新赛道"

提案号：1411005
提案名：关于进一步提升上海劳动者数字技能的提案
提案者：市总工会

　　数字经济的快速发展对市场就业结构产生了深刻影响。2023 年上海市政协十四届一次会议期间，市总工会关于提升上海劳动者数字技能的提案引起多方关注。该提案认为，鉴于上海数字经济的高速发展以及对高水平数字技能人才的迫切需求，提升上海劳动者数字技能是一个重要且紧迫的任务。

## 数字经济的挑战与机遇

　　2021 年 11 月，我国发布了《提升全民数字素养与技能行动纲要》，明确提出到 2035 年基本建成数字人才强国的发展目标。这一纲要的发布颇具前瞻性和必要性。

　　麦肯锡预测，至 2030 年，中国将有 2.2 亿劳动人口因自动化技术发展而面临技能重塑或被迫的职业变更。这意味着大量重复性的传统岗位面临被数字化、自动化技术替代的风险。

　　另外，高水平数字技能人才缺口随数字经济的发展而不断扩大。人社部相关数据显示，预计未来五年，物联网行业、智能制造行业的人才缺口总量分别超过 1600 万和 900 万。

　　也就是说，随着自动化和人工智能的发展，许多传统的工作岗位——如制造业中的简单重复性劳动、客服领域的部分岗位等，已经或正在被自动化和智能化技术所替代。数字经济的快速发展正在对市场就业结构产生深刻影响。

数字经济不仅让部分传统岗位减少或消失，同时也催生了大量新兴就业岗位。例如，与大数据、云计算、人工智能、物联网等相关的技术岗位，以及电子商务、在线教育、远程办公等新兴业态的岗位需求不断增加。然而，这些新兴岗位往往对求职者的技能和教育水平有更高的要求。在这一背景下，劳动者数字技能提升成为建设数字中国、稳定就业的基础性、战略性、先导性工作。

数字经济要求劳动者具备更高的技能和素质，包括数字技能、创新能力、跨界融合能力等。这对于传统行业的劳动者来说是一个巨大的挑战，意味着他们需要不断学习和提升自己的技能水平以适应新的就业市场。同时，数字经济的发展也加剧了就业市场的竞争，使得拥有高技能和综合素质的求职者更容易获得就业机会和更高的薪酬水平。

上海是全国数字经济领军城市。亿欧数据显示，2021年，上海数字经济规模占比已超过50%，数字经济规模位列全国首位，城市数字化转型正在成为推动上海经济发展的新引擎。数字经济高效发展的背后是上海对于高水平数字技能人才的迫切需求。

相关研究数据显示，"十四五"期间上海在线经济和三大数字经济相关的先导性产业的人才缺口分别在40万和60万人次；同时，上海提出了"十四五"时期规模以上制造业企业数字化转型比例高达80%的发展目标，高精尖设备在制造业的传统替代对从业人员的数字技能提出了更高的要求。

市总工会认为，当前技能供给与产业需求不相适应、优质数字教育资源供给不足、培训发展体系不健全等因素，限制了上海从业者数字技能的提升。为进一步提升上海劳动者的数字技能，夯实上海城市数字化转型的发展基础，建议从三个方面健全上海市劳动者数字技能培育体系，打造数字经济时代的高质量人才队伍。

## 发布数字技能需求目录

数字经济具有创新发展快、产业覆盖全的特点，这也意味着数字经济时代对于数字技能的需求也呈现动态性、多元性、差异性的特征，导致职业教育培训的发展、个人技能的重塑往往滞后于市场需要，形成技能人才供给侧短缺与过剩并存的结构性矛盾。

市总工会建议，依托各行业协会、社会组织进行深入调研访谈，进一步细化《上海市重点领域紧缺人才开发目录》中对于数字领域紧缺工种的能力要求，充分阐明需求缺口，提高人才需求目录的更新发布频次，为职业培训体系的动态调整和产业工人的技能转型提供更加详尽、可落地的方向性指导。

上海市委网信办表示，自 2020 年发布《上海市重点领域（产业类）紧缺人才开发目录》以来，结合产业发展进程，持续加大人才激励力度，完善人才评价机制。

在加大激励力度方面，实施重点产业领域人才专项奖励（重点推进项目）。在原软件和集成电路设计人员奖励基础上，鼓励创新、研究制定并落实重点产业人才专项奖励政策，计划每年预算 5 亿元，对 1700 家左右企业、20000名产业人才实施奖励。将奖励范围拓展到集成电路、生物医药、人工智能、软件、高端装备、航空航天、先进材料、新能源等 8 个重点产业领域，奖励对象拓展到高级管理人员、专业技术人员及生产岗位核心骨干等。在规定的条件下，赋予企业人才认定的自主权，鼓励企业自主制定奖励方案。人才奖励将进一步引导树立正确人才观念、加快优化人才发展环境。

在完善人才评价机制方面，一是推进职称改革试点，首次建立我市人工智能产业中高级职称评审体系（三大先导产业均建立了职称评审体系），几乎每个工程系列评委会都有数字化相关专业学科。二是加强技能人才评价，支持各类企业开展紧缺急需职业（工种）技能人才自主评价，特别是发挥产业信息化高技能人才培养基地在技能人才评价中的作用，开展人工智能训练师、区块链应用操作员等数字技术新职业的职业等级认定。实施"智慧工匠"选树和"领军先锋"评选。目前已有近 280 名产业高技能人才获市级以上荣誉，其中数字技能人才近 190 人，约占 67.9%。

下一步，本市将继续深入开展数字技术人才分类和评价研究，在工程领域职称评价办法中应用，不断优化现有工程领域职称评价体系，建立工业信息化领域继续教育工作体系，在课程设置、管理服务方面做到重点数字化课程全市各领域共享。

## 打造数字技能提升平台

线上化数字技能培训是降低数字技能获得门槛的重要方式。当前市场上良莠不齐的数字技能学习资源对全民数字素养的提升形成了一定阻碍。为提升数字技能学习资源的触达效率，2022年8月，在中央网信办和中央党校的共同指导下，全民数字素养与技能提升平台正式上线。然而目前该平台的学习资源仍有待丰富，学习激励与反馈机制仍有待健全。

市总工会建议，上海充分调动科研院所、职业教育、数字产业、行业智库等资源，打造市级层面的高质量数字技能提升平台，向社会尤其是缺乏自建培训体系的中小企业免费开放梯次化、差异化的数字教育资源与线上学习服务，同时积极探索将上海市数字技能评定、人才评价的工作与平台教育学时、课程完成度挂钩的运行机制，激励劳动者自发、主动进行数字技能课程学习。

市委网信办表示，在对接国家平台建设及优化资源供给方面，上海于2022年承担了国家教育智慧平台整省试点任务，研制《国家智慧教育平台上海试点实施方案》，着力打造基于"用户中心、共建共享"理念，凸显职业教育"工学结合、知行合一、产教融合、校企合作"特点的上海职业教育智慧教育平台，旨在提供更多优质、泛在的数字化教育应用场景，为全市师生提供优质在线教育和个性化学习支持。

目前已接入到平台的高职各类资源共950个，包括专业资源库资源67个，在线课程资源500个，公开课资源316个，网络课程63门，虚拟仿真实训资源4个。依托智慧教育平台，市教委积极推动优质数字资源的深度应用与供给共享，鼓励职业院校面向在校学生和全体社会成员开展职业培训，每年线上线下结合开展职业培训达100万人次。

在培育发展上海线上培训平台方面，支持各类主体建设符合企业、培训机构和劳动者技能培训需求的线上职业技能培训平台。2018年起，本市开展互联网职业技能培训试点工作，先后向社会公开征集并推荐线上培训平台机构，向全市提供线上职业技能培训资源及服务。2022年，本市建立第三方线上培训平台动态管理"白名单"制度，充分利用云计算、大数据等新技术手段建立互联网培训监督平台，逐步形成线上培训平台审核、评价与退出的良性机制。截至 2023 年 5 月底，本市已公布"白名单"线上培训平台为 23 家。

在搭建职业技能竞赛平台方面，积极搭建数字技能竞赛互学互促平台，打造数字技能"练兵场"， 开展职工数字应用技术技能竞赛，主要包括焊接设备操作工－机器人、建筑信息模型（BIM）技术员、无人机操作员三个项目，推动职工数字化应用技能水平提升；开展数字赋能高质量发展职工劳动和技能竞赛，聚焦工业数据、数字政务、数字金融、数字农业四个赛道，挖掘一批高质量数字化应用成果，发现、培育一批数字领域高技能人才；开展"一网通办""一网统管"专项立功竞赛活动，覆盖本市各类政务服务中心共 1500 余家，服务窗口近 11000 个，累计参赛人次近 30000 人，有效推动上海城市治理数字化转型；开展上海职工"网络与信息安全管理员"技能大赛，进一步提升职工的数据网络信息安全保障能力。

## 深化技能培训产教合作

数字应用技能的提升要以实践作为最终的评价标准，单纯的脱产理论教育与线上化技能学习难以充分满足实际的技能提升需求，需进一步联动职业教育培训资源与产业端的实战资源，深化实训教育，如英特尔与多国政府合作、阿里和浙大宁波理工均通过建立联合实训基地的方式为不同背景、层次的人群开发输出了数字技能提升课程体系，取得了积极成效。

市总工会认为，上海数字经济企业数量、工业互联网企业数量均全国领先，建议上海可充分发挥市内数字经济标杆企业和数字技能培训机构、院校的带动作用，鼓励产教双方联合共建数字技能实训基地，有针对性地为上海输出高质量数字人才。

市委网信办表示，将以开展国家产教融合建设试点为契机，聚焦重点区域、重点产业和重点企业，推进职业教育制度创新，加强人才培养模式改革，多措并举激发企业发挥主体作用，促进教育链、人才链与产业链、创新链全方位融合。

实施卓越工程师培养专项，聚焦国家重大战略和上海重点产业布局，培养一支具备较强工程技术创新创造能力、善于解决复杂技术难题的高水平工程师队伍。建设国家卓越工程师创新研究院（上海），成立集成电路、生物医药、人工智能三大产教融合共同体，搭建实践教学、科研攻关、成果转化、创新创业平台；实施工程师选调培养项目（工培生），建立卓越工程师储备机制，已组织 2023 届首批工培生试点，我们组织 7 家在沪央企开展试点，落实工程技术岗位，招聘 2023 届工培生 100 名；试点本市工程硕博士培养企业与高校招生制度，做好工程硕博士培养和重大项目承担跟踪。

联合推进现代产业学院工作，市教委、市经济信息化委聚焦三大先导产业、六大产业集群，各职业院校与百度集团、奇安信集团、科大讯飞等成立 5G+ 人工智能产业学院等若干现代产业学院。

实施中国特色现代学徒制，启动第七批现代学徒制，包括虚拟现实技术应用、移动互联应用技术等 15 个试点专业，形成近 20 个产教融合典型案例。

立足职业院校教学实训现状，先后立项 15 个上海市中等职业学校示范性虚拟仿真实训室项目、18 个上海市高等职业院校示范性虚拟仿真实训基地，旨在开发基于职场环境与工作过程的虚拟仿真实训资源。现有 5 所中职学校、2 所高职院校成功入围教育部示范性虚拟仿真实训基地建设培育项目。积极推动高水平专业化产教融合实训基地建设，现有 23 所职业院校建设了 46 个高水平专业化产教融合实训基地，77 个专业开展实训。

（本文作者：林海）

# 打造年轻人"近悦远来"的温暖城市

**提案号：** 1420713

**提案名：** 关于用心用情用力解决青年安居问题 让更多外地青年进得来、留得下、住得安、能成业的提案

**提案者：** 共青团和青联界别

"你在做什么菜？"一名路过的政协委员问。

"红烧鸡块。"一位掌勺的青年建筑工从业者答。

上述对话发生在 2024 年 8 月 23 日下午，静安区止园路联寓公寓，一个叫作"新时代城市建设者管理者之家"的地方。

当天下午，上海市政协副主席陈群一行实地视察了联寓公寓"新时代城市建设者管理者之家"项目。看到厨房中升腾的烟火气，随行调研的委员们欣慰不已。

## "两会"上的提案

青年因城市而聚，城市因青年而兴。

截至 2022 年底，上海全市 14 ～ 35 岁常住人口 722 万，约占全部常住人口的 29%。近年来，青年人口总数和占比均有所下降。常住青年人口中非沪籍青年约 471 万，占比约为三分之二，其中 78% 外来青年以租赁房屋为住所，较高的居住成本减缓了青年人口导入。

2024 年初，上海市政协十四届二次会议期间，有多件提案涉及青年安居问题。其中，以团青界别提交的《关于用心用情用力解决青年安居问题，让

更多外地青年进得来、留得下、住得安、能成业的提案》为主提案，加上其他 5 件政协委员相关联名提案，被列为今年市政协"建立多层次、阶梯式住房保障体系，打造年轻人近悦远来的温暖城市"重点提案督办专题。

团青界别在提案中提出，要面向青年人，特别是城市建设和基础公共服务行业的一线建设者、管理者，加快构建"一张床、一间房、一套房"的多层次租赁住房供应体系。积极引导企事业单位、产业园区等各类主体参与建设保障性租赁住房，切实发挥标杆引领和"压舱石"作用。积极推广"青年驿站"模式，加大企业公益租赁房源筹集力度，打造一站式申请端口，为来沪求职青年提供 7 ～ 14 天过渡期免费住宿，让更多逐梦而来的年轻人感受到上海城市温度。

要综合运用金融、土地、财税等手段，培育发展更加健康、稳定的住房租赁市场。通过机构评估规范租金涨幅，更好平衡房屋出租人和租客利益。鼓励更多企业以租房补贴、集体宿舍等形式帮助外来青年缓解住房压力。更好发挥租房市场信息共享平台作用，提高市场监测准确性和及时性，为青年租房提供安全、便捷的条件。

要在轨交沿线、产业聚集区等附近增加保障性租赁住房的房源供应，进一步降低青年通勤时间。开辟青年公共活动空间，以需求为导向，有机嵌入学习培训、交友联谊、就业创业等社区服务，增强青年对社区的归属感，让广大青年真切感受到党的关爱就在身边、关怀就在眼前。

对此，提案承办单位表示，提案的建议对进一步优化完善本市住房保障政策、推进保障性租赁住房更好更快发展、加快解决包括外地来沪青年在内的新市民和青年人住房困难问题具有重要作用，其中有些意见建议已在制度设计和工作推进中进行了落实。当前上海市始终坚持以人民为中心的发展思想，全面健全完善"一张床、一间房、一套房"的多层次租赁住房供应体系和"租购并举"的住房保障制度。

截至 2024 年 7 月底，全市保障性租赁住房（含公共租赁住房）累计建设筹措 51.7 万套（间）、累计供应 32.3 万套（间）。下一步将继续会同相关部门广泛动员社会力量，引导市场主体广泛参与，为新市民、青年人提供更多数量、更加适配的保障性租赁住房。

## 督办中的深化

8月23日下午，委员们实地踏勘了猎户座公寓"文化人才公寓"项目及联寓公寓"新时代城市建设者管理者之家"项目，随后马不停蹄赶到上海政协全过程人民民主实践点，召开"建立多层次、阶梯式住房保障体系，打造年轻人近悦远来的温暖城市"重点提案办理推进会。

陈群在会上指出，"建立多层次、阶梯式住房保障体系"与人民城市理念高度契合，是贯彻落实人民城市理念的重要举措，有助于提升市民群众的生活质量、增强城市的稳定性和可持续发展能力。要深刻认识建立多层次、阶梯式住房保障体系，打造年轻人近悦远来的温暖城市的重要意义。要加强统筹、攻坚克难，多措并举促进住房保障体系发展。要发挥人民政协专门协商机构作用，为上海住房保障体系建设贡献力量。要继续发挥政协人才荟萃、智力密集、联系广泛的优势，坚持建言资政和凝聚共识双向发力，围绕住房保障等民生问题，做好协商议政和民主监督工作，为提升城市竞争力和吸引力作出贡献。

会上，8位界别代表、提案者以及长期关注此项工作的市、区政协委员围绕深化推进提案进一步建言。

围绕如何支持有关单位用好闲置土地建更多保租房，市政协常委、中国干细胞集团有限公司董事长章毅建议，要倡导对企事业单位在自有未充分利用土地上构建保障性租赁住房的行为增加支持力度。市政协委员、上海百事通信息技术股份有限公司副总裁及工会主席张宁则建议构建"住房一件事"综合性服务平台于"随申办"应用中，该平台应集成政策查询、在线申请流程、电子房源展示、在线支付功能、投诉与建议接收，以及服务评价反馈等多项功能，旨在打造一个全面覆盖上海青年居住需求的便捷、高效服务模式。此外，张宁还提议开放用户反馈机制，确保用户声音能被相关部门迅速捕捉、核实，并将处理结果透明化展示给用户，以此促进服务质量的持续优化。

针对如何加强保障性租赁住房（保租房）建设的金融支持，市政协委员、上海医药集团股份有限公司中央研究院副院长夏广新提出见解，主张通过多元化策略进一步激发保租房市场的活力，以促进该行业的健康、稳定与持续发展。与此同时，市政协委员、东方财富信息股份有限公司党委书记、副董事长及副总经理陈凯，则强调了加强保租房体系建设的金融支持的必要性，认为这将为保租房市场的蓬勃发展提供坚实的资金后盾。市政协委员、中信银行上海五角场支行行长陶然则另辟蹊径，他指出保障房 REITs（房地产投资信托基金）作为一种创新金融工具，不仅能够有效盘活国有资产，提升其运营效率，还能助力保租房运营机构实现资金回笼，从而在一定程度上缓解财政压力。

委员们十分关切如何进一步提升保租房居住环境和品质。市政协常委、团市委副书记徐豪提出，应着力提升保租房的配套服务水平，通过完善公共文化供给和周边配套设施，全方位满足青年群体在学习进修、就业创业、养老托育等多方面的需求，从而确保青年能够安心居住，无后顾之忧。市政协委员，百时美施贵宝（中国）投资有限公司合规副总监及工会主席姚莹珺则建议，通过构建共享空间与社群平台，激发青年群体参与社区治理的热情与活力，让社区成为有温度的地方，促进青年更好地融入城市生活，实现安居乐业的美好愿景。长宁区政协委员、精英博蒂国际集团董事长瞿子涵表示，当代青年在追求住房满足基本生活需求的同时，也渴望获得更多的情感价值。他建议社区应积极策划丰富多彩的社交与娱乐活动，为青年打造一个既舒适又充满吸引力的生活环境与城市空间，满足他们精神层面的需求。

## "近悦远来"的成效

早在 2010 年，上海就已建立公共租赁住房制度，以合法就业和住房困难作为基本准入条件，不设收入线，不限本市户籍，在全国率先将新市民、青年人纳入保障范围。2021 年国家出台保障性租赁住房政策后，上海市委、市政府高度重视、积极落实，举全市之力加快推进，跑出了保障性租赁住房发展加速度。

近年来，上海通过"新时代城市建设者管理者之家"项目的实施，不仅有效缓解了城市一线劳动者的住房压力，还提升了他们的居住品质和生活幸福感。例如浦东持续推进"新时代城市建设者管理者之家"工作，去年共筹措供应床位 2716 个，今年还计划新增 4000 个床位。项目入住率逾七成，深受租客欢迎。虹口区"小河迷仓"服务公寓（北宝兴路店）作为虹口区第二个项目，专为在虹口工作的新市民、青年人、城市公共服务群体量身定制，提供 420 张床位，月租不高于 1100 元。

其中，上海静安区的"新时代城市建设者管理者之家"项目，同样是一个针对城市一线劳动者和管理者提供的保障性租赁住房项目。委员们发现，该项目是上海市中心城区单体体量最大的"新时代城市建设者管理者之家"项目。该项目提供 196 间房、1310 张床位，房型分为四人间、六人间和八人间，均为上下铺。每间房均配备有独立的洗漱空间、卫生间及洗衣机、冰箱等家电，实现"拎包入住"。此外，公寓还配备了台球桌、健身房、影视厅等共享空间，以及医务室和理发室等服务设施。目前，该项目已有 3 家企业签约了 700 余张床位，其中 400 余人已陆续入住。

项目主要面向建筑、交通、市政、环卫、绿化、物业、快递、外卖、家政、医护等城市建设、运行保障和市民生活服务保障等行业的一线人员，以及来沪新就业、初创业的人员。租金标准控制在每月每床 500 ～ 1000 元，基本为入住人员收入的 10% ～ 15%，确保他们能够负担得起。项目提供的住房以四人一间为主，带有独立卫浴设施，并合理配置双人间、单人间。房间内配备有冰箱、洗衣机等家电，以及共享空间和公共设施，如健身房、影视厅、会议室、公共厨房等，满足入住人员的多元化需求。项目提供的住房以四人一间为主，带有独立卫浴设施，并合理配置双人间、单人间。房间内配备有冰箱、洗衣机等家电，以及共享空间和公共设施，如健身房、影视厅、会议室、公共厨房等，满足入住人员的多元化需求。

"这绝对是一个具有重要意义的民生工程，它体现了城市对一线劳动者的关怀和尊重，也为城市的和谐稳定发展做出了积极贡献。"参加调研的委员纷纷表示，通过"新时代城市建设者管理者之家"项目的实施，静安区的城市一线劳动者和管理者们的住房问题得到了有效缓解。他们不仅享受到了更加舒适、便利的居住环境，还感受到了城市的温暖和关怀。

（本文作者：林海）

# 为"价廉物美"安全用药谋良策

**提案号：** 1420914

**提案名：** 关于完善药品集中带量采购的相关机制、为患者提供"价廉物美"用药的提案

**提案者：** 邱建新等 28 名委员

自 2018 年以来，我国在部分地区试行药品集中带量采购政策。上海在全国最早试点展开。五年多来，上海先后完成九批次国家药品集采任务，374 种中选药品价格平均降幅超过 50%，集采逐步实现常态化、制度化。

集采政策的出台，是实现药价明显降低、减轻患者药费负担最直接、最有效的方式之一。

事实上，集采的意义不仅在于"降价"，还在助推三医联动、促进行业变革等方面发挥着重要的牵引作用。比如，集采通过强化全链条质量监管，引导企业保证质量和供应，高质量药品正逐步成为临床用药主流。

据悉，上海第十批集采药品已经在路上。同时，药品集采政策正从部分地区推广到全国，惠及更广大的患者人群。

## 用专业眼光发现实在问题

2018 年 11 月，国家医疗保障局发布《4+7 城市药品集中采购文件》，标志着国家组织药品集中采购试点的开始，试点地区包括北京、天津、上海等 11 个城市（简称"4+7"城市）。上海交通大学附属第一人民医院泌尿外科临床医学中心教授、主任医师邱建新，当即密切关注这项新规定。

国家医保局出台的集中带量采购政策，是中央关于深化医药卫生体制改革、降低群众用药负担的决策部署。这项政策简称"集采"，意思就是指多个医疗机构通过药品集中招标采购组织，以招投标的形式购进所需药品的采购方式。这种采购方式的目的是为了保证城镇职工基本医疗保险制度的顺利实施，从源头上治理医药购销中的不正之风，规范医疗机构药品购销工作，减轻社会医药费用负担。

2018年12月，国家公布"4+7"城市药品集中采购中选结果，25种药品中选，包括23种国产药品和2种国外药品，还有国产仿制药，价格方面便宜了很多，实实在在惠及了众多患者，初步展现了集中带量采购的成效。

邱建新毕业于上海医科大学，并于1995年获得泌尿外科博士学位，此后一直致力于该领域的临床和科研，也正是大量的一线实践，让他感到药品集采还存在一些潜在的问题和挑战。

首先，是药品质量问题。许多生产厂商迫于价格压力，为降低生产成本，可能会"偷工减料"，严重影响药品质量。他时常想起到外省市考察时，有不愿透露姓名的药厂负责人说："我们药厂生产的药品，集采的中标价格要低于成本价。那怎么办嘛……"

其次，病人选择受限。有些病人经济条件比较好，希望自己能多付些费用，用到一些进口的原研药。但囿于"集采"的原因，这一部分病人往往没有相应的选择权；同时医生对一些特定病人（如对于集采的药物过敏、不耐受等）、具有个性化治疗需求的病人的临床用药也受到一定的限制。这不禁让邱建新想到香港的相关药品采购政策。据他了解，香港的药品集采模式要灵活很多，对于每年支出介于5万至100万港元的药品，医管局集中汇总采购数量，邀请药品供应商进行报价，并经竞争性谈判最终确定价格和供应商；对于每年支出少于5万港元的药品，则由各使用医院按照香港特区政府《物料供应与管理手册》直接购买，适用于新引进的、用量不大或用量不稳定的药品。而目前药品集采处于刚起步阶段的上海，还面临许多问题，效率也比较低。

带量采购是个复杂的系统工程，需要在降低药品价格、保证药品供应和质量、鼓励创新等多个方面进行综合考虑。邱建新意识到，目前的集采机制做到了"价廉"，但距离同时做到"物美"还有差距，改进和完善机制刻不容缓。

他决定履行自己市政协委员的职责，撰写一件提案。

## 集采，要"价廉"还要"物美"

2018 年第一批国家药品集采的试点城市，上海名列其中。

次年 9 月 1 日，上海阳光医药网公布《联盟地区药品集中采购文件》，标志着国家组织药品集中采购和使用试点扩围至全国范围，上海继续深度参与。9 月 30 日，联采办公布联盟地区药品集中采购中选结果，上海患者能够使用到更多质优价廉的药品。在后续年份中，上海持续参与并成功实施了多批国家药品集中采购，包括第二到第八批，每一批集采均覆盖了大量常用药品和慢性病用药。邱建新所在的科室泌尿外科，广泛使用到的抗生素、抗前列腺增生药、排石药、止痛药等，分别出现在不同批次的名单上，让他有了更加直观的观察。

2023 年 3 月 2 日，第八批国家组织药品集中采购工作正式启动，上海一如既往积极参与。4 月 11 日，第八批集采中选结果公布，上海及时推送中选药品信息，确保患者能够及时享受到政策红利。

再次仔细研究过第一时间到手的真实资料和数据，邱建新开始撰写《关于完善药品集中带量采购的相关机制、为患者提供"价廉物美"用药的提案》。写论文作报告，对于邱建新来说是家常便饭，但撰写提案，他格外地斟词酌句，笔重千钧。

邱建新说："药品集采是深化医药卫生体制改革的重要举措，对于降低药价、减轻患者负担具有重要意义。我们应继续完善集采机制，确保集采药品的质量与供应，让人民群众真正受益。"

他充分发动自己团队的力量，包括主任医师、副主任医师、主治医师、住院医师、研究员、护士及技术支持人员等医疗行业一线人员，一起理问题、提对策，他们这个团队大部分是高学历的"卷王"，且都有一颗为了患者的拳拳赤子心，正是在这样的集思广益、群策群力中最终诞生了提案初稿。

邱建新是一个精益求精的人，就是这样一再修改，他仍不满足，他将初稿拿出来再次征询其他政协委员的意见。谁知道"一言出、八方应"，这个提案马上获得了李燕等委员的联名支持。又是一轮的精雕细琢！经过反复修改、斟酌、思量，这样一件最后写了28个名字的提案，在2024年1月市政协十四届二次会议上，郑重提交。

邱建新的提案就犹如他的学术专著一般，格式严谨、引用详述、有理有据，不光从医疗一线人员的角度提出问题、分析症结，更给出了基于事实的可行性建议。他认为，首先应加强对药品集中带量采购的政策法规的制定和完善，尤其对于集采过程中弄虚作假、药品生产过程中偷工减料等厂家应强制其退出招标目录，并予以严惩。其次，提高集采药品的质量是关键。不能光考虑通过"一致性评价"和价格最低，应建立更加科学的综合性评价体系进行集采药物的遴选。最后，他还强调要保障好药品供应的稳定性和创新药的引入，增加病人用药的选择权和医生临床用药的灵活性。

作为医生和政协委员，邱建新深感责任沉重。提案只要精准，应该会受到有关各方的关注。

## 多方联动 保证安全和减负

邱建新经常回顾上海在保证用药安全和减负方面所走过的路，以从中得到启发，寻找进一步探究问题的灵感：

近年来，上海坚持政策衔接和部门协同，完善多个配套政策，加强部门联动。在"4+7"试点之后，相关工作覆盖了大量常用药品和慢性病用药，药价平均降幅显著，部分价格从"天花板"降至"地板"。在第七批集采中，上海探索了备供地区和备选企业的机制，以保障供应稳定。

在评估和总结试点经验的基础上，国家组织药品集中带量采购范围扩大至全国。上海作为第一批试点城市，深入开展民生领域反垄断执法专项行动，维护医药领域公平市场竞争秩序。严格落实"四个最严"要求，连续三年开展集采中选药品专项检查。保障临床用药要求，支持创新药品，强化创新策源，支持生命科学领域优秀科学家入选基础研究先行区，在合成生物学、细胞与基因治疗、AI制药技术等领域都有了长足突破。为人民生命健康安全筑起的守护墙，更趋牢固。

2018 年以来，上海作为国家药品集采的重要实施地，通过多批次、多轮次的集采，不仅大幅降低了药品价格，还显著提升了患者用药的可及性和可负担性。特别是第九批集采，在覆盖病种、参与企业数量、降价幅度等方面均达到新的高度，预计将为全国患者带来实实在在的用药实惠。为了全面改善老百姓看病难看病贵的问题，市医管局表示，在深化改革过程中不断发现问题，解决问题，进一步优化药品采购制度，引导药品价格合理完成。

目前，第十批集采药品已提上议事日程。

2024 年 5 月，在邱建新的提案提交仅仅 4 个月后，市医保局专门就此联系市药监局、税务局、市场监管局和市科委等多个单位，开会研讨，共同商议。

也是在 2024 年，正式落地实施第九批国家组织药品集中采购中选结果，进一步丰富了患者用药选择，降低了用药成本。

在得知提案建议被市医保局采纳后，邱建新很有成就感，也深受鼓舞。他表示，作为政协委员为民发声、履职尽责，是使命所在。

"作为医者，不仅要治病救人，更要为社会的健康与安全贡献自己的力量。我们都听说过'救海星的人'的寓言，现在是做逆推演的时候了，一个人在海滩上一个一个地救海星，对这个海星固然有用。但如果我们想办法把海滩治理好，那么就可以救一整个海滩的海星了。"

"一个医生治病人，就是一个救海星的人。制定政策，就是改造海滩的机器。要更高效率地解决问题，需要从政策层面进行顶层设计。我希望能够更有效率地救治更多的'海星'，让病人能够用放心药，用有效药。减轻病人痛苦，对于医生来说，是莫大的安慰。"

那一天，在浦江之畔，邱建新迎着暖阳，侃侃而谈。他的身后，是人流如鲫的上海市第一人民医院。无数的生命在此而降生，无数的病魔在此被战胜，健康所系，性命相托，不负患者，不负身上所披白色战袍、手中柳叶刀。

（本文作者：血红）

# "点亮光明" 人民广场灯火更璀璨

**所属区:** 黄浦区
**提案名:** 关于将光明中学教学楼纳入人民广场周边景观灯光升级改造工程范围的建议
**提案者:** 施泳峰等 5 人

上海人民广场周围遍布优秀历史建筑,大世界、上海音乐厅、青年会宾馆、上海市工人文化宫等,建筑风格各异,人文底蕴深厚,成为中外宾客的打卡地。

每当夜幕降临时,这里更是风采毕现。五光十色的霓虹灯争奇斗艳,璀璨的灯光把一幢幢美丽的建筑映照得格外夺人眼球。夜上海的魅力,因此而名扬四海。

令人感到遗憾的是,华灯齐放的光耀,并没有出现在百年名校光明中学教学楼身上。使"光明"放光明,成为许多人的期盼。

## 来自校园的协商

黄浦区政协从 2021 年起就开展了"协商文化进校园"活动。在蓬莱一小试点,取得很好的效果。

区政协委员深入校园,给孩子们传授政协的基本知识,从 ABC 讲起。什么是政协?政协是干什么的?政协和人大的区别?政协委员是如何产生的?等等。在幼小心灵中,播下了民主协商的种子。

协商文化进校园在试点的基础上向中学延伸。光明中学就是区政协抓的实践基地。这所学校已有百年历史,文化底蕴深厚,民主协商之风甚浓。校长朱晓薇是区政协委员，在校内积极营造民主协商氛围。

光明中学建立了"我和校长面对面"协商机制。每月由朱晓薇召开一次协商会，和学生们协商学校的事。朱晓薇认为，凡是学校的事都可以协商。每次协商会都开得很热闹，与会学生会提出各种问题与校长交流。校长倾听之后，一一进行沟通。协商会的成果，令学生们感到满意。

一次，学生在和校长的对话中对学校的午餐提出意见，说是吃不饱也吃不好。朱晓薇听后即找来承包商，研究改进服务的意见，要求改分餐制为自助餐，如做不下来就另找他人。结果，承包商不仅做下来了，而且做得很好，品种丰富、价廉物美，学生们吃得很开心。

孩子们尝到了协商的甜头，校园遇事协商的风气越来越浓。

后来，在2023年底的一堂思政课上，高一（8）班同学提出了学校教学楼的灯光问题。

这幢教学楼建成于1923年，法式风格，由著名建筑师望志、博尔奈伦与纳比尔斯等设计，华商新仁记营造厂建造，属于"新艺术派"与"罗马风"混合的折中主义风格，是上海优秀历史保护建筑。

每天上学放学，同学们都要从学校周围的新旧建筑群走过，各种风格的优秀建筑，天天给大家带来美的享受和熏陶。而傍晚之后，学校周围更是呈现出一个美丽的光影世界，璀璨、变幻的灯光，尽显上海的"魔都"风韵。

面对此情此景，难见"光明"的光明中学教学楼，就让同学们感到巨大的反差。有人用手机拍下了这两极化的"光影"，甚至还去徐家汇，拍了徐汇中学的"夜景图"。同为百年名校的徐汇中学，同样有一幢漂亮的老教学楼，夜晚的景观灯光和周边的历史建筑、周边的环境是那么的协调！

思政课堂上，同学们争先恐后地发言，有的还展示了自己拍的照片和视频。他们呼吁，要让光明中学也在晚上亮起来。

同学们的呼声，引起老师的重视，更受到朱晓薇的关注。她想，大家的建议很有道理，他们的愿望其实也反映了社会的期盼。"一定要把同学们的声音传递上去！"朱校长下定了决心。

# 汇聚众人的智慧

收集社情民意，积极建言献策，在政协提交提案是一条快捷通道。朱晓薇想到了写提案，反映同学们的建议。她找到了区政协提案委员会的陈蕾，提出了自己的想法。

朱校长的想法引起了陈蕾的共鸣。她了解情况后，马不停蹄开始工作，找到区政协委员施泳峰，请他执笔起草这件提案。

施泳峰何许人？他是市文物交流中心的文博三级研究馆员，又是光明中学校外辅导员。陈蕾找到施泳峰，把事情的来龙去脉讲了一遍。同学们的美好愿望深深打动了施泳峰，他二话没说挑起了担子。

2024 年 1 月 3 日，一个阳光灿烂的日子，光明中学教学楼在蓝天白云映衬之下，显得格外动人。施泳峰、陈蕾和《黄浦报》记者等来到学校进行专题调研。

高一（8）班主任赵程斌和 8 位学生参加了调研。赵老师和同学们详细介绍了事情的缘起，并展示了同学们拍摄的相关资料，表达"让'光明'变得光明"的心声。

施泳峰记住了孩子们的话，为撰写提案开始了积极的准备。

"优秀历史保护建筑能不能搞灯光？"施泳峰致电文物局文物保护处了解相关政策。得到的回答是，只要不破坏表面结构是可以的。权威部门的表态，令他放心了。

"和法律法规是否有冲突？"施泳峰又做了大量的查阅，得出结论：没有冲突，完全可行。底气有了，他写好提案的信心更足了。

为了集思广益、保证提案的质量，施泳峰联络了黄美华、黄清海、朱晓薇、王静几位委员，作为联名提案者。

黄美华是连续两届全国政协委员、上海建工集团总工程师、建筑方面的专家；黄清海是市政协委员、阿里云总裁，他有同学是灯光设计方面的大咖；朱晓薇是校长，对光明中学的历史自然很熟悉；王静也是区政协的委员，还是专职干部。

加上施泳峰，五位委员来自不同领域，都是行家。这样的组合可谓是"智慧的大脑"汇聚在了一起。

施泳峰综合大家的意见，执笔写就提案初稿《关于将光明中学教学楼纳入人民广场周边景观灯光升级改造工程范围的建议》。

提案介绍了事情的背景，明确提出：将光明中学教学楼纳入景观灯光升级改造工程范围，让人民广场周边景观得以完整，让光明中学这座百年学府夜景也能熠熠生辉。

五位委员提出三条有可操作性的建议：

1. 区绿化和市容管理部门积极开展光明中学教学楼夜景灯灯光项目的调研和立项。对项目的设计、预算、工期、配套设施、与周边环境协调等事项进行可行性分析。

2. 区建设和管理部门积极开展光明中学教学楼夜景，灯光项目审批和监督。依法依规进行项目审批，组织启动项目招投标，监督项目施工进度。

3. 区灯光景观管理部门积极开展光明中学教学楼夜景灯光项目的维护和保养，确保光明中学教学楼夜景灯光与周边环境协调一致，与环人民广场周边景观灯光一致。

初稿出来后，施泳峰反复征求其他四位的意见，一遍遍修改。他还专门建了个群，和大家便捷地交换意见。他自己也不清楚提案文稿究竟修改了多少次，但最后一稿一直改到2024年1月9日凌晨。

在黄浦区政协三届三次会议召开之际，这份反映了许多人的心愿、凝结了几位委员智慧结晶的提案提交了出去。

## "点亮光明"走向落地

关于光明中学教学楼灯光工程的提案被列入黄浦区政协的正式提案，编号为"0089"。区政协主席陈志奇对该提案亲自督办。为使提案落地，形式多样的推进活动紧锣密鼓地开展。

在黄浦江畔的上海市景观灯光监控中心，区绿化市容局下属灯光景观管理所，专门举办"点亮光明"景观知识分享学习会，来自各方面的领导、光明中学师生代表等二十余人参加。学习会给大家留下深刻印象，特别是光明的学生学到了光影知识，对"点亮光明"更充满了期待和信心。市监控中心技术代表向师生代表介绍了城市夜景建设技术沿革和发展方向，揭示其中蕴含的科技硬实力和文化软实力。同济大学建筑照明专家、法国光影艺术团队WB，介绍光明中学照明设计方案及光影秀设想。最后，光明中学学生代表受邀控制电脑启动开关，大家在欢呼声中共同见证了黄浦江夜景点亮的瞬间。

"点亮光明"提案得到了区委、区政府的重视。区政协开展了办前协商，推动提案高效能办理。

2024年3月8日，区委常委、常务副区长洪继梁牵头召开城建领域的代表建议和委员提案专题沟通会。会上，施泳峰介绍了提案的背景、提出的建议。洪继梁当场表态：对"点亮光明"提案我全力支持！他说，城建领域的政协提案直击民情、反映民意，是改善民生、推动发展的关键问题和重要抓手，各承办单位要以办理提案为契机，持续提升城区建设水平和治理效能。区城管执法局、区发改委、区教育局、区绿化市容局等部门逐一进行回应，表态要全力支持提案落实。

会议的结果让施泳峰感到兴奋，他觉得，区领导一槌定音，为提案办理按下了"快进键"。

十天以后，区景观灯光所在光明中学召开"光明中学教学楼景观灯光沟通会"。光明中学、上海文物交流中心相关老师和专家出席。与会人员听取了关于光明中学教学楼景观灯光工程的实施方案介绍，随后各抒己见，展开热烈讨论。

施泳峰也出席了会议。看到提案正一步一个脚印地走向落地，他感到高兴，再次切身感受到了"黄浦精神"和"黄浦速度"。

过了不到一个月，区发改委、教育局、绿化市容局联合发文，对施泳峰等的提案正式作出答复，指出，各部门高度重视光明中学教学楼灯光升级改造工程，经研究拟将此工程纳入周边区域的景观照明优化项目中，并抓紧开展方案的研究论证。答复表示，各行业管理部门对光明中学教学楼景观照明工程提供技术支持和政策帮扶，支持和服务好校方，共同营造一个安全、规范、有序、美观的夜景环境。

施泳峰知道，郑重其事的答复，预示着他们在提案中提出的"点亮光明"的建议，将真正实现落地。他对此感到高兴，对政府部门的运作效率觉得满意。

"点亮光明"的故事还在继续，2024 年 9 月上海举行了首届国际光影节，百年名校光明中学教学楼大放异彩，丰富多彩的"光明光影秀"展现在中外宾客眼前，成为人民广场周围夜幕下的一片新的靓丽风景。

（本文作者：潘阿虎）

# 小小"宝宝屋"照护万千婴幼儿

**所属区：**静安区
**提案名：**关于建设社区婴幼儿照护服务中心的建议
**提案者：**孙忠等 4 名委员

2022 年 11 月 27 日，在中共二十大胜利闭幕一个多月后，中央电视台新闻频道推出"新时代新征程新伟业"专栏，首期报道了四个先进典型，其中之一是上海市静安区的"宝宝屋"实践。此后，《人民日报》、新华社等主流媒体先后刊播有关"宝宝屋"的报道。

2023 年，静安区将"宝宝屋"建设列为区实事项目，计划到"十四五"末，全区提供 2000 个社区托育服务托位，实现千人托位 4.5 个的建设目标。

"宝宝屋"，取自上海话"抱抱我"的谐音，是对社区托育服务中心的爱称，主要用于解决 0～3 岁婴幼儿的照护问题。"宝宝屋"只是个小小的支点，却撬动了基层治理共建共治共享的大格局，更被认为是对习近平总书记倡导的"孺子牛"精神的生动实践。

这个逐渐遍地开花、深受群众喜爱的民生实事工程，与一件政协提案有着千丝万缕的联系。

## 倾听"四面八方"的迫切声音

"我写了那么多提案，这件提案的诞生和落地，让我产生了满满的幸福感。"提案人、静安区政协委员孙忠动情地说。正是这件提案，让她实实在在感受到"委员履职不仅要结合自身的专业优势，更要与来自一线的社情民意紧密结合，要做春风化雨的事情"。

孙忠给人的第一印象，就是忙、角色多。从教育局副局长，到区政协常委、教科卫委主任、政协教育界别召集人，在政协多重角色的履职中，她体会到不同角色间共通的社会价值："听民声，献良策，办实事，求实效。"

作为政协委员，写好提案是基本功，而真正回应群众的急难愁盼问题，是写好高质量提案的基础。最让孙忠有获得感的，是能走到老百姓身边，倾听最基层的声音、最"接地气"的想法。在政协委员联络组的推进下，孙忠所在的"教育界别委员特色工作室"在江宁路街道设立了工作点，委员们常去那里"蹲点"，倾听不同居民群体和居委会等的需求，一来二去，来自"四面八方"的声音越聚越多。

最初委员们深入社区，是带着集体提案意向前去调研的，那是一个关于建设"教育友好型社区"提案的动议，主要关于：如何让静安的优质教育资源深入社区，如何依托江宁路街道的历史文脉和社区资源，形成"教育在社会、社会懂教育"的现代社区，还有与之相关的六方面教育型友好社区的建议。想不到，委员们在调研中，却听到了百姓更为急切需要的另一种"声音"：

年轻父母们说："宝宝出生后，要花大量时间陪护，我们几乎完全被'套牢'，连二胎也不敢生。"

老人们说："忙碌了一辈子，晚年生活，就是在家帮子女带小孩，一刻也不能脱身。唉！孩子们也都忙……不知道什么时候才有机会'喘喘气，做回自己'？"

其他的一些青年则说："都市工作繁忙，一定程度上导致了我们不敢生育，能否有更多支撑，让我们兼顾工作和生活？"

……

"声音"汇集起来，引起了委员们的关注。为此，委员工作室里一连展开数场"头脑风暴"。渐渐地，从各种"声音"中，孙忠和大家发现：婴幼儿家长最迫切的需求，并不是像她从前所想的，送孩子进幼儿园；对于家长们而言，"近、便、临时性"才最重要。

这让她突然想到："像入托等集中安置的专业机构或社会机构模式，能否打破？能否由社会各界共同来助力实现呢？"

"这个想法好！""或可一试。""我们可以发挥专业优势，给老百姓寻一个稳妥的地方。""建一个婴幼儿临时照护服务中心吧！"……孙忠的提议，仿佛一块石头扔进了平静水面，激起无数涟漪。

让年轻爸妈多一些交流育儿经的场所，让老人获得片刻自主时刻，让孩子的托育不再成为影响社会和谐的难题，成为"宝宝屋"开设的初衷。在"宝宝屋"的设想形成并尝试落地的过程中，一件政协提案《关于建设社区婴幼儿照护服务中心的建议》诞生了，并在 2022 年 1 月的区政协会议上提交。

## 嵌入式、标准化"宝宝屋"落地

光有提案还不够，能落地才有现实的成效。作为"第一个吃螃蟹"的人，委员们也在积极思考如何将纸面上的想法付诸实施。其中的困难自然不少，比如，被形象地称为"宝宝屋"的社区婴幼儿照护服务中心，建在哪里？场地怎么解决？专业服务如何配套？环境布置能否让家长满意？政府资源有限，如果建设成本过高，则难以实施；托育宝宝，具有临时性，也不能搞得过于"高大上"。究竟有没有成本不高又恰到好处的方案？

焦灼之际，当初许多社区老人的需求给了大家灵感："因为要带孩子，想去买菜都没时间。""自己的生活，像到老年大学上课，或者唱唱歌、跳跳舞，都顾不上。""就连出去理发、理疗，也得把宝宝抱在手里。"……

——建在为老中心（社区党群服务中心），如何？

为老中心就建在社区旁，离菜场近，里面有专门给老人提供服务的地方，餐饮、理发、理疗、棋牌、阅读、上课……品类比较齐全。如果能把"宝宝屋"放进这里，老人来了，顺手托管了孩子，就可以安心做自己的事了；这样一来，孩子近在身边，老人也放心。

这个"点子"是否可行？只有试了才知道。孙忠是个急性子，她立即会同几位委员上门踏勘。他们将目光投向江宁路街道为老中心，此处不仅场地充足，有一整栋楼，而且人员、设施齐备，前来活动的老人也多。

进楼首先踏勘的地方，是厕所。为老中心的厕所修建得不错，充分考虑到老人的需求。但顾虑也很具体："成人厕所怎么改造成儿童厕所呢？"有委员想办法："降低一个便池，或者加一层台阶；设一个母婴照护台。"有委员出主意："将原有的成人洗手台中的部分水槽，按幼儿身高降低台面高度，就成了老幼皆可使用的亲子式洗手台。"

一圈踏勘下来，新的思路呼之欲出：不需要大兴土木，只要在原有功能的基础上"加一加、减一减、改一改、换一换"，把功能整合起来，将空间更好地利用起来，将"老人日托"改造成"老少共享""老少携手"。

委员们的想法得到江宁路街道的支持。街道提供资源便利和官方支撑，将社区"宝宝屋"建设作为重点民生实事项目；教育界别专家们则着手制定"宝宝屋"的具体建设标准；建筑装潢专业人员开始规划起改建"蓝图"来……

场地解决了，但相关问题还未穷尽："宝宝屋"开出来，总要有人运作吧？很快，有人提出：既然场地可以"社区嵌入"，那么运行能否也来个"社会参与"？众人纷纷赞同。

不久，一则关于"宝宝屋"运营人的招募公告通过多个平台发布。多家专业托育机构毛遂自荐担任"运营人"，将此项业务作为中心的重要探索性项目认真对待，主动与委员们研商，一步步建立起运行、管理策略……

随着提案办理推进，"宝宝屋"项目正式落地，关于打造社区托育"15分钟生活圈"的理念（即社区居民 15 分钟内能抵达的托育中心）越来越深入人心。统筹资源，织密社区照护网络；优化供给，分类设置托位需求；精准服务，建立优化项目清单；互联网 +，提升服务实效；精细化管理，保障规范运行——边实践边成形，边提案边优化，边探索边落实。

这时候，委员们关于"宝宝屋"的畅想也随之增多。

又有居民提出，婴幼儿照护不仅需要社会机构，更需要专业机构加盟。那么，幼儿园是不是也能加入？这样一来，"二娃家庭"可以"大宝"进幼儿园、"小宝"进"宝宝屋"……

经过多方研商、各方参与、紧锣密鼓的改建，2022 年 9 月，江宁路街道率先推出首批三家社区"宝宝屋"，分别设在街道为老中心、党群服务中心和南阳幼儿园内。三家"宝宝屋"特色各异、各有侧重，有的"主打"距离近、有的"主打"综合性强、有的"主打"专业育儿……但它们的相同点，都是柔和的"嵌入式"，也都在居民身边。

# "小小"项目茁壮成长不断辐射

出乎意料的是，社区"宝宝屋"这个"小小的"项目，产生了强大的吸附力，越来越多的人"卷"入其中。

首批"宝宝屋"推出后，关心此项目的各方人士自发加入。政协委员们也并未离开，而是成为持续推进项目落地的重要力量——他们，为服务百姓而建言献策的事情还没有做完。

各界别的委员协商会在社区召开，主题就是探索"宝宝屋"的扩展，如，"宝宝屋"还可以"嵌入"到哪里？做成何种形式？增加什么功能？如何才能更便民……

其中，还有许多关于拓展"宝宝屋"功能的建议。有委员提出，可以在"宝宝屋"增加开放式、互动式活动，设置主题，在合适时间邀请家长进来，和宝宝们一起学习、游戏，既增强了亲子互动，又能和照护人员深入探讨宝宝的成长问题。

有委员发挥专业优势，为"宝宝屋"引入新功能，"视觉卡片"就是这样诞生的。他们基于宝宝成长规律，提出 0 ～ 3 岁的婴幼儿，色觉是一个循序渐进的发展过程，故而需要予以引导和启发。"宝宝屋"内的"视觉卡片"，后来发展成融磁吸、涂鸦墙壁和多彩触觉板于一体的"缤纷廊"。

还有委员提出了拓展场地的设想。很快，"宝宝屋"从江宁路街道发展到大宁路街道，进入该街道的工业园区和商业广场，并由此催生出大宁社区治理的新样态：德必易园新兴产业园区以"一元租金"引入"宝宝屋"，高管和员工们若再遇临时出差或加班，这里就能成为有效的"缓冲区"。就这样，园区和"宝宝屋"各取所需、各尽所长，实现了共同发展。

在委员们的深度参与和社会各界的共同努力下，"宝宝屋"在静安区不断创新发展。在首批社区嵌入型"宝宝屋"的基础上，升级出 2.0 版本，即滋养型"宝宝屋"——位于江宁路街道吴江路幼儿园和蒋家巷社区的两个"宝宝屋"开始运营，打造特色样板，发展特色功能和活动，更精准地聚焦服务内容的系统化设计、丰富样态，满足不同家庭的个性化需求。

　　这之后，2.0又向3.0迈进。3.0版"宝宝屋"回应了委员们最初的构想：婴幼儿的照护，需以家庭为主，亦需要更多专业示范、社会支撑和指导。3.0版"宝宝屋"不仅充分实现了"一网通办"网上预约等便利管理机制，打通了便民服务的"最后一公里"，更架设了专业育儿的示范桥梁，通过"宝宝屋"将科学育儿的理念和方法传递给更多家庭。

　　2024年的"三八"妇女节那天，两家全新的3.0版"宝宝屋"正式推出，它们分别设在江宁路街道余姚路幼儿园和大宁路街道党群服务中心。揭牌仪式后，两场以"宝贝活力联动营、妈咪宝宝亲子行"为主题的科学育儿指导活动接着举办。也在同一天，由市教委和区政协、教育局、江宁路街道联合首创的"活力宝贝联动营"营车从江宁站始发、入驻大宁站，标志着静安区政协教育界别与总工会界别的"界别牵手"正式启动。

　　在短短两年的时间里，"宝宝屋"像雪球一般越滚越大。至2024年6月底，静安区共建成23家"宝宝屋"，实现了全区14个街镇的全覆盖，当初的"15分钟生活圈"理念已然变成现实。上海市也在各区铺开"宝宝屋"建设。由静安启航的这项"宝贝计划"，还开始向全国辐射。

　　回顾一路走来，孙忠感慨万千，她说："哪怕是很小的'点'，只要积极回应基层群众的期盼，就能让最大多数人参与进来，事情就这样办成了！"由此她愈发坚信：政协不仅是一个平台，更是一个舞台，可以调动各方资源、实现全社会联动、共赢；政协委员履职必须全心投入、身体力行，才能无愧于这样的"大舞台"。

（本文作者：李佳）

# 营造安居乐业的"一张床一间房"

所属区：徐汇区
提案名：关于在漕河泾园区为青年人才增加"一张床、一间房"的建议
提案者：邢冰

虹梅街道，地处上海徐汇区西南，辖区面积 4.98 平方公里；位于漕河泾开发区的核心。

漕河泾开发区，是国家级开发区，历经 40 载，数度转型，园区现有大小企业 4000 余家，在上海的产业发展版图上有着不可替代的地位。在当前新的科技革命星火蔓延时，它迎来了新一重身份：上海打造具有全球影响力的科创中心的重要承载区。

新的使命，新的发展，必然激发一系列新思考，呼唤一系列新理念。有哪些问题日益突出、亟待解决呢？

"人才！"区政协委员邢冰首先想到这一点。

## 漕河泾的"两个面"

为了让政协委员充分履行职责、参政议政，徐汇区政协分设八个专委会、27 个界别，还在每个街道建立了联络组。研究关于人才的课题时，邢冰与其他 25 名委员落脚在虹梅街道联络组。

大约五年前，时任虹梅街道党工委副书记的邢冰，参与创建了街道名为"虹梅亭"的党建品牌。这个"亭"字里，蕴含着连接、守护之意；"虹梅亭"，顾名思义，旨在服务企业、凝聚合力，最大限度发挥人才吸附效能。

正是通过"虹梅亭"，邢冰看到了一些问题的要害。

她了解到"两个漕河泾"的现象：白天的漕河泾，园区内一派繁华，似一个充满活力、跃动的大社区，人们熙来攘往，周遭绿树葱郁，满眼"人间烟火"；可太阳西沉后，夜晚的漕河泾，"唰"的一下就人去楼空了，街道上人影寥寥、车辆稀疏，只留下一片沉寂——漕河泾的"白"与"黑"反差巨大，截然不同，它们能"黏合"起来，形成同一个世界吗？

为摸清底数，"虹梅亭"推动了多轮问卷调查。街道还委托第三方机构，以青年为重点，结合地铁、公交车流量等各方面情况，调研了解人才需求和现实困难。

虽然对情况已有些预判，但当调研结果条分缕析摆在面前时，依然令人吃惊不小。原来，出入漕河泾的"潮汐人群"每日高达30万！这当中，除5万属来访、出差等流动人群外，25万皆是工作人群，而35岁以下的又占了其中的70%。白天，来这里的人都很"痛苦"——挤公交车常常是上不去、下不来；晚上，园区也很"痛苦"，因为没多少人气，做什么都热不起来。

邢冰和同在联络组的委员们还深入园区内的企业，面对面地听员工说苦恼："天天跑进跑出，就是为了晚上睡个觉，长途跋涉也要回去的。"企业经营管理者也担忧："员工们辛苦，我们也苦，怎样才能留住人才、给他们提供更好的环境？多付工资吗？企业负担不了。工资少？又缺乏吸引力。"

留得住员工，聚得起人气，才能让漕河泾的夜晚不那么沉寂。一圈调研下来，委员们知道，年轻人在居住方面最看重的，是交通方便、通勤时间短，如果能就近居住在园区内当然是大好事，但他们中的大多数都难以实现这样的愿望——原因其实很简单，首当其冲的就是房价。徐汇区本是寸土寸金之地，漕河泾虽偏处区内一隅，房价依然会让许多人觉着高不可攀，比如园区附近一套两室一厅，月租达七八千元，相当于普通员工收入的一半或大半。

降低房价？那是不现实的，不能忽视市场因素。开发适用房源？似乎也举步维艰，漕河泾开发已历经三四十年，原先的大片农田已被连绵的居民区所填满，户籍人口达到约3万，可用于建房的土地资源基本已近"枯竭"。

随着调研的深入，邢冰和大家对于"人才"的理解，也在发生着些许改变。他们突破原来局限于"领军人物、顶尖人才"的认识，发现"人才的发展性"：

人才应是成长中的，是与公司相辅相成的，公司发展可助其成长，其成长亦可反哺公司。在漕河泾开发区，这样的"发展型人才"占多数，培养他们亦需"发展的眼光"。

基于这个发现，一件提案在邢冰的心中酝酿。

## 构建完整就业生态

这是虹梅街道联络组的一期"读书会"活动。主讲人是杨万强，区政协委员、复深蓝公司董事长兼总经理。

"读书会"聚焦的主题，是关于一本企业管理的书。准备充分的杨万强一开讲，听者的兴趣就被调动起来了。侃侃而谈之中，他讲述的是书中的道理，谈论的却是现实的迫切要解决的问题。大家自然听得聚精会神、有所共鸣，而邢冰的眼神中有一种特别的关注。

对于徐汇区的政协委员来说，"读书会"不仅仅是读书。与之类似的，还有"委员会客厅"和"委员沙龙"。它们作为委员的活动平台，除了观点、思想的相互交流之外，还包括实地的参观学习，而所到之处，又往往是委员各自所在的领域，仿佛彼此之间打开了不同"世界"的门。

杨万强主讲这期读书会，委员们也跟着他走进了复深蓝公司，了解到AI+大数据领域的研发创新和整体云化战略的积极推行。在领读和走访之后，大家的"脑细胞"被激活了。进入讨论环节时，他们踊跃发言，谈体会、谈管理、谈政策……

漕河泾开发区汇聚了一批"明星企业"，有腾讯华东总部、阿里、字节跳动、米哈游、莉莉丝、星环科技、国泰君安、商汤科技……委员们带着问题前来、带上思考离去，对于人才难题和企业困境的聚焦，就在一次次走访中达至更深。邢冰感到自己研考的问题和解决之策，渐渐地全面、清晰起来。

2020年初，在梳理一段时间活动的收获时，虹梅街道联络组发现，委员们大都提出了留住人才、先"安居"后"乐业"的建议。他们认为：更好的营商环境，是要让人才有舒适的环境；应该构建一个完整的就业生态，包括住房生活、婚恋交友、子女教育、医疗养生等事项在内；而出门就能到达工作区域、见到合作伙伴，生活有希望、有活力，能够更好地打开人生的新境界……

## 增加"一张床一间房"

带着更加具体而实际的思考和更为翔实的调研结果，邢冰开始落笔撰写那件提案，题为《关于在漕河泾园区为青年人才增加"一张床、一间房"的建议》，开宗明义，对园区人才的一项基本需求，做了高度凝练、形象的表达。

在提案中，邢冰分析道："一张床、一间房"的问题严重影响青年人才的进取心、创造力，制约着人才的引进和发展，也影响到城市的发展。继而，提出三方面的建议：第一是多方挖潜，增加供给。广泛摸排区域单位资源，集中改造一批人才公寓；对辖区内产业园区楼宇进行挖潜，配建一批租赁住房；对于拟更新地块，明确一定比例配建租赁住房的要求。第二是广纳贤才，适度扩面。适度扩大青年人才范围，制定差异化的人才标准，建立差异化的补贴及优惠政策。应把市民生活必需工种的从业人员，特别是有稳定工作的外来务工者，纳入公共租房体系。第三，高效管理，提高流量。搭建一个由政府主导，市场参与的青年人才住房信息平台，实现住房查询、申请、结果公示、违规通报等透明操作；加大周转性床位或住房的规范管理，提高周转速率；根据入住人才的实际情况进行年审，建立周转退出机制。

2022年1月，在徐汇区政协十五届一次会议上，这件酝酿多时、凝聚着邢冰和虹梅街道联络组成员心血和智慧的提案，正式提交。

提案在办理过程中，邢冰不时听到令人欣慰的回音：牵头承办的单位，专门通过电话、现场座谈会详细了解委员们的初衷，并与大家协商探讨可行的方案；相关举措被以建议的形式，列入政府工作计划中，采用"一揽子"方案解决问题。随后，人才公寓供给工作加强了统筹，"十四五"期间将新增1万套社会租赁房源优先供给人才，"一张床、一间房、一套房"的供应结构开始健全优化。同时，人才租房补贴力度得以加大，2022年租房补贴发放达到1938余万元，惠及区域内394家单位、1805人次。人才公寓建立起党群服务站，挂牌"初心汇"，努力为人才提供暖心周到的服务。上海市保

障性租赁住宅项目内的首个市级青年中心——城开汇社区·汇享青年中心，
2023 年 10 月挂牌推出。

2023 年 6 月，上海市委书记陈吉宁到徐汇调研，目标是：望月路 515 号——
"一张床"保障性租赁房项目。他的目光，同样聚焦在园区人才、城市建设
者和各种劳动者身上。

在陈吉宁走进的"一张床"项目里，就关联着四个"家"：功能丰富的
城市建设者管理者之家，精致温馨的环卫职工之家，量身定制的医护人员之家，
配套齐全的快递小哥之家。所有的"家"都是优质房源，"好住不贵"，每
张床的月租金在 400 至 800 元。一经推出，就深受欢迎，承租率高达 90% 以上。

对于"一张床、一间房"的深化，陈吉宁提出进一步的指导意见：让劳
动者更安全、更有尊严、更加舒心地在城市居住、生活和工作。

如今，在漕河泾开发区乃至整个徐汇区、在更大范围内，人们正按照陈
书记的这一要求，不断采取具体的行动，通过多种现实的途径，助力各种人
才和劳动者实现"安家"的梦想。政府部门、园区企业和社会各界纷纷加入进来，
出力量、出资源、出想法、出平台，促成一个个项目落地，无论是"一张床"
还是"一间房"，数量都在稳步地增加。

在一次沙龙活动中，邢冰和委员们怀着关切的心情、带着温暖的目光，
走进一个个"安居"项目，看样板间，看周围环境、生活设施和配套服务。
他们对相关提案提出以后，各方努力带来的变化感到欣喜，同时在心中为城
市建设者的未来"家园"继续描绘蓝图。那来自源头的"一张床、一间房"
的畅想，总是像一束光，在引导着大家。

（本文作者：李佳）

# 为"智慧养老"走进万千老人探路

所属区：普陀区
提案名：关于"十四五"期间 布局发展智慧养老产业的建议
提案者：邱婕等 3 名委员

　　上海，这座繁华的大都市，在新时代的发展中日新月异，不断焕发青春。不过，在纷繁的"年轻态"背后，是上海已经成为全国最早进入老龄化社会的城市的现实，上海老年人口占比和增速均远超全国平均水平。

　　老龄化问题的影响持续加深，成为上海经济和社会持续发展的一种隐忧。党和政府高度重视，社会各界都在探索应对老龄化的办法和模式。这时候，社区智慧养老应运而生，它随着现代科技的进步和数字化转型的深入，逐渐走进了人们的视野、走到人们的身边。

　　社区智慧养老，就是通过运用物联网、云计算、大数据、人工智能等现代信息技术，将各类软硬件技术产品嵌入社区养老服务，满足老年人多层次、个性化的养老需求。这也是我国养老服务体系发展正在形成的一种趋势。

　　上海"十四五"规划就明确指出，要"创新养老服务供给方式，大力推广养老顾问制度，积极推进智慧养老，发展异地养老，深化长三角养老服务合作"。

　　普陀区政协委员邱婕一直关注着"智慧养老"，在 2022 年初的区政协会上，她领衔提交了提案《关于"十四五"期间布局发展智慧养老产业的建议》。

## 目光聚焦"智慧养老"

　　邱婕任教于华东师范大学公共管理学院，曾在学校所在的普陀区当过挂职干部，对该区老龄化有着切身感受。她知道，截至 2019 年底，全区 60 岁及以上老年人口突破 35.49 万，预计 2025 年将达到 40.33 万，老龄化比例将达到 42.5%。区"十四五"规划中，就写入了"积极探索智慧助老，让更多老年人融入智能生活"的内容。

成为政协委员后，邱婕就决心在养老问题上积极建言，以此为自己履职的一条主线。她的关注点向"智慧养老"聚焦。她和团队成员开展了广泛的调研，深入区内外的社区，访谈老人、护理人员以及社区管理者，了解各种的需求和存在的问题。

他们发现，很多老年人对现代科技抱有怀疑态度，更习惯传统的生活方式。同时，社区养老资源分布不均，部分社区的养老服务设施和人员配备不足。如何在现有基础上引入智慧养老，成为他们探寻解决的首要问题。

调研也并非一帆风顺。一个炎热的夏日，邱婕等人前往虹口区一个社区，走访一位独居老人张奶奶，她的生活起居全靠社区提供基本的服务。张奶奶对"智慧养老"不仅陌生，甚至有些抵触，她直率地说："我这一辈子都习惯了这样的生活，什么智能设备啊，都不太懂，也不敢用。"

张奶奶的担忧代表了许多老年人的心声。他们担心智能设备操作复杂，害怕技术故障带来的麻烦。团队觉得应该从最基本的需求入手，逐步打消老人的顾虑，引导他们接受智慧养老。

在走访中，他们还发现，社区养老服务资源分布不均。一些地方具备较为完善的养老设施和充足的服务人员，而另一些地方则面临各种短缺。在普陀区，一个社区负责人无奈地说："我们这里老人很多，但专业护理人员严重不足，智能设备也匮乏，服务跟不上需求。"

基层的困境让邱婕等意识到，仅有先进技术远远不够，如何合理分配资源、提升服务质量，是智慧养老需要解决的另一个重要问题。

## 广泛调查　专题作研究

通过对大量调研和数据分析研究，又经过多次的讨论和修改，邱婕团队形成了一份详细的市民建言，内容涵盖了智慧养老的技术应用、社区服务的改进建议以及政策支持等方面。

　　建言递交到了市人大，很快得到了重视。市人大领导批示提到："智慧养老是应对人口老龄化的重要手段，必须予以高度重视。市人大将进一步委托相关部门对社区智慧养老服务情况进行全面调查，形成可行性方案，推动政策落地。"

　　建言有了良好的回应，让邱婕团队备受鼓舞。他们要在智慧养老的探索之路上，走得更远、更深。

　　他们启动了"上海市社区智慧养老服务情况调查"的课题研究。继续走访各方，更加具体、深入地考察智慧养老设施的使用情况。

　　其间，他们见到了一些鲜活的实例。一位年过七旬的王姓老人，家中安装了一套智能监控系统，可以随时监测他的健康状况。老人带着兴奋说："这套系统真是帮了大忙！以前我一个人住，家人总是不放心。现在有了这个，他们在手机上就能看到我的情况，很安心。"

　　从这位老人的境遇中，邱婕等看到了智慧养老的实际效果。

　　在调研中，他们还与多家技术供应商进行交流，接触各种智能养老设备，如智能手环、健康管理平台等。这些设备"看上去很美"，功能齐全，但实际应用仍面临挑战。有的供应商反映："我们研发了很多先进的设备，但在推广中，一些老年人不愿意使用。还有一些社区，基础设施跟不上，导致设备无法正常运作。"

　　邱婕团队由此意识到，智慧养老不仅需要技术支持，还需要政策引导和社会支持。只有各方面共同努力，这项利国利民的新事物才能落地生根。另外，智慧养老的社会共识也要随着有关项目的推进而加快形成，这不仅让老年人受益，也能提升整个社会的文明程度。

## 形成提案　跻身"优秀"

　　进一步研究的成果使邱婕对智慧养老有了更加全面的认识，对其推进的路径也有了更加清晰的擘画。她决定把研究所得转化为政协提案，在她亲身参与的参政议政平台上，提出自己的真知灼见。

这件提案经过了系统的架构，有着较为宽广的视野。它从推动经济和社会发展的角度，阐述了将智慧养老作为产业来推进的重要意义，那就是：有利于提升区级财政效能、有利于提升养老服务水平、有利于区内企业转型升级、有利于整合区内优势资源。同时，提案提出现实性的建议：将智慧养老产业纳入区级产业规划；培育孵化区属智慧养老企业；确定区级智慧养老试点街道；加大区内智慧养老校企合作。

提案的形成有一个反复推敲的过程。邱婕和团队多次听取各方的意见和建议，对提案内容进行完善和补充。在一次讨论会上，一位专家提出："智慧养老不仅要关注技术的先进性，还要考虑老年人的接受度和使用便捷性。要让老年人愿意用、能用、好用，才能真正实现智慧养老的目标。"这使他们深受启发，深刻认识到要有针对老年人的培训和技术支持，确保智慧养老设备和服务能被广泛接受。

2022年1月初，在区政协十五届一次会议上，邱婕和朱钢、毛亦国联名提交了这件提案。时隔不久，他们就收到了"采纳"的办理。更让三位委员高兴的是，这件提案在年底获评区政协"优秀提案"。

## 身体力行"智慧养老"

提案的提交只是一个开始，邱婕和她的研究团队，还在以切实的行动，推动智慧养老政策的落地实施。他们深知，这是一项长期的工作，需要不断的探索和实践。

智慧养老的发展离不开相关政策的支持。邱婕团队积极向政府部门建言献策，推动智慧养老政策的制定和落实。团队成员不断出现在政府组织的智慧养老工作会议和座谈会等场合，与各部门负责人、社区管理者、企业代表等共同探讨智慧养老的实施路径，提出切实可行的建议。

邱婕和伙伴们通过调研，实地检验着政策落地和多方推广的实际成效。比如，他们再次拜访了虹口区的张奶奶，注意到她家的客厅里多了一台智能音箱。张奶奶兴奋地告诉他们："这个小东西真好用，我可以让它放音乐、查天气，还能跟它聊天呢！"张奶奶的改变让大家感到欣慰。他们知道，这是社区培训的良好结果，张奶奶终于接受了智慧养老的理念，开始享受现代科技带来的便利。

为了更好地管理老年人的健康数据，邱婕所在团队与一家科技公司合作，建立了健康管理平台，可以将老年人的健康数据汇总分析，提供个性化的健康建议。平台上线后，得到了广泛好评。有社区医生表示："有了这东西，我们可以更及时地了解老年人的健康状况，提供更有针对性的医疗服务。"

他们也积极参与政府的智慧养老项目，组织了多次智慧养老的讲座和培训，邀请专家学者、社区代表和技术供应商分享经验和心得。通过这些活动，传播智慧养老的理念，强化社会共识。

邱婕来自民革，成为区政协委员后一直保持活跃。2022 年，除了《关于"十四五"期间布局发展智慧养老产业的建议》，她还有一件《关于积极应对老龄化 建立公共监护人制度的建议》的提案，同样跟养老有关，都受到区民政局的重视。2023 年，她又提交《关于试点律师担任区内公共监护人的建议》，被列为区政协重点督办提案。提案的"命中率"如此之高，以致有人问邱婕：有什么"秘诀"吗？

"政协委员既是一份荣誉，更是一份责任，我希望能发挥专业所长，继续在老年服务方面提出有益建议，做好参政履职。"一次受访时，邱婕如是说。

（本文作者：凌寒）

# 智能系统带来舌尖上的幸福养老

所属区：杨浦区
提案名：关于改变老年餐厅售卖方式和服务模式的建议
提案者：张莉

　　我国进入"深度老龄化"阶段，截至 2022 年末，全国 60 周岁以上人口已超 2.8 亿，推动养老服务高质量发展的重要性日益凸显。

　　"民以食为天"，一日三餐对生活质量影响巨大，直接关系着老年人的身心健康。自 2019 年起至今，上海杨浦区民政局把养老作为民生保障工作的重中之重，全面推进"15 分钟养老服务圈"建设，不断优化"家门口"的助餐服务体系，建立起"睦邻小厨"助餐服务品牌，引入智慧化的餐饮管理系统，让老年人能更便捷地吃饱吃好，提升获得感与满足感。

## 缘起：西迁老教授的"莼鲈之思"

　　如今经过自家社区附近的"睦邻小厨"餐厅，若恰逢用餐时间，张莉总忍不住略微驻足。望着那并不算宽敞却满溢着浓浓烟火气和诱人饭菜香的温馨空间，回忆起五年前提出提案《关于改变老年餐厅售卖方式和服务模式的建议》时的种种，她心中便有热流澎湃。

　　写这件提案的想法起初源自一次私人探访。2018 年春末，时任伊尔庚（上海）环境科技有限公司董事长的张莉随爱人回母校西安交通大学，看望敬爱的师长汪应洛院士。师生久别重聚，在交流学术见解、畅聊时事热点之余也闲话家常。谈到老年人的餐饮问题，老院士提出几个诉求，说这些不仅是自己的愿望，还能反映身边同为"西迁人"的老同事们的心声。

回顾往昔，1955年初，由于国家建设需要，国务院决定交通大学内迁西安。1959年，迁至西安的交通大学主体部分定名为"西安交通大学"。西迁历时四年，迁校总人数达一万五千余人，在此过程中生发出了后来被提炼概括为"胸怀大局，无私奉献，弘扬传统，艰苦创业"的"西迁精神"，并在代代师生中传承弘扬。

62年之后，为西部文教事业奋斗一生的西迁人步入晚年，却在日常生活最细微、也是最根本处有了困扰。多数西迁人祖籍苏浙沪，年轻时凭着爱国主义精神的激励排除万难适应新环境，退休之后倒常起"莼鲈之思"，想念故乡的味道。西迁老教授目前的生活状态大多与汪院士相似，他们曾联合向学校建言，西安交大因此成立了一个长者餐厅，在餐食口味与营养上针对长者的特点进行设计搭配，部分满足了老教授们的需求。但仍有不尽如人意之处。

从事生物医药研究的汪院士基于专业背景产生了想法："能不能开发一套软件系统，首先能做智能称重，精细到一块红烧肉、两片青菜、几粒葵花籽都能称重计价，同时还能对摄入的热量和营养成分做统计并且关联到每个使用者的健康档案，再给相应的合理膳食建议，让人在结算时就能看见下一顿饭或者明天的饮食应该如何调整。"

听了汪院士的诉求与设想，张莉与爱人都觉得很有启发。

张莉一家子在上海住在高校云集的杨浦区，爱人也是大学教授，他们原本就对高龄高知群体的生活状态很熟悉，平日聊天，在吃饭这件事上老人们常说起类似的难处。再抛开地区差异造成的饮食偏好因素，这个问题在上海更具有普遍性，由于整体生活水平较高，几乎所有老年人都对饮食的品质和多样化要求更高。

听说张莉是政协委员，汪院士说那也请你在政协开会时帮我们呼吁一下，让全社会都来关注老年人用餐的问题。老年人吃得好、身体好，年轻人在打拼事业的时候才能没有后顾之忧嘛！张莉对此深以为然，所谓"老吾老以及人之老"，她希望自己远在故乡的父母和上海的公婆都能吃好一日三餐，决定返沪后就为写这件提案做准备。

# 调研：天天去看广场舞

从 2015 年加入杨浦区政协、2016 年成为常委之后，同时有着杨浦区青联常委、杨浦区青企协副会长、同济创业谷创新创业导师等多重身份的张莉积极履职。之前她提交过三件提案，都是与自己从事的环保科技行业有关，这对她来说既胸有成竹又易如反掌。但这一回，要完成关于养老服务的提案，跨专业的难度不言而喻。作为一名成功的创业者，张莉的优势是逻辑清晰、行动力强。在她看来，任何一件事都可以看作一个系统，先以目标导向全盘思考、统筹规划，再拆解成多项任务、逐个推进。

此前张莉对养老服务所知不多，眼下首先就要进行大量深入的调研。返沪次日，她就去向政府职能部门民政局咨询，了解杨浦区老年人用餐情况，民政方面做了哪些工作，后续有哪些计划，等等。民政局养老服务科干部告诉张莉，区里十分重视养老服务中助餐服务工作，截至 2018 年底，全区共有 60 周岁及以上户籍老年人 39.23 万，占户籍人口 36.53%。为解决社区老年人吃饭难问题，区里按照"政府搭台、企业参与、社会运作"的工作思路，将老年人助餐点的建设纳入为老实事项目加以推进。目前区民政局在筹划和建设一个叫作"睦邻小厨"的长者食堂服务方案，已有社区在试运行。长者食堂还有配餐服务，不便出门的老人可预定下个月的餐食，每天有人送餐上门。

关于预定送餐服务，张莉想到提前预定的套餐无法根据口味和身体状态的变化调整，不同季节和不同配送时长会导致餐食温度、品质不稳定，还会因为包装产生大量塑料垃圾，但过多考虑这些会干扰她关注的重点，所以暂且搁置，眼下她还是聚焦于长者食堂。实地走访了几家正在试点的"睦邻小厨"，张莉跟来用餐的老人聊天，老人们都说这里离家近，菜的口味合适，比外面饭店做得健康，价格也挺公道。美中不足的是，一个人来，固定套餐有点多，吃不完怕浪费，想自己搭配不超量又只能吃一两样菜，过于单调。张莉证实了自己的推测，当下杨浦区"睦邻小厨"与西安交大的长者餐厅存在同样的问题——供给模式与老年人真正的需求还不匹配。

为了解更多不同生活背景下老人的用餐需求，张莉想做更广泛的民意调查。哪里老年人最多且集中呢？思忖再三后，她选择了黄兴公园附近的东方蓝海广场。每到傍晚，就有大批老年人聚集在此跳广场舞，时值夏季，还有不少长者来散步乘凉。下班后，张莉来此找不同年龄段的老人交流，问他们怎么解决一日三餐，对市面上的餐厅和社区养老服务的看法，还问他们知不知道"睦邻小厨"，是否去体验过，有什么想法和建议等。

每天半小时、接连不间断，管理着一家公司、兼顾诸多社会工作的张莉，如此深入地在社区调研了一个月。最终她得出结论：从饮食需求而言，老年人吸收能力下降，饭量减小，需要在摄入较少食物的前提下保证摄入食物的多样性，以获取全面均衡的营养；从消费观念上来说，老年人普遍生活节俭，不愿浪费。在一般的社会餐厅和食堂中，面对按份售卖的模式，想要吃得丰富多样、保证营养，又要节俭不浪费，总是难以兼顾。如何改进才能满足老年人"少量多样、节俭不浪费"的用餐需求呢？张莉决定去餐饮业调研。

## 提案：带着问题答案去寻找对策

多年创业创新的经历让张莉养成了聚焦目标、以成果为导向的思维模式，她不仅要提出问题，还想找到具有可行性的解决方案。

深入社区调查时，张莉也在了解走访过的几家试营业的"睦邻小厨"的运营模式。从原材料供应、食材配送，到食谱制订、餐点制作、品质控制等，她想要弄清楚整个生产、服务全链条上的每个环节，看看从哪里入手能够从根本上解决问题。

她自知需要有专业人士的指引，便在市女企业家协会中找到一名在餐饮业发展多年的会员伙伴，坦明心迹，请她帮忙引荐，最后找到了"睦邻小厨"背后的供应商。起初对方心怀戒备，担心来者是竞争对手或者想揭露问题，后续经过张莉锲而不舍、有的放矢的沟通之后，对方理解了她的意图，将她需要的信息坦诚相告，也在她的启发下看见居家养老市场大有前景，若能将解决社会问题与商业模式创新结合就会有更多发展机会。

一番调研之后，张莉发现自己设想的那种自助取餐、按需取用、自动完成称量计费和结算的系统一般餐饮公司做不到，需要找到一家做高端厨房设备的公司才能实现。经多方寻找，西安交大管理学院 MBA 教授王军发明的一套最初用于推行"光盘计划"的系统，令张莉眼前一亮。她与王军联系，说明自己的来意与想法，得到王军的肯定答复后，张莉两次飞往西安与其团队具体沟通。王军从张莉将要完成的提案中看到了巨大的社会意义和商机，找到西安交大软件学院的团队联合开发新系统和新设备，之后他的团队还专门飞来上海与张莉商讨方案落地的事宜。

经过两个多月的多方走访、深入调研、反复论证之后，在可行性解决方案已经进入实践阶段的同时，张莉用了一个多月时间写下《关于改变老年餐厅售卖方式和服务模式的建议》。提案初稿完成后，她分别向西安交大的汪应洛院士、时任杨浦区副区长、现任上海市民政局副局长李雅平，和时任区民政局党委书记、现任区政协副主席的明依请教，又在他们的指导、建议下进行多次修改。

2019 年 1 月 16 日，杨浦区政协十四届三次会议闭幕，张莉意气风发、脚步轻快地走出会场，回想自己为提交的提案作发言时遇上的热切肯定的目光，她期待着收到回复，想要为提案的落实做更多事。

## 落实：专题汇报与专项行动方案

两个月后，张莉接到区民政局的电话反馈，说这件提案十分契合区里的情况，不久之后就会专门给她回复。同时，因为领导看出这提案背后有大量、扎实的调研工作，希望她能去现场做更多陈述。

此前写提案时，张莉难以把自己掌握的全部材料和已经找到的可行性解决方案都放在里面，因为那样会长篇累牍，她也不清楚能否得到相关方面的重视。现在提案被受理督办，张莉又花了不少时间专门做了一份 PPT 和两个视频，带到现场做专题汇报。视频分别是展示现有餐饮行业的传统售卖模式和她设想的使用了"自助称量分餐销售系统"之后的智慧餐厅，PPT 的主题是"智慧居家养老餐饮解决方案"，从项目背景、解决方案、合作模式三个方面进行阐述，其中特别强调"自助称量售餐模式"，是能够有效解决居家养老餐饮难点的创新科技手段。

听了张莉的专题汇报后，在场的人士无不震动，赞叹她一个非专业人士把调研做得如此深入细致，还提出了能落地推广的解决方案，这背后不仅有一名政协委员关注社情民意、促进民生改善的使命感，还有一名优秀企业家的社会责任感和实干精神。而张莉进而把解决方案和可以合作的团队、公司都介绍给了区民政局。区民政局不久就与这些合作方联合开发了后来被应用推广的"智慧餐厅"系统，不仅可以自主称量、拆零销售、多点结算，还在营养摄取、健康监测等多方面提供个性化餐饮服务。

2019年4月17日，杨浦区政府网站首页"政务公开"栏目发布"睦邻小厨"杨浦区老年人助餐服务水平提升行动方案（2019至2022年）。其中写道："以全国第三批居家和社区养老服务改革试点区为抓手，从全区层面开展整体规划、均衡布局，通过打造家门口的睦邻小厨，着力解决好杨浦老年人的助餐公平均衡及差异化精细服务问题，做到服务供给更有显现度，用餐体验更有幸福感。"

## 尾声：智能系统成"打菜神器"

2019年底的一天，张莉接到邀请，来到当初走访过的第一家"睦邻小厨"回访体验。那是江浦路街道的双辽路"睦邻小厨"餐厅，经过改造升级后重新开始营业。

张莉步入其间时，正值午饭高峰期，寒暄笑语此起彼伏。自助餐柜上，每种菜品面前都有一块电子屏幕，盛出来的菜实时称重，智能系统反应灵敏，一滴汤汁、一片菜叶子都能感应到，觉得少了或者多了可以自行添减，计量精确，一目了然。

一位阿婆取了咸肉菜饭、糖醋小排和两样素菜，拿了一碗免费的汤，刷卡结账时显示只要15元，她笑道："蛮好蛮好，想吃多少量、多少样都老便当，阿拉上海人的精细就是这样体现出来的。"

张莉坐到一个有空位的桌子边，看见一位爷叔餐盘里放了六七样菜，红颜绿色、荤素搭配得甚是诱人，她问道："大叔，你一个人吃得这么丰盛啊！"爷叔笑道："这家餐厅现在改革了，一小块肉、一只虾也好称分量的，阿拉都管这个叫'打菜神器'。有了这个打菜神器，原来点两个菜的钱现在能吃四五个菜，刷卡时还告诉你哪种营养成分吃了多少，热量摄入了多少，这不是相当于多了个家庭医生吗？"

此后，"自助称量销售和健康饮食管理系统"在杨浦区各个街道的"睦邻小厨"陆续推广、全面铺开，向市民政局汇报得到肯定后，还被其他区作为经典案例来专门考察学习。

在西安交大，当初提出诉求的汪院士 2023 年已驾鹤西去，但张莉这件提案和后续督办落实的全过程也反过来助推了西安交大长者食堂的改革，如今西迁长者们终于如愿吃上了自主称量、丰盛多样、健康均衡的一日三餐。

张莉在事业之路上继续深耕环保科技专业，在生态治理领域起带头引领作用。同时，作为政协委员，她将关注的目光放得更广更远、调研的触角伸得更长更深，倾听社会最底层民众的呼声，抓住民生领域最迫切的问题来开展履职工作。时时经过的"睦邻小厨"中传出的欢喜之声，就是她不辍奋进、勇担重任的动力之源。

（本文作者：王萌萌）

# 排难点 让加装电梯跑出加速度

**所属区：**宝山区
**提案名：**关于老旧小区加装电梯过程中存在的问题和建议
**提案者：**龙云辉等 3 名委员

## 两位委员的一样心事

　　龙云辉 23 岁大学毕业到宝山卫生系统工作，一干就是 30 年。他原先住在淞宝地区的海江二村，家里门牌是 601 室："那时候年轻，腿脚好，六楼上上下下轻松得很，随着年岁渐长，上下楼确实有些累了。"2021 年他居住条件改善，搬离海江二村，住进了高层楼房的 15 楼，每日上下有电梯。这时，他才真切地体验到，有电梯的生活原来如此方便。

　　其实，龙云辉的心里一直牵挂着住在多层楼房里的老人们。长期的卫生系统工作经历，让他了解到许多情况，比如住在五楼、六楼的老人，由于没有电梯，一旦遭遇突发状况，时常会发生 120 救护无奈延长时间，导致急救耽误。也有些老人腿脚不便，无法下楼到户外走动，只能整日闷在家里……2019 年，龙云辉当上了宝山区政协委员，有了这个身份，他开始酝酿写一份关于老旧小区加装电梯的建议。

　　比龙云辉年轻的黄东，来自河南，2004 年底才到宝山工作，而后成为一名律师，一晃也 20 年了。他曾与爱人、孩子和父母亲一起租住在友谊路一座老旧小区里，一家三代人倒是其乐融融。不过，他们的房子在六楼，他下了班回到家和父母交谈时，也常听老人说起，房子住得高十分不方便，有时候带孩子外出或者买了菜、买了米回来，爬楼累得直不起腰来。每每听到这些抱怨，黄东心里总有些酸楚，他暗自思忖是否换一处房子，住低一些的楼层，或者高一些但要有电梯，这样全家人日常都更便捷一些。

同样在 2019 年，黄东成为区政协委员。因为律师的职业习惯，他对民生问题十分关注，在至今两届的履职中提过不少建议，诸如《关于提高业主委员会工作成效的建议》《关于长租公寓管理问题与改进建议》等。2022 年，他接手了一个案子，是关于虹口区吴家湾路某弄某号楼旧楼宇加装电梯工程施工受阻的。原来在符合各项法律、法规的前提下，吴家湾路这栋楼开始加装电梯，但是先后开工三次，均遭到一楼两家住户的阻挠，工期一拖再拖。大楼里居住的大部分是腿脚不便的退休老人，14 户住户出于无奈，通过黄东将一楼两住户向法院提起诉讼。面对此案，黄东心里久久不能平复，结合自己的经历，他也萌生了提出关于老旧小区加装电梯的建议的想法。

## 难点多，影响加梯加速度

上海老旧房屋加装电梯，始于 2010 年市第十三届人大三次会议期间由宝山团 16 位代表首先提出的议案。政府收到议案后极为重视，第二年即启动了相关工程。市房管局、市规土局、市建交委等部门联合出台的《本市既有多层住宅增设电梯的指导意见》指出，居民楼加装电梯需完成六道审批程序，包括计划立项、规划审批、房屋安全性论证、施工许可、质量技术监督和竣工验收。2012 年全市首个加梯项目在宝山区友谊路街道启动施工，并于 2014 年率先建成使用。2020 年，这项工程被纳入了"民心工程"，截至 2022 年底全市已累计完工并投入运行 4397 台。总体而言，这一民心工程在不断推进，市民认可度越来越高。

这几年，宝山区老旧房屋加装电梯同样跑出"加速度"。据统计，全区共有无电梯多层约 2.3 万门栋，2020 年完成 37 部电梯加装，2021 年完成 183 部，2022 年 207 部。不过，龙云辉与黄东发现，项目启动和实施仍有着较大的差距。他们还认为，宝山作为规模化加装电梯试点区，提升加梯品质，控制加梯成本，如何制定长效管理机制跟踪加装电梯全流程，值得探索。

经过调研，两位委员发现了几个问题：第一，低楼层业主与高楼层业主的矛盾加剧。特别是《沪建房管联〔2020〕801 号》文件规定，只要三分之二以上（面积、户数）参与表决，且参与表决的户数的四分之三以上同意即可启动项目，高楼层业主认为可以启动加梯工作，低楼层业主认为不能启动，导致代建方、街镇及居委夹在中间无从着手。第二，加装费用的分摊比例如何优化，加装完成后维保期过后费用的来源及使用保管没有明确。有关文件都没有明确阐述财政补贴如何发放，是每户均摊或是每户按比例发放，还是补贴给代建方降低建设成本等。项目启动与财政补贴发放的要求不一致。参与表决的户数的四分之三以上同意即可启动项目，而现有部分区财政补贴要求加梯楼道每位业主签字后才能发放。

存在的问题还有：对待加梯态度仍旧缺乏明朗化。部分居委会认为加梯是业主自治的工作，缺乏正面的引导。物业公司在加装过程中参与度不高，觉得加装后管理模式不明确。另外，目前加梯代建方数量庞大，准入门槛低，个别的低价抢单，不正当压低成本，如管线移位不走正规流程等。而相关部门各自为政，电力、燃气、电信等相互之间缺乏沟通，不能及时掌握加梯动态，影响加梯进度。

## "加装电梯，我们一起来"

2023年1月，宝山区政协九届二次会议举行，龙云辉与同为农工党党员的张秋琴委员，联名提交了一件关于多层住宅加装电梯的提案，而黄东也提交了一件关于加装电梯的建议。区政协收到提案后，认为两件内容大致相同，遂与大家商量："加装电梯，我们一起来吧。"两件提案就此合并为一件《关于老旧小区加装电梯过程中存在的问题和建议》，提出人为龙云辉、黄东、张秋琴。

提案随后由区房管局加梯工作专班承办。专班将提案做了具体分析，发现关于"水、电、煤"管线迁移的建议在加梯工作中与老百姓的需求十分吻合，对缩短加梯工作的时间十分有利，而相应的机制有待进一步完善。为此，针对这条建议，专班形成了与"水、电、煤"各专业单位管线移位的对接和沟通机制，招集负责片区的人员与老百姓进行沟通，制作迁移流程图，公布所有对接人员的名单。

专班针对提案的其他建议，也都一一做了研究并回应：

关于建议发挥基层党组织的作用。房管局明确要求各街镇强化组织领导，形成街镇、居民区党建引领既有多层住宅加装电梯工作机制，分片区网格化推进，有力有序推进工作落实。

关于建议推行统一实施规模化加装。区里已明确以推进规模化加装为重点，形成《关于进一步加快推进规模化加装电梯的实施意见》，指导各街镇选定1至2家代建单位进行整体建设。

关于建议加梯房地产登记备案及"一门式"受理。由于目前上海还未出台相关法律法规，对于加装电梯的面积是否可以计入不动产产权面积，房管局向市级层面呼吁积极探索注记模式。而在加装电梯审批流程方面，已采取"只跑一次"的审改措施。

关于建议明确财政补贴方式。市里有关文件，已对既有多层住宅加装电梯资金的申请和使用管理进行了明确。对补贴资金的申请审核，房管局严格按照市相关文件执行。

关于建议试点开展物业委托管理模式。房管局要求各街镇加强加梯后续日常维护管理，积极指导物业企业全过程服务加梯工作，主动提供加梯后续管理服务，切实解决用好、管好的"最后一公里"问题。

对于房管局的回复，龙云辉、黄东、张秋琴三位委员是满意的。龙云辉在本职工作之外，参与了大场镇与友谊路街道的民主监督工作，内容涉及社区综合治理、五违四必治理、生活垃圾分类等工作。在此过程中，他也会与居民们交流一些加装电梯的情况。有一回，某街镇一小区刚刚新装上电梯，龙云辉与居民们一起聊着天，居民脸上洋溢的笑容，让他无法忘记。

（本文作者：唐吉慧）

# 用心养护城市每一条生命之路

所属区：奉贤区
提案名：关于引入预养护工作机制，助力提升新城市政道路管养水平的建议
提案者：王国友

心中有情有爱，世界才会精彩。

认识一个人，有时比老中医号脉问诊来得快。比如他走路时的背影，他谈笑间的眼神，或同人握手的姿势与力道，瞬间能展露其内心世界与个性。

谁若有心体味，可以认识一下奉贤区的政协委员《关于引入预养护工作机制，助力提升新城市政道路管养水平的建议》提案者王国友。若有机会走近他，很快会体悟到，什么叫"性情中人"，什么叫"为人正直、待人真诚、助人为乐"。

按约与王国友相见的几小时里，眼见他不时接听电话，找他的人进进出出，几乎占去时间的一半。王国友在客人面前也没有什么避讳，那些打来的电话和进出的人，大都是为日常遇到的一些大小事情，希望王委员帮忙的。他始终一张笑脸，不厌其烦，让桩桩件件都能有些眉目。

向王国友道声"辛苦"，他爽朗一笑："辛苦并快乐着！"随后在谈话中，他时不时不经意间袒露心迹："都说一个人的心胸要像蓝天像大海，而我一直努力使自己的心胸成为一片草原，上有蓝蓝的天空，洁白的云朵，周身是一片片生机勃勃供生命繁衍生息的青草。草虽小，但它是幸福的，因为它能滋养生命，就像一个人'能帮人、帮到人''做好事、做成事'，这是最幸福的时刻……"

王国友是一位蒙古族汉子，56岁了，依然活力四射、热情奔放，有一种经久修为而来的个人魅力。当交谈的话题开始聚焦时，他说："要说提案提出的背景，主要是我从事安全和应急抢险工作时，对碰到的不应该发生的意

外事件所产生的一种感悟。"

那是2023年入夏后，一场暴雨，让多个新建路段发生险情，一时间，公安、应急等部门迅速响应，投入抢险。王国友了解到，有几处路段竣工交付使用后未及时移交养护，若抢险不及时，水位再上涨2厘米，将会造成下卧式排水泵站报废，同时完全阻碍车辆通行，严重威胁百姓生命财产安全……

因此，大家把他的建言，称为"一件关乎百姓生命、国家财产安全的提案"，这话并不为过。

一直从事工程建设管理，分管安全、质量、技术工作的王国友知道，新建的市政道路工程，是奉贤新城建设中重要的交通基础设施，提高其管养水平，是新城高质量建设的重要环节。但前些年，每逢汛期来临，总有一些已竣工启用、但未移交养护的工程，频繁出现下卧式地道积水、道路安全设施严重损坏，随时危及行人生命安全……

前年10月一起市民因窨井盖缺失发生跌倒致伤的事件，每每使王国友觉得如芒在背。还有金海公路航南公路至南奉公路段下卧式地道、运河北路S4下卧式地道，在未移交养护前，三年汛期先后发生严重积水，只能封闭交通、投入抢险；航南公路（金海公路至S4跨线桥段）四年前就竣工投入使用，也一直未能移交养护……

一个个随时可能危及百姓生命安全的隐患，挠着王国友的心。他准备结合专业所长，深挖市政道路竣工完成却缺乏养护机制的原因。

王国友深知，一人之力是萤火之光，众人拾柴方能火焰高。于是，他联络区政协的五位少数民族界别委员加入"头脑风暴"行列，大家一起来谈观点、提意见、说建议。

"我是警务工作者，事关安全责无旁贷。"王亚壮这位满族委员，以"人民警察为人民"的坚定口吻，率先表态；叶圣禧和李波两位紧跟其后，也表示要积极出力："我们可以翻阅有关资料、书籍，开展实地调研，提出更多好建议"；朱涤非用启迪性的话说："大家集思广益，从不同角度说观点，发散思维，才能提出更多更好的举措"……

于是，这个少数民族界别之前建立起来的"丹若贤心"微信群，一时热闹起来。

以王国友为牵头人的五位委员，分头分片，开始认真细致地调研排查。通过调研，更深的问题被挖掘出来。截至 2022 年 11 月，由新城公司和交能集团近五年建设竣工交付使用、但未移交养护的市政道路工程有 15 项之多。来自区城运中心 12345 网格化中心和建发集团施工条线的统计显示，近三年来集团参建的类似工程涉及养护的投诉多达 8000 余件，热线投诉案件多达 532 个。据奉发集团不完全统计，在类似工程投入应急抢险和应急处置的费用每年高达四百多万元。

五位委员通过调研，综合分析出现上述问题的主要原因，在于新建市政道路工程一经竣工验收立即投入使用，而养护移交的过程少则一年，多则三到五年。由于原施工单位只按合同要求进行保质期履约，养护单位缺失，致使这些工程长期处于非专业养护状态。其次，有些市政道路工程涉及下卧式排水泵站、大中桥梁等复杂分项工程，需要专业化的养护队伍进行专业养护，而原施工单位大多不具备专业养护能力，造成了疲于应付，且不解决实际问题的局面。

"生命至上，刻不容缓！"奉贤新城新建市政道路工程养护移交问题亟待解决。着急的王国友随即起草提案并提出两大建议：

一是协调各方梳理历史遗留问题，制订未移交养护工程的移交时间表。由区建设交通行政主管部门牵头对项目建设单位进行指导，明确参建各方职责，推进这些未移交项目尽快移交养护。

二是引入新建市政道路工程预养护工作机制，从源头上遏制类似工程的出现。其次，项目建设单位在项目竣工交付使用前确定预养护单位，达到新建市政道路工程高质量建设、专业化养护的目标，以破解长期困扰奉贤新城市政建设"重建设、轻管理"的难题。

言简意赅！《关于引入预养护工作机制，助力提升新城市政道路管养水平的建议》，这份来自少数民族界别的提案，提交给了奉贤区政协六届二次会议。

"这是一件事关大局的提案""这是一件关乎生命安全的提案"……了解提案内容的人纷纷赞许。

区相关部门和单位接此提案，近乎一致地答复："马上办！"

区建设和管理委员会主要领导主持，连续三次召集建设施工单位、新城公司、交能集团等，与委员们实地勘察、讨论问题、现场办公，快刀对"顽疾"，横向治理纵向切割，"旧账销除、新账不欠、不留死角"。

对于"三角地带"涉及面广的"老毛病"，则由区建管委组织协调，明确职责，检查督促抓落实；对于尚未完成交工验收、竣工验收的项目，限时责令建设单位落实到位，严格按要求及早完善移交接管手续。同时，对涉及防汛抗台、主要交通要道等关键项目即时完成移交……

一系列的办理行动展开不久，7月20日，上海全城大雨，多地达到暴雨程度，部分城区降雨量达206.7毫米。奉贤区则迎来综合治理后的第一场大考。

这一夜，王国友在大雨如注时，对着身旁的领导和应急队员自信而坚定地说："问题不大！"

"感知生命的价值与意义，用心呵护每个普通百姓的生命安全，是我的责任使然。"王国友，这位原奉发集团安全管理部经理，动情地如此表示。他深知，城市道路是一座城市发展的基础，作为城市的"毛细血管"，一头连着发展，一头连着民生……

1993年仲夏，王国友由燕赵大地投入上海的南郊热土。身为"新上海人"，奉贤人民开朗豁达、朴实热情的良好品质，让他逐渐消除了在外乡打拼的感觉，"我早把自己当成了奉贤人。从奉贤县到奉贤区，这几十年我看着它翻天覆地的发展变化，其中的道路、房屋建筑，我都参与了建设，我不仅有一种融入感，更有一种成就感，自豪感。"

王国友是中国矿业大学建筑系毕业的，曾任学生会主席。他是带着一支建筑队伍直奔奉贤的。科班出身的他，对工程质量十分严苛。凭着一股"拼"劲，做到集团安全管理部经理。如今声名远播的他，区内区外大大小小的工程项目验收，看不到"王国友"三个字的签名，工程建设单位的领导常常会不认账。

王国友一路走来的足迹，让人不难发现他身上的鲜明特质，即"咬定青山不放松"的坚定和坚韧，以及热爱生命、饱含爱心。

王国友20世纪60年代后期出生于河北承德农村。那时候的幽州大地与共和国大部分地区一样，填饱肚子是头等大事。就在饥一顿饱一顿的时候，他一边牵着长长的牛绳，一边啃着厚厚的书本，暗暗下着决心："一定要考大学。"一到寒暑假，一同成长的玩伴们满世界撒欢，而王国友悄悄来到工地做小工，扛水泥，搬砖头，拌砂浆，壮劳力干的活，一样不少。不仅攒下新学年的学费，还时常省下大袋馒头背回家。因为身体透支，他高三被迫休学。出乎人们意料的是，一年后他直接奔向考场，就在一片诧异的目光里，最终考进了国家重点大学……

因为挨过饿、放过牛、做过小工，王国友懂得弱势群体的艰辛。在奉贤，他对工程工地上挥汗如雨的民工兄弟，总是有一份特殊的关心。他这个安全管理部经理，有很多时间很多精力是用来同他们交朋友的。这些年，他还在工地上开设课堂，为民工们讲解法律知识、健康防御知识，叮嘱大家"学法用法，保护自己""预防工伤，珍惜身体""劳逸结合，保护身体"……正因为他懂民工疾苦，所以许多人把他当作贴心人，有了心里话，或者遇到什么难事，总愿意找"王总"来说说。

王国友热爱生命，播种爱心，一件着眼保护生命安全、财产安全的提案由他牵头产生，好像就是顺理成章的事情。

（本文作者：何秋生）

# 长三角"多头治水"之困 终因一体化而破局

提案号：1330031

提案名：关于坚持生态绿色定位，做好长三角一体化示范区"水文章"的建议

提案者：市政协人资环建委

　　地处上海市青浦区与苏州市吴江区交界处的元荡湖，数年前还是生活垃圾遍地、入湖河道淤积、令人望而却步之处。

　　2021年5月19日，参加"长三角生态绿色一体化发展示范区建设情况"视察的三省一市政协委员来到元荡湖边，映入他们眼帘的，是湖面碧波荡漾，植被五彩缤纷，各种休闲设施星罗棋布……作为示范区内首个跨区域生态修复试点项目，环元荡生态岸线贯通工程之成效，令委员纷纷点赞。

　　作为典型的跨省域湖泊的元荡湖，过去由于缺乏跨域生态治理的平台，成了"三不管"地带，生态环境长期处于退化状态。伴随着示范区建设的浪潮，"多头治水"之困，终因一体化破局。2020年6月，青浦、吴江共同启动环元荡生态修复及岸线贯通工程，开展水环境治理、水生态修复、水景观重塑，让一个全新的元荡湖呈现在世人眼前。

　　元荡湖"水更清、岸更绿"的背后，是沪、苏两地积极作为，化解跨域协调之难题。在长三角生态绿色一体化发展示范区执委会协调下，青浦、吴江"共谋一个项目、共建一批机制、共绘一张蓝图"，形成成功经验，为跨域生态环境联保共治提供"示范区样板"。这些做法吸纳了上海政协委员的真知灼见——"地区有界，环境无界"。

　　聚焦长三角携手治水大计，市政协人资环建委连续两年开展课题调研、民主监督。在对诸多协商成果进行整合精练的基础上，2020年市政协全会，市政协人资环建委提交《关于坚持生态绿色定位，做好长三角一体化示范区"水

文章"的建议》提案,被相关部门采纳落实,助力长三角水环境治理工作跑出"加速度"。之后,人资环建委持续组织委员深入考察调研,形成更多建言成果,助力长三角一体"治水"不断迈上新台阶。

# 长三角生态保护应设置"一根线"

把脉长三角高质量一体化发展,离不开一个"水"字。

自古以来,长三角区域都是水系通达之地,湖荡密布,水网交错。仅2300平方公里的长三角示范区内,就有400多个生态湖泊。纵观历史,因水而美、因水而兴,也曾因水而忧。解决好水问题,发展好水优势,保障好水安全,事关长三角一体化发展战略全局。

2018年,随着长三角一体化发展上升为国家战略,上海市政协将"发挥上海核心城市作用,推动长三角一体化发展"列为大调研重点课题,由市政协人资环建委牵头,重点围绕规划对接、设施互通、环境共保共治、公共服务便利化等方面,开展一系列调研活动。

4个月内,市政协邀请上海22个相关部门、区、企事业单位召开7次系列座谈会;赴苏、浙、皖三省深度调研,在7天内走访11个城市(县),召开12次座谈会;召开5次委员、专家座谈会。超过600人次的三省一市人员参与座谈,有300余人次的常委、委员参与,共汇集80多个问题、近260条需求与建议。

5月30日,市政协举行十三届三次常委会,围绕"发挥世界级城市群核心城市作用,推动长三角一体化发展"开展协商议政。时任人资环建委主任陆月星作主旨发言,提出长三角一体化发展面临诸多瓶颈制约和短板问题,其中之一是水环境保护存在标准不统一、管理不协调的问题。对此,他提出了"生态保护设置一根线"的建议:在环境保护建设中施行标准统一的五线管控:共划生态红线,守住区域环保底线;共管城市绿线,建设区域生态廊道;共设城市蓝线,确保区域水系安全;共定黄线、紫线,统筹区域开发建设与风貌保护,建设山清水秀、天蓝地绿的生态型城市群。

这些建议受到高度关注和重视。其中部分内容被纳入《长三角地区一体化发展三年行动计划（2018—2020）》。

## 把示范区作为长三角协同治水的突破口

2019 年，长三角区域实现协同治水，迎来了重要契机。

这一年，上海全力实施长三角区域一体化发展国家战略，合力推进长三角一体化发展示范区建设，继续推进基础设施、科技创新、产业协同、生态环境、市场体系等合作项目建设。

示范区的范围，包括上海市青浦区、江苏省苏州市吴江区、浙江省嘉兴市嘉善县。这一国家战略重要承载区的定位是率先推进新发展理念集中落实，率先探索一体化制度创新，率先探索高质量发展体制机制，走出一条生态与发展相得益彰、跨行政区域共建共享的新路。

2019 年 3 月，春天的脚步临近，长三角地区一体化发展的规划纲要正在编制，将对在上海、江苏、浙江交界处设立长三角一体化示范区事项进行进一步明确。聚焦"以制度创新为突破，推进长三角一体化发展示范区建设"，市政协人资环建委组织委员深入调研。

"贯彻好生态优先、绿色发展的理念，这是建设过程中必须坚守的底线。生态环境与经济发展不仅不矛盾，而且可以相得益彰。"——3 月 29 日，在考察环淀山湖生态带时，在市生态环境局工作的市政协委员柏国强反复强调。

那天，人资环建委组织委员赴青浦区调研示范区建设。整整一天，委员们边听、边记、边问、边行、边看、边议。

长三角治水，应如何实现共保联治？"长三角区域在进行旅游开发时，三地必须进行统筹，环湖割据、占地为王、各自行事的无序状态再也不能重演了，这对生态环境的破坏太大了。"时任市政协委员、提案委副主任凤懋伦说。市政协委员、市水务局（市海洋局）科技信息处调研员崔海灵建议，构筑生态环境保护法律法规合作机制，完善生态环境保护数据的共享机制，探索建立区域性生态补偿机制。市政协委员、同济大学环境科学系主任陈玲建议，对示范区生态资源进行梳理，探索生态环境共管机制。

委员们在青浦热议治水，是政协助力共建绿色美丽长三角的缩影。围绕示范区建设，光是座谈会，人资环建委就举办了三十多场。

在集萃各方观点的基础上，人资环建委形成了常委会议建言和课题调研报告。10月30日，市政协举行十三届十三次常委会议，围绕"建设长三角生态绿色一体化发展示范区，推动全面深化改革举措集中落实、率先突破和系统集成"开展专题议政。陆月星提出，示范区建设要以一体化制度创新为突破口，着力解决好生态保护与经济发展、城市与乡村、示范区与周边区域、政府与市场等四个关系问题。要立足示范区地处江南水乡河湖、水网密布的特点，做好"水文章"，实现共治水环境、共育水经济、共兴水文化。这些建议得到采纳落实。

## 以联动民主监督破解"治水难"

长三角治水需要打破行政边界，政协委员为之建言谋策，同样需要跳出行政边界，站在长三角一体化发展的层面，发现长三角区域存在的共性问题，提出应对之策。

2018年，聚焦"长三角区域污染防治协作机制落实情况"，长三角三省一市政协开展联动民主监督。人资环建委组织上海政协委员赴长三角各地调研，并对区域水源地保护、临界地区污染联防联控、跨界流域生态补偿机制建设等重点难点问题进行共商共议。

"我们发现，长三角区域的互动和交流，很多都停留在省级主管部门层面，没有全面下沉到市县区，尤其是在省级行政区的交界区域，许多地方都没有建立起沟通机制。"崔海灵表示，这导致长三角相邻地区在生态环境问题上，出现沟通不顺畅、反映不及时的现象。

最终，三省一市政协形成一份"长三角区域污染防治协作机制落实情况"联动民主监督总报告，得到各方高度重视，其中不少建议得到采纳落实。

"三省一市水相连、气相通、土相接，很多问题是共性问题。"陆月星说，三省一市政协以联动民主监督的形式，跳出行政边界开展履职活动，可以更好地发现、解决问题。

自 2018 年以来，随着相关协作机制日益完善，长三角区域污染联防联控取得了阶段性成效。2018 年，长三角区域 333 条国考断面中，水质 III 类及以上断面占比 79.5%，劣 V 类断面占比为 0.9%。2019 年第一季度，这两个数字为 84.1% 和 0.4%。不过，长三角治水因受制于区域发展和利益平衡等因素，在污染防治协作上仍有不少难点，需要各方共同破解。

2019 年，三省一市政协连续第二年开展联动民主监督，并形成联动民主监督总报告，针对长三角区域污染防治协作机制的落实，提出了五类主要问题，包括区域一体化协作统筹不够完善、流域水污染协作亟待加强等；提出了七大建议，包括推动区域立法与执法协作、加强区域生态环保源头管控、提升区域生态环境科技支撑水平等，得到党委、政府高度肯定。

连续两年参与民主监督，在委员们的履职生涯中，留下许多难忘的瞬间。崔海灵记得，一次他们乘船在黄浦江上航行，看到靠岸边的位置，有一小片上游漂来的水葫芦和蓝藻，当场就捞了起来。在大家一起研究时，崔海灵发现，来自上游省份的委员表情沉重。"那一刻，我真正感受到长三角区域不分彼此，而是一个命运共同体。我调研时考虑的，也不再只是上海一座城市、只想着自己的'一亩三分地'，还要看看别人对上海有什么期待。"她说。

"上下游的生态环境和经济发展的利益关系，一直容易出现争议，大家站在各自立场上说话，是可以理解的。"柏国强说，参与联动民主监督，可以让委员对长三角其他区域有更多了解、看到对方的家底和难处，这有助于委员用一体化眼光看待、分析长三角治水难题。

谋策长三角治水，需在立足上海的基础上，用"跳出上海看上海"的谋划全局的思维剖析问题。两年的联动履职，拓展了委员的视野，也催生了更多"站位高、落点准"的建言。

## 治水当"一张图""一把尺""一盘棋"

2019 年 11 月，《长三角生态绿色一体化发展示范区总体方案》发布，把坚持生态筑底、实现绿色发展作为第一项基本原则。

当时，对于"生态环保和经济发展可以相得益彰"，各方已形成共识。

不过，对于示范区如何实现绿色发展，如何避免"绿色不发展""发展不绿色"，仍是众说纷纭。

2019年底，对两年来汇集的"长三角治水"建言，人资环建委进行了整合精练，形成了一件"做好长三角一体化示范区'水文章'"的提案。

人资环建委提出了"共治水环境"的思路举措——以生态空间规划为引领，推动国土开发保护"一张图"；以环境质量改善目标为导向，推动生态环境治理"一盘棋"；以全域生态系统为考量，推动生态环境执法"一把尺"。

围绕"共育水经济"，人资环建委建议促进产业绿色化和绿色产业化、科技与产业、数字产业化和产业数字化、先进制造业与现代服务业的协同融合。围绕"共兴水文化"，人资环建委建议打造水乡文化圈、文化创意带、环湖会展区。

提案中的部分"金点子"，被提案承办单位——长三角一体化示范区执委会收入囊中。

2020年6月11日，市政协召开重点协商办理提案专题座谈会，由时任市政协副主席李逸平领衔，对"做好长三角一体化示范区'水文章'"等提案进行督办。相关部门表示，示范区将打造区域一体的现代化生态环境执法体系，用"一把尺子"加强生态环境执法监管。

2020年10月，《长三角生态绿色一体化发展示范区生态环境管理"三统一"制度建设行动方案》正式发布，其中许多重要内容，都与提案建议吻合。比如，方案明确提出，在标准统一方面，以"一套标准"规范示范区生态环境保护工作；在监测统一方面，以"一张网"统一生态环境科学监测和评估；在执法统一方面，用"一把尺"实施生态环境有效监管。

## 做好长三角"水文章"，前路漫漫亦灿灿

长三角治水提案的落实情况，牵动着委员的心。2021年，围绕长三角生态绿色一体化发展示范区建设情况，人资环建委牵头组织了长三角三省一市政协首次委员联合视察。

5月19日，委员们来到面貌一新的元荡湖。沿着生态岸线一路前行，连

接上海、江苏的元荡慢行景观桥，引起了委员们的瞩目。在打破行政边界、打造"无界"元荡的过程中，景观桥的工程，由示范区执委会携手青浦、吴江、三峡集团共同谋划实施，青浦、吴江分别就各自范围内的工程进行立项，双方联合审批，委托其中一方进行统一建设。示范区内第一座联合建设的跨省域景观步行桥，在短时间内顺利建成。

当天，眺望这座全长 595 米、呈彩虹状的景观桥，委员们心潮澎湃。"这里实现了上海青浦和江苏吴江的步行跨越，堪称长三角一体化发展的重要地标、长三角一体化的合作典范。"全国政协委员曹阿民感叹说。

视察结束后，围绕推进示范区更高质量发展，委员们建议完善示范区生态环境管理"三统一"制度体系。据委员们反映，自示范区生态环境管理"三统一"制度建设方案发布实施以来，青吴嘉三地率先实现跨界执法协作互认，开展了一系列联合执法监管，但在实际执法过程中，由于受执法范围限制、证件不统一等因素影响，执法成效还有待进一步提升。建议示范区执委会加大对上衔接协调，建立健全示范区执法人员异地执法工作机制，推动跨界执法证件统一（或同等有效）、采样互认、证据同效、执法信息共享，统一示范区企业环境信用评价，不断完善示范区生态环境治理"三统一"制度体系。

人资环建委梳理了委员的建议，形成视察报告，提交党委、政府，供决策参考。

在各方合力推动之下，长三角的水环境质量持续改善。2024 年 6 月，沪苏浙共同编制的《2023 年度长三角生态绿色一体化发展示范区生态环境质量报告》发布。2023 年，示范区在经济稳步复苏、地区生产总值持续增长的情况下，生态环境质量总体保持稳定，地表水环境质量保持优级水平，地表水质达到或好于Ⅲ类断面比例为 96.2%。

前路漫漫亦灿灿，做好长三角这篇"水文章"，上海政协委员将持续跟踪、助力。

（本文作者：刘子烨）

# 外环林带 从一脚泥泞到五彩林道

所属区：长宁区
提案名：关于"十三五"规划建设西部六公园自行车健身道，推进我区体育
　　　　产业发展的建议
提案者：民革长宁区委

上海城区外围，有一条宛如美丽珠链的林带，沿途串联起浦东、宝山、普陀、嘉定、长宁、闵行、徐汇等多个辖区，使得整座城市在繁华都会的气象外平添了几分自然的秀色——这就是始建于 1995 年的外环林带。最初，外环林带的主要功能是作防护林使用，2015 年后，在国家"十三五规划"的召唤下，由长宁区率先提议并推动对这条"项链"进行功能升级，使之成为一条集防护、休闲、健身等多功用为一体的绿色风景。

## 缘起：灵感在会议室外

邱华云曾经是《关于"十三五"规划建设西部六公园自行车健身道，推进我区体育产业发展的建议》提案的主要起草者，后又亲身参与提案的落实推动。虽然眼下已经从民革长宁区主委的位子上卸任，回忆起往事，他还是兴致勃勃地打开了话匣子。

与一般的提案相比，由长宁区民革发起的这件提案，从萌生那一刻起就显得有点特别。政协委员的提案，常见的方式是自大家集思广益而始，在会议讨论中得出一个可行的方向。然而这项日后大获成功的工作成果，最初灵感得来，却不是这么回事。

2015 年初的一天，邱华云和区民革的几位同志穿上骑行服，推出赛车，从中山公园出发，准备开始一场名为"公益 e 小时"的骑行活动。这是他们早前发起的公益活动形式，参与的人既有党派内主力骨干，也有正在被发展的新鲜血液，甚至有几回，还有在沪的优秀台青加入。参与者都很享受这种将运动和工作有机结合起来的形式。但是几次骑行下来，隐藏在背后的缺憾也显露了出来。当时的长宁区，乃至整个上海，都没有一条可供专业骑行的自行车道。骑行者只能在大上海的繁华车流中穿梭往回，既不安全，也缺乏舒适度，甚至还饱吸了汽车尾气。不过所谓福祸两端，问题的暴露之日，正是日后广获好评的工作成绩萌芽之时——当然，这中间必不可少的，是发现问题的人和他们为解决问题所付出的努力。

就在这次骑行活动收尾的时候，有一位发声道："我们长宁好像没有特别适合骑行的场地。"话题显然引起了共鸣，大家顺势讨论起来："这样骑一段路，总觉得不过瘾，如果有一天可以在家门口参加骑行马拉松该多好！""现在就别想马拉松了，一直在车水马龙的大马路骑赛车，总觉得有点提心吊胆，不大合适。"

"那么我们当时就考虑到，长宁区在未来是不是能够有一个专供骑行的车道？"邱华云回忆起当时的情形，说道："当时是 2015 年左右，恰逢前一年的 10 月，国务院下发了《关于加快发展体育产业，促进体育消费的若干意见》，要求全国进一步加快发展体育产业，改善当时这一产业还存在的机制、体制问题，促进消费的同时，达到人均体育场地面积 2 平方米的目标。而当时的长宁区，虽然历史文化底蕴深厚，体育事业发展方面却是一块短板。虽然辖域面积偏小，人口数量增长在各区中却领先，一算平均数，远达不到国家要求的人均 2 平方米的要求。"区政协会议即将召开，民主党派参政议政本是职责所在，现在似乎又找到一个点。当时在场的几位都认为，那场骑行，不失为即将要开展的提案工作打开了一个好思路。

接下来，这件提案就像一颗萌芽中的种子，等待着酝酿成熟后被交到政协，通过政协平台发挥出力量。

# 合议：众人拾柴火焰高

民革长宁区委的工作历来有个传统：既注重创新，鼓励好创意、好思路的产生，也注重抓落实，不是走过场，概念放出来就结束，而会将工作委派到具体的人员身上，尽力去推动落地。不过在此之前，仍然需要论证想法的可行性。"建设自行车健身道"一旦落在纸上变成正式的提案，落实的可能有几分？区民革的同志陷入反复的思考，集体讨论进行了好几轮，还为此成立了课题组。由于委员平时工作都很繁忙，他们常常利用双休日甚至付出晚上的时间，聚在一起开会。这天的会议上，有几位谈道："建设健身车道势必不是一个部门的工作，不如先向政协提请，大家见面聊一聊，看看方案的可行性究竟如何。这个建议得到了一致赞同。意料之外又情理之中的是，作为平台的区政协，"在收到民革区委的提请后很快便予以牵线。

这一天清早，区政协提案委、民革区委和区绿化市容局、体育局、发改委等单位的人员便聚在一起，匆匆登上一辆大巴。他们今天的任务繁重，为着区域内外环林道功能提升工作，政协出面组织了这次调研活动。他们还将奔赴崇明和徐汇，考察那里业已见效的绿道建设项目。

长途抵达崇明岛，大家放松地走入美丽的岛景中，也注意聆听着当地干部介绍绿道建设的情况。因为有别于市区的高度城市化，这里的绿化建设可以充分利用原有的天然资源，使人工规划和当地居民的日常生活有机结合，融为一体。看到崇明的这一点特殊性，参加调研的同志纷纷畅所欲言。有民革委员沉思后表示："这可跟长宁林道的情况不大一样啊，我们可没有这么优越又大面积的天然资源可供发挥。"体育局的人闻言道："我们有自己的办法，只要把林道打开，从绿化的角度来说，绿化面积还在那里没减少，从体育事业的角度来说，体育设施的覆盖面不是增强了吗？几家欢喜的事，还能造福市民，林带从单纯的好看变为好看加好用何乐不为？""长宁本来就有相当长一段的外环林道，我们可以把这一段建设为骑行步道嘛。""林道还在那里，功能却是得到了大提升啊。"

下午返回市区，在滨江步道调研参观时，众人目睹的又是完全区别于崇明的景象了，眼前分明是一个以休闲为主旨，集结了高水准现代化智慧的步道。

"这可怎么好，我们今天似乎是参观了两个'极端'啊。"结束辛苦奔波却极有收获的一天，调研队伍里有人笑着打趣。"长宁林道改造，既没有崇明那么'野意'的天然条件，林带自身的特殊性，也使它没办法做到像徐汇滨江步道这样休闲。到底该怎么做，我们绿化这边也有自己的想法，大家之后细论吧！"参与调研的区绿化市容局的有关领导在一天收尾的时候如此表示。

这次调研之后，确定了林道改造是一件可行的工程。民革区委随后组织委员合力撰写名为《关于"十三五"规划建设西部六公园自行车健身道，推进我区体育产业发展的建议》的提案，并于2015年区政协会议期间正式提交。提案主旨，是升级长宁外环林带绿道设计，即充分利用西部地区外环线附近的六座公园土地资源，在南北向贯通的林带中建设一条以自行车和路跑项目为主的生态绿道，作为长宁西郊体育公园集聚区及临空慢行系统的重要组成部分。同时，以弥补长宁西部缺乏体育设施、全区人均体育面积较低等不足，促进各类自行车、半程马拉松赛事引入。

这件提案，受到长宁区委、区政府的高度重视。确定了"可以做"之后，"如何做"的问题又紧接着被摆上了台面。

区政协再次发挥了平台作用，把提办双方请到一起，希望通过一件新的提案推动这项工作，多家组织机构的领导班子坐在了一张会议桌前。正是这次座谈会，为日后在长宁区延续近十年之久的外环林道改善建设系列工作定了基调。

这些在场的领导，有很多本身就是政协委员，多为自己生活的城市建良言、出善策，是他们心中始终坚守的信念。但是出于各自的工作和职责要求，为了一个共同的"使上海更好"的目标，大家的想法和喜忧却不尽相同。

"林道能够为老百姓日常生活所用固然是件好事，但封闭的林道原是做防护林使用，一旦打开，必须要保证不破坏原本的防护功能，更重要的，得从根源上杜绝消防隐忧。这些问题，在建设工程正式开始之前就得有完善的解决方案啊。"绿化市容局方面赞同提升林道功能，但是面对民革和体育局提出的"打开林道"这一具有探索性的方案，还是提出了自己具有专业性的忧虑。

而建设承办单位的顾虑则是：因为提案中提出了"平赛两用"，希望车道建设要兼顾休闲和赛事两种功能，就必然对环境、场地和安全都有要求，要想把六座地理位置分布不同、园林绿化土地使用权性质有别的公园统合起来搞建设，可行性论证不可谓不复杂。

为解决如此种种问题，就在这次座谈会之后，民革长宁区委决定追加一件平时提案。当年6月，他们向政协提交了提案《关于聘请有关机构测评建设自行车健身道可行性的建议》。

2015年，由区体育局牵头，聘请专业设计公司，着手绿道可行性分析和前期概念性方案设计，展开系统、全面、专业的调研工作。进一步可行性认证通过后，最终决定由体育局主推，专业公司委办，提案即进入了操作性层面。可以说，整件提案的落实过程，长宁区各参与部门创造了一种新模式：调研在先、提办协商、政协搭台、多方合作。

至此，这件提案在落实过程中一个较大的特点显现出来，那就是它牵涉到好几个部门的联动。邱华云笑说："但是可喜的是，政协作为平台，给予整个工作最大的支持，当时长宁区所有参与落实的部门和同志，也都将力气往一处使，包括原本提交了提案就可以'功成身退'的长宁区民革，也在继续为提案落实发力。民革发挥了第三方平台作用，像共建单位一样的。"

## 延续：历时十年磨一剑

2017年，长宁区正式启动外环林带生态绿道建设，确定在外环林带中首先建设一条总长6.25公里，北起苏州河广顺北路，南至虹桥路，串联临空一号公园和西郊体育公园的独立式生态绿道。根据已有的绿带植、水系、道路的现实情况，因地制宜，对林带绿道功能进行改造提升，使之成为集防护、生态保存、休闲运动等功能为一体的立体式多功能城市公共空间。

对挂心绿道事业的人来说，工作还在继续，围绕着绿道建设，他们还在奉献智慧，不断提升绿道状态。由政协搭建的平台一直在发挥作用。民革区委的人笑说："当初在一次骑行中得到的提案灵感，没想到后续工作一做就是十年，外环林道长宁段改造，从最初'建一条健身车道'的想法开始，一步进于一步，规格越来越高。"

就在启动建设的这一年，民革区委和区政协教文体委多次到实地调研。大家从中意识到，绿道光建起来不行，还需要加强管理。由于长宁外环林带生态绿道此时已被纳入全市规划，2018年1月，长宁区政协十四届二次会议期间，民革区委联合区政协教文体专委会又提交《提升外环林带生态绿道功能，打造一张精品城区绿色名片》提案，从管理运营服务信息化平台、引入"市场化"模式管理等方面对绿道的未来发展出谋划策，在提升外环林带绿道综合功能等五方面提出建议。这件提案还被作为政协闭幕会的发言，之后得到区领导批示，并被列为重点提案。

2019年12月24日，长宁区段改造全部完工，在全市率先实现了外环林带的区域性贯通。绿道建设围绕"公园城市"发展理念，在提升绿化品质基础上，逐步实现公园形态与城市空间、生产生活有机融合，成为上海总长1537.78公里的绿道上的重要一环。

2023年1月，区政协十五届二次会议期间，民革区委提交集体提案《关于长宁外环林带生态绿道改善准入规定的建议》，后被评为年度的区政协优秀提案。

从最初委员们去考察时"一脚泥泞"的防护林带，到现在集防护功用与市民休闲为一体的"五彩林道"，这份持续十年的工作，获得了不凡的回报。

## 回响：从长宁到大上海

如今的长宁区绿道位于外环线以西100米林带内，全长6.25公里，占地55公顷，北接嘉定、南连闵行。外环林带生态绿道的项目成功落地，意味着在生态工程与体育事业发展上寻找到有效结合点。

其实，在特大都市中收获"绿色"幸福、享受到生态绿道和慢行系统结合的，不止是长宁区民。起意原是为长宁区市民造福的健身车道，在建设完成后却收获了意想不到的辐射效益。不仅长宁市民爱来这里享受亲近自然的快乐，隐藏在外环林带生态绿道中的全程封闭式骑行道，由于在论证时选择了兼顾平赛两用的设计，既有健身步道、也能有满足马拉松、自行车等项目的体育赛道，因此能同时满足普通市民休闲与专业人士赛事的需求，已经成为全市众多骑行爱好者的不二选择。不久前，长宁区一英里竞速赛就选择在这里举办。

没有赛事的时候，也有许多市民乐意来此，穿行于这条步道总宽约 6 米的绿色"隧道"，由苏州河岸边起步，一路向南，在途中的网红打卡地蔷薇花墙和水杉境林停下来放松一下、拍拍照，再经过落成于 2023 年的四座驿站：采绿庭、鱼丽阁、振鹭轩、有年堂，这些充满诗意的驿站名字都取自《诗经》。"这都是我们居民自发投票决定的名字"，区绿化市容局相关负责人在接受采访时表示，"取名的过程也是充分体现全过程人民民主的制度优势的过程。"待到直达沪青平西侧机场苗圃后，饱览了大地上的绿色，抬头还有风景：这里可以欣赏飞机起落。

长宁区委领导、各民主党派人士、委办单位工作人员等，或曾亲身参加绿化种植活动及其他建设工作，是林道升级建设的参与者，或从政策、程序上予以大力支持，或在完工后亲赴林道调研。事实已经证明，这是一个相当成功、利用率极高的公共空间建设成果。这张绿色的名片，将一个绿色、向上和宜居又健美的长宁，展示在全市人民面前。

（本文作者：王云）

# 将"园在城中"变为"城在园中"

提案号：1350538
提案名：关于上海推进"公园城市"建设的建议
提案者：杨文悦等 9 名委员

## "人城境业"无界融合

2024 年 5 月 1 日清晨，阳光透过薄雾，倾洒在世纪公园的每一个角落。早起的人们惊喜地发现，公园外围沿线三千多米的围墙已经被拆除，露出了一片片宽阔的绿地，原本封闭的公园现在变得触手可及，随时随地可以走进这片绿色的海洋。

拆除围墙的同时，世纪公园还新增了七个人行出入口，这些出入口的设计既现代又和谐，与周围的街区完美融合。市民通过经此进入公园，前所未有地便利和自由，孩子们开始在新铺设的步道上奔跑，老人们在长椅上悠闲地聊天，年轻人则找到运动设施挥洒汗水。

人们还发现，世纪公园同步进行了增景改造，在保留现状大中乔木的基础上，将长势不佳、密度较高的苗木进行了移除，增添了花境、草坪与园林小品等景观，改善了公园植物配置的精致度。至此，深入推进上海公园城市建设，打造更有温度和更高品质的公共空间，大家有目共睹，切身感受到了阶段性的成效。

"盼这一天好久了！"住在世纪公园附近的居民叶辉一直热爱运动，基本上每天都要绕着公园跑步。对于公园打开围墙，叶辉十分赞成："围墙打开后，我们就常常取道公园内小径跑一段，比如从芳甸路的一个开口跑进公园，再从花木路的一个开口跑出去。这段小径跑起来很有点曲径通幽、绿野仙踪的感觉，让我们跑步时更有一种移步换景、目不暇接的美好体验。"

市政协委员杨文悦对上海市中心最大的城市公园——世纪公园的拆墙工程格外关注。她知道，这是继上海展览中心拆围栏、华东政法大学长宁校区、中山公园和杨浦滨江段先后向公众开放后，上海公园城市建设在局部进行的又一坚实足迹。

杨文悦多年致力于推动城市绿化和生态建设。在2022年初的市政协会上，她提交了一件建议上海推进"公园城市"建设的提案，提出"公园+"和"+公园"理念，特别是要加快社会绿地共享，让生活在这座城市的各类人群，都能共享公园城市建设的生态成果。

如今，看到提案得到了越来越多的有效回应和落实，杨文悦感到十分欣慰："公园绿地相当于城市的绿肺，不仅能缓解城市热岛效应，也是市民放松身心感受自然之美，提升心理健康和生活满意度的理想场所，比如近年来深受群众认可的'公园20分钟效应'。同时，还能为经济发展带来积极影响，助力营商环境优化，提升城市软实力。建设公园城市，本质上是一个'人城境业'无界融合的过程，这样的场景，正是我们想要看到的。"

在她眼中，世纪公园的围墙打开后，进一步释放了公共空间价值，园内140公顷的绿地和花园与街区实现了贯通互动，市民们不用再绕行，可以从图书馆、社区直接进入公园。甚至行走在锦绣路上，就能欣赏园内的景色，每一步都踏着绿意，每一次呼吸都充满着清新，真正实现了公园与城市的"无界融合"。

## "千园之城"梦想有蓝图

杨文悦长期从事上海的城市绿化规划、科技管理和政策法规的起草制定。她一直在思考如何让城市"生长"出更多惠及公众的绿色公共空间，对公园城市的理念有着深刻的理解。

她认为，城市作为人类智慧的结晶，承载着历史的记忆，映照着现代的繁华。在上海城市发展建设过程中，如何实现人居环境的改善与促进区域经济社会协调可持续发展，成为我们必须面对的重要课题。特别是中国式现代化的五个特征之一是要实现人与自然和谐共生，实现全面小康社会目标之后，人民对幸福生活的追求，已经从基本的物质需求转向更高层次的精神和环境需求。

2018年2月，习近平总书记到四川考察，在成都天府新区调研时提出"公园城市"理念。从此，公园城市建设成为城市发展新命题，为我国城市人居环境和经济社会协同高质量发展，开创了一条独具中国特色的绿色发展之路，"公园城市"上升为城市发展高级形态。

在上海这座充满活力的大都市中，建设公园城市，让公园从城市的点缀变为城市的骨架，使城市与自然完整地融为一体，为市民提供良好的生活环境品质和生态关怀，不仅成为城市建设的目标，也在根本上被落实为上海规划和发展的原则。

2021年6月，当《关于推进上海市公园城市建设的指导意见》发布时，杨文悦看到了实现公园城市这一梦想的蓝图。

指导意见明确提出，上海将推进土地利用和林地建设的规划合一，完善"双环、九廊、十区"的生态网络体系，以"+公园"引导品质全面提升，以"公园+"推动公园全面融合，到2025年，全市各类公园数量增加到1000座以上，到2035年上海公园城市基本建成。

为实现上述目标，上海计划当年新建绿地1000公顷，其中公园绿地500公顷，新增各类公园120座以上，其中口袋公园60座以上，森林覆盖率提升到19.5%，市域绿道总长度达到2000公里左右。上海要建设"一大环+五小环"的环城生态公园体系，形成"一江一河一带"公共空间格局的实现路径。

作为资深的城市绿化专家，杨文悦在兴奋之余也十分清醒，这是一项艰巨的任务。她知道，上海作为中国的超大城市，人均绿地面积从"一双鞋""一张报"到"一张床"，再到如今的"一间房"，在过去的几十年经历了显著的增长和发展。但上海也面临着土地资源紧张，建设用地零增长的新情况，单纯讲绿化增量是有"天花板"的。

杨文悦做过一番调研，从中还发现对公园城市理念认识不全面的问题，公园城市常常被等同于城市公园，简单认为"公园城市 = 公园 + 城市"，造成推进公园城市建设实施中偏重公园数量与规模建设，而忽视公园和城市的融合发展。这种片面理解，不仅限制了公园城市的内涵发展，也阻碍了城市生态多样性的丰富和城市空间的优化利用。

## "施工图"变成"实景画"

2022 年初，上海在即将迎来万物复苏的时节举行了"两会"。"两会"不仅是政治决策的重要平台，也是展示上海城市发展成果和未来规划的窗口。在这样一个关键时刻，杨文悦和其他八位政协委员联名提出的《关于上海推进"公园城市"建设的建议》受到了关注。

这件提案强调，公园城市不仅仅是增加公园数量和规模，而是要构建生产、生活、生态空间相融合的城市发展新模式。提案还提到了公园城市建设在带动城市更新改造方面的作用，包括老城区改造、新城区建设、居住小区改造和产业园区更新等，都应该按照公园城市的理念，优化市民、公园、城市三者关系，将"园在城中"变为"城在园中"。

杨文悦等还指出公园城市建设中存在的一些问题，比如统筹协调难、落实推进慢等，并建议机关、社会企事业单位提高思想站位、引导新建项目附属绿地率先开放、推行社会绿地全面开放，共同做好公园城市建设的"施工员"，将"施工图"变成"实景画"。

在这次会议之后，公园城市建设迅速成为热议话题，社会各界对公园城市的认识逐渐加深，形成了广泛的共识。

杨文悦等的提案得到了相关部门积极响应，市绿化和市容局答复表示，将充分发挥市绿化委员会的作用，加强对公园城市建设工作的统筹指导，增强公园城市建设合力。答复还提出了一系列支持公园城市建设的政策措施，包括制定《上海市公园城市建设行动计划（2022—2025 年）》、完善《上海市公园城市规划建设导则》、推进环城生态公园带建设、强化实施全域绿道网络、引导绿色开放共享等。

在获悉答复时，杨文悦内心满是激动和期待，感到这是对她多年来努力和坚持的肯定。答复的具体内容，不仅为上海公园城市建设迎来新的发展机遇，也为城市的绿色发展注入新的活力。她仿佛看到了一幅幅生动的画面：城市中的绿色空间与市民的日常生活无缝融合，公园不再是孤立的存在，而是城市生活的一部分，市民们在绿意盎然的环境中散步、锻炼、交流，享受着与自然和谐共处的宁静时光。

随后了解到的许多信息，也使杨文悦感到鼓舞。比如，除了新建和对老旧公园进行升级改造外，上海在建设公园城市过程中还有一种增加绿色空间的智慧：鼓励和支持单位将附属绿地对外开放，转变为公共绿地，增加市民的绿色休闲空间。

位于繁华市中心的陕西北路457号始建于1928年，独特的古典主义建筑诉说着百年历史沧桑。多年来，一堵两米多高的围墙让457号上海辞书出版社旧址附属绿地与市民隔绝，园内也缺少可休憩的设施。2023年12月21日，这里正式对外打开围墙，不仅增设了座椅、步行道、廊架等功能，还结合建筑的文脉特点，以"都市书院"为主题元素打造了独特水景，成为市民走得进、坐得下的绿色空间。

经过多方共同努力和不懈推动，截至2023年底，上海已有86个单位附属绿地"打开"，开放绿地60多万平方米。2024年，上海还将推进40个机关、事业单位的附属绿地向社会开放，有条件的升级为配套设施更健全的公园。

在杨文悦心中，公园城市不仅仅是一种社会理念，也是理想化的城市生活状态，是人与自然和谐共存的愿景。她憧憬着未来，当公园城市的理念深入人心，成为每个市民生活的一部分时，上海将变得更加美丽、宜居，成为真正意义上的"人民城市"。

（本文作者：李鹏）

# 心生向往处 一花胜千言

提案号：1410006
提案名：关于践行人民城市理念，打造5分钟市民花园生活圈的提案
提案者：民革上海市委

漫步于上海街头，你有没有发现，这座城市正越来越多地被鲜花覆盖：高架路沿，天桥之下；交叉路口，小区角落；房顶屋檐，阳台窗口……满城都有姹紫嫣红，随处可闻氤氲花香。更别提遍布全市每个区域的大小公园、绿地……

花朵，不仅仅是一座城市的装点。它更代表着人民群众对"美好生活"和"美丽家园"的热切期盼。

## 一场延续七年的"逐花"之旅

"在魔都上海，我们为什么要挖掘花文化？"

提出这个问题的，是时任民革中央副主席、上海市委主委高小玫。在2019年发表于"上观新闻"的一篇文章中，她以少有的浪漫笔触，道出了"花文化"的价值：

"花作为大自然的精华和美的展示，生活中无处不在。花圃花园，盆花插花，花饮花肴，花艺花语，文人笔下生艺术之花，自然养生有香花疗法。花深深浸入人类生活，花卉装点景观、滋养身心，花艺陶冶情操、文明素养；花种植、花服务、花文创、花旅游具可观的经济价值，是绿色的生态的自然的；以花为媒的活动，是密切邻里、和睦社区的美丽载体……"

其时，上海民革"花文化"领域的议政研究正在火热进行。

2017年，上海提出要建设令人向往的卓越全球城市。高小玫认为，作为国际化大都市的上海，花文化无疑具有无可替代的重要地位。她提出，系统谋划上海城市花文化发展，正当其时，建立跨园林绿化、城建、文化等部门的联动机制，协同推进上海城市花文化事业和花文化产业发展适得其势。

在高小玫的大力倡导下，关怀于新时代上海市民社会生活品质的提升，关切于新时代上海城市公共文化的建设，民革上海市委在该年就制定了推动上海"花文化"发展的五年计划，提出挖掘花的文化、社会、经济、生态价值，开展研究与实践。当年5月，民革市委成立"上海花文化发展现状与对策研究"课题组，组织党内专家力量开展专题研究。课题组负责人，是时任上海市政协常委、民革市委副主委、上海社会科学院创意产业研究中心执行主任王慧敏。

自此，王慧敏和她的同事们开启了延续至今的"逐花"之旅——

在前期调研中，调研组先后到过上海市绿化和市容管理局、上海市公园事务管理中心、上海植物园、浦东新区塘桥街道、上海国展展览中心有限公司及部分相关企业，王慧敏还率课题组赴崇明区调研崇明海上花岛建设、花文化创意产业情况。

2017年12月6日，由民革上海市委、中国花卉协会花文化分会联合主办的"以花为媒，创造市民美好生活"研讨会在民主党派大厦举行。沪上相关领域的专家学者齐聚一堂，从上海市花白玉兰文化价值拓展与推广应用、中国花文化与特色小镇、国家重点花文化基地建设实践与探索、上海社区花园与居民自治等不同角度进行了深入探讨。

亟待解决的问题不断浮出水面：花的主体功能尚局限于城市公共空间的景观营造和美化，公共的花文化活动与市民需求还有差距，花的文化价值远未充分地挖掘、演绎和发展。园林绿化部门举办的花文化活动大受欢迎但供不应求，如公益性园艺大讲堂课程上线即被秒杀，绿化大篷车紧俏排队，樱花节、桃花节人满为患等，花卉市场总体呈现供给滞后于需求的局面，花卉、园艺活动的文化价值未得到有效挖掘和拓展，花文化创意产业也尚未形成体系……

数年时间内，课题组深入挖掘花的文化、社会、经济、生态价值，开展研究与实践，形成系列参政议政成果，自 2017 年起每年负责一项相关课题，迄今为止共立项 6 项市政协、民革市委课题，这些课题结合时势政策又各有侧重，意义深远。

## 一次跨越界别的"美丽"牵手

2018 年上海两会，民革上海市委向政协全会提交两件提案：《以花为媒，创造市民美好生活》《关于提升市花白玉兰城市文化价值的建议》。值得一提的是，关于白玉兰的提案中有一条"举办市花文化节"的建言，已落实为 2024 年 3 月举办的第十届上海市民绿化节暨首届白玉兰文化节。

2019 年上海市政协全会，王慧敏代表民革市委作题为"发展市民花园，让上海更美、更精细、更有温度"的大会发言，直接呼应"人民群众对美好生活的向往"，令人印象深刻。

上海市政协副主席、民进上海市委主委黄震，也在会场聆听了这个发言，很受触动。"黄震非常认同上海要大力推广花文化，并希望一起推动。"王慧敏回忆道，"他提到 20 世纪 80 年代在国外考察时，城市街道两旁阳台窗台上花团锦簇的美丽风景给他留下了很深的印象。因此他提出，是否可以针对推动阳台和窗台种花，民革民进两个界别合作写一件提案。"

随后，王慧敏作为这个跨界别提案的具体负责人，对前期所做的花文化课题进行了系统梳理，并专门去市绿化市容局进行调研。民革上海市委和民进上海市委还共同设计、发放调查问卷，最终形成一件跨界别提案——《关于以窗台阳台彩化为抓手，进一步激活花文化的基层治理功能的建议》。

花文化与基层治理——联通这两个看起来似乎并不"搭嘎"的概念，正是民革市委"花文化"议政研究力图达到的目标。

"我们选择以'花文化'作为参政议政重点的重点方向，是希望能以'花文化'为主要抓手，推进社会建设。"王慧敏表示，"课题的重心放在如何以花为媒去推动人与人、人与自然的和谐，体现了市民对于美好生活的向往。在推动城市更新、社区治理，'擦亮'民革参政议政品牌的同时，最大可能实现'花文化'的社会价值、经济价值和生态价值。"

这件提案建议以"小而美"的窗台阳台彩化为抓手，紧扣社区自治，选择条件具备的街道和社区率先开展窗台阳台彩化试点，"以窗台阳台的局部细节，缔造城市的整体卓越"。2020年初提案提交市政协十三届三次会议后，当年6月，提办各方探索召开市政协首次提案远程协商办理座谈会，提案者、政协委员、基层代表和职能部门负责同志通过网络协商议政，推动市民"窗阳台上的花博会"从盆景逐步变为城市风景。

"建言"的同时，民革上海市委也在借助党内外力量推动相关实践：

2018年9月，"民革上海市委花文化实践基地"在静安区江宁社区设立，为社区策划实施微景观改造项目，并以花文化活动为抓手，协助街道实施"人文素养提升工程"；结合花文化与非遗技艺、艺术、中医等文化内容，策划相关活动；将"花文化"与垃圾处理等基层生态文明实践相结合。

2019年，民革市委"花文化"实践基地以"窗台阳台"为载体，开展"美丽阳台"大赛，为居民发放花种和种植材料，鼓励人们用一颗颗爱美之心，装点着自己的生活……

此外，民革市委还发挥特色优势，组织相关专家专程赴台湾，考察以城市绿化美化理念治理社区、维护邻里感情的做法；更于2021年同上海中山学社一道，牵手上海辰山植物园，命名莲花新品种"博爱莲"，并将其推广至公园、村庄、民革党员之家乃至花博会会场，以小小花朵，传扬"博爱精神"。

## 一份美好生活的深情向往

2020年11月13日，中共上海市委举行党外人士座谈会，听取对科学谋划好"十四五"规划的意见建议。时任中共上海市委书记李强主持会议，中共上海市委副书记、市长龚正出席会议。

高小玫在发言中提出三条建议，其中第二条，讲的就是要重视大众日常的花文化。

高小玫认为，"文化休闲"关系城市大众文化生活品质基准的提升，是人民城市的应有之义，而花文化在城市文化软实力建设中可以发挥很大作用。她特别提到，社区自治，将与花相关的各种美丽社区活动作为精神文明活动载体，以有效的行为训练提升文明素养，推进社区治理。

进一步以花文化"推进社区治理"，除了小小阳台，还需要更大的载体。民革党内专家们的目光，最终聚焦在了此前已备受关注的"市民花园"上。2022 年，王慧敏带着课题组成员梁朝晖、陈虹、赵时旻、张伯超等，接下了市政协课题《以市民花园推动城市更新与社会治理的协同发展》。

"市民花园将重塑人与花园的关系，花园不仅仅是供人观赏、享用的物理空间，市民不仅仅是赏花的客体客人，更是园丁，花园成为人与自然交流、与社会交流的生态空间。市民花园就是社区不同利益得以调和并采取联合行动推进花园建设、维护、发展的持续过程。"课题组成员、上海社科院应用经济研究所副研究员梁朝晖的话，代表着课题组的期待。

近年来，上海市民花园建设呈增长态势，漫步上海街头，可以发现市中心小花园数量的明显增加。但课题组在调研中发现，进一步推广深化并把市民花园有机融入城市大系统还面临诸多瓶颈，如：缺乏系统性推进政策导致"园出多门"、公共资源供给不足造成"有群众基础，无空间布局"、市民参与市民花园实践的"全过程民主"体现不充分等。

针对这些问题，课题组先后邀请市规资局、住建委参与调研座谈，与市绿容局开展书面调研；在此基础上，课题组又分别赴四叶草堂、生境花园等处实地调研。课题组成员、华东理工大学艺术设计系工业设计专业副教授陈虹对课题的研究过程记忆犹新。"团队从城市规划、管理、实施及服务效能等多维层面，进行深入调研、分析，努力发掘以花文化为载体推动城市精细化治理的作用。"

课题团队以丰富翔实的调研资料为基础形成的调研报告呈送上海市委、市政府领导后，获得市政府主要领导批示，最终转化为民革市委组织提案《关于践行人民城市理念，打造 5 分钟市民花园生活圈的提案》，于 2023 年初提交市政协十一届四次会议，并获 2023 年度市政协优秀提案表彰。

这篇提案的对策、建议主要集中在："让市民花园成为上海推动'人民城市人民建'的新名片""推动 5 分钟市民花园生活圈建设，让花园生活从'奢侈品'变为'日常品'""形成城市微更新、绿色发展与社区治理的协同推进新格局""以科技创新策源力打造'人与自然和谐共生'的上海市民花园样本"这四点上，旨在推动城市规划、住建、绿化、民政等部门的公共政策协同发力，形成对市民花园的稳定性支撑。

提案还给出增强资源供给的详细建言，如率先在老旧小社区推动"5 分钟市民花园生活圈"、3.2 万个桥洞等闲置剩余空间的再利用优先考虑市民花园建设等，并呼吁鼓励市民、社会组织、政府和企事业单位广泛参与市民花园实践。

2023 年，这份内容扎实的提案被列入市政协年度主席会议成员领衔督办"推进城市绿地开放共享和高质量发展，建设人与自然和谐共生的现代化城市"专题。同时入选的还有民革市委的另外一件相关提案——《关于推进城市公园软更新高质量发展的提案》。

"见缝插针，建设更多具有景观赏识、文化展示等功能的小型绿色开放空间，体现上海超大城市特点和特色。"提案督办中，市政协副主席虞丽娟提出了这样的期望。她与市政协常委、民革界别召集人、时任民革市委秘书长翟骏等政协委员一起，与市政府办公厅及市绿容局、规划局、发改委、农业农村委等相关部门面对面，共同书写了一份对"美好生活"的深情向往。

## 一则仍在继续的履职故事……

如今，曾数度领衔民革上海市委"花文化"相关课题的王慧敏，已卸任市委副主委职务，但她与"花"的故事还在继续。

今年上海两会期间，"转岗"市人大代表的王慧敏又与来自 9 个区共 26 名代表联名提交《关于加强上海市花白玉兰文化宣传的建议》和《关于在"一江一河"建设市花白玉兰景观大道的建议》。

就在不久前，第十届上海市民绿化节暨首届白玉兰文化节开幕式上，10 位在白玉兰文化推广领域作出贡献的社会各界人士获颁"2024 年白玉兰文化推广大使"证书，为设立"白玉兰文化节"奔走多年的王慧敏位列其中。

谈及如何进一步加强白玉兰市花文化的推广工作，王慧敏思考更多的是怎样更好构建"落地平台和实践抓手"。她依旧念念不忘在民革上海市委副主委任上曾经的执着和作出的努力，希望在今后的工作中还能继续尽己所能，和民革市委一起，讲好上海城市发展中的动人故事，为提升城市软实力尽一份力。

而民革上海市委的努力，也依旧在延续和拓展。

2020年10月，在民革市委联合第十届中国花博会筹备组联合举办的"海上花岛与美好生活"花博论坛上，高小玫对民革的花文化履职曾提出过深层次考虑，其中一条是：要关注以崇明花博会为契机，助力乡村振兴战略和崇明国际生态岛建设。

2024年，在上海市人大常委会副主任、民革上海市委主委徐毅松的大力推动下，民革上海市委与中共崇明区委签约合作，聚力推动崇明"世界级生态岛"建设。双方以合作建立研究机构、联合开展课题调研、协力引进发展项目等方式，为包括花卉产业在内的崇明现代农业发展和美丽乡村建设寻求合力。

我们期待，有着"海上花岛"美称的崇明岛，将在未来不断地展开一幅幅万紫千红的画卷；我们更期待，有着"具有世界影响力的社会主义现代化国际大都市"追求的上海，在未来愈加繁花似锦，花香长伴！

（本文作者：吉朋晓　金鑫　章戎）

# 贯通长三角绿道 构筑生态一体化空间

**提案号：** 1410675
**提案名：** 关于长三角区域（浙江、江苏、上海）绿道贯通的提案
**提案者：** 邓建平等 7 名委员

2017 年 12 月，国务院正式批复《上海市城市总体规划（2017—2035 年)》，指出上海应从长三角区域整体协调发展的角度，充分发挥中心城市作用，加强与周边城市的分工协作，构建上海大都市圈，打造具有全球影响力的世界级城市群。

2022 年 9 月，上海、江苏、浙江联合印发《上海大都市圈空间协同规划》。这是全国首个跨区域、协商性的国土空间规划。其中明确提出，聚焦基于区域绿道生态共保共治的一体化空间格局，实现两省一市（上海、江苏苏州、浙江嘉兴）绿道网络贯通。

作为上海市绿化市容局的"掌门人"，同时担任市政协委员的邓建平，出于特殊的职业敏感和责任心，在 2023 年 1 月的市政协十四届一次会议上，与其他委员一起，联名提交了《关于长三角区域（浙江、江苏、上海）绿道贯通的提案》，为三地绿道网络的贯通鼓与呼，提出切实的建议。

邓建平长期在浦东乡镇和市、区建设系统工作，对于上海城乡生态环境的变迁，本就有比较清晰的了解，担任市绿化市容局党组书记、局长兼市林业局局长后，更是从全局的视野，统览全市的绿化市容建设情况。

听邓建平介绍上海绿化市容特别是绿道建设的情况，会让人感觉一幅青绿的林田湖草画卷，在上海的大地上徐徐铺展：

上海以《绿道专项规划（2035）》《绿道建设导则（试行）》为指引和技术支撑，以"三环一带、三纵三横"市级绿道体系和"中心加密，长藤结瓜"区级绿道为布局，以现有公园绿地、沿水系、沿林带所建的绿道，构建了较

为完善的体系。这一体系，为沪苏浙三地绿道网络区域贯通，奠定了良好的基础。

截至 2023 年底，上海建成的绿道总长达 1768.78 公里。目前，全市绿道还以每年增加 200 公里的速度在推进建设。而在规划的绿道中，属于大都市圈区域的长达 1236 公里（截至 2022 年底，已建成 345 公里），主要为黄浦江绿道、苏州河绿道、外环绿道、淀浦河绿道和金汇港绿道等。

如果我们有机会置身于这幅青绿画卷，就会深切地感受到那些悠长的绿道给人们回归自然、休闲娱乐带来的充分的满足。

比如，在黄浦江上游的米市渡口到"浦江之首"，从水上观赏两岸的绿道，会看到在大都市难得的壮阔自然景观，最迷人的当数大树林立，绿荫遮蔽，沿江连绵如山影。江水穿越一座座桥梁，虽不是似市区段的那么巍巍壮观，却是贴近江南水乡风情的自然的样貌，看着能让人在大都市里一颗躁动不安的心宁静下来。

相比之下，苏州河在市中心曲折蜿蜒的河段，更贴近居民区，也更接繁华都市的地气。河岸绿道的建设，为沿途营造了一道贯通的风景。在武宁路桥附近，绿道伴河伸展，宛如一条帕巴拉围巾，既时尚又暖心。许多人有闲无事都会来走走。那些矗立的楼群，临水映波，错落有致，自然也是风景的一部分。来到华东政法大学那段河湾，通过华政桥往来两岸，回览另一边的景色，也会有梦幻的仙境之感。

其实，越来越多的上海人知道，黄浦江核心段 45 公里、苏州河中心城区段 42 公里，实现了沿岸绿道的贯通。很多滨江、滨河的绿道风景，成为上海这座国际大都市的越来越美丽的标志。

邓建平的视野里，除了伴着上海"母亲河"和几条环线等延展的绿道，还有在长三角一体化的大潮中与上海越走越近的江苏、浙江两地的绿色走廊。

在紧伴上海的苏州市，绿道网络空间布局与城市发展空间和自然生态资源对接，使分散和破碎化的生境岛屿资源连接起来。苏州规划了大都市圈区域绿道 1286 公里，以城镇型绿道连通"古城到四角山水"，以生态功能突出的郊野型绿道实现"四角山水走向长江太湖"。其中，昆山作为沪苏间重要节点城市，用本区域内的绿道网络串联起苏州和上海生态绿道。

　　同样是近邻的嘉兴市，提出构建省级"融沪连杭接湖"长三角一体化、市域"双环七廊"无断点、市区"一心两环九放射"九水连心的三级绿道网体系结构，规划建设大都市圈区域绿道645公里。其中作为节点城市的嘉善，把水系、农业、历史遗迹和公园绿地有机整合起来，已具备一定的贯通发展条件。

　　这些情况，令人仿佛看到，三地协同规划的绿道贯通，已经近在眼前。

　　邓建平还是市政协人口资源环境建设委员会的常务副主任。在政协活动中，他也常和委员们交流讨论这方面的建设前景。大家觉得，从整体来看，各地区域绿道网络构建与贯通，已具备一定的发展条件，都在积极重点推进。但同时，要真正形成系统性和连通，还存在几方面的问题：

　　首先是各地绿道建设标准不一。现行绿道建设标准主要参照住建部《绿道规划设计导则》。沪苏浙据此编制相关规程和标准，时间有先后，内容有多寡，造成对绿道的认知不统一的问题，仅绿廊宽度的控制上就大小不一，不利于彼此的衔接。

　　其次是区域绿道建设的需求不强。区域交界处一般较为偏远，交通不便，人迹罕至，难以突出绿道建设的可达性，这些区域绿道建设的受众面窄，应用效率不高，导致产生的社会效益不突出。

　　最后是各部门缺乏联动。前期区域协同的规划、建设协调较少，导致各地建设进度不统一。交界处土地征用受限，有的涉及较多的农用地和企业搬迁，需多部门联动协调，为绿道高效化建设提供基础。

　　邓建平等委员决定，针对这些问题研究解决措施，通过政协的平台提出积极的建议。于是，在2023年初的新一届政协首次大会期间，由邓建平领衔，杨文悦、杨劲松等委员联署，提交了《关于长三角区域（浙江、江苏、上海）绿道贯通的提案》。

　　邓建平等委员的提案，针对影响沪苏浙绿道建设和贯通存在的问题，从专业的角度提出了几条切实的建议：

　　一是加大政策支持力度。从财政、土地、行政审批、交通配套等方面支持区域绿道建设。区域绿道贯通是长三角一体化重要组成部分，可探索以省市作为建设主体、以市级财政为主开展贯通绿道建设。

二是统一绿道建设标准。对区域建设标准达成共识，编制长三角示范区统一绿道标准，作为衔接各省市绿道标准转换接口，减少绿道贯通中因标准不同引起的衔接不畅问题。

三是适时开展绿道贯通示范段。分析现有可贯通绿道区域情况，选择最合适的区域在适当时期开展绿道贯通示范段，从建设标准、政策支持等方面做出探索，为今后区域绿道的全面贯通提供参考。

编号为 1410675 的这件提案，开春就有了办理答复。邓建平执掌的市绿化市容局，正是办理单位。他们给出的答复是，采纳所提建议，下阶段开展几项工作：一是研究统一长三角绿道建设标准。通过前期与浙江、江苏两省有关部门对接，拟以长三角区域标准的形式共同编制《长三角区域绿道建设技术标准》。二是加大市级政策支持力度。将在充分评估以往市级资金扶持政策执行效果基础上，会同相关部门积极开展相关支持政策的研究完善，更好地支撑和保障长三角区域绿道贯通工作。三是适时开展绿道贯通示范。积极发挥长三角一体化示范区先行先试载体优势和示范引领作用，大力推进示范区内跨省绿道贯通工作。

这三项工作，与提案所提的三条建议，有着鲜明的对应关系。让人深切感受到，提案所提的建议切合实际，落地见效的前景可期。

市绿化市容局的答复，提到了具有示范意义的环元荡绿道。这个地方，也是邓建平常向别人推荐的绿道贯通的好去处。环元荡绿道（青浦段）一期二期 3.1 公里已建成开放，三期 3.1 公里预计于 2024 年底建成。如果能实地踏访，一定是一次留下记忆的美的旅程：

沿着淀山湖畔的宽敞国道一路向西，过了金商公路口，在沪苏交界处拐入绿荫环绕之中，那片静谧的汪洋——元荡湖就到了。泊车徒步湖边，踏上长长的元荡慢行桥（它是环元荡生态岸线贯通先导段项目的重要组成部分），信步走向湖中央，顿时有一种"极目楚天舒"的快意。再往前走到桥的中央，不知不觉中，就一脚踏进江苏吴江境内了。在这片湖岸，绿道和骑行道、步行道皆有，来此游览、打卡的人或快或慢，徜徉其中，饱览两地共一湖的风景。更有借此来往两地通勤的人，所花时间从原先的 40 分钟大幅缩减为现在 5 分钟。

元荡本是淀山湖的一个湖湾，假芦滩封淤而形成独立的湖泊，总面积 12.9 平方公里，其中吴江部分占 9.93 平方公里，青浦占 2.97 平方公里。湖畔的绿色植被为游客提供了一座天然氧吧，特别值得一提的是，这里的水质达到 I 类水指标，湖周的生态之好、环境之美可想象而知。如今，两地建设的绿道相互贯通，浑然一体，让人看到了"一体化"的风景。

长三角区域内沪苏浙三地绿道的全面贯通，还有待时日，还有许多工作要做，也会有新的困难需要克服。邓建平是政协的提案人之一，也是引领所在部门完成一项重要任务，使政协提案能落地见效的领导者之一。无论从哪一个角色出发，他都深感责任重大、使命光荣，并且丝毫不敢懈怠。

（本文作者：朱全弟）

# 贯通环城河步道　古城新景醉人来

所属区：嘉定区
提案名：关于贯通环城河两岸绿化景观带和慢行系统的建议
提案者：韩敏等 6 名委员

2024 年 7 月中的一天，上海酷热。

在嘉定城中紫藤公园门口，政协委员齐秋生与专程从市中心赶来的访问者会合，随后引导客人实地体验环城河两岸绿化带的绮丽风光。

他们从紫藤公园进入，沿着河边绿化步道向北一路前行。左手边是曲径通幽的小径，有高低起伏的小山丘，还有亭子、亲水平台。郁郁葱葱的树荫，遮住了烈日的炙烤，即便在高温之下，也让人暂时觉得一丝凉意。大家边看边交流，话题很快聚焦到齐秋生那份提议贯通环城河绿化景观带和慢行系统的政协提案上来。

说起写提案的缘由，齐秋生说："我们现在所处的地方是嘉定的老城区。嘉定的老城并不大，南北向有横沥河，东西向有练祁河，两条河在老城的中心交汇，形成'十'字形状。嘉定老城还保留有非常完整的'环'形护城河，三条河形成江南古镇独有的'十字加环'的水系。这种典型的江南水系环境十分难得。"

她接着讲，"嘉定人世代生活在这里，对水、桥、弹格路有着天然的亲近，所以我们民盟嘉定区委的委员一直都非常关注环城河水系的养护和发展。在我们区政协委员的不断呼吁下，嘉定区委、区政府也对环城河进行了一系列卓有成效的环境改善优化，就有了现在这串绿色项链。"

沿着河边继续走，在一处桥墩下，齐秋生介绍道，原来到这里就堵住了，走不过去，现在类似的断头路全部都打通了，形成了环绕环城河的绿色长廊。居民和游人可以漫步其间，也可以随时坐下歇息。这真是一项惠民利民的工程！

"其实早在 1960 年,嘉定绿化部门就准备沿护城河建设一条环形绿化带,并编制了《嘉定环城公园绿化规划》。囿于当时条件的制约,未能实施。"齐秋生说,改革开放后,进入 20 世纪 90 年代,环城公园被雪藏的规划终于启动实施,护城河两岸陆续种上了大量的各种树木,有黑松、水杉、香樟、合欢等,林立岸边,勾画出一段段、一处处美丽的绿色风景。"现今,它的内容更丰富,设计更先进,已不可同日而语。紫藤公园、南水关公园、南城墙公园、盘坨子公园等 13 处地方,被誉为'绿色项链'上的明珠,串起并直接惠及民生,沿岸的住户和城区的居民,闻讯后,近悦远来,盛况一时。"

靠近水岸的环城河步道,桥下坡道的墙上一组砖雕,记载着嘉定古城的历史,用石刻勒铭追怀古人先贤的功绩。人类的繁衍生息,都是傍水而生,靠水而兴。嘉定的环城河是旧时县城的护城河,除了生产、生活之外,兼有防御作用。

据载,嘉定建县始于 1218 年 1 月。翌年,首任知县高衍孙即组织力量修筑城墙,开挖壕沟,引水入内贯通流之始有护城河。有水便有灌溉,流经处草木滋润大树丛生,那是祖先遗产后人享用的自然福分,一旁的流水常新则是无声但有意地不断"翻篇"。贯通环城河两岸绿化景观带,把最好的景色奉献给生于斯长于斯的嘉定居民。

在酷热之中,齐秋生等继续往前走。午后的环城河步道上没有大树庇荫,只有蝉鸣和桥下的灰鹭陪着,他们个个已汗流浃背。来访者是一位曾经联系采访嘉定二十多年的记者,他记得最早跑嘉定新闻时,城中还没有这样的沿河绿化带。虽然郊区河道很早就开始整治了,当时报纸上还组织过"郊区水上行"的连续报道,记者到过嘉定,但没到过这里,因为那时此段根本走不通。如今,每天晨练的他也像嘉定人一样畅游景观带,在一处处平台上享受着清水绿树花草的抚慰,感觉一天美好、幸福的生活正在开启。

恍惚间,这几位特殊的游人发现,左面似有丘壑,原来是堆土成山,上植树木,蔚然成林。在一长溜的围墙附近,有莘莘学子在安安静静地读书,他们在课间休息或放学以后,沿着河边林中小径一路走去,解困休憩,结伴聊天,构成一幅美丽的画卷!在这样的环境中成长,将来他们一定不会忘记嘉定护城河的绿化景观,曾经体会到的空气中湿漉漉的滋味,还有不绝如缕的一圈圈涟漪。

到了公路桥边，齐秋生见客人似不忍走出步道，便伴引着折返回来。在练祁河与横沥河的十字交汇处，河面陡然开阔延展出去，张目遥望水色天光，令人顿觉心胸为之宽广畅达。两岸地势平坦，绿茵茵的植物遍地而生。涵养水土，多少代人的呵护，蔚然成今日气象！

南城墙公园，原名南门古城墙，始建于南宋嘉定十一年（1218），距今已八百余年了。一段城墙仍历历在目，颇成气候，这是嘉定古城墙中保存较为完整的历史遗迹。城墙曾是古代嘉定一道不可或缺的防护屏障，民国以降，城楼与城墙大部被拆除，所幸残破的西城楼两侧、南城楼两侧部分遗存尚在。2000 年，"西城墙"和"南城墙"被列为区级文物保护单位。踏访古城墙遗址，既能发思古之幽情，又能感受当今建设者的功业。

登顶南水关公园内的古塔，俯瞰着护城河宛如一条玉带悠然起舞踏着碎步，蜿蜒穿过河道两岸。自然的景色是最宜人的天赐，水务人和绿化建设者的构图与维护，将嘉定古城的护城河重新推送到今人的眼前。

这时候，齐秋生深入介绍说，眼前景观的形成，并非一蹴而就。其时，环城河沿线有很多桥，原来桥下面不通，沿着河边走着走着就会被桥拦住去路，行人要走上桥，绕过去才能再沿河走。据勘测，嘉定环城河环形圈直径约 2 公里，环形周长约 6.3 公里，整体长度适中，非常适合建设康养休闲步道，条件可谓得天独厚。七八年前，环城河已经建成有一半长度的绿化带，其中一些景点也趋于成熟，但是河水照样流，步道不畅通，居民走不下去就会心里不爽快。

齐秋生和一些委员正是基于这样的事实，提出了《关于贯通环城河两岸绿化景观带和慢行系统的建议》，在 2017 年区政协六届一次会议上提交。提案建议一经提出，就被有关承办部门采纳，区建管委牵头推进嘉定环城河两岸绿带环通规划设计相关工作，协调各责任单位，拆除环城河沿岸违章建筑，打通卡口，接通断路；挖掘、提升景观特色，打造环城绿带不同地段不同的绿地主题；完善绿化景观带的配套设施，发挥通行、健身、休闲的作用。2019 年，环城河步道贯通工程竣工，这时候的嘉定环城河，分为生活休闲水岸、生态公园水岸、历史人文水岸三个风貌段，再现嘉定古城"绕水城郭"的河畔美景。

齐秋生是嘉定区文旅局的一名工作人员，环城河绿化景观带的建设，跟她的本职也有关联。她和来访者同走环城河景观带，其兴致勃勃地谈古说今，让人看出她对七年前和同伴们所提建议得以最终落地，感到十分欣慰。她也了解，提案办理过程并非一帆风顺。比如区政协曾多次牵头协调，开展提案重点督办等，职能部门根据提案建议，对环城河周边的土地属性进行梳理，打通卡口，接通断路，但有些路段实在无法让出沿河通道，于是就要想办法，绕一绕，打个S形，下到河边修建木栈道，这样来连通，还建起了微型立交桥，形成慢行步道或自行车道，让行者一路走来没有阻挡。2018年，为迎接嘉定建城800周年，区政府启动一个更宏大的行动：打通环城河边的步行内圈，为市民提供一条生态健身的绿色大道。

这天，那位记者跟着齐秋生看了南水关，突然特别想去看看西水关，那里跟他有几分渊源。26年前，嘉定在建设拆迁中发现了一段古城墙，有人奔走呼吁"暂停拆迁"，找到了报社。记者报道的第二天，区长办公会议上就决定：对古城墙，保护！之后，市级媒体连续报道，市文管部门和嘉定博物馆进行实地考察后，确认古城墙为明代所建，发现城砖上刻有"明嘉靖十六年"字样。如今，连着护城河的西水关与南水关两处古城墙遥相呼应，均在保护之列。

西水关下，记者徜徉许久，心中感念：嘉定环城河是上海唯一的古代遗存至今依然在发挥作用的河道，也是全国现存为数不多的古代护城河之一。以嘉定环城河"十字加环"水系为历史风貌的风景构架，直接造福于民。如今两岸贯通更是方便居民锻炼和休闲，许多文体设施置身其间供公众使用，沿线众多景点也让远近游人观赏嘉定风光增添新去处。这样的场景形成，有着政协委员建言献策的功劳。

（本文作者：朱全弟）

# 为快递行业探寻绿色低碳发展之路

所属区：青浦区
提案名：关于推进快递绿色发展，助力青浦城市软实力提升的建议
提案者：张建锋

　　2022 年初的一天，青浦区政协委员、中通快递集团副总裁张建锋在电脑中的一篇文稿上，敲下了最后一个标点符号。这时，他的心里说不出地舒畅，这是文稿初成带给他的愉悦感，也是在他辞去新华社相关职务后又一新篇。

　　这一次，张建锋写下的不是新闻作品，而是他的一件提案《关于推进快递绿色发展，助力青浦城市软实力提升的建议》。这件提案，在张建锋的心目中分量很重，凝聚着他的心血、体现着他的情怀——他，这个"新青浦人"、快递行业的管理者，把多年来对快递行业、对青浦这块热土的爱以及对绿色发展理念的思考和建议，倾注在了字里行间。

## 从新闻工作者到快递行业管理者

　　无论在哪个行业，80 后现在都毋庸置疑地担当着中坚力量。出生于 1982 年的张建锋，从 2006 年至 2016 年在新华社工作，曾任新华社上海分社新闻信息中心主任助理、图片中心副主任等职务。十年的新闻工作经历，赋予了张建锋与常人不一样的观察事物的视角，也让他形成了勤思考又善思考的特点，这对于日后他在政协平台上参政议政，有着极大的裨益。

　　2016 年，甫到中通快递集团，张建锋就全身心地投入到了集团的管理工作中。在他文质彬彬的外表里，那种多年的新闻从业者所特有的对事物的审

视习惯，对经济条线中社会价值的思量以及绿色发展理念的追慕，让他的思维触角时时伸展在快递工作中的标准化、减量化和循环化中。

　　这时候，中通在快递包裹的环保化包装以及其他绿色发展方面已经迈出了步伐。但对于身处全国快递企业总部集聚地青浦的张建锋来说，他思考的落脚点已经不在一家企业，而在整个快递行业。他发现，行业内快递包裹过度包装的现象还大量存在着。张建锋来做了一番深入细致的调研，这一番调研所得，既成了他以后写《关于推进快递绿色发展，助力青浦城市软实力提升的建议》的动因，也为这件提案的质量提供了保证。

　　调研的情况以及调研中出现的一些数据，让张建锋心情沉重。比如有消费者网购 400 克蜂蜜，其包装可以重达 1000 克；一个化妆品礼盒，商品只占 1/3 的空间，包装盒子却占了 2/3；网购钥匙收纳盒，重量为 665 克，收到快递时包裹却重达近 2000 克重，拆开发现，重量主要来自快递包装，先一个纸盒后一层泡沫板，接着再来一个纸盒，又一层防震塑料气泡和密密麻麻缠着的胶带，周边还填塞着很多报纸——这么多包装材料承载的，只是一个小小收纳盒！绝大部分人通常将这些材料当垃圾直接扔掉了，这不仅造成资源的浪费，更增加了环境的负担。

　　发现了问题，张建锋除了自己积极在中通内部做一个绿色发展的践行者和倡导者外，还利用各种会议场合以及其他途径广泛呼吁，以期唤起快递行业同行的重视。他知道，全中国 70% 的包裹是总部设在青浦的快递企业承运的，许多企业能否走出"业务发展很快，包装污染严重"的怪圈，事关青浦的生态环境，事关青浦的软实力，甚至事关青浦的可持续发展。他多么想把自己的思考和建议，向青浦的领导和职能部门反映，从而促进相关监督和规范化的工作推进，使快递企业尽快在全行业树立绿色低碳的理念。加入政协，成为政协委员，使他获得一个重要平台，得以实现这一想法。

## 从快递行业管理者到区政协委员

　　被增补为区政协委员，张建锋感到非常自豪，不过更多地感受到一份责任。他给自己定下了积极参政议政的主要方向：立足快递行业的绿色低碳发展，为地方软实力的提升建言献策。

张建锋深深地感到，加快推进快递业绿色低碳发展，对于促进行业高质量发展、加快邮政强国建设都具有十分重要的意义。青浦作为全国快递行业转型发展示范区和商贸服务型国家物流枢纽，推进快递绿色化发展，是助力自身软实力提升的必经路径。于是，他依旧通过调研、统计等，寻找、得出更多以利于绿色发展的数据、事例，为他撰写相关的提案，做着扎实的准备工作。

对于快递行业绿色发展的巨大价值，张建锋有近距离的深切感受。比如他所在的中通，以前使用五联的货单，2013 年开始使用电子面单，2014 年在全网基本普及——仅在这一年（全年业务量 18.16 亿件）就节省面单纸张超过 50 亿张。2021 年，中通全年业务量 223 亿件，节省面单纸张更是超过 800 亿张；截至当年底，中通投入 14457 个循环快递箱，电商快件不再二次包装率达 92.15%，累计投放超过 24000 个包装废弃物回收装置、投入循环袋 18549204 个。这循环中转袋说简单又不简单，其原材料为高分子聚乙丙烯，具备防水、耐磨等特性，可循环使用百多次，装货量也是过去的近两倍。

张建锋有着自己的绿色情怀，他写提案提建议、提措施，同时更是这些建议和措施的积极实践者。他和中通的员工们一起，在快递的收、转、运、派等各个环节中坚持"标准化、减量化、循环化"的绿色低碳理念。他们摒弃了塑料包装袋，使用新材料做的能重复使用 100 次以上的循环袋，并对其尺寸、重金属含量都有严格要求；他们还对包装袋的循环使用制定了严苛的标准。张建锋还认为，快递行业中的绿色低碳工作，不仅仅是快递企业一家的事，还包括上游商家和下游消费者，为此，他和中通的同仁一起，敦促上游商家在商品包裹的第一次包装上，就采用节约化、环保化的绿色包装，细到建议商家给胶带"瘦身"，摒弃原来的宽带，让胶带的宽度降到 45 毫米以下。同时，他们还对快递的"末端"即包裹派发的网点提出"绿色环保"要求，比如在网点专门设置回收箱，让消费者将当场拆下的包装盒等，随手放进回收箱里，以资重复使用。

正因为有着积极践行绿色、低碳发展的实践经验，张建锋提笔提案时感到底气十足，也相信自己所提的建议有质量，能引起同行的共鸣和相关职能部门的重视。

# 提案快速办理 绿色发展在行动

张建锋的提案《关于推进快递绿色发展，助力青浦城市软实力提升的建议》，可以说切中肯綮，既指出了快递业在绿色发展中存在的问题，又阐明了发展路径。同时，提案也契合青浦区近年来提出的发展理念——青浦在推动高质量发展和现代化建设的进程中，把推进快递绿色化发展，作为助力软实力提升的必经路径。快递绿色发展，与国家实现碳达峰、碳中和的战略部署相一致。因此，加快推进快递业绿色低碳发展，有着多方面的积极意义。

张建锋的提案在2022年初提交后，立刻得到了重视。区政协随即召集提案人、提案人所在委组的政协委员以及相关职能部门的领导，开展了对口协商。相关职能部门马上着手推进落实工作，绿色快递进机关、进小区、进企业等活动陆续开展；在社区、高校、商务中心等场所着手规划建设快递共配终端和可循环快递包装回收设施等；积极倡导快递行业从拼"速度"到比绿色，稳步提升快递包装减量化、标准化、循环化水平。

在提案办理落实和职能部门推进工作的过程中，张建锋所在的中通集团率先示范，积极将绿色发展理念融入收、转、运、派各环节，截至2023年底，电商快件不再二次包装的比例为93.34%，采购使用符合标准的包装材料应用比例达91.83%，按照规范封装操作比例达95.15%，使用可循环包装的邮件快件逾2,522万件，回收复用质量完好的瓦楞纸箱达14,652万个以上。当前，中通聚焦运输环节低碳转型、中转环节清洁智能和网络运营提质增效，稳步推进实现2028年自身运营单票碳排放下降20%的减排目标。

张建锋为中通集团在绿色发展上所取得的成绩而欣喜，也为同行业不断迈开绿色发展的步伐而高兴，他觉得，这一切是对他这位政协委员绿色情怀的最好褒奖。

（本文作者：徐斌）

# 后记

　　《至诚的建言——来自新时代的上海政协提案故事》的出版，是上海市政协庆祝人民政协成立 75 周年活动的重要组成部分。本书刊入的 67 篇提案故事，涉及 50 件市政协提案，17 件区政协提案，来源于市政协历年优秀提案、各区政协自荐提案。

　　本书编撰工作自 2024 年 4 月启动。市作家协会的专业作家，市政协新闻传播中心的采编人员，各民主党派市委、各区政协的工作人员联合组成编写团队，半年多来，埋首翻阅资料，深入采访提案的提出者，挖掘提案背后的故事。在编撰过程中，通过与被采访对象交流，我们无不被政协委员、民主党派成员为国履职、为民尽责的情怀深深打动，对提案人的远见卓识感佩不已。回溯经济社会发展的波澜壮阔，再看当年那些老提案，现在读来仍是熠熠生辉。我们首先向这些提案的提出者致敬！

　　编撰本书，需要收集、查阅大量资料，这些离不开市政协各专门委员会、各民主党派市委、各区政协的全力支持，在此表示感谢！

　　在遴选提案的过程中，我们坚持优中选优，突出重点，尽可能使内容更加丰富、覆盖面更为广泛，能充分展现人民政协围绕中心、服务大局的担当作为。在写作过程中，我们围绕一件件提案的缘起、形成、办理经过、产生积极作用，来展开"故事"的讲述，将写事、写人、写精神三者融合起来，力求文字鲜活、生动、感人，让被采访对象的形象"立起来"。在选题和编撰过程中，我们得到众多领导、前辈的指点，让我们得以突破一个又一个工作瓶颈。在此，要向为本书编撰提供宝贵意见的各位领导、前辈谨致谢忱！

　　编撰过程中，编写团队成员放弃休息时间，全身心投入稿件采写工作。在繁重的日常工作之余，大家欣然接受写作任务，多次深入采访，以认真、细致、严谨的态度，高标准高质量完成稿件撰写，在此一并予以感谢！

透过 67 篇提案故事，我们深切感受到提案人的勇于担当、主动作为，感受到党政部门在办理提案过程中的凝聚众智、广纳建言，更感受到人民政协为人民的初心使命和作为专门协商机构的制度价值。

多年来，在改革开放的浩荡浪潮中，上海政协人始终立足时代潮头、发出时代强音，助力上海这艘"深改巨轮"奋楫笃行、扬帆远航，创造一轮轮新奇迹。我们编撰本书，希望能彰显政协协商精神，展现委员履职风采，让提案故事感染更多人、鼓舞更多人、带动更多人。

我们相信，通过这本《至诚的建言——来自新时代的上海政协提案故事》，大家能更加了解提案、了解人民政协。我们期待，接下来的"提案故事"更加精彩纷呈。

图书在版编目（CIP）数据

至诚的建言：来自新时代的上海政协提案故事／上
海市政协学习和文史委员会，上海市政协提案委员会编．
上海：文汇出版社，2025.1. — ISBN 978-7-5496-4412-4

Ⅰ. D628.51

中国国家版本馆CIP数据核字第20246XE743号

# 至诚的建言
## ——来自新时代的上海政协提案故事

编　　者／上海市政协学习和文史委员会
　　　　　上海市政协提案委员会

责任编辑／熊　勇

审读编辑／徐海清

装帧设计／张　晋

出 版 人／周伯军

出版发行／文匯出版社
　　　　　（上海市威海路755号　邮政编码：200041）

经　　销／全国新华书店

印刷装订／上海颛辉印刷厂有限公司

版　　次／2025年1月第1版

印　　次／2025年1月第1次印刷

开　　本／720mm×1000mm　1/16

字　　数／400千

印　　张／26.25

ISBN 978-7-5496-4412-4

定　　价／78.00元